Da capo

Fifth Edition

Graziana Lazzarino
University of Colorado at Boulder

Annamaria Moneti
Syracuse University

THOMSON

HEINLE

Australia Canada Mexico Singapore Spain United Kingdom United States

Da capo
Fifth Edition
Lazzarino • Moneti

Senior Editor: Sean Ketchem
Senior Production Editor: Esther Marshall
Director of Marketing: Lisa Kimball
Marketing Manager: Jill Garrett
Manufacturing Manager: Marcia Locke
Compositor: Greg Johnson, Art Directions
Photo Research Manager: Sheri Blaney
Cover/Text Designer: Julie Gecha
Printer: Banta Book Group

For permission to use material from this text or product contact us:

Tel	1-800-730-2214
Fax	1-800-730-2215
Web	www.thomsonrights.com

Library of Congress Cataloging-in-Publication Data
Lazzarino, Graziana.
  Da capo : an Italian review grammar / Graziana Lazzarino, Annamaria Moneti.–5th ed.
      p. cm.
  Includes index.
  ISBN: 0-03-034171-X (student text)
  ISBN: 0-03-034179-5 (student text with audio CD)
    1. Italian language–Grammar. 2. Italian language–Textbooks for foreign speakers–English. I. Moneti, Annamaria. II. Title.
PC1112.L36 2002
458.2'421 –dc21

                                                                        200206850

SVIZZERA
AUSTRIA
UNGHERIA
TRENTINO-ALTO ADIGE
FRIULI-VENEZIA GIULIA
SLOVENIA
VALLE D'AOSTA
Como
LOMBARDIA
Trento
VENETO
Udine
Trieste
Verona
Milano
Brescia
Mantova
Padova
Venezia
CROAZIA
Torino
Asti
Parma
PIEMONTE
EMILIA-ROMAGNA
Ferrara
SERBIA
BOSNIA-ERZEGOVINA
Bologna
Ravenna
FRANCIA
Genova
LIGURIA
SAN MARINO
San Remo
La Spezia
Pisa
Firenze
Urbino
MARCHE
Ancona
MARE ADRIATICO
MONTENEGRO
MARE LIGURE
Arezzo
Siena
Perugia
Assisi
Elba
TOSCANA
Orvieto
UMBRIA
Corsica (FRANCIA)
L'Aquila
Roma
ABRUZZI
LAZIO
MOLISE
Campobasso
MARE TIRRENO
Sassari
CAMPANIA
PUGLIA
Napoli
Bari
Pompei
Amalfi
SARDEGNA
Potenza
Taranto
BASILICATA
ITALIA
(Carta Politica)
SCALA DI CHILOMETRI
0   40   80   120   160
SCALA DI MIGLIA
0   20   40   60   80   100
CALABRIA
Cagliari
Cosenza
Isole Lipari
Reggio
Messina
Palermo
Taormina
Marsala
SICILIA
MARE IONIO
Catania
Agrigento
MARE MEDITERRANEO
Siracusa
TUNISIA
ALGERIA
AFRICA

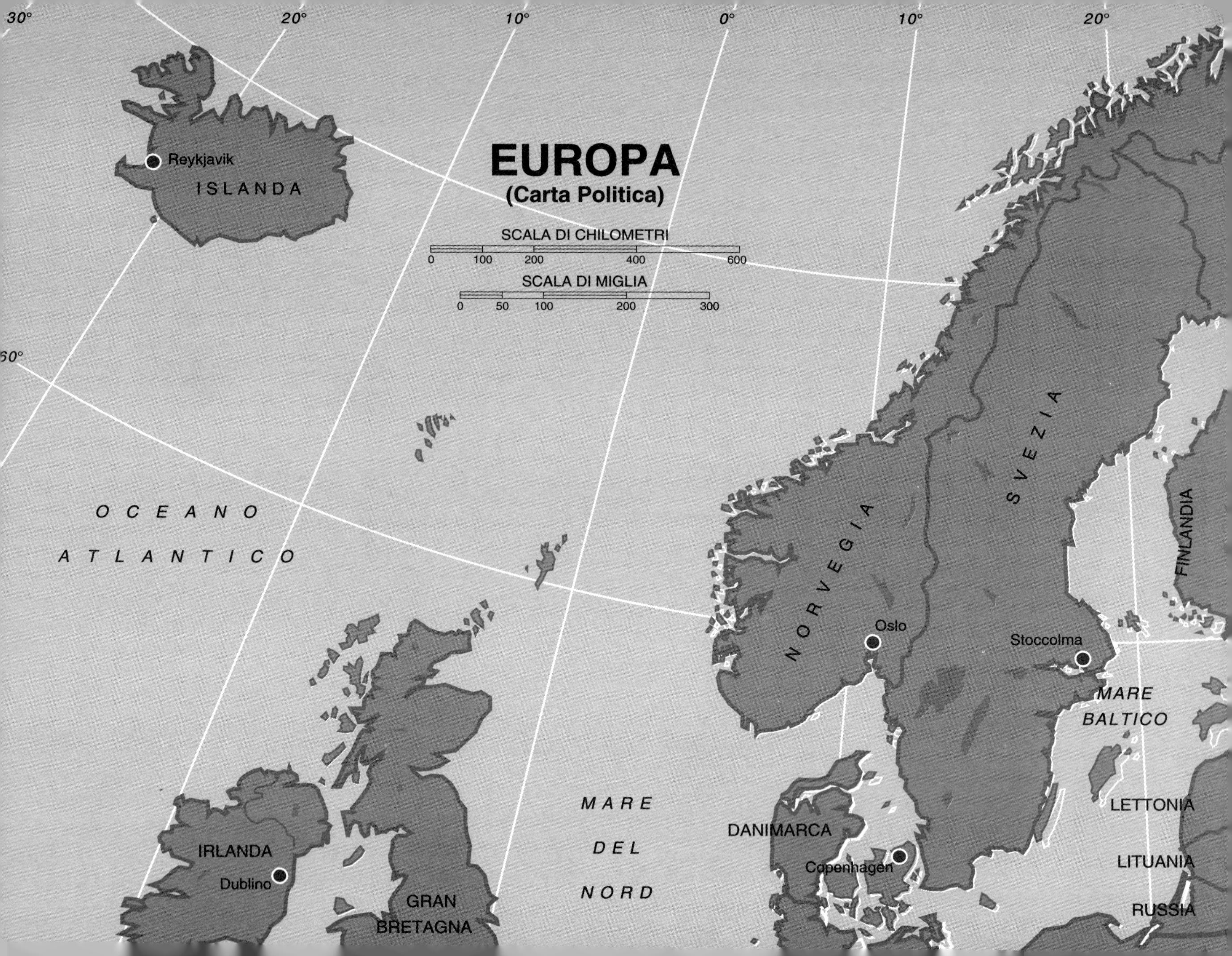

EUROPA
(Carta Politica)
SCALA DI CHILOMETRI
0 100 200 400 600
SCALA DI MIGLIA
0 50 100 200 300
30° 20° 10° 0° 10° 20°
60°
ISLANDA
Reykjavik
OCEANO
ATLANTICO
IRLANDA
Dublino
GRAN
BRETAGNA
MARE
DEL
NORD
NORVEGIA
Oslo
SVEZIA
Stoccolma
FINLANDIA
MARE
BALTICO
DANIMARCA
Copenhagen
LETTONIA
LITUANIA
RUSSIA

Londra
Amsterdam
PAESI BASSI
Berlino
Varsavia
Bruxelles
BELGIO
GERMANIA
POLONIA
LUSSEMBURGO
Praga
REPUBBLICA CECA
Parigi
SLOVACCHIA
Vaduz
Vienna
Bratislava
AUSTRIA
Berna
LIECHTENSTEIN
Budapest
SVIZZERA
OCEANO ATLANTICO
FRANCIA
UNGHERIA
Lubiana
SLOVENIA
Zagabria
CROAZIA
Belgrado
ITALIA
Sarajevo
BOSNIA-ERZEGOVINA
ANDORRA
MARE ADRIATICO
SERBIA
PORTOGALLO
MONTENEGRO
Madrid
MARE LIGURE
Roma
Tirana
SPAGNA
ALBANIA
MARE TIRRENO
MARE MEDITERRANEO
GRECIA
Algeri
abat
Tunisi
MARE IONIO
MAROCCO
ALGERIA
TUNISIA

PREFACE

When it was first published in 1979, **Da capo** became the foundation for intermediate Italian courses across the country, and subsequent editions have been enthusiastically welcomed. They have featured an ever more comprehensive approach based on streamlined grammar presentations, provision for vocabulary acquisition, balanced development of the four skills, and an introduction to Italian culture. With an enhanced emphasis on oral communication and varied activities that promote proficiency, the ongoing evolution of **Da capo** reflects the most important changes taking place in foreign language instruction.

The Fifth Edition, prepared, like the Third and Fourth Editions, by Annamaria Moneti, continues to present the language of educated native speakers through real-life situations, and brings an enhanced focus on contemporary Italian social realities. Both the substantially revised and new readings, with related activities, encourage a penetrating look at the situation of immigrants in Italy, women in the Italian workplace, the Italian health-care system, and the development of the Mediterranean diet and Italian cuisine. Communicative contexts, including dialogues and other language samples, have in many cases been updated or replaced, and additional pre- and post-reading information and activities have been provided. Some grammar presentations have been revised and some new related exercises have been added. In addition, a new section, **Ricerca Web,** now appears in each chapter, encouraging students to broaden their exploration of related historical, social, and cultural content via the Internet. The new Fifth Edition is thus consistently oriented towards enabling students to understand and appreciate how speakers of Italian live (culture), think (language structures), interact among themselves (language functions and register), conceive of their history, and communicate with one another.

Da capo is designed primarily for intermediate students. It reviews and expands upon all aspects of Italian grammar covered in beginning courses, while providing reading and oral practice within the context of everyday Italian life. It can serve as a basic textbook for experienced learners who want to extend their language skills and knowledge of Italy at an accelerated pace, or as a reference text for advanced and lifelong students. It presents a variety of exercises and activities that give instructors and students ample choices that accommodate their teaching and learning styles.

FEATURES OF THE FIFTH EDITION

Chapter objectives

Each chapter is introduced by chapter objectives that allow students to anticipate linguistic structures and content.

Per cominciare

This section, which in many cases has been updated or revised, opens each chapter with a brief dialogue or other language sample that uses comprehensible input to present the chapter's linguistic structures within a culturally authentic context. A related vocabulary expansion section presents lexical terms in semantic clusters and provides practice through corresponding exercises.

Struttura

The explanation of language structures continues to be streamlined, and the presentations of **Chi?, Fare + infinito, Lasciare + infinito,** and **Verbi di percezione** + **infinito** have been rewritten in response to reviewers' suggestions.

New exercises throughout the book provide additional opportunities for practice. Major exercise sequences culminate in interactive, contextualized practice that reflects Italian life today. Every effort has been made to place exercises within the framework of 'authentic simulated discourse,' in order to introduce students to the everyday language of educated native speakers in real-life situations.

Lettura

Expanded **Prima di leggere** sections throughout the book introduce students to the authors and themes of the chapter readings. The goal is to provide more extensive background information, eliciting students' interest by helping them to focus on the authors, the topics, and the language used.

Readings about **gli extracomunitari,** working women, and socialized medicine have been substantially revised to reflect the realities of contemporary Italy. A new reading explains how the Mediterranean diet evolved over the centuries partly because of geographical discoveries.

The **Studio di parole** section continues to provide help with the difficulties posed by words and expressions in the chapter readings. Some **Studio di parole** sections and related exercises have been revised for the Fifth Edition.

Many post-reading activities have been revised, updated, or completely rewritten. **Comprensione** and **Domande per Lei** sections continue to deal with reading comprehension and oral proficiency. **Temi per componimento e discussione** are designed to stimulate critical thinking as required by the National Standards.

Ricerca Web

The **Ricerca Web** section is a new feature of this edition. Students are invited to research a topic related to the general theme of the chapter and to use the information in class discussions or other assignments. The follow-up work may be carried out in Italian or in English, depending on the ability of the class. Topics complement those on the Web Site (**http://dacapo.heinle.com**). The purpose of the activity is to widen students' intellectual experience and awareness of Italian history, lifestyles, and social realities.

Per comunicare

The Fifth Edition of *Da capo* continues to emphasize oral communication. This end-of-chapter section presents idiomatic language functionally within the framework of Italian culture. Students learn to react to real-life situations, such as responding to invitations, or expressing joy or sorrow. Two series of activities allow them to internalize and practice idiomatic expressions: **Che cosa dice?** requires the application of the functions within a simple verbal exchange. **Situazioni,** organized around a role-play activity, challenge students' communicative ability more broadly by engaging their knowledge of vocabulary, language structures, and culture. The Text Audio CD contains the recordings of the **Per comunicare** material.

ACKNOWLEDGMENTS

The authors would like to acknowledge the work of the many reviewers who have provided insightful comments and constructive criticism for improving all four editions of the text:

Vera Anderson	*University of Arizona-Tucson*
Pietro Aragno	*University of Wisconsin at Madison*
Deborah Contrada	*University of Iowa*
Angelo A. De Gennaro	*Loyola Marymount College*
Brandi DeMont	*University of Virginia*
Brunella Notarmarco Dutton	*University of Illinois, Chicago*
Giuseppe Faustini	*Skidmore College*
Rosario Ferreri	*University of Connecticut*
Sylvia Giustina	*University of Oregon*
Ilona Klein	*Loyola College in Maryland*
Jan Kozma	*University of Kansas*
Bernadette Luciano	*University of California-Santa Barbara*
Cinzia D. Noble	*Brigham Young University*
Franco Manca	*University of Nevada, Reno*
Gaetana Marrone-Puglia	*Princeton University*
Giulio Massano	*Southeastern Massachusetts University*
John C. McLucas	*Towson State University*
Luigi Monga	*Vanderbilt University*
Augustus Pallotta	*Syracuse University*
Nicholas Patruno	*Bryn Mawr College*
Elisabetta Pellegrini	*University of Pennsylvania*
Robin Pickering-Iazzi	*University of Wisconsin-Milwaukee*
Pina Piccolo	*University of California-Santa Cruz*
Robert J. di Pietro	*University of Delaware*
Albert Sbragia	*University of Washington*
Michael Sherberg	*Washington University in St. Louis*
Josephine Spina	*Princeton University*
Andrea di Tommaso	*Wayne University*
Claretta Tonetti	*Boston University*
Elissa B. Weaver	*University of Chicago*
Fiorenza Weinapple	*Yale University*
Donna L. Yowell	*University of Washington*

We are also indebted to Barbara Lyons, our development editor, for her commitment and advice, and to the staff of Thomson/Heinle in Boston: Karen Judd, whose support and insights were invaluable; Esther Marshall, who expertly guided this book and its components through all their stages; Melissa Goodrum for her administrative and editorial assistance; Sean Ketchem, who helped bring this project to its successful completion. Our Thanks also go to the freelancers who worked on the different stages of the production: Julie Gecha, cover and interior designer; Greg Johnson, compositor; Ann Goodsell, copyeditor and proofreader.

INDICE

CAPITOLO 4 81

CAPITOLO 5 109

CAPITOLO 6 137

A Mamma Isa
G.L.

A Giancarlo
AM. M.

PER COMINCIARE

In ferie

STRUTTURA

Esprimere l'azione nel presente

    I. Indicativo presente

Parlare di persone senza nominarle

    II. Pronomi personali soggetto

Identificare oggetti e persone

    III. Nomi

LETTURA

Tonino Capone ovvero filosofia napoletana

PER COMUNICARE

Estendere un invito

Accettare un invito

Rifiutare un invito

Parlare al telefono

In ferie. Giovanna scrive all'amica Mirella e le racconta che cosa succede nella cittadina di Sabaudia.

Per Mirella Motta
Via Balzaretti 50
I. 20133 Milano

Sabaudia, 10 luglio 2003

Carissima Mirella,

da tre giorni sono a Sabaudia, una cittadina a sud di Roma. Abito in una bella villa con giardino non lontano dal mare; l'affitto è molto caro, ma per fortuna non lo pago io. Sono qui con mia madre e mia sorella, papà deve lavorare e viene solo per il fine settimana. La mattina Ada ed io usciamo presto e andiamo al mare a piedi, qualche volta prendiamo la barca a vela o andiamo a pescare. La mamma viene più tardi in macchina.

A Sabaudia d'estate ci sono molte attività interessanti: concerti, mostre d'arte e piccoli festival di musica popolare, ed è facile incontrare musicisti, pittori, scrittori, cantanti e artisti di ogni genere.

Spesso la sera usciamo con i ragazzi che abitano nella casa accanto alla nostra e andiamo al cinema, in discoteca o a prendere il gelato al bar della piazza, dove spesso restiamo a chiacchierare fino a mezzanotte.

E tu cosa fai di bello?

Ciao. Ti lascio perché è molto tardi.

Cari saluti a tutti e a te un abbraccio.

Giovanna

Vocabolario utile

I passatempi   hobbies

***andare in barca a vela**[1]   to sail
chiacchierare   to chat
collezionare   to collect

fare alpinismo   to go mountain climbing
giocare a scacchi, a dama   to play chess,
  checkers

***andare in vacanza**   to go on vacation
***essere in ferie**   to be on vacation;
  to take time off from work
fare una crociera   to go on a cruise

l'affitto   rent
il circolo   club
la mostra d'arte   art exhibition
il posto   place
la sala giochi   arcade

pescare   to fish
sciare   to ski
suonare uno strumento   to play an
  instrument
***uscire**   to go out
vedere una mostra   to visit an exhibit

L'ingresso di una villa di Sabaudia. Il cancello e la recinzione sono elementi caratteristici delle case unifamiliari.

ESERCIZI

a.   *Completare le frasi con le parole o le espressioni opportune.*

1. La mattina Giovanna e sua sorella ________________ .
2. Quando hanno del tempo libero, gli abitanti di Sabaudia possono ________________ .
3. La sera le due ragazze ________________ .
4. I giovani di solito vanno ________________ .
5. Spesso passano la serata ________________ .

b.   *Vero o falso?*

______ 1. Sabaudia è una grande città del nord.
______ 2. Le ville in affitto per l'estate sono molto costose.
______ 3. A Sabaudia la gente va alla spiaggia.
______ 4. Non c'è nient'altro da fare.
______ 5. La mamma di Giovanna passa la giornata in giardino.
______ 6. Negli indirizzi italiani il codice postale va prima della città.

---

[1] In vocabulary lists in this text, an asterisk before a verb indicates that the verb requires **essere** in compound tenses.

I. Indicativo presente

Verbi regolari

A. Italian verbs are divided into three conjugations according to their infinitive endings:

First conjugation: verbs end in **-are** (characteristic vowel **-a-**): **amare** (*to love*).
Second conjugation: verbs end in **-ere** (characteristic vowel **-e-**): **credere** (*to believe*).
Third conjugation: verbs end in **-ire** (characteristic vowel **-i-**): **finire** (*to finish*).

To form the **indicativo presente** (*present indicative*), drop the infinitive endings **-are,
-ere, -ire** and add the appropriate endings to the stems (**am-, cred-, fin-**).

	AMARE	CREDERE	FINIRE	PARTIRE
Singular				
1st person	amo	credo	finisco	parto
2nd person	ami	credi	finisci	parti
3rd person	ama	crede	finisce	parte
Plural				
1st person	amiamo	crediamo	finiamo	partiamo
2nd person	amate	credete	finite	partite
3rd person	amano	credono	finiscono	partono

1. In the present tense, **-ire** verbs fall into two groups:
   a. Verbs requiring that **-isc-** be inserted between the stem and the endings, except in the first and second persons plural. (See the conjugation of **finire,** above.) These are the majority of **-ire** verbs.
   b. Verbs not requiring the insertion of **-isc-**. (See the conjugation of **partire,** above.)

2. Following is a list of the most common verbs conjugated without **-isc-**:

aprire *to open*	apro	partire *to leave, depart*	parto
avvertire *to inform, warn*	avverto	scoprire *to discover*	scopro
coprire *to cover*	copro	seguire *to follow*	seguo
divertire *to amuse*	diverto	sentire *to hear, feel*	sento
dormire *to sleep*	dormo	servire *to serve*	servo
fuggire *to flee*	fuggo	soffrire *to suffer*	soffro
offrire *to offer*	offro	vestire *to dress*	vesto

B. Certain verbs require spelling changes in the present indicative.

1. Verbs ending in **-care** and **-gare**, such as **cercare** (*to look for*) and **pagare** (*to pay*), add **-h-** between the stem and endings that begin with **-i-** (second person singular and first person plural) in order to retain the original sound of the stem (hard **c** or **g**).

cerc-o, cerc-**h**-i, cerc-**h**-iamo
pag-o, pag-**h**-i, pag-**h**-iamo

2. Verbs ending in **-ciare, -giare,** and **-sciare,** such as **incominciare** (*to begin*), **mangiare** (*to eat*), and **lasciare** (*to leave*), drop the **-i-** of the stem when the verb ending begins with **-i-** (second person singular and first person plural).

   incominci-o, incominc-**i**, incominc-**iamo**
   mangi-o, mang-**i**, mang-**iamo**
   lasci-o, lasc-**i**, lasc-**iamo**

3. Verbs ending in **-gliare,** such as **sbagliare** (*to be mistaken*), also drop the **-i-** of the stem in the same two cases.

   sbagli-o, sbagl-**i**, sbagl-**iamo**

4. Verbs ending in **-iare,** such as **studiare** (*to study*) and **inviare** (*to send*), drop the **-i-** of the stem in the second person singular only if the **-i-** is not stressed in the first person singular.

   studio, stud-**i**
   invio, invi-**i**

✄ Uso dell'indicativo presente

A. The **indicativo presente** corresponds to three forms in English:

$$\textbf{lavoro} \left\{ \begin{array}{l} \textit{I work} \\ \textit{I am working} \\ \textit{I do work} \end{array} \right.$$

The **indicativo presente** is also used to express an action in the future that is considered certain. There are usually other words in the sentence that indicate a future time.

—Arrivano **fra un'ora.**
  They'll arrive in an hour.

—**Quest'estate** studio in Inghilterra.
  This summer I'll be studying in England.

B. The **indicativo presente** accompanied by **da** + *a time expression* indicates an action or state that began in the past and continues in the present, that is, it indicates for how long or since when something has been going on. **Da** expresses both *for* and *since*. English uses the present perfect tense (*I have worked, I have been working*) to express this idea.

> **da quanto tempo** + **presente**
> **presente** + **da** + *time expression*

—Da quanto tempo lavori?
  How long have you been working?

—Lavoro da due mesi.
  I have been working two months.

—Da quanto tempo conosci Laura?
  How long have you known Laura?

—Conosco Laura da un anno.
  I have known Laura for a year.

—Da quanto tempo non mangiate carne?
  For how long have you not eaten meat?

—Non mangiamo carne da giugno.
  We haven't eaten meat since June.

Alternative ways of expressing the same idea are:

> **quanto tempo è che** + **presente**
> **è** + *time expression in the singular*
> **sono** + *time expression in the plural*   } + **che** + **presente**
>
> or
>
> **è** + **da** + *time expression* (*singular or plural*) + **che** + **presente**

—Quanto tempo è che lavori?
How long have you been working?

—Sono due mesi che lavoro.
—È da due mesi che lavoro.
I have been working two months.

—Quanto tempo è che conosci Laura?
How long have you known Laura?

—È un anno che conosco Laura.
—È da un anno che conosco Laura.
I have known Laura for a year.

—Quanto tempo è che non mangiate carne?
For how long have you not eaten meat?

—È da giugno che non mangiamo carne.
We haven't eaten meat since June.

ESERCIZI

a. *Trasformare le frasi sostituendo il soggetto in parentesi.*

1. I signori Borzini non ricordano nulla. (papà, io e Luca)
2. Tu e Paolo non studiate e perdete tempo. (Angela, io e Vittorio)
3. Io non cucino e non pulisco mai il frigo. (voi due, Diana e Marcello)
4. Gianni quando incomincia una cosa la finisce. (io, la zia Rita)
5. Il treno parte la sera e arriva la mattina. (gli aerei per l'Italia, noi)
6. Filippo dipinge quadri astratti e suona il violoncello. (io, tu e Silvia)

b. *Rispondere alle domande usando le espressioni utili indicate.*

ESEMPIO Luca passa sempre le serate al bar. E tuo marito?
Lui invece passa sempre le serate a casa.

anch'io   anche noi   neanch'io   neanche lui   io non   lui invece   mai
sempre   domani

1. Maria segue cinque corsi questo semestre. E tu?
2. Riccardo paga la cena questa sera. E noi?
3. I tuoi genitori passano le vacanze al mare. E voi, ragazzi?
4. Giorgio ed io non dormiamo mai otto ore per notte. E tu?
5. Loro chiudono sempre la porta a chiave. E voi?
6. Io non gioco a tennis quattro volte la settimana. E tu e Gabriella?
7. I ragazzi in Italia incominciano l'università a ottobre. E noi?
8. Io e Pia andiamo in vacanza in agosto. E Marisa?

c. *Esprimere le seguenti frasi in un altro modo.*

ESEMPIO Vive in America da molti anni.
Sono molti anni che vive in America.

1. Conosciamo quella ragazza da molti mesi.
2. È molto tempo che non fumano una sigaretta.
3. Da quanto tempo aspettate l'autobus?
4. Sono tre settimane che non mangiamo pasta.
5. Non scrivo alle mie amiche da Natale.
6. Parli già da mezz'ora.

d. *Fare le domande mancanti.*

ESEMPIO Non la vedo da Pasqua.
Da quanto tempo non la vedi?

1. Sono quattro ore che studiamo e siamo stanchi.
2. È tanto tempo che non vado al cinema!
3. Gianni ed io siamo amici da quarant'anni.
4. Sono ormai molti anni che i Di Mauro sono vegetariani.

e. *Lavorando in coppia, faccia a un compagno/una compagna le domande seguenti. Lui/lei risponde e fa domande a sua volta. Domandi…*

1. da quanto tempo abita in questa città.
2. da quando frequenta questa università.
3. se studia l'italiano da tanto tempo.
4. cosa fa questa sera.
5. se sono tanti giorni che non va al cinema.
6. se vuole venire con Lei a vedere un film italiano.
7. con quale mezzo e a che ora potete andare.
8. se dopo lo spettacolo c'è tempo per andare in discoteca.

❧ Verbi irregolari

A. Two of the most important irregular verbs in the Italian language are **avere** (*to have*) and **essere** (*to be*).[1]

	AVERE	ESSERE
	ho	sono
	hai	sei
	ha	è
	abbiamo	siamo
	avete	siete
	hanno	sono

B. There are only four irregular verbs in the first conjugation: **andare** (*to go*), **dare** (*to give*), **fare**[2] (*to do, to make*), and **stare** (*to stay*).

ANDARE	DARE	FARE	STARE
vado	do	faccio	sto
vai	dai	fai	stai
va	dà	fa	sta
andiamo	diamo	facciamo	stiamo
andate	date	fate	state
vanno	danno	fanno	stanno

C. Most irregular verbs belong to either the second or the third conjugation. There is no easy way to learn irregular verbs: they must be memorized. Some of them exhibit shared patterns.

RIMANERE *to stay, remain*	SALIRE *to go up*	TENERE *to keep*	VENIRE *to come*
rimango	salgo	tengo	vengo
rimani	sali	tieni	vieni
rimane	sale	tiene	viene
rimaniamo	saliamo	teniamo	veniamo
rimanete	salite	tenete	venite
rimangono	salgono	tengono	vengono

Note that the first person singular and third person plural add **-g-** to the stem.

---

[1] For a list of idiomatic expressions using the verb **avere**, see p. 21.

[2] **Fare** appears to be a verb of the first conjugation, but in many tenses it has characteristics of the second conjugation. It is listed as a second conjugation verb in the Appendix.

BERE *to drink*	TRADURRE *to translate*	DIRE *to say, tell*
bevo	traduco	dico
bevi	traduci	dici
beve	traduce	dice
beviamo	traduciamo	diciamo
bevete	traducete	dite
bevono	traducono	dicono

These verbs use the Latin stems **bev-, dic-,** and **traduc-** plus the regular endings of the second and third conjugations. The one exception is **dite.**

SAPERE *to know*	MORIRE *to die*	USCIRE *to go out*
so	muoio	esco
sai	muori	esci
sa	muore	esce
sappiamo	moriamo	usciamo
sapete	morite	uscite
sanno	muoiono	escono

Note that **sapere** follows the general pattern of first-conjugation irregular verbs.

D. Three frequently used verbs of the second conjugation are **dovere, potere,** and **volere.** Usually these verbs are followed by an infinitive.

DOVERE *to have to, must*	POTERE *to be able, can, may*	VOLERE *to want*
devo/debbo	posso	voglio
devi	puoi	vuoi
deve	può	vuole
dobbiamo	possiamo	vogliamo
dovete	potete	volete
devono/debbono	possono	vogliono

—Non devi ridere quando sbaglio.
   You mustn't laugh when I make a mistake.

—Sono tristi perché non possono andare in ferie.
   They're unhappy because they cannot go on vacation.

—Luigino non vuole studiare. Vuole uscire!
   Luigino doesn't want to study. He wants to go out!

Vengo anch'io alla festa di Pietro.

ESERCIZI

a. **I sedici anni di Pietro.** *Completare il paragrafo scegliendo una forma di* **avere** *o* **essere.**

Paolo e Pietro ___sono___ in casa e aspettano i loro amici. Oggi ___è___ il loro compleanno. Compiono sedici anni, ___sono___ gemelli *(twins)*. In casa c'___è___ aria di festa. Ci ___sono___ tante cose da mangiare e Paolo ___ha___ una gran voglia di assaggiare *(taste)* tutto. Pietro invece ___è___ preoccupato, ___ha___ paura di non ___essere___ abbastanza simpatico, di non ___avere___ successo con le ragazze. Pietro ___è___ innamorato di Patrizia, ma lei non ___ha___ nessuna intenzione di ___avere___ il ragazzo. «Tu, Patrizia, ___hai___ ragione» dice la mamma, «voi ragazzi ___siete___ giovani e ___avete___ tanto tempo davanti a voi!» Ma Pietro non ___è___ d'accordo. Gli adulti ___hanno___ strane idee sui giovani. ___È___ chiaro che non capiscono niente!

b. *Formare frasi di senso compiuto con i soggetti e le parole indicate.*

1. tu / cosa dire // quando / vedere un amico?
2. noi / non / promettere niente // venire / se / potere

3. loro / non salire // scendere
4. Gina e Aldo / sapere // che / essere tanto simpatici?
5. gli italiani / dare del tu alle persone // che / conoscere bene
6. voi / non dovere dare una risposta // se / non essere pronti
7. papà e mamma / non partire più // rimanere in Italia
8. tu e Maria / non potere fare l'esame // se / stare male

c. **Anche noi.** *Marina e le sue compagne di stanza scoprono di avere molte cose in comune. Seguire l'esempio usando diversi soggetti.*

> **ESEMPIO** MARINA Io bevo solo acqua.
> ELENA **Anch'io e Antonella beviamo solo acqua.**

1. rimanere a casa la domenica sera
2. fare la spesa spesso
3. non potere spendere tanti soldi
4. volere studiare in biblioteca
5. dovere lavorare part-time
6. non sapere dov'è la mensa
7. uscire con altri studenti

d. **Storie italiane.** *Completare le seguenti frasi con la forma corretta del presente indicativo dell'infinito fra parentesi.*

1. Io e Silvia __abitiamo__ (abitare) insieme. __Dividiamo__ (dividere) un appartamento di tre stanze e __andiamo__ (andare) molto d'accordo. Io __lavoro__ (lavorare) part-time; lei __studia__ (studiare): __fa__ (fare) il primo anno di Lettere. La sera, quando lei __finisce__ (finire) di studiare, noi __giochiamo__ (giocare) a carte, __chiacchieriamo__ (chiacchierare), __sentiamo__ (sentire) dischi. Poi __andiamo__ (andare) a dormire. La mattina, mentre Silvia ancora __dorme__ (dormire), io __esco__ (uscire) a fare la spesa, __metto__ (mettere) in ordine la casa, poi __vado__ (andare) in ufficio. Quasi sempre __mangiamo__ (mangiare) insieme. __Siamo__ (essere) buone amiche.

2. Il protagonista del romanzo, Silvestro, __ha__ (avere) trent'anni, __vive__ (vivere) e __lavora__ (lavorare) a Milano e da quindici anni non __vede__ (vedere) la Sicilia, dove è nato e dove __vive__ (vivere) ancora sua madre. __Sono__ (essere) gli anni del fascismo e della guerra. Un giorno Silvestro __riceve__ (ricevere) una lettera del padre, da Venezia, che gli __chiede__ (chiedere) di andare in Sicilia, a trovare la madre per l'onomastico di lei (*her saint's day*). Silvestro non __prende__ (prendere) subito la decisione di partire, ma __è__ (essere) quasi costretto a farlo: __va__ (andare) alla stazione per impostare una cartolina di auguri alla madre, ma qui __vede__ (vedere) un cartellone che __invita__ (invitare) a visitare la Sicilia e __offre__ (offrire) uno sconto sul biglietto di andata e ritorno. Ma soprattutto __sente__ (sentire) una specie di richiamo magico per la sua terra natale. Silvestro __segue__ (seguire) quel richiamo e __sale__ (salire) sul treno diretto in Sicilia.

e.   Parliamo un po'. *Lavorando in coppia, fare a un compagno/una compagna le domande seguenti. Lui/lei risponde e fa domande a sua volta. Domandare...*

1. che cosa fa la sera quando sta a casa.
2. se legge o guarda la televisione.
3. se suona uno strumento e quale.
4. dove va quando esce con gli amici.
5. quali sono i posti che preferisce.
6. da quanto tempo non mangia veramente bene.
7. se vuole venire con Lei a un ristorante italiano questa sera.

II. Pronomi personali soggetto

A.   The subject pronouns in Italian are:

SINGULAR		PLURAL	
io	*I*	**noi**	*we*
tu	*you (informal)*	**voi**	*you (informal)*
Lei[1]	*you (formal)*	**Loro**[1]	*you (formal)*
lui/egli	*he*	**loro**	*they (m, f)*
lei/ella	*she*		
esso	*it (m)*	**essi**	*they (m)*
essa	*it (f)*	**esse**	*they*

Egli and **ella** refer to people and are used instead of **lui** and **lei** in literary or formal style. **Esso** and **essa** refer to animals and things. The plural forms **essi/esse** can refer to people, animals, or things.

Subject pronouns are normally omitted because the verb ending indicates the person and number of the subject.

—Quando andate in ferie?
When are you going to take time off from work?

—Paghiamo l'affitto domani.
We pay the rent tomorrow.

B.   Subject pronouns are used, however, in the following cases:

1. After verbs, particularly after the verb **essere,** to emphasize the subject.

—Lo dice lei.
She's the one who says it.

—Pagano loro.
They're going to pay.

—Siamo noi che lo vogliamo.
We're the ones who want it.

—Sei tu, Maria?—Sì, sono io.
Is it you, Mary?—Yes, it's me.

Note that with **essere** the corresponding English construction often uses the impersonal *it.*

---

[1] **Lei** and **Loro**, meaning *you,* are not to be confused with **lei** *(she)* and **loro** *(they)*. The capitalization is a visual clue indicating the difference. Although capitalization is optional, we use it in this text.

2. To emphasize the subject with such words as:

solo, solamente, soltanto	*only*
anche, pure, perfino	*also, too, even*
neanche, nemmeno, neppure	*not even, neither, not . . . either*

Solo tu puoi uscire!   Neanche noi mangiamo carne.
You're the only one who is allowed to go out!   *We don't eat meat either.*

3. To contrast one subject with another subject.

Tu dici la verità; lei dice bugie.   Lei può andare; noi restiamo.
You tell the truth; she tells lies.   *You may go; we'll stay.*

ESERCIZI

a. *Completare con la forma corretta del pronome.*

1. Anche _____ *tu* _____ sei stanco?
2. Non dobbiamo pagare _____ *noi* _____ ; pagano _____ *loro* _____ !
3. _____ *Lei* _____ , Signora, dove abita?
4. _____ *Lei* _____ , Professore, preferisce parlare italiano o francese?
5. _____ *Io* _____ domando e _____ *tu* _____ rispondi, va bene?
6. _____ *Noi* _____ prendiamo un gelato e _____ *tu* _____ , Mamma, cosa prendi?
7. Signori, _____ *loro* _____ non entrano?
8. Signorine, _____ *loro* _____ bevono Coca-Cola?
9. Ragazzi, _____ *voi* _____ avete voglia di camminare?
10. _____ *Io* _____ non sono sposata e nemmeno _____ *lui* _____ è sposato.

b. **La festa.** *Graziella ha preparato una festa. Adriana è molto curiosa e fa domande sui preparativi. Rispondere usando i pronomi personali.*

1. Viene Andrea? (sì)
2. Solo Anna e Mario non possono venire? (sì)
3. Neanche Franco sa ballare? (no)
4. Anche le ragazze Giannelli portano le paste? (no)
5. Soltanto io e Lucia ti aiutiamo a preparare i rinfreschi? (sì)
6. Neppure Adriana, che è tanto ricca, porta un bel dolce? (no)
7. Soltanto Nicola e Paola portano i dischi? (sì)
8. Solamente io e Michele restiamo dopo la festa? (sì)

III. Nomi

∽ Genere

All nouns are either masculine or feminine. Most end in a vowel. As a general rule, nouns ending in **-o** are masculine, and nouns ending in **-a** are feminine. Nouns ending in **-e** can be either masculine or feminine. Although there is no systematic way of determining the gender of nouns, especially those designating objects, abstract ideas, and concepts, there are some practical rules. Below are a few of the most helpful rules.

1. Nouns ending in **-ore** are masculine.

    autore   colore   fiore   pittore

2. Nouns ending in **-tà, -trice,** and **-zione** are feminine.

    qualità   città   autrice   complicazione

3. Most nouns ending in **-i, -ie, -ione,** and **-ù** are feminine. + à

    crisi   serie   opinione   gioventù

∽ Formazione del femminile

A. Many nouns referring to people or animals are changed to the feminine form by replacing the masculine ending with a feminine ending.

ENDING	MASCULINE	FEMININE
-o → -a	ami**co**	ami**ca**
-e → -a	signor**e**	signor**a**
-o → -essa	avvocat**o**	avvocat**essa**
-a → -essa	poet**a**	poet**essa**
-e → -essa	student**e**	student**essa**
-tore → -trice	let**tore**	let**trice**

B. Some nouns ending in **-e, -ga,** and **-ista** are masculine or feminine depending on the person referred to, and do not change endings in the singular.

un cantante	*a singer (m)*	**una cantante**	*a singer (f)*
un collega	*a colleague (m)*	**una collega**	*a colleague (f)*
un pianista	*a pianist (m)*	**una pianista**	*a pianist (f)*

C. ATTENZIONE! Note the differences in meaning between the following pairs of nouns, which appear to be related.

MASCULINE		FEMININE		MASCULINE		FEMININE	
busto	*bust*	**busta**	*envelope*	**pasto**	*meal*	**pasta**	*noodles*
caso	*case trial*	**casa**	*house*	**porto**	*port*	**porta**	*door*
collo	*neck*	**colla**	*glue*	**torto**	*wrong doing*	**torta**	*cake*
foglio	*sheet*	**foglia**	*leaf*				

Formazione del plurale

A. Most nouns become plural by changing the endings. The following chart shows the most common changes.

CHANGE	SINGULAR	PLURAL
-o → -i	bambino	bambini
-a → -e	ragazza	ragazze
-e → -i	padre/madre	padri/madri

B. Some masculine nouns change gender when they become plural; thus the singular is masculine and the plural is feminine.

SINGULAR		PLURAL	SINGULAR		PLURAL
braccio	*arm*	**braccia**	**osso**	*bone*	**ossa**
ciglio	*eyelash*	**ciglia**	**paio**	*pair, couple*	**paia**
dito	*finger, toe*	**dita**	**sopracciglio**	*eyebrow*	**sopracciglia**
labbro	*lip*	**labbra**	**uovo**	*egg*	**uova**
miglio	*mile*	**miglia**			

[handwritten: ginocchio - knee → ginocchia]

C. The plural of certain nouns depends on whether they are masculine or feminine.

1. Masculine nouns ending in **-a:**

CHANGE	SINGULAR	PLURAL
-a → -i	poeta	poeti
-ista → -isti	pianista	pianisti
-ca → -chi	duca	duchi
-ga → -ghi	collega	colleghi

[handwritten: monarca → monarchi]

[handwritten: uomo → uomini   dio → dei   tempio → templi]

2. Feminine nouns:

[handwritten: bue → buoi (oxen)   suicida → suicidi/suicide]

CHANGE	SINGULAR	PLURAL
-ista → -iste	pianista	pianiste
-ca → -che	banca	banche
-ga → -ghe	collega	colleghe

[handwritten: basilica → basiliche]

[handwritten: pediatra → pediatri/pediatre]

D. The plural of certain nouns depends on where the stress falls in the word.

1. Masculine nouns:

STRESS	CHANGE	SINGULAR	PLURAL
the -i is not stressed	-io → -i	negozio	negozi
the -i is stressed	-io → -ii	zio	zii
stress is on syllable preceding **-co**[1]	-co → -chi	tedesco	tedeschi
stress is on second syllable preceding **-co**	-co → -ci	medico	medici

[handwritten: occhio → occhi   natio → natii (native)]

---

[1] Exceptions: **amico/amici; nemico/nemici; greco/greci; porco/porci.**

2. Feminine nouns:

STRESS	CHANGE	SINGULAR	PLURAL
the **-i** is not stressed	**-cia** → **-ce**	doc**cia**	doc**ce**
the **-i** is stressed	**-cia** → **-cie**	farma**cia**	farma**cie**
the **-i** is not stressed	**-gia** → **-ge**	piog**gia**	piog**ge**
the **-i** is stressed	**-gia** → **-gie**	aller**gia**	aller**gie**

E. Masculine nouns ending in **-go** have the following changes:

CHANGE	SINGULAR	PLURAL
-go → **-ghi**	la**go**	la**ghi**
-ologo → **-ologi**	psic**o**logo	psic**o**logi

F. Invariable nouns:

The following types of nouns have the same form in both the singular and the plural.

1. Nouns ending in a consonant; most of which are foreign words:

   un film   **due film**   un camion   **due camion**

2. Nouns ending in an accented vowel:

   un caffè   **due caffè**   una città   **due città**

3. Nouns ending in **-i:**

   una crisi   **due crisi**   una tesi   **due tesi**

4. Nouns ending in **-ie:**

   una serie   **due serie**

   Exception: una moglie   **due mogli**

5. Family names:

   i Costa   *the Costas*

6. One-syllable nouns:

   un re   **due re**

7. Abbreviations:

   una radio   **due radio** (*from* radiotelefonia)
   un cinema   **due cinema** (*from* cinematografo)
   una bici   **due bici** (*from* bicicletta)
   una foto   **due foto** (*from* fotografia)
   un frigo   **due frigo** (*from* frigorifero)
   una moto   **due moto** (*from* motocicletta)
   un'auto   **due auto** (*from* automobile)
   un prof/una prof **due prof** (*from* professore/professoressa)

NOTE: Abbreviations keep the gender of the words from which they are derived.

ESERCIZI

a. **Una zona turistica.** *Elisabetta parla degli alberghi e delle pensioni di suo padre. Completare il paragrafo con le seguenti parole e fare le modifiche necessarie.*

lago   parco   albergo (2 volte)   pensione (2 volte)   bagno   doccia
ristorante   giacca   cravatta   giardino   pesca   arancia   banca
chiesa   biblioteca   negozio

Abitiamo in una zona turistica vicino a dei _____*laghi*_____ e a dei grandi _____*parchi*_____. Mio padre ha due _____*alberghi*_____ e due piccole _____*pensioni*_____ familiari. Gli _____*alberghi*_____ sono molto eleganti, i _____*bagni*_____ e le _____*docce*_____ sono di ceramica italiana; ci sono due _____*ristoranti*_____ famosi in cui gli uomini sfoggiano (*show off*) _____*giacche*_____ e _____*cravatte*_____ di stilisti (*designers*) internazionali. Anche le signore sono sempre molto eleganti. Le _____*pensioni*_____ sono più modeste ma l'atmosfera è molto simpatica. Ogni mattina, a colazione, offriamo agli ospiti la frutta dei nostri _____*giardini*_____: delle _____*pesche*_____ o delle _____*arance*_____ a seconda della stagione. Nella città vicina ci sono due _____*banche*_____, due _____*chiese*_____, una cattolica e una protestante, e due _____*biblioteche*_____, una pubblica e una privata. Ci sono anche tanti _____*negozi*_____ di abbigliamento. Quando venite a trovarci?

b. **A casa Cattani.** *Riscrivere il brano cambiando il genere di tutti i sostantivi che denotano persone.*

Questa sera c'è una festa a casa della signora Cattani. Viene molta gente: il professor Parenti che è l'autore di un nuovo libro sull'ecologia, il pianista Rovere con la moglie pittrice e il padre poeta, e la zia della padrona di casa, una cardiologa famosa, con il suo collega pediatra. Ci sarà anche la cantante Gina Presti e l'attore cinematografico Paolo Santini. Forse verrà anche una scrittrice americana in compagnia di un regista neozelandese che ha vinto un premio a Venezia. La cameriera è disperata. Vuole chiamare suo fratello in aiuto e magari anche suo cugino, ma non sa se la signora sarà d'accordo.

Tempo libero con gli amici in piazza.

LETTURA

Vocabolario utile

il comportamento behavior
il consumismo consumerism
l'impiego employment, job
il locale premises
la pretesa demand, expectation
le serranda rolling door shutter

l'elettrauto electrical parts repair shop
l'impegno obligation
lo stipendio salary

eventuale possible
quotidiano daily

affiggere (*pp* **affisso**) **un cartello** to post a sign
annoiarsi to get bored
regalare to give something as a gift
sacrificare to sacrifice
trattarsi di to be a matter of

Prima di leggere

Luciano De Crescenzo è uno scrittore italiano contemporaneo, autore di diversi libri di successo. Nella sua *Storia della Filosofia Greca,* dalla quale è tratto il brano che segue, l'autore racconta «con parole semplici il pensiero e la vita dei primi filosofi.» Il libro è diretto ai suoi concittadini, i napoletani, che egli chiama discendenti degli antichi greci. Tra i filosofi della storia De Crescenzo inserisce brevi capitoli che, dice, trattano di «filosofi miei, gente come Peppino Russo o Tonino Capone», napoletani che vivono secondo una loro filosofia…

Tonino Capone ha un'officina di elettrauto a Napoli. Lavora quanto è necessario per vivere, ma non gli interessa di arricchirsi. Secondo lui la gente lavora molto per guadagnare tanti soldi e comprare cose inutili. L'importante, invece, è di avere ogni giorno delle ore libere per leggere, andare al mare, parlare con gli amici, insomma, per fare quello che ci piace.

Un giorno l'autore trova che la sua macchina ha la batteria scarica e si dirige a piedi al più vicino elettrauto.

In gruppi di tre o più studenti, discutete la vostra «filosofia della vita». Rispondete alle domande che seguono.

1. Perché la gente lavora? Le ragioni sono molte; discutetene alcune.
2. È importante guadagnare molto e avere tanti soldi da spendere? Perché?
3. Di che cosa pensate di aver bisogno?
4. Che cosa vi piacerebbe avere in più?
5. È vero o no che abbiamo tutti bisogno di ore libere dal lavoro? Perché?

Tonino Capone ovvero filosofia napoletana

La serranda è abbassata e su essa è affisso un cartello con la scritta: «AVENDO GUADAGNATO QUANTO BASTA° TONINO È ANDATO AL MARE». Questa di Tonino è una scelta di vita che presuppone una filosofia…

Ci troviamo in una pizzeria del Vomero°: è l'una di notte, non c'è più nessun cliente, il locale sta per chiudere. A un tavolo d'angolo, davanti a tre tazzine di caffè, siamo rimasti seduti io, Tonino e Carmine, il cameriere anziano° della pizzeria.

«Noi per vivere» dice Tonino «abbiamo bisogno di due cose: un po' di soldi, per essere indipendenti dal punto di vista economico, e un po' di affetto, per superare indenni° i momenti di solitudine. Queste due cose però non le regala nessuno: te le devi comprare e te le fanno pagare a caro prezzo con ore e ore di libertà. I meridionali°, per esempio, sono portati a desiderare il posto sicuro°, lo stipendio fisso tutti i ventisette°. Non dico che si tratti di un mestiere° stressante, tutt'altro°, però in termini di libertà l'impiego è un impegno tra i più costosi che esistono: otto ore al giorno… senza considerare gli straordinari° e un eventuale secondo lavoro. E veniamo all'amore: anche in questo caso l'uomo si orienta per una sistemazione di tutto riposo°, si trova una moglie e spera di ottenere da lei quello stipendio affettivo di cui sente il bisogno. Pure° questa soluzione ha il suo costo: nella migliore delle ipotesi sono altre sei ore di libertà che vanno a farsi benedire°. La moglie aspetta il marito che ha appena finito l'orario di ufficio e lo sequestra°. A questo punto facciamoci i conti: otto ore per il lavoro, sei per la moglie, ne restano ancora dieci e bisogna dormire, lavarsi, mangiare e andare su e giù con la macchina tra la casa e il posto di lavoro.»

«Donn'Antò,» dice Carmine che, non essendo un intimo, dà del voi a Tonino e lo chiama donn'Antonio «l'unica cosa che non ho capito è questo fatto dei gettoni. Voi dite che uno, per procurarsi soldi, deve cacciare° altri soldi...»

«Sì,» lo interrompe Tonino, …«se tu sacrifichi tutte le ore della giornata per il lavoro e per tua moglie, non avrai più nemmeno un minuto per restare solo con te stesso.»

«Ho capito, donn'Antò,» annuisce° Carmine senza troppa convinzione «però vedete: io quando lavoro non mi annoio mai, quando sto con mia moglie diciamo che mi annoio così così, è quando resto solo con me stesso che mi annoio moltissimo e allora dico io: non è meglio che vado a lavorare?»

«Questo succede perchè nessuno ti ha mai insegnato a vivere da solo.»

(…)

«Comunque non è della solitudine che volevo parlare, ma del tempo libero. E chiariamo° subito una cosa: qua ognuno è padrone di° passare il proprio tempo libero come meglio crede. C'è a chi piace° restare in casa da solo, a leggere o a pensare, c'è invece chi preferisce uscire con gli amici e andare in trattoria, e c'è perfino chi si diverte a girare° con la macchina in mezzo al traffico. L'importante però è che ci sia sempre, per ciascuno di noi, quell'angolino° per potersi dedicare a qualche cosa che non sia la pura occupazione del guadagnare e dello spendere.

---

Marginal glosses:

quanto: *what is enough*

neighborhood of Naples

elderly

unharmed

southerners / secure job

payday in public sector / job / not at all

overtime

sistemazione: *well-planned arrangement*
anche

vanno: *go down the drain*

kidnaps

tirar fuori

nods

*let us clarify / **ognuno:** everybody is free to*

c'è: *there are those who like*

to go around

small corner, niche

Oggi purtroppo il consumismo, con le sue pretese sempre più imperative, con le sue leggi di comportamento, ci costringe a tirare la carretta° molto più di quanto in realtà avremmo bisogno. Basterebbe infatti eliminare le spese superflue per 45 poterci liberare, una volta per tutte°, della condanna del super-lavoro.»

ci: *forces us to slave* (*lit, to pull the cart*)

una: *once and for all*

Luciano De Crescenzo, *Storia della filosofia greca*

Comprensione

1. Un giorno l'autore ha bisogno di Tonino, l'elettrauto, ma non lo trova. Perché?
2. Secondo Tonino, di che cosa hanno bisogno le persone per essere contente?
3. Sono cose che costano care? In che moneta si pagano?
4. Quando uno si sposa, secondo Tonino, quanta libertà perde?
5. Che cosa è importante secondo lui?
6. Che cosa ci impedisce di avere del tempo libero?
7. Qual è la soluzione?

Studio di parole

to marry

sposare, sposarsi con
to marry someone

Elena vuole sposare (sposarsi con) un uomo intelligente.
Helen wants to marry an intelligent man.

sposarsi
to get married

Quando si sposa? A maggio?
When are you getting married? In May?

***essere sposato**
to be married

Sei sposato? Da quanto tempo sei sposato?
Are you married? How long have you been married?

la sposa *bride*　　**lo sposo** *bridegroom*
gli sposi *newlyweds*

Ecco la sposa! Viva gli sposi!
Here comes the bride! Long live the newlyweds!

to agree

***essere d'accordo**
to agree

Non sono d'accordo con te.
I don't agree with you.

mettersi d'accordo
to come to an agreement, to agree

Finalmente si sono messi d'accordo.
They finally came to an agreement.

***andare d'accordo**
to get along

Anna va molto d'accordo con Maria.
Anne gets along well with Maria.

d'accordo (*or* **va bene**)
agreed, OK

Allora, ci vediamo alle cinque—D'accordo!
Then we'll meet at five.—Agreed!

to be wrong

***essere sbagliato** *to be incorrect* (used when the subject is a thing or an idea)	**avere torto; sbagliare; sbagliarsi** *to be wrong* (used when the subject is a person)
Questo verbo è sbagliato. *This verb is wrong.*	Mia madre ha torto (si sbaglia). *My mother is wrong.*
sbagliato *wrong (adj)*	**sbaglio** *mistake*
Il giallo è il colore sbagliato per me. *Yellow is the wrong color for me.*	Fai molti sbagli quando parli. *You make many mistakes when you speak.*

to be right

***essere giusto (corretto)** *to be right (correct)* (used when the subject is a thing or an idea)	**avere ragione** *to be right* (used when the subject is a.person)
È giusto dire così? *Is it correct to say it this way?*	Tu vuoi sempre avere ragione! *You always want to be right!*
giusto *right (adj)*	
Ecco la parola giusta! *Here's the right word!*	

As in the case of **avere ragione** and **avere torto,** many Italian idioms use the verb **avere** to describe a state of being. The corresponding English expression generally uses the verb *to be.*

avere... anni	*to be . . . years old*	**avere fretta**	*to be in a hurry*
avere bisogno di	*to need*	**avere paura**	*to be afraid*
avere caldo	*to be warm*	**avere sete**	*to be thirsty*
avere fame	*to be hungry*	**avere sonno**	*to be sleepy*
avere freddo	*to be cold*	**avere voglia di**	*to feel like, to want*

Pratica

---

a. *Scegliere le parole che completano meglio la frase.*

1. Se dici questo, (sei sbagliato/hai torto).
2. Da quanto tempo (sono sposati/si sposano) i tuoi genitori?
3. (È giusto/ha ragione) dire «Ciao!» a un professore?
4. Perché volete sempre (avere ragione/essere giusti)?
5. (Non siamo/non andiamo) ancora d'accordo sul prezzo.

b. *Inserire le espressioni opportune.*

1. Mio marito ed io abbiamo sempre opinioni differenti, non _andiamo d'accordo_
2. Sono stanco/a, non _ho voglia_ di uscire.
3. Lavori troppo! Non _hai bisogno_ di una bella vacanza?
4. Chiaretta è una bambina che _______________ del buio.
5. Sono due giorni che non mangiano, _hanno fame._

c. *Domande per Lei.*

1. Come passa Lei la giornata? Ha molte ore libere?
2. Come occupa il tempo libero?
3. Preferisce la solitudine o la compagnia? Perché?
4. Preferisce avere a Sua disposizione un grosso conto in banca o tante ore libere? Perché?
5. Che cosa si aspetta dal lavoro?

Temi per componimento o discussione

1. Perché è importante il tempo libero?
2. Secondo Tonino Capone, la gente lavora tanto per spendere molti soldi in cose superflue. Lei è d'accordo? Dia esempi concreti in favore o contro l'opinione di Tonino.
3. In che modo il consumismo della società contemporanea influisce sulle nostre scelte?
4. Per De Crescenzo «avere una filosofia significa, tra l'altro, possedere una scala di valori in base alla quale operare delle scelte di vita». Qual è la Sua opinione?

RICERCA WEB

L'uso del tempo libero è diverso per persone diverse. In Italia è diffuso il «fai da te», cioè la tendenza a fare da sé piccole riparazioni, specialmente per quanto riguarda la casa, senza ricorrere all'aiuto di operai specializzati. I lavori più impegnativi, specialmente di artigianato *(crafts),* vanno spesso sotto il nome di «bricolage», cioè lavoretti di vario genere. Ci sono poi altre attività: cucito *(needlework),* giardinaggio, fotografia...

a. Tempo libero in Italia
b. Casa e tempo libero

Ti va di... ? Adele invita Laura ad andare a vedere la mostra di De Chirico.

ADELE: Pronto, Laura?
LAURA: Ciao, Adele! Allora, ti va di vedere la mostra?
ADELE: Ma certo. Marco dice che è stupenda. Dove ci vediamo?
LAURA: Hai voglia di prendere qualcosa prima? Ci troviamo al Bar degli Artisti ed entriamo alle dieci; il museo è aperto dalle nove alle due.
ADELE: Va bene. Allora, alle nove e mezzo al bar. Ciao.

Estendere un invito

Che ne dici di andare/fare... ?	*What about going/doing . . . ?*
Ti va/Le va di... ?	
Hai voglia di... ?	*Do you feel like . . . ?*
Andiamo a/da... !	*Let's go to . . . !*
Puoi/può venire stasera a... ?	*Can you come tonight to . . . ?*

Accettare un invito

Ma certo!	
Certamente!	*Certainly*
Con piacere.	
Va bene. Dove ci troviamo?	*OK. Where should we meet?*
A che ora ci vediamo?	*What time shall we meet?*

Rifiutare un invito

Mi dispiace, ma devo...	*I'm sorry, but I have to . . .*
Grazie, ma non posso proprio.	
Non mi è proprio possibile.	*(Thank you but) I really can't.*
L'avessi saputo prima!	*If only I'd known it before!*
Se me lo avessi/avesse detto prima!	*If you'd only told me before!*

Parlare al telefono

Pronto, è in casa/c'è... , per favore?	*Hello, is . . . home, please?*
Chi parla?	
Con chi parlo?	*Who's calling?*
Sono... , mi fa parlare con... ?	
Buongiorno, sono... , mi passa/mi può passare... ?	*It's . . . Could I speak to . . . ?*
Le spiace se lascio un messaggio?	*Do you mind if I leave a message?*
Le/gli dica che ha telefonato...	*Tell him/her that . . . called.*
Grazie. ArrivederLa/ci.	*Thank you. Goodbye.*
Ci sentiamo, allora.	*Let's be in touch.*

Che cosa dice?

1. Un amico Le telefona per proporLe di andare insieme in pizzeria. Lei ha un esame domani.
2. Il Suo professore di Relazioni Internazionali L'invita ad una festa in onore di studenti cinesi in visita all'università.
3. Lei telefona a un amico/un'amica per invitarlo/la a un concerto di musica rock, ma risponde il compagno/la compagna di stanza.
4. Degli amici di famiglia, che Lei trova antipatici, Le propongono un campeggio di una settimana in montagna.
5. Un ragazzo/una ragazza che Le piace molto Le telefona per invitarLa in discoteca questa sera, ma Lei ha appena accettato di fare da baby-sitter per i suoi vicini di casa.
6. Lei telefona a un amico/un'amica per proporgli/le di venire con Lei in barca il prossimo fine settimana.

Situazioni

1. Lei è all'università. Suo padre viene a farLe visita e vuole sapere quanto tempo libero ha e come lo passa.
2. Lei è un/un'atleta, ma il Suo ragazzo/la Sua ragazza non è affatto sportivo/a. Ci dica cosa lui/lei fa quando non deve studiare o lavorare e se Lei è d'accordo o no.
3. I Suoi genitori intendono fare una festa per il Suo compleanno, ma Lei ha vinto una crociera per due persone alle Bahamas e intende andarci con il Suo ragazzo/la Sua ragazza. Ne parli con Sua madre.
4. C'è una mostra di Van Gogh nella Sua città. Telefoni a degli amici e faccia programmi precisi per andarci in gruppo.

PER COMINCIARE

Come eravamo

STRUTTURA

Parlare di eventi passati
    I. Imperfetto
Identificare oggetti e persone
    II. Aggettivi
    III. Articolo indeterminativo
Contare
    IV. Numeri cardinali
Parlare del tempo
    V. Il tempo

LETTURA

Ricordi d'infanzia

PER COMUNICARE

Controllare l'informazione
Chiarire e spiegare
Sollecitare l'interlocutore
Esprimere incredulità

Come eravamo. Luciano racconta alla sua amica americana Leslie di quando era piccolo.

LUCIANO: Abitavamo a Roma. Ero un bambino allegro e spensierato. Certo, bisognava andare a scuola, anche il sabato purtroppo, ma io facevo presto i compiti. Verso le tre del pomeriggio uscivo con i miei fratelli, andavamo con la mamma ai giardini pubblici. Se faceva brutto tempo, giocavamo in casa o guardavamo i cartoni animati; qualche volta andavo a casa di un amico o veniva lui da me. Almeno una volta all'anno, Papà ci diceva di invitare i nostri amici e ci accompagnava al luna-park e, quando c'era l'occasione, addirittura al circo.

LESLIE: Eri bravo a scuola?

LUCIANO: Ma sì. Di solito prendevo dei bei voti. E alla fine della scuola ci aspettava una lunga estate di libertà.

LESLIE: Cosa facevi durante le vacanze?

LUCIANO: Andavamo in montagna, in Val d'Aosta, dove c'era la casa del nonno. Il nonno era solo, noi gli facevamo compagnia e lui era tanto contento. Quando il tempo era bello, ci portava a fare delle lunghe camminate e ci diceva i nomi delle piante e dei fiori delle Alpi. Gli piaceva giocare con noi. La sera ci raccontava le fiabe della regione e ci insegnava i canti della montagna. Invece a Roma ogni tanto la domenica veniva a prenderci e ci portava allo zoo.

LESLIE: Eri proprio un bambino felice!

Vocabolario utile

L'infanzia   childhood

l'asilo   kindergarten
la bambola   doll
i cartoni animati   cartoons
il circo   circus
la fiaba   fairy tale

Lo zoo

l'anatra   duck
la foca   seal
l'orso   bear

Espressioni

*andare all'asilo   to attend kindergarten
 da piccolo   as a child
 da grande   as a grown-up
*essere in prima, seconda elementare
   to be in first, second grade

la fiera   fair
il giocattolo   toy
la giostra   merry-go-round
il luna-park   amusement park

la scimmia   monkey
la tigre   tiger

* essere promosso   to pass an exam; to
   complete a (school) year successfully
fare compagnia (a)   to spend time with
fare i compiti   to do one's homework
prendere un bel/brutto voto   to get a
   good/bad grade

Di pomeriggio i bambini vanno a giocare al parco.

Le emozioni

allegro   cheerful, happy
malato   sick
malinconico   sad
sano   healthy

scatenato   boisterous
solitario   aloof, lonely
spensierato   carefree,
tranquillo   quiet, calm

ESERCIZI

a.   *Scegliere l'espressione che meglio descrive il testo letto.*

1. Luciano era un bambino _______________.
   a. triste
   b. contento
   c. malato
   d. povero

2. La famiglia di Luciano passava le vacanze _______________.
   a. in città
   b. al mare
   c. in un grande albergo
   d. sulle Alpi

3. Luciano andava in vacanza _______________.
   a. nel mese di luglio
   b. tutta l'estate
   c. un mese in campeggio
   d. pochi giorni

4. Il nonno di Luciano ______________.
   a. fumava la pipa in poltrona
   b. giocava a carte con
      i suoi amici
   c. era contento di stare con i bambini
   d. abitava al mare

b. **L'intrusa (the intruder).** *Sottolineare la parola che non ha relazione con le altre. Spiegare il perché.*

1. zoo   acquario   scimmia   circo
2. foca   orso   tigre   bambola
3. asilo   fiaba   fiera   giocattolo
4. circo   luna-park   compito   giostra

c. **I luoghi dei bambini.** *Che cosa si trova nei luoghi seguenti?*

1. un circo
2. uno zoo
3. un asilo
4. un luna-park

d. **Come sei?** *Che cosa fa un bambino/una bambina... ?*

1. malato/a
2. sano/a
3. solitario/a
4. tranquillo/a
5. scatenato/a
6. malinconico/a

I. Imperfetto

Verbi regolari

The **imperfetto** (*imperfect* or *past descriptive*) is formed by adding the characteristic vowel and the appropriate endings to the stem. The endings are the same for all three verb conjugations: **-vo, -vi, -va, -vamo, -vate, -vano.**

AMARE	CREDERE	FINIRE
amavo	credevo	finivo
amavi	credevi	finivi
amava	credeva	finiva
amavamo	credevamo	finivamo
amavate	credevate	finivate
amavano	credevano	finivano

⤳ Verbi irregolari

Very few verbs are irregular in the **imperfetto.** The most common are shown below.

ESSERE	BERE[1]	DIRE[1]	FARE[1]	TRADURRE[1]
ero	bevevo	dicevo	facevo	traducevo
eri	bevevi	dicevi	facevi	traducevi
era	beveva	diceva	faceva	traduceva
eravamo	bevevamo	dicevamo	facevamo	traducevamo
eravate	bevevate	dicevate	facevate	traducevate
erano	bevevano	dicevano	facevano	traducevano

C'era and **c'erano** correspond to the English *there was, there were.*

C'era un pacco per noi.
There was a package for us.

Non c'erano molte lettere.
There weren't many letters.

⤳ Uso dell'imperfetto

A. The **imperfetto** is used:

1. To express an habitual action in the past (equivalent to the past tense, or to *used to* or *would* + verb, in English).

   Andavamo in campagna ogni week-end.
   We went to the country every weekend.

2. To express an action in progress in the past (equivalent to *was* + *-ing* in English).

   I bambini **dormivano** mentre io **lavavo** i piatti.
   The children were sleeping while I was doing the dishes.

3. To describe conditions and states of being (physical, mental, and emotional) in the past, including time, weather, and age in the past.

   Quand'**ero** bambina, **avevo** i capelli ricci.
   When I was a child, I had curly hair.

   Quando **pioveva** e **faceva** freddo, nessuno **aveva** voglia di giocare fuori.
   When it was raining and cold, nobody felt like playing outside.

   Tutti **sapevano** che Patrizia **era** innamorata di Lorenzo.
   Everybody knew that Patrizia was in love with Lorenzo.

---

[1] In the **imperfetto,** as in the **presente,** the verbs **bere, dire, fare,** and **tradurre** use the Latin stems **bev-, dic-, fac-,** and **traduc-.**

B. The imperfetto may also indicate for how long or since when something had been going on.

—Da quanto tempo lavoravi? —*How long had you been working?*
—Lavoravo da due mesi. —*I had been working for two months.*

—Quanto tempo era che lavoravi? —*How long had you been working?*
—Erano due mesi che lavoravo. —*I had been working for two months.*

ESERCIZI

a. **Adesso e prima.** *Lei ora abita lontano da casa. Racconti ai Suoi nuovi amici come è cambiata la Sua vita. Usi la forma affermativa con le parole suggerite e il verbo all'imperfetto.*

ESEMPIO Adesso non viaggiamo più.
Prima viaggiavamo sempre.

1. Ora non faccio più passeggiate in montagna.
2. Ora non vado più allo zoo o al circo.
3. Ora io e Andrea non giochiamo più a tennis.
4. Adesso non mi diverto più a cucinare per gli amici.
5. Ora non devo più prendere le vitamine per far contenta mia madre.
6. Ora gli amici non vengono più da me la sera a sentire la musica.
7. Adesso Maria ed io non ci vediamo più ogni giorno.
8. Adesso mio padre non protesta più quando torno tardi.

b. *«Lui» si sente in colpa* (guilty), *vuole scusarsi ma gli piace anche fare un po' la vittima. Completare con la forma corretta di* **essere** *o* **avere.**

1. Sono venuto a casa tua ma tu non c' ________________ .
2. Non ho aspettato perché ________________ fretta.
3. La mia macchina ________________ dal meccanico, quindi ________________ a piedi.
4. Il tempo ________________ bruttissimo e (io) ________________ un gran freddo.
5. Al bar ho ordinato un tè, ma quando me l'hanno portato ________________ appena tiepido (*lukewarm*).
6. Sono andato a comprare i biglietti del teatro ma il botteghino (*box office*) ________________ chiuso.
7. Quando sono arrivato a casa ________________ tardi.
8. Non ti ho telefonato perché ________________ paura di disturbare.
9. Volevo chiederti scusa. Ieri tu ________________ ragione. (Io) ________________ uno snob insopportabile e non voglio ammetterlo.

c. **Il mio eroe.** *Un astronauta famoso visita la scuola elementare di Gabriele. Gabriele, che sogna di diventare pilota, gli fa molte domande. Trasformare i verbi in parentesi all'imperfetto, poi immaginare di essere l'astronauta e rispondere alle domande.*

1. Che cosa (volere) ________________ diventare Lei quando (essere) ________________ piccolo?

2. (Lei) (prendere) _________________ dei bei voti quando (fare) _________________ le elementari?

3. Quanti anni (avere) _________________ quando ha volato per la prima volta?

4. (Essere) _________________ nervoso? (Avere) _________________ paura?

5. Mentre (volare) _________________ verso la luna, a che cosa (pensare) _________________? Che cosa (mangiare) _________________ e (bere) _________________?

6. Sulla luna (esserci) _________________ degli extraterrestri? (Parlare) _________________ italiano?

d. *Riscrivere ogni frase sostituendo l'imperfetto al presente.*

1. Mia sorella abita a Roma ma non viene spesso a trovarci. Di solito andiamo noi da lei e stiamo a casa sua.

2. Non so mai cosa fare la domenica pomeriggio. I miei amici vanno a vedere la partita ma a me il calcio non interessa. Così sto a casa e mi annoio.

3. Anna lavora come interprete in un'agenzia di viaggi. È una ragazza molto carina e simpatica. Un collega, un certo Alberto, la guarda sempre. Tutti dicono che è innamorato di lei ma che non ha il coraggio di parlarle perché è timido e ha paura di un rifiuto (*refusal*).

e. Da quanto tempo... ? Quanto tempo era che... ? *Esprimere in un altro modo le seguenti frasi.*

ESEMPIO   Luca aspettava Lucia da tre ore.
Erano tre ore che Luca aspettava Lucia.

1. Fausto era innamorato di Luisa da diversi anni.
2. Erano quasi due mesi che aspettava una sua lettera.
3. Ma lo sciopero della posta durava ormai da sei settimane.
4. Era tanto tempo che provava a telefonarle.
5. Ma il telefono di Luisa era guasto (*out of order*) da più di un mese.
6. Non si vedevano da Natale.
7. Erano due anni che vivevano lontani.
8. Forse Luisa da un po' di tempo aveva un altro ragazzo.

f. Il paese della cuccagna (the land of plenty). *Da bambino/a quale era il Suo gioco preferito? Aveva tanti giocattoli? Preferiva giocare da solo/a o con gli amici/le amiche? Che cosa Le piaceva fare quando era freddo? E quando faceva caldo? Quando era malato/a? Con un compagno/una compagna di classe parli della Sua infanzia. Alternatevi a fare domande e a rispondere. Poi riferite le informazioni alla classe.*

Alcune parole utili:

il Monopoli	la palla	le macchinette *toy cars*
i soldatini *toy soldiers*	i Lego	il trenino *toy train*
le figurine *trading cards*	la bambola	
le biglie *marbles*	la bicicletta	

NOTE: **giocare a** *to play* (*a game*)

II. Aggettivi

A. Italian adjectives agree in gender and number with the nouns they modify. They can be divided into three classes, depending on the ending of the adjective in the masculine singular: **-o, -e,** or **-a.**

		SINGULAR		PLURAL	
		Masculine	**Feminine**	**Masculine**	**Feminine**
First class	(4 endings)	-o	-a	-i	-e
Second class	(2 endings)	-e		-i	
Third class[1]	(3 endings)	-a		-i	-e

nuov**o**   nuov**a**
intelligent**e**
ottimis**a**

nuov**i**   nuov**e**
intelligent**i**
ottimis**i**   ottimis**e**

Studiamo parole nuov**e.**
We are studying new words.

Fabio ha due figlie intelligen**ti.**
Fabio has two intelligent daughters.

È un ragazzo ottimis**a.**
He is an optimistic young man.

1. A few adjectives like **ogni** (*every*), **qualsiasi** (*any*), and **qualche** (*some*) have only one form and are used only with singular nouns.

   ogni ragazzo e ogni ragazza
   every boy and girl

   qualche uomo e qualche donna
   some men and women

   qualsiasi richiesta
   any request

2. The adjective **blu** (*blue*) and other adjectives of color that were originally nouns (**rosa, viola, marrone,** etc.) are invariable.

   un vestito rosa e un vestito rosso
   a pink dress and a red dress

   scarpe nere e guanti marrone
   black shoes and brown gloves

---

[1] There are only a few adjectives in this class, but they are frequently used. The most common are: **comunista, fascista, socialista, femminista, ottimista, pessimista,** and **egoista.**

3. If an adjective modifies two or more nouns of different genders, the masculine plural form is used.

Il vino e la birra sono cari.
Wine and beer are expensive.

4. Certain adjectives change their spelling in the plural. These changes follow the same patterns that nouns do (see pages 15–16). Other spelling changes in adjectives depend on where the stress falls in the word.

	CHANGE	SINGULAR	PLURAL
stress on syllable preceding **-co**	**-co** to **-chi**	stan**co**	stan**chi**
	-ca to **-che**	stan**ca**	stan**che**
stress on second syllable preceding **-co**	**-co** to **-ci**	antipa̱ti**co**	antipa̱ti**ci**
	-ca to **-che**	antipati**ca**	antipati**che**
	-go to **-ghi**	lun**go**	lun**ghi**
	-ga to **-ghe**	lun**ga**	lun**ghe**
the **-i-** is not stressed	**-io** to **-i**	vecc**hio**	vecc**hi**
	-ia to **-ie**	vecc**hia**	vecc**hie**
the **-i-** is stressed	**-io** to **-ii**	rest**i̱o**	rest**i̱i**
	-ia to **-ie**	rest**ia**	rest**ie**
	-cio to **-ci**	ric**cio**	ric**ci**
	-cia to **-ce**	ric**cia**	ric**ce**
	-gio to **-gi**	greg**gio**	greg**gi**
	-gia to **-ge**	greg**gia**	greg**ge**

B. The position of adjectives is governed by the following rules:

1. Descriptive adjectives generally follow the noun they modify.

una ragazza simpatica	un vino rosso	due vestiti eleganti
a pleasant girl	*a red wine*	*two elegant dresses*

They *always* follow the noun when modified by **molto** (*very*) or another adverb.

un palazzo molto bello	una signora abbastanza giovane
a very beautiful palace	*a fairly young lady*

2. Numerals and demonstrative, possessive, interrogative, and indefinite adjectives generally precede the noun they modify.

le prime cinque lezioni	i nostri zii	un'altra strada
the first five lessons	*our uncles*	*another road*

3. A few common descriptive adjectives usually precede the noun.

bello	buono	grande	giovane	lungo
brutto	cattivo	piccolo	vecchio	

Facevamo lunghe passeggiate.   C'era sempre un cattivo odore in cucina.
We used to take long walks.   *There was always a bad smell in the kitchen.*

ESERCIZI

a.   *Mettere al femminile e poi cambiare dal singolare al plurale.*

> **ESEMPIO**   simpatico e gentile
> **simpatica e gentile**
> **simpatiche e gentili**

1. povero ma onesto
2. bello ma egoista
3. stanco morto
4. sano e salvo *(safe and sound)*
5. lungo e difficile
6. utile e necessario
7. stretto o largo? *(narrow or wide?)*
8. dolce o amaro? *(sweet or bitter?)*
9. grande e grosso
10. studioso e intelligente
11. felice e contento
12. brutto e antipatico
13. vecchio e malato
14. bianco, rosso e verde

b.   *Completare le frasi con la forma corretta dell'aggettivo fra parentesi. Mettere l'aggettivo al posto giusto.*

> **ESEMPIO**   (straniero) Studiamo due lingue.
> **Studiamo due lingue straniere.**

1. (italiano) Conosci questo pittore?
2. (giallo) Mi piacciono le rose.
3. (antico) Voglio comprare dei mobili.
4. (pubblico) I giardini erano magnifici.
5. (vecchio) Sono quadri.
6. (insopportabile) Hanno due bambini.
7. (brutto) Che odore!
8. (altro) Abbiamo un professore di fisica.
9. (barocco) Capite la musica?
10. (riccio) Mi piacciono i tuoi capelli.

c.   *Mettere al plurale.*

> **ESEMPIO**   occhio nero
> **occhi neri**

1. persona ricca
2. uovo fresco
3. giacca blu
4. moglie giovane
5. braccio lungo
6. catalogo artistico
7. albergo centrale
8. figlio unico
9. commedia magnifica
10. crisi inutile
11. parco famoso
12. esempio giusto
13. partito fascista
14. dito sporco
15. caffè caldo
16. film idiota
17. rivista comunista
18. ingegnere tedesco
19. specie rara
20. esercizio noioso

d. *Com'era Lei quando era bambino/a? Lavorando in coppia, ciascuno dei due interlocutori descriva all'altro com'era da bambino/a usando le parole che seguono in frasi complete.*

ESEMPIO **Quando ero bambino/a, ero studioso/a.**

1. biondo(a) / bruno(a)
2. grasso(a) / magro(a)
3. malinconico(a) / allegro(a)
4. timido(a)/esuberante
5. nervoso(a) / tranquillo(a)
6. disordinato(a) / ordinato(a)
7. ribelle / ubbidiente

❧ *Grande* e *santo*

In addition to their regular forms, **grande** and **santo** may have shortened forms, but only when they precede the noun they modify.

1. **Grande** (*great, big*) can be shortened to **gran** before singular or plural nouns beginning with a consonant other than **s** + consonant, **z,** or **ps.**

   un gran poeta   una gran fame   gran signori
   (*but* un grande scrittore)

   Grande can become **grand'** in front of singular or plural words beginning with a vowel.

   un grand'amore   una grand'attrice   grand'insulti

   The invariable form **gran** can be used as an adverb before an adjective to express the meaning of *quite.*

   una gran bella casa   un gran bell'uomo
   quite a beautiful home   *quite a handsome man*

2. **Santo** (*Saint*) is shortened to **San** before masculine names beginning with a consonant other than **s** + consonant, and to **Sant'** before masculine and feminine names beginning with a vowel.

   San Pietro   Santa Teresa   Sant'Antonio   Sant'Elena
   (*but* Santo Stefano)

   Santo (meaning *holy* or *blessed*) follows the regular pattern **santo, santa, santi, sante** and may precede or follow a noun.

   la Terra Santa   il Santo Padre   tutto il santo giorno
   the Holy Land   *the Holy Father*   *the whole blessed day*

ESERCIZI

a. *Inserire la forma corretta di* **grande** *o* **santo.** *Usare la forma abbreviata quando è possibile.*

ESEMPIO   Il tempo è una **gran** medicina.

1. Mi fate un ________________ piacere se venite a trovarmi.
2. La festa di ________________ Giovanni è il 24 giugno; quand'è la festa di ________________ Anna?
3. Conosci la vita di ________________ Caterina?
4. C'era una ________________ folla in piazza quel giorno.
5. Il signor Agnelli è un ________________ industriale.
6. Il palazzo non sembrava ________________ .
7. È vero che studiate tutto il ________________ giorno?
8. Elena è una ________________ bella donna.
9. Il santo protettore di Bari è ________________ Nicola.
10. Le due ________________ passioni di Marco sono il cinema e la televisione.

III. Articolo indeterminativo

The forms of the **articolo indeterminativo** (*indefinite article*) are shown below. The form used depends on the gender of the noun it modifies and on the first letter of the word that follows it.

	MASCULINE	FEMININE
before a consonant	**un**	**una**
before **s** + consonant, **z**, or **ps**	**uno**	**una**
before a vowel	**un**	**un'**

un romanzo e una commedia   *a novel and a comedy*
uno zio e una zia   *an uncle and an aunt*
un amico e un'amica   *a male friend and a female friend*

The word immediately following the article determines the form used (as in English: *an egg, a rotten egg*).

uno studente   **un** altro studente
un'edizione   **una** nuova edizione

A. **Un, uno, una,** and **un'** correspond to the English article *a, an;* they are also the forms of the numeral **uno** (*one*).

Un caffè e una Coca-Cola, per favore!
One coffee and one Coca-Cola, please!

B. The indefinite article is omitted after the verbs **essere** and **diventare** (*to become*) before unmodified nouns indicating profession, nationality, religion, political affiliation, titles, and marital status.

Giancarlo vuole diventare medico.
Giancarlo wants to become a doctor.

Enrico era avvocato; era un bravo avvocato.
Henry was a lawyer; he was a good lawyer.

Lei era cattolica e lui era protestante.
She was a Catholic and he was a Protestant.

È sposato o è scapolo?
Is he married or is he a bachelor?

NOTE: **Fare** + *definite article* + *profession* is an alternative to **essere** + *profession*.

Enrico era avvocato.

Enrico faceva l'avvocato.

C. The article is also omitted after **che** (*what a*) in exclamations.

Che bella ragazza!
What a beautiful girl!

Che peccato!
What a pity!

ESERCIZI

a. *Inserire la forma corretta dell'articolo indeterminativo.*

1. È vero che avete aspettato __________ ora e __________ quarto?
2. Ho __________ dubbio: mi hai detto di portare __________ amico o __________ amica?
3. Perché non fai __________ sforzo?
4. Dobbiamo comprare __________ nuovo frigo.
5. Non è __________ buon'idea.
6. «Bel Paese» è il nome di __________ formaggio italiano.
7. Ho bisogno di __________ zaino (*backpack*).
8. Dovete invitare __________ altra ragazza.

b. *Cambiare dal plurale al singolare.*

ESEMPIO   due giornali e due riviste
un giornale e una rivista

1. due alberghi e due pensioni
2. due mani e due piedi
3. due pere e due fichi
4. due italiani e due tedeschi
5. due signori e due signore
6. due automobili e due biciclette
7. due città e due paesi
8. due mogli e due mariti

c. **Antonio.** *Inserire le forme opportune dell'articolo indeterminativo. Indicare con una X gli spazi vuoti in cui l'articolo non serve.*

Antonio era __________ cameriere. Era __________ italiano, ma voleva diventare __________ americano. Lavorava in __________ ristorante francese in __________ piccola città americana. Era __________ buon lavoro

e lui era contento perché guadagnava ________________ mucchio *(a lot)* di soldi. Voleva
frequentare _____*un*_____ università prestigiosa e diventare ________________
avvocato. Sperava di trovare _____*una*_____ moglie buona e simpatica e di abitare
con lei in _____*una*_____ bella casa vicino a _____*un*_____ lago. Invece ha vinto
alla lotteria ed è diventato _____*un*_____ buono a nulla *(good for nothing)*.

∿ *Buono* e *nessuno*

Buono (*good*) and **nessuno** (*no, not . . . any*) have parallel forms when they directly precede
the noun they modify. Note the similarity with the forms of the indefinite article **un.**

		SINGULAR	
	Masculine		**Feminine**
before a consonant	un / buon / nessun		una / buona / nessuna
before **s** + consonant, **z,** or **ps**	uno / buono / nessuno		una / buona / nessuna
before a vowel	un / buon / nessun		un' / buon' / nessun'

Buono is regular in the plural: **buoni** and **buone.**

buon libro	nessun italiano
buon'automobile	nessun'italiana
buono stipendio	nessun padre
buoni amici	nessuno zio

When **buono** follows the noun it modifies, either directly or after the verb, the regular
pattern applies: **buono, buona, buoni, buone.**

un libro buono/*un buon libro*   Quest'arancia non sembra buona.
a good book   *This orange doesn't seem good.*

ESERCIZI

a. *Inserire la forma corretta di* **buono** *o* **nessuno.**

ESEMPIO   Non c'era **nessuno** sbaglio.

1. Oggi sono di _____*buon*_____ umore perché ho ricevuto una _____*buona*_____
   notizia.
2. _____*Nessun*_____ altro negozio vende questi dolci.
3. Le sue intenzioni non erano _____*buone*_____.
4. Non avete _____*nessuna*_____ ragione per criticarmi.
5. Ti raccomando i _____*buoni*_____ spettacoli e i _____*buoni*_____ compagni.
6. Edmondo non ama _____*nessun'*_____ altra donna.
7. Non avevo _____*nessuna*_____ voglia di andare al cinema.
8. Non devi farlo, non è una _____*buon'*_____ azione!
9. Non conosco _____*nessuno*_____ psichiatra italiano.
10. Il vino diventa _____*buono*_____ con gli anni.

IV. Numeri cardinali

A. Cardinal numbers are used in counting, in indicating quantities, and in stating most dates. The Italian cardinal numbers from one to thirty are:

1 uno	11 undici	21 ventuno
2 due	12 dodici	22 ventidue
3 tre	13 tredici	23 ventitré
4 quattro	14 quattordici	24 ventiquattro
5 cinque	15 quindici	25 venticinque
6 sei	16 sedici	26 ventisei
7 sette	17 diciassette	27 ventisette
8 otto	18 diciotto	28 ventotto
9 nove	19 diciannove	29 ventinove
10 dieci	20 venti	30 trenta

The numbers from forty on are:

40 quaranta	100 cento	700 settecento	1.000.000 un milione
50 cinquanta	200 duecento	800 ottocento	2.000.000 due milioni
60 sessanta	300 trecento	900 novecento	1.000.000.000 un miliardo
70 settanta	400 quattrocento	1.000 mille	2.000.000.000 due miliardi
80 ottanta	500 cinquecento	2.000 duemila	
90 novanta	600 seicento		

B. The following are some points to remember when using numbers.

1. The number **uno** follows the rules of the indefinite article.

   un caffè, un espresso, uno scotch, una Coca-Cola, un'aranciata

2. Numbers ending with **-uno** (21, 31, etc.) usually drop the **-o** in front of a plural noun.

   ventun ragazzi, trentun ragazze

3. The indefinite article is not used with **cento** (*hundred*) and **mille** (*thousand*), but it is used with **milione.**

   cento soldati, mille soldati, un milione di soldati

4. *Eleven hundred, twelve hundred,* etc., are expressed as **millecento** (*one thousand one hundred*), **milleduecento** (*one thousand two hundred*).

5. The plural of **mille** is **mila:**

   mille lire, duemila lire, centomila lire

6. **Milione** (pl. **milioni**) and **miliardo** (pl. **miliardi**) are nouns and take **di** before another noun.

   sessanta milioni **di** italiani, un miliardo **di** euro
   But: due milioni cinquecentomila euro

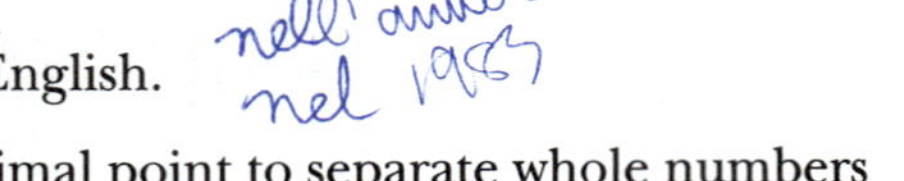

C. Numbers are written differently in Italian and English.

1. In Italian, a comma is used instead of a decimal point to separate whole numbers from decimals.

   14,95 (read **quattordici e novantacinque**) = 14.95

2. A period is used instead of a comma to separate thousands from hundreds and millions from thousands.

   10.000 = 10,000   57.000.000 = 57,000,000

D. Approximate quantities can be indicated with collective numbers, most of which are formed by adding the suffix **-ina** to the cardinal number (minus the final letter).

venti   **una ventina** *about twenty*
quaranta   **una quarantina** *about forty*

Exceptions: **un centinaio** (pl. **centinaia**) *about a hundred* (*hundreds*); **un migliaio** (pl. **migli-aia**) *about a thousand* (*thousands*).

These collective numbers are nouns and take **di** before another noun. In the singular they are preceded by the indefinite article.

Conosco una ventina di persone.   Ho visto centinaia di studenti.
I know about twenty people.   *I saw hundreds of students.*

—*Deve smettere di pensare ai soldi. Ma davvero possiede quattrocento milioni di euro?*

ESERCIZI

a. **L'elenco telefonico** *(telephone book). Ecco alcuni numeri di telefono e il relativo numero di telese-lezione (area code). Imparare a pronunciarli e a scriverli all'italiana.*

> **ESEMPI**   Roma: (06) 47 53 64 **quattro / sette / cinque / tre / sei / quattro**
> 47 53 64 **quarantasette / cinquantatré / sessantaquattro**
> 69 97 462 **sessantanove / novantasette / quattrocentosessantadue**

1. Genova: (10)   34 78 092   20 56 79
2. Firenze: (55)   44 60 92   57 94 563
3. Milano: (02)   79 86 345   70 84 21
4. Napoli: (81)   78 76 75   90 74 20
5. Pisa: (50)   44 37 869   23 33 43

b. **Anna immagina di essere molto ricca e di fare grandi spese.** *Pronunciare i numeri ad alta voce e poi scriverli.*

un appartamento in città	400.000
un'automobile di marca	45.000
una collana di perle	1.400
un orologio con bracciale d'oro	2.100
un grande tappeto persiano	3.850
TOTALE	**452.350**

V. Il tempo

A.

Che tempo fa?	*How is the weather?*
Com'è il tempo?	*What is the weather like?*
Fa bello (bel tempo).	
È bello.	*It's nice (fine) weather.*
Il tempo è bello.	
Fa brutto (tempo).	
Fa cattivo tempo.	*It's bad weather.*
(Il tempo) è brutto.	
Fa caldo (freddo, fresco).	*It's hot (cold, cool).*

B.

C'è afa.	*It's muggy.*
C'è foschia.	*It's hazy.*
C'è (la) nebbia.	*It's foggy.*
C'è il sole.	*It's sunny.*
C'è (tira) vento.	*It's windy.*
È sereno.	*It's clear.*
È coperto (nuvolo).	*It's cloudy (overcast).*

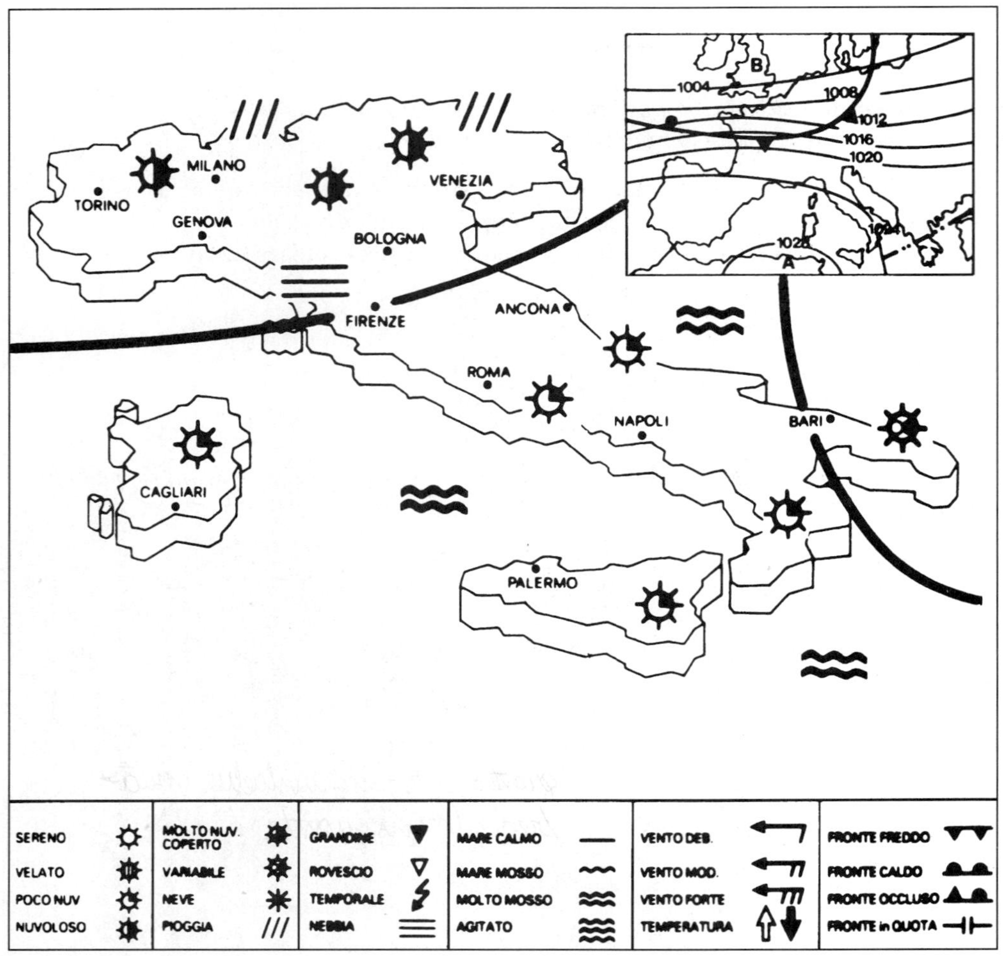

C. Piove. (piovere)   *It's raining.*   la pioggia *rain*
Nevica. (nevicare)   *It's snowing.*   la neve *snow*
Grandina. (grandinare)   *It's hailing.*   la grandine *hail*

ESERCIZI

a. **Che tempo fa?** *In gruppi di due o tre studenti, scambiarsi domande sul tempo. Dare tutte le informazioni possibili.*

1. Che tempo fa oggi?
2. Come sono le stagioni a San Francisco?
3. Com'è l'inverno a New York?
4. È bello l'autunno nella Sua città?

5. Nevica qualche volta a Pasqua a Washington DC?
6. Dove fa bello oggi in Italia?
7. Che tempo fa a Milano? e a Palermo?
8. Se andiamo in Italia a luglio, che tempo troviamo?
9. E se andiamo a Natale?

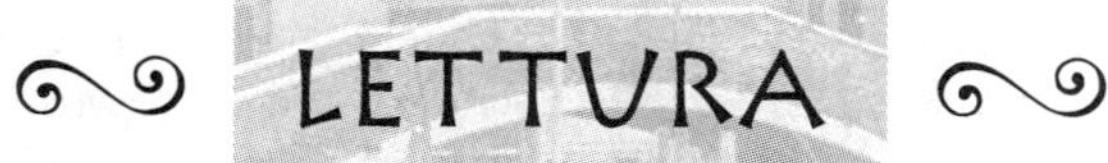

LETTURA

Vocabolario utile

il bagno   bath
la calza   sock, stocking
la camera da letto   bedroom
i capelli (*pl*)   hair (on a person's
   head)
il dolce   dessert
la luce   light
il piatto   dish, plate
la regola   rule
il ricordo   memory
il rumore   noise
la salute   health
lo sforzo   effort
il vestito   dress, suit / *un abito*
la vetrina   shop window

corto   short (in length)
liscio   straight

riccio   curly

fare bene a   to be good for
fare male a   to be bad for, to hurt
farsi male   to get hurt
lamentarsi (di)   to complain
   (about)
mettersi   to put on / *portare/indossare*
odiare   to hate
scegliere   to choose
vestire   to dress
vestirsi   to get dressed

Spesso le boutique affrono modelli esclusivi.

Il brano che segue, «Ricordi d'infanzia», è l'inizio del romanzo *Vestivamo alla marinara* di Susanna Agnelli. L'autrice appartiene ad una ricca famiglia di industriali piemontesi. Suo nonno, Giovanni Agnelli, è il fondatore della Fiat (Fabbrica Italiana Automobili Torino).

La vita di Susanna Agnelli si svolge in un ambiente sociale privilegiato ed intellettuale; è amica di artisti e scrittori famosi, collabora a riviste italiane e straniere ed è attivamente impegnata nella politica. È stata sindaco *(mayor)* di Porto Santo Stefano in Toscana, Ministro degli Affari Esteri *(Minister of Foreign Affairs)* e Presidente dell'Unione Europea. I suoi scritti riflettono aspetti della società italiana della seconda metà del Novecento.

Nel brano l'autrice rievoca la sua vita a Torino negli anni Trenta, quando era bambina e viveva in famiglia con i fratelli e le sorelle e la governante inglese Miss Parker.

In gruppi di due o tre studenti discutete le seguenti domande:

1. Com'era la vostra vita quando avevate otto o dieci anni? Nella vostra descrizione includete gli elementi seguenti: la città, la famiglia, la casa, i pasti, i vestiti, la scuola, i giochi, gli amici.
2. Torino è una città italiana del nord. Come la immaginate? Pensate alle case, ai negozi, alle strade, ai mezzi di trasporto. Sarà diversa da una città americana?
3. Come sarà stata la vita dei giovani appartenenti a ricche famiglie americane degli anni Trenta? Pensate ai giovani Ford, Rockefeller, Carnegie, Vanderbilt. Com'erano le loro case? Andavano a scuola o avevano educatori privati? Come occupavano il tempo libero? (Pensate ai film e ai programmi televisivi che presentano la società americana e gli «American Castles» dell'epoca.)
4. Susanna Agnelli abitava in un palazzo del centro di Torino, dalle grandi stanze un po' buie, un po' fredde. Come poteva trascorrere la sua giornata con i fratelli, le sorelle e Miss Parker?

Ricordi d'infanzia

Il corridoio era lungo, a destra e a sinistra si aprivano° le camere da letto. A metà corridoio° c'era la camera da gioco dove stavamo quasi sempre, piena di scaffali° e di giocattoli. Noi eravamo tanti e avevamo molte governanti che non si amavano fra di loro: sedevano nella camera da gioco e si lamentavano del freddo, del riscal-
5 damento°, delle cameriere, del tempo, di noi. D'inverno le lampadine erano sempre accese; la luce di Torino che entrava dalle finestre era grigia e spessa°.

Vestivamo sempre alla marinara[1]: blu d'inverno, bianca e blu a mezza stagione e bianca in estate. Per pranzo ci mettevamo il vestito elegante e le calze di seta° corte. Mio fratello Gianni si metteva un'altra marinara. L'ora del bagno
10 era chiassosa°, piena di scherzi e spruzzi°; ci affollavamo° nella camera da bagno, nella bagnarola°, e le cameriere impazzivano°. Ci spazzolavano° e pettinavano i capelli lunghi e ricci, poi li legavano° con enormi nastri° neri.

were located

A: halfway down the corridor / shelves

heating

thick

silk

noisy / splashing / we crowded / bathtub / got frantic / brushed / tied / ribbons

[1] **La marinara** means *sailor suit,* so **vestire alla marinara** means *to wear a sailor suit, to dress like a sailor.*

Arrivava Miss Parker. Quando ci aveva radunati° tutti: «*Let's go*» diceva «e non fate rumore». Correvamo a pazza velocità lungo° il corridoio, attraverso l'entrata di marmo, giravamo l'angolo appoggiandoci° alla colonnina dello scalone e via fino alla° saletta da pranzo dove ci fermavamo ansimanti°. «Vi ho detto di non correre», diceva Miss Parker «*one day* vi farete male e la colpa° sarà soltanto vostra. A chi direte grazie?»

Ci davano da mangiare° sempre quello che più odiavamo; credo che facesse parte della nostra educazione britannica. Dovevamo finire tutto quello che ci veniva° messo sul piatto. Il mio incubo° erano le rape° e la carne, nella quale apparivano piccoli nervi bianchi ed elastici. Se uno non finiva tutto quello che aveva nel piatto se lo ritrovava davanti° al pasto seguente.

Il dolce lo sceglievamo a turno°, uno ogni giorno. Quando era la volta° di Maria Sole noi le dicevamo: «Adesso, per l'amor del cielo, non scegliere "crème caramel" che nessuno può soffrire°». Invariabilmente Miss Parker chiedeva: «So, Maria Sole, che dolce, domani? *It's your turn*». Maria Sole esitava, arrossiva° e sussurrava°: «Crème caramel».

«Ma perché continui a dire "crème caramel" se non ti piace?»

«Non mi viene in mente° nient'altro».

Ancor oggi non ho scoperto se quella dannata "crème caramel" le piacesse davvero e non osasse° ammetterlo o se fosse troppo grande lo sforzo di pensare a un altro dolce.

Dopo colazione facevamo lunghe passeggiate. Attraversavamo la città fino a piazza d'Armi, dove i soldati facevano le esercitazioni°. Soltanto se pioveva ci era permesso camminare sotto i portici (i famosi portici di Torino) e guardare le vetrine dei negozi. Guardarle senza fermarsi, naturalmente, perché una passeggiata è una passeggiata e non un trascinarsi in giro° che non fa bene alla salute.

Torino era, anche allora, una città nota per le sue pasticcerie. Nella luce artificiale delle vetrine apparivano torte arabescate°, paste piene di crema, cioccolatini, marzapani, montagne di brioches, fondants colorati disposti in tondo° sui piatti come fiori, ma noi non ci saremmo mai sognati di poter entrare in un negozio a comprare quelle tentatrici delizie°. «Non si mangia tra i pasti; *it ruins your appetite*» era una regola ferrea° che mai ci sarebbe venuto in mente di discutere.

Così camminavamo dalle due alle quattro, paltò° alla marinara e berrettino tondo alla marinara con il nome di una nave di Sua Maestà Britannica scritta sul nastro, Miss Parker in mezzo a due di noi da una parte e uno o due di noi dall'altra finché non era l'ora di tornare a casa.

Susanna Agnelli, *Vestivamo alla marinara*

Comprensione

1. Nel racconto trovate le parole che si riferiscono alla casa degli Agnelli.
2. Quali sono gli elementi che suggeriscono che la famiglia Agnelli era ricca?
3. Perché le vetrine delle pasticcerie contenevano «tentatrici delizie» per i bambini? Che cosa dovevano mangiare invece loro?

4. Come è descritta la città di Torino?
5. L'autrice paragona la disciplina di Miss Parker alla vitalità dei bambini. Descrivete il loro comportamento nell'ora del bagno e durante la passeggiata.
6. Fate una lista degli elementi dell'educazione di Miss Parker: in una colonna descrivete le cose che i bambini dovevano fare e nell'altra le cose che non potevano fare.

Studio di parole

to stop

fermare
to stop someone or something

Il poliziotto ferma la macchina.
The policeman stops the car.

fermata *stop (bus, streetcar, train)*

smettere di + *infinitive*
to cease doing something, to quit

Voglio smettere di mangiare dolci.
I want to stop eating sweets.

fermarsi
to stop moving, to come to a halt

Perché ti fermi davanti a tutti i negozi?
Why do you stop in front of every store?

Smettila!
Stop it! Cut it out!

to think

pensare a
to think of (about) = to have on one's mind;
  to take care of

Non voglio pensare all'esame.
I don't want to think about the exam.

Chi pensa ai rinfreschi?
Who's going to take care of the refreshments?

pensare di + *infinitive*
to plan, to intend to do something

Pensiamo di andare in Italia quest'estate.
We're planning to go to Italy this summer.

pensare di
to think of (about) = to have an
  opinion on

Che cosa pensate dell'educazione
  britannica?
What do you think of British upbringing?

to walk

camminare
to walk (no destination indicated)

Non dovete camminare sul tappeto.
You must not walk on the rug.

fare una passeggiata
to take a walk, to go for a walk

Dopo colazione facciamo lunghe
passeggiate.
After breakfast we take long walks.

***andare a piedi**
to walk (to a specific place)

Perché non vai in ufficio a piedi?
Why don't you walk to the office?

education

istruzione (*f*)
education

Luigi ha sposato una ragazza senza
istruzione.
Luigi married a girl without any education.

istruito *educated;* **educato** *well-mannered,
polite*

educazione (*f*)
upbringing, manners

Ho ricevuto una buona educazione
da mia madre.
I received a good upbringing from my mother.

Pratica

a. *Scegliere la parola che completa meglio la frase.*

1. Dobbiamo guardare le vetrine senza (fermarci / smettere).
2. Come vado all'università? Ci (cammino / vado a piedi).
3. Non devi pensare solo (ai / dei) soldi!
4. Nessun ostacolo lo può (fermare / smettere).
5. A molte persone piace correre; a me piace (camminare / andare).
6. A che ora (smettete / fermate) di lavorare? Alle sette?
7. Che cosa pensate (a / di) questo libro?
8. Giorgio è molto (educato / istruito): ha tre lauree!

b. *Completare le frasi inserendo la forma italiana richiesta tra parentesi in inglese.*

1. Devi proprio (*stop*) _______________ fumare.
2. Hai un esame tra due giorni, non puoi continuare a (*think*) _______________ divertimenti.
3. I bambini Martelli sono veramente molto carini e (*well-mannered*) _______________ .

4. Dopo l'incidente Claudio deve (*walk*) _______________ col bastone (*walking stick*).
5. Piero non (*thinks any more*) _______________ fare il pittore, vuole diventare informatico (*computer expert*).
6. L'autobus 64 (*stops*) _______________ qui.

c. *Domande per Lei.*

1. Che pensa di fare dopo la lezione d'italiano? questo week-end? alla fine del semestre?
2. A che cosa pensa quando è felice? e quando è triste?
3. Quando cammina, Lei si ferma davanti alle vetrine dei negozi? Perché sì o perché no?
4. Quali cose vuole smettere di fare e quali cose vuole cominciare a fare?
5. Dove va a piedi? in macchina? in aereo?
6. Le piace camminare? Se sì, dove e per quanto tempo?
7. C'è una buona pasticceria nella Sua città? Cosa c'è in vetrina?
8. Com'erano i Suoi capelli quando era piccolo/a? lunghi? corti? ricci? lisci?
9. Secondo Lei, è bene abituare i bambini a finire tutto quello che hanno nel piatto? Quali altre cose devono imparare a fare i bambini?
10. Lei mangia tra i pasti? Secondo Lei, è vero che mangiare tra i pasti rovina l'appetito?

⁓ Temi per componimento o discussione

1. Nel brano letto, avete visto alcune regole dell'educazione britannica. Quali regole fanno parte dell'educazione che avete ricevuto voi? Quali regole dovrebbero far parte di qualsiasi educazione?
2. Ricordi d'infanzia. Come trascorreva il week-end quando era piccolo/a? Cosa faceva con gli amici/le amiche? Aveva un amico/un'amica inseparabile? Com'era? ecc.

RICERCA WEB

La Fiat (Fabbrica Italiana Automobili Torino) è sorta nel 1899, pochi anni prima della Ford (1903). A pochi anni prima risale la fondazione del Touring Club Italiano (1894), l'associazione dedicata allo sviluppo ed alla diffusione del turismo. In Italia c'è un numero elevatissimo di automobilisti che viaggiano non solo per lavoro ma anche a scopo ricreativo e culturale.

a. Breve storia della Fiat
b. Touring Club Italiano
c. Viaggi e turismo Italia

Dai, racconta!   Leslie, l'amica americana di Luciano, non è mai stata in Italia ed è molto curiosa.

LESLIE:	A Milano abitavi in centro, non è vero?
LUCIANO:	Sì, avevamo una casa in via Manzoni.
LESLIE:	Era una casa grande?
LUCIANO:	Sì, cioè, mi spiego: non era una casa, era un grande appartamento in un vecchio palazzo.
LESLIE:	Ah sì? Ma è vero che in Italia sono pochi quelli che vivono in una casa con giardino e garage come in America?
LUCIANO:	Eh, sì. Grande o piccolo abbiamo quasi tutti un appartamento.
LESLIE:	Interessante! Dai, raccontami di più dell'Italia!

Controllare l'informazione

(Non) è vero che...?	
(Non) è così?	*Isn't it so?*
Dico bene?	
Mi sbaglio?	*Am I wrong?*
Correggimi se sbaglio, ma...	*Tell me if I'm wrong, but . . .*

Chiarire e spiegare

Cioè, volevo dire...	*That is, I meant . . .*
Non proprio	*Not really*
O meglio	
Piuttosto	*Rather*
Mi spiego	*Let me explain*
A dir la verità	
Veramente	*To tell you the truth*

Sollecitare l'interlocutore

Dai, racconta!	*Come on, tell me!*
E poi che cosa ha detto/fatto?	
E dopo, com'è andata a finire?	*And then, how did it turn out?*
Vuoi/vuole dire che... ?	*Did you mean to say that . . . ?*

Esprimere incredulità

Ma è vero che... ?	
Mi hanno detto che...	*They told me that . . .*
Dici sul serio?	*Are you serious?*
Non sarà mica vero che...	*It isn't true that . . . , is it?*
È impossibile, non ci credo!	
Stai scherzando!	*You must be joking!*

1. Un collega Le dice che è venuto a cercarLa un signore che guidava una Ferrari rossa.
2. Ha comprato i biglietti per andare a sentire Luciano Pavarotti ma un amico Le dice che il cantante è ammalato. Lei telefona al botteghino per avere conferma della notizia.
3. Ha detto al Suo ragazzo/alla Sua ragazza che ha una macchina nuova, ma adesso spiega che invece l'ha comprata usata.
4. Un/a collega ha preso in prestito il Suo libro d'italiano e ora Le sta dicendo che non lo trova più.
5. Ha promesso a un amico/un'amica di passare una settimana con lui. Ora gli/le telefona per cambiare il programma e dirgli/le che invece saranno solo tre giorni.
6. I Suoi amici sono certi che Lei è un ottimo suonatore di flauto e La invitano a far parte di un gruppo musicale; sfortunatamente Lei non è bravo come loro.

1. Lei sta guardando con un amico/un'amica un vecchio album di fotografie. Ci sono foto di Lei bambino/a, dei Suoi familiari e della casa in cui abitava quando era piccolo/a. L'amico/a Le chiede di raccontargli/le della Sua infanzia e anche Lei vuole informazioni sulla vita dell'amico/a. Riferisca la conversazione.
2. Lei e il Suo compagno/la Sua compagna vogliono prendere in affitto un appartamento insieme. Discutete le vostre preferenze e poi scrivete un annuncio per un giornale locale.
3. Immagini di essere ospite di Suo nonno/Sua nonna e di fargli/le molte domande sulla vita in America durante la crisi economica degli anni Trenta. Insieme ad un compagno/una compagna, che Le fa da interlocutore/trice, prepari la conversazione.
4. Lei lavora all'agenzia immobiliare *(real estate)* "Sant'Andrea". *[See figure on previous page.]* Un/a cliente vuole comprare un appartamento e Le spiega quali sono i suoi desideri. Lei propone alcune soluzioni e si offre di accompagnarlo/la a vedere le abitazioni disponibili.

CAPITOLO 3

In ascensore. Marina incontra la signora Bussini, la vicina di casa, in ascensore. La signora è piena di buste e pacchetti.

MARINA: Buongiorno, signora. È stata in centro?

SIGNORA: Sì, da Benedettini, c'erano i saldi di fine stagione. Marina, non ho mai visto dei prezzi così bassi!

MARINA: Davvero? Normalmente Benedettini è così caro... anche durante i saldi è difficile trovare qualcosa veramente a buon mercato.

SIGNORA: Hai ragione. Comunque dopo sono andata da Brogini e lì sì che ho speso un mucchio di soldi.

MARINA: Ha comprato il regalo per Giovanna?

SIGNORA: Ma sì; il commesso mi ha fatto un buono sconto su un servizio di posate stupendo, sai, l'ultima collezione di Alessi. Non ho saputo resistere. Boh, ho pagato con la carta di credito, non era il caso di risparmiare. Giovanna si sposa! Sai, hanno un bell'appartamento in centro.

MARINA: Dice davvero? Be', eccoci arrivate. Faccia tanti auguri a Giovanna da parte mia. ArrivederLa, signora.

SIGNORA: Senz'altro. Ciao, Marina. Salutami la mamma.

Guido e Anita Vegni
annunciano il matrimonio della figlia Giulia
con
Marco Petrelli

Franco e Silvia Petrelli
annunciano il matrimonio del figlio Marco
con
Giulia Vegni

Castellazzo di Bollate
16 Settembre 2003
Chiesa di S. Guglielmo – ore 17

Milano – Via Fatebenesorelle, 18

Milano – Via Balzaretti, 34 *Monza – Via Leopardi, 12*

I negozi

negozio di   **abbigliamento**   clothing store
             arredamento   home furnishing store
             articoli sportivi   sporting goods store
             biancheria intima   lingerie store
             elettrodomestici   appliance store
             mobili   furniture store
             strumenti musicali   music store

I prezzi

a buon mercato / a poco
a prezzo basso   } cheap
a rate mensili   in monthly installments
in saldo / in svendita   on sale
conveniente   cheap

caro
costoso   } expensive
dispendioso
economico   economical

Le compere   *purchases*

fare un affare   to get a bargain
fare un assegno   to write a check
fare delle spese / degli acquisti   to shop
fare la spesa   to shop for groceries
fare lo sconto (su qualcosa)   to give
  a discount
pagare in contanti / con la carta di credito
  to pay cash / with a credit card

risparmiare   to save
* **stare bene**   to fit well
* **stare male**   to fit poorly
saldi di fine stagione   end of season sale
un mucchio di   a lot of

ESERCIZI

a.   *Vero o falso?*

    _F_   1. Maria ha incontrato la signora Bussini nel corridoio.
    _F_   2. Benedettini ha sempre dei prezzi molto convenienti.
    _F_   3. Da Brogini la signora ha risparmiato.
    _V_   4. La signora ha comprato un regalo per Giovanna.
    _F_   5. La signora ha pagato in contanti.
    _F_   6. Maria fa gli auguri alla signora Bussini.

b.   *Sostituire alle parole in corsivo un'espressione equivalente.*

  1. La signora non aveva abbastanza *soldi* per pagare il servizio di posate.
  2. Gli articoli di Benedettini sono belli ma molto *cari.*
  3. La commessa *ha venduto il vestito ad un prezzo più basso.*
  4. Non mi posso permettere di pagare la macchina in contanti: pago *un tanto* (**amount**)
    al mese.

5. Durante *i saldi* i prezzi sono sempre *convenienti.*
6. *Ho pagato 25 euro in meno.*

c. **Adesso tocca a Lei.** *Con un compagno/una compagna parli delle compere nel Suo paese. Quando fa degli acquisti, come paga? Quando usa la carta di credito e quando fa un assegno? Che cosa compra in contanti? a rate? Quali negozi hanno dei saldi e quando? Alternate i ruoli ed usate le seguenti parole nelle vostre risposte:*

la bottiglieria *liquor store*	il negozio di generi alimentari *food store*
la calzoleria *shoe store*	il negozio di articoli sportivi *sporting goods store*
il concessionario d'automobili *car dealer*	
il fotografo *camera store/photographer*	l'oreficeria *jeweler*
i grandi magazzini *department stores*	la pasticceria *pastry shop*

STRUTTURA

I. Passato prossimo

The **passato prossimo** is a compound tense. It is formed with the appropriate form of the present tense of an auxiliary verb, either **avere** or **essere,** plus the past participle of the verb. The past participle is formed by adding the appropriate ending to the infinitive stem.

INFINITIVE	ENDING	PAST PARTICIPLE
amare	**-ato**	**amato**
credere	**-uto**	**creduto**
finire	**-ito**	**finito**

A. For verbs conjugated with **avere,** the past participle does not change forms unless a direct object pronoun precedes the verb (see p. 91).

PASSATO PROSSIMO *WITH* AVERE					
amare		**credere**		**finire**	
ho	amato	ho	creduto	ho	finito
hai	amato	hai	creduto	hai	finito
ha	amato	ha	creduto	ha	finito
abbiamo	amato	abbiamo	creduto	abbiamo	finito
avete	amato	avete	creduto	avete	finito
hanno	amato	hanno	creduto	hanno	finito

Maria ha mangiato la torta.
Mary ate the cake.

Anche i bambini hanno mangiato la torta.
The children have eaten the cake too.

B. For verbs conjugated with **essere,** the past participle functions like an adjective and agrees in gender and number with the subject of the verb. There are thus four possible endings: **-o, -a, -i, -e.**

<table>
<tr><td colspan="6" align="center">PASSATO PROSSIMO WITH ESSERE</td></tr>
<tr><td colspan="2" align="center">entrare</td><td colspan="2" align="center">cadere</td><td colspan="2" align="center">uscire</td></tr>
<tr><td>sono</td><td>entrato/a</td><td>sono</td><td>caduto/a</td><td>sono</td><td>uscito/a</td></tr>
<tr><td>sei</td><td>entrato/a</td><td>sei</td><td>caduto/a</td><td>sei</td><td>uscito/a</td></tr>
<tr><td>è</td><td>entrato/a</td><td>è</td><td>caduto/a</td><td>è</td><td>uscito/a</td></tr>
<tr><td>siamo</td><td>entrati/e</td><td>siamo</td><td>caduti/e</td><td>siamo</td><td>usciti/e</td></tr>
<tr><td>siete</td><td>entrati/e</td><td>siete</td><td>caduti/e</td><td>siete</td><td>usciti/e</td></tr>
<tr><td>sono</td><td>entrati/e</td><td>sono</td><td>caduti/e</td><td>sono</td><td>usciti/e</td></tr>
</table>

Maria è uscita.
Mary went out.

Anche i bambini sono usciti.
The children went out too.

When a plural subject includes both masculine and feminine forms, the past participle is in the masculine plural.

Teresa e Lorenzo sono partit**i.**
Teresa and Lorenzo have left.

C. **Essere** is used with:

1. Most intransitive verbs. An intransitive verb is a verb that cannot have a direct object. Most of these verbs are verbs of motion or being (**andare** *to go,* **stare** *to stay*). See the Appendix for a list of verbs requiring **essere** in the **passato prossimo.**

   Chi è andato in aereo?
   Who went by plane?

   La posta non è arrivata.
   The mail didn't arrive.

   Quando siete partiti?
   When did you leave?

   Le ragazze sono state a letto.
   The girls stayed in bed.

   Essere uses the past participle of **stare** as its past participle: **stato.** Thus the **passato prossimo** of **stare** and **essere** is the same:

   Sono stato fortunato.
   I was lucky.

   Sono stato a casa.
   I stayed home.

2. Reflexive and reciprocal verbs (see Capitolo 5):

   Mi sono lavato.
   I washed (myself).

   Ci siamo visti al cinema.
   We saw each other at the movies.

D. The **passato prossimo** is used to report a completed action or event or fact that took place in the past. It has three equivalents in English:

ho lavorato $\begin{cases} \textit{I have worked} \\ \textit{I worked} \\ \textit{I did work} \end{cases}$

Note that the English equivalent of the **passato prossimo** can be either a compound form or, as is usually the case, a simple form.

ESERCIZI

a. *Inserire la forma corretta di **avere** o **essere** e dare la terminazione corretta del participio.*

1. Il signor Bianchi ___________ vendut __ molti dischi.
2. Quanto tempo ___________ durat __ la conferenza?
3. Perché voi due non ___________ venut __ ?
4. Giovanna ed io ___________ ricevut __ molte lettere.
5. Mamma, non ___________ uscit __ ieri?
6. Tutti i bambini ___________ avut __ un regalo a Natale.
7. Questa rivista non ___________ costat __ molto.
8. Papà, ___________ dormit __ bene?
9. Teresa ___________ stat __ molto gentile con me.
10. ___________ capit __ , ragazzi?
11. Noi ___________ rimast __ a casa tutto il giorno.
12. Nonno, tu ___________ nat __ in Italia o in America?
13. Non capisco perché la professoressa si ___________ arrabbiat __ .
14. I miei zii ___________ viaggiat __ molto.

⟋ Participi passati irregolari

The following verbs have an irregular past participle. Most of them are second-conjugation verbs. An asterisk indicates those that require **essere**.

INFINITIVE	PAST PARTICIPLE	INFINITIVE	PAST PARTICIPLE
acc**e**ndere *to light, to turn on*	**acceso**	*rimanere *to remain*	**rimasto**
aprire *to open*	**aperto**	risp**o**ndere *to answer, reply*	**risposto**
bere *to drink*	**bevuto**	r**o**mpere *to break*	**rotto**
chi**e**dere *to ask*	**chiesto**	sc**e**gliere *to choose*	**scelto**
chi**u**dere *to close*	**chiuso**	*sc**e**ndere *to go down*	**sceso**
c**o**rrere *to run*	**corso**	scr**i**vere *to write*	**scritto**
dec**i**dere *to decide*	**deciso**	sm**e**ttere *to stop*	**smesso**
dire *to say, tell*	**detto**	sp**e**gnere *to turn off*	**spento**
fare *to do, make*	**fatto**	sp**e**ndere *to spend*	**speso**
l**e**ggere *to read*	**letto**	*succ**e**dere *to happen*	**successo**
m**e**ttere *to put*	**messo**	tradurre *to translate*	**tradotto**
*morire *to die*	**morto**	vedere *to see*	**visto / veduto**
*n**a**scere *to be born*	**nato**	*venire *to come*	**venuto**
offrire *to offer*	**offerto**	v**i**ncere *to win*	**vinto**
p**e**rdere *to lose*	**perso / perduto**	v**i**vere *to live*	**vissuto**
pr**e**ndere *to take*	**preso**	ucc**i**dere *to kill*	**ucciso**

Hanno speso cinque euro.
They spent five euros.

Perché non siete venuti?
Why didn't you come?

Chi ha rotto il bicchiere?
Who broke the glass?

Che cosa è successo?
What happened?

Verbs ending in **-scere** and **-cere** have a past participle ending in **-iuto.**

Ho conosciuto uno scrittore.
I met a writer.

Il film è piaciuto a tutti.
Everyone liked the film.

ESERCIZI

a. *Inserire la forma corretta del passato prossimo del verbo fra parentesi.*

1. Che cosa (perdere) _______________ , mamma?
2. Tutti (prendere) _______________ il caffè.
3. Alberto (diventare) _______________ un famoso scrittore.
4. I prezzi in Italia mi (sembrare) _______________ molto cari.
5. Signorina, quanto (spendere) _______________ ?
6. Voi (venire) _______________ a piedi?
7. Uno studente mi (chiedere) _______________ se poteva fumare, ma io (rispondere) _______________ di no.
8. Anche voi (bere) _______________ birra?
9. Io (dire) _______________ buon giorno, loro mi (dire) _______________ ciao!
10. Neanche lei (tradurre) _______________ le frasi.
11. I miei amici (decidere) _______________ di aspettare un altro mese.
12. Che tempo (fare) _______________ ieri?
13. Noi (scegliere) _______________ un appartamento di quattro stanze.
14. Non ricordo che cosa (succedere) _______________ dieci anni fa.
15. Nessuno (accendere) _______________ la radio.

b. Maschile, femminile. *Riscrivere ogni frase cambiando dal maschile al femminile e viceversa e facendo ogni cambiamento necessario. Ricordare che molti nomi hanno la stessa forma per il maschile e per il femminile e che il solo cambiamento necessario è quello dell'articolo o dell'aggettivo.*

1. Il protagonista del nuovo film ha annunciato il suo matrimonio.
2. Mio nipote è andato in vacanza.
3. Un uomo si è avvicinato al bambino.
4. Sua sorella è diventata farmacista.
5. Il dottore mi ha fatto i raggi X (*read* "ics").
6. Il grande scrittore ha tenuto una conferenza stampa.
7. Nessun amico mi ha scritto a Natale.
8. L'autrice del libro è morta.

c. Gli scioperi. *Michele racconta quello che ha fatto durante un periodo di scioperi. Riscrivere il brano al passato prossimo.*

Ci sono molti scioperi in questo mese e decido di partecipare anch'io. Invece di lavorare faccio delle belle passeggiate. Prendo tanti libri in biblioteca e li leggo con interesse. Preparo dei pranzi meravigliosi e li offro agli amici. Qualche volta vado al cinema qui vicino e vedo dei vecchi film di Chaplin molto divertenti. Decido perfino di comprare un televisore nuovo e spendo un mucchio di soldi. Che bello fare sciopero!

d. **Che giornataccia** (What a bad day)! *Raccontare ad un amico/un'amica che cosa ha fatto oggi.*
L'amico/a Le fa domande e Lei risponde facendo riferimento alla lista seguente. Alternatevi i ruoli.

1. svegliarsi alle 7,00
2. fare la doccia
3. fare colazione e vestirsi in fretta e furia
4. correre alla fermata dell'autobus
5. perdere l'autobus
6. arrivare all'università in ritardo ed entrare nell'aula sbagliata
7. rimanere a lezione fino all'una
8. pranzare alla mensa con Roberta
9. cominciare la ricerca di storia in biblioteca
10. prendere l'autobus e scendere una fermata prima
11. fare due passi prima di arrivare a casa

e. **Il milionario eccentrico.** *Il signor Bonaventura è un milionario eccentrico. Un giorno Le offre diecimila dollari a una condizione: Lei deve poi dirgli come ha speso i soldi. Lei accetta, prende i soldi, li spende e adesso spiega come li ha spesi.*

ᘒ *Essere* o *avere?*

Some verbs may be conjugated with either **essere** or **avere** depending on how they are used.

A. Some weather expressions take either **essere** or **avere**.

È piovuto. (Ha piovuto.)   È nevicato. (Ha nevicato.)   È grandinato. (Ha grandinato.)
It rained.   *It snowed.*   *It hailed.*

B. Some verbs require **essere** when used intransitively (without a direct object) and **avere** when used transitively (with a direct object). Note that sometimes the meaning of the verb changes.

passare	**Sono passato** in biblioteca.	**Ho passato** un'ora in biblioteca.
	I stopped at the library.	*I spent one hour in the library.*
salire	**Sono saliti** sul treno.	**Hanno salito** la collina.
	They boarded the train.	*They climbed the hill.*
scendere	**Siamo scesi** in cantina.	**Abbiamo sceso** le scale.
	We went down in the cellar.	*We went down the stairs.*
cambiare	La mia vita è **cambiata.**	**Ho cambiato** abitudini.
	My life has changed.	*I changed habits.*
cominciare	Quando è **cominciato** l'anno accademico?	Quando **hai cominciato** la lezione?
	When did the academic year start?	*When did you begin the lesson?*
finire	Le vacanze **sono finite** il 30 agosto.	**Abbiamo finito** il libro.
	Vacation was over on August 30.	*We have finished the book.*

C. Some verbs of movement take **essere** if a point of departure or a point of arrival is mentioned, no matter how general; otherwise they take **avere.**

correre	**Sono corso** a casa a prendere la chiave. *I ran home to get the key.*	Sono stanco perché **ho corso.** *I am tired because I ran.*
saltare	Il gatto **è saltato** dalla finestra. *The cat jumped from the window.*	Il bambino **ha saltato** tutto il giorno. *The child jumped up and down all day.*
volare	L'uccello **è volato** sull'albero e poi **è volato** via. *The bird flew to the tree and then flew away.*	Il nonno non **ha** mai **volato.** *Grandpa has never flown.*

D. When used alone (not followed by an infinitive), **dovere, potere,** and **volere** require **avere.**

Non sei andato?—No, non ho potuto.
You didn't go?—No, I couldn't.

When followed by an infinitive, these three verbs are conjugated with **avere** or **essere** depending on whether the verb in the infinitive normally requires **avere** or **essere.** It is, however, becoming more and more frequent to use **avere** with **dovere, potere,** and **volere** regardless of the infinitive.

Non ho potuto dormire.
I couldn't sleep.

È dovuto partire.
Ha dovuto partire.
He had to leave.

If **dovere, potere,** or **volere** accompanies a reflexive verb, two constructions are possible: with **avere,** the reflexive pronoun is attached to the infinitive of the verb; with **essere,** the reflexive pronoun precedes the conjugated form of **essere** (see p. 119).

Ho dovuto lavar**mi.**
Mi sono dovuto lavare.
I had to wash.

Non avete voluto curar**vi.**
Non **vi** siete voluti curare.
You refused to take care of yourselves.

ESERCIZI

a. *Riscrivere le seguenti frasi al passato prossimo.*

1. Quando andiamo all'università, passiamo davanti al monumento a Cristoforo Colombo.
2. Dove passi le vacanze?
3. Quando finiscono le lezioni?
4. Non vogliono partire in marzo.
5. La ragazza scende dal treno e corre verso i genitori.
6. Salgono e scendono le scale molte volte e così si stancano.
7. Non vi fermate?—No, non possiamo fermarci.
8. A che ora comincia il film?
9. Corro a casa appena posso.
10. Voli sempre con l'Alitalia?

II. Articolo determinativo

The **articolo determinativo** (*definite article*) has seven different forms according to the gender, number, and first letter of the word it precedes. The English equivalent is always *the*. Its forms are:

	SINGULAR		PLURAL	
	Masculine	Feminine	Masculine	Feminine
before a consonant	il	la	i	le
before **s** 1 consonant, **z,** and **ps**	lo	la	gli	le
before a vowel	l'	l'	gli	le

il dottore e lo psichiatra
la sorella e l'amica
gli americani e le americane

Note that the article is repeated before each noun.

The word immediately following the article determines its form.

il ragazzo	**l'**altro ragazzo
the boy	*the other boy*
lo zio	**il** giovane zio
the uncle	*the young uncle*

Preposizioni articolate

Some common prepositions combine with the definite article to form a single word.

PREPOSITIONS + ARTICLES						
	+il	+lo	+la	+l'	+i	+gli	+le
a	al	allo	alla	all'	ai	agli	alle
da	dal	dallo	dalla	dall'	dai	dagli	dalle
su	sul	sullo	sulla	sull'	sui	sugli	sulle
in	nel	nello	nella	nell'	nei	negli	nelle
di	del	dello	della	dell'	dei	degli	delle
con	col				coi		

Note that in modern Italian **con** may combine with the article in only two instances:

con + il = **col**   con + i = **coi**

al caffè della stazione	tè col (con il) latte
at the railroad-station bar	*tea with milk*
nelle ore dei pasti	nel palazzo dell'avvocato
at mealtimes	*in the lawyer's building*
sui treni e sugli aeroplani	all'inizio e alla fine
on the trains and on the planes	*at the beginning and the end*

A. The preposition alone is used in common expressions referring to places and rooms of a house.

in campagna	*in, to the country*	**in salotto**	*in, to the living room*
in montagna	*in, to the mountains*	**in biblioteca**	*in, at, to the library*
in città	*in, to the city/town, downtown*	**in giardino**	*in, to the garden*
in paese	*in, to the village*	**in chiesa**	*in, to the church*
in camera	*in, to the bedroom*	**a teatro**	*at, to the theater*

The article must be used, however, if the noun is modified by an adjective or phrase.

nel giardino pubblico
in the public garden

nella biblioteca dello zio
in the uncle's library

B. Note the following special idiomatic uses of prepositions.

alla radio	*on the radio*	**al** telefono	*on the phone*
alla televisione	*on TV*	**sul** giornale	*in the newspaper*

C. The prepositions listed in the chart above, especially **a** and **di,** may be used with other prepositions to form prepositional phrases.

vicino a	*near*	**prima di**	*before*
lontano da	*far from*	**oltre a**	*in addition to*
davanti a	*in front of*	**fino a**	*till, until*
dietro (a)	*behind*	**invece di**	*instead of*

Devo prendere la medicina prima
   dei pasti o dopo i pasti?
Shall I take the medicine before meals
   or after meals?

C'è una banca vicino all'università.
There is a bank near the university.

Bevono il tè invece del caffè.
They drink tea instead of coffee.

Cosa c'è dietro il (al) muro?
What is behind the wall?

ﻌﻭ Uso dell'articolo determinativo

A. Unlike English, Italian uses the definite article in the following cases:

1. With geographical names (names of continents, countries, rivers, states, provinces, large islands, mountains, lakes).

   L'Italia è bella.
   Italy is beautiful.

   Conosci **il** Massachusetts?
   Do you know Massachusetts?

   However, the article is omitted after **in** if the geographical term is unmodified, feminine, and singular.

   La Toscana è **in** Italia, **nell'**Italia
      centrale.
   Tuscany is in Italy, in central Italy.

   Boston è **nel** Massachusetts, **nell'**America
      del Nord.
   Boston is in Massachusetts, in North America.

2. With days of the week in the singular to indicate a regular weekly occurence.

Mangiamo pesce **il** venerdì.
We eat fish on Fridays.

The definite article is omitted when referring to a specific day.

Mario è arrivato venerdì.
Mario arrived on Friday.

3. With proper names preceded by a title (**Signore,**[1] **Dottore, Professore, Avvocato, Conte, Signora, Signorina,** etc.).

Il Professor Bianchi insegna bene.
Professor Bianchi teaches well.

The definite article is omitted, however, when speaking directly to the person in question.

Professor Bianchi, ha letto il romanzo *Il bell'Antonio?*
Professor Bianchi, have you read the novel Il bell'Antonio?

Buon giorno, signora Rossi. Come sta?
Good morning, Mrs. Rossi, how are you?

---

[1] Titles ending in **-ore** drop the **-e** before a proper name or noun. The capitalization of titles is optional.

4. Before names of languages (all languages are masculine) unless they are preceded by **di** or **in.** The article is also frequently omitted when the language is the object of the verbs **parlare, insegnare,** or **studiare:**

Impariamo **il** francese.
We are learning French.

Ecco il libro **di** francese.
Here is the French book.

È scritto **in** francese.
It is written in French.

In classe **parliamo francese.**
In class we speak French.

5. Before nouns used as generalities or to designate an entire category.

Gli uomini sono mortali.
Men are mortal.

La pazienza è una virtù.
Patience is a virtue.

Lo zucchero è bianco.
Sugar is white.

6. Instead of the possessive (*my, your, his,* etc.) when referring to parts of the body, articles of clothing, and personal effects belonging to the subject of the verb (see p. 98).

Ha alzato **la** mano.
He raised his hand.

Ti sei messo **i** guanti?
Did you put on your gloves?

7. After the verb **avere** with nouns that describe a person physically.

Mirella ha **i** capelli biondi e **gli**
    occhi verdi.
Mirella has blond hair and green eyes.

La bambina aveva **le** mani fredde.
The child had cold hands.

8. When combined with **a** to convey *every* or *per.*

Lavoriamo otto ore **al** giorno.
We work eight hours a day.

Novanta chilometri **all'**ora.
Ninety kilometers an (per) hour.

Costa un euro **al** chilo.
It costs one euro a kilo.

ESERCIZI

a. *Inserire la forma corretta dell'articolo o della preposizione (semplice o articolata).*

1. _____________ italiano è facile, non è vero?
2. Vanno sempre _____________ cinema.
3. Mio padre è professore _____________ spagnolo.
4. _____________ autunno è bello _____________ montagna.
5. Ho ricevuto una cartolina _____________ zii.
6. Non ricordi il prezzo _____________ broccoli?
7. Sento il vento _____________ mia pelle.
8. Davanti _____________ albergo c'è una statua.
9. _____________ Professor Vivaldi è malato.
10. C'è troppo sale _____________ minestra.

11. _____alla_____ fine del film i due si sposano.
12. Abbiamo passato le vacanze _____nella_____ Germania del sud.
13. _____Il_____ piccolo Mario non si sente bene.
14. _____I_____ bambini americani non vanno a scuola _____il_____ sabato.
15. Che cosa c'è _____alla_____ televisione stasera?
16. Quante ore _____al_____ giorno studiate?
17. Dicono che _____l'_____ amore è cieco (*blind*).
18. _____Le_____ ragazze avevano _____i_____ capelli lunghi.

III. *Bello e quello*

Bello (*beautiful, handsome, fine*) and **quello** (*that*) have parallel forms when they precede the noun they modify. Note the similarity to the forms of the definite article.

	SINGULAR		PLURAL	
	Masculine	**Feminine**	**Masculine**	**Feminine**
before a consonant	**il/bel/quel**	**la/bella/quella**	**i/bei/quei**	**le/belle/quelle**
before **s** + consonant, **z,** and **ps**	**lo/bello/quello**	**la/bella/quella**	**gli/begli/quegli**	**le/belle/quelle**
before a vowel	**l'/bell'/quell'**	**l'/bell'/quell'**	**gli/begli/quegli**	**le/belle/quelle**

quell'avvocato e **quello** psichiatra   **bei** negozi e **belle** vetrine   **quei begli** occhi

A. When **bello** follows the noun it modifies, either directly or after the verb, it takes the regular adjective endings: **bello, bella, belli, belle.**

Un ragazzo bello può essere egoista.
A handsome young man can be selfish.

L'americana era bella.
The American was beautiful.

I fiori diventano belli dopo la pioggia.
Flowers become beautiful after the rain.

Quello è complicato, ma questo è bello!

B. When **quello** is used as a pronoun, it follows the regular pattern: **quello, quella, quelli, quelle.**

Prendo quello.
I'll take that one.

Preferiamo questi, non quelli.
We prefer these, not those.

ESERCIZI

a. **Lo spettacolo di ieri.** *Lucia è andata a teatro ieri sera e ora ne parla con Claudia. Inserire la forma corretta di* **quello** *e* **bello.**

LUCIA: Ho visto un ___bello___ spettacolo ieri sera.

CLAUDIA: Dove?

LUCIA: In ___quel___ ___bel___ teatro nuovo di via Pacini.

CLAUDIA: Chi c'era?

LUCIA: C'erano ___quei___ ___bei___ ragazzi che abbiamo conosciuto a casa di Enrico, e c'era anche ___quel___ tipo strano che sembra Einstein.

CLAUDIA: Chi erano gli attori?

LUCIA: C'erano solo due personaggi: ___quello___ maschile era un uomo sui quarant'anni molto affascinante, ___quello___ femminile era una ___bella___ signora che faceva la psichiatra.

CLAUDIA: Com'era la scena *(stage set)*?

LUCIA: Era molto ___bella___ . C'era un ___bello___ scrittoio come ___quello___ di tuo nonno e tanti altri ___begli___ oggetti d'arte. Insomma, è stata proprio una ___bella___ rappresentazione.

IV. Interrogativi

A. The most common interrogative adverbs are:

come[1]	*how*
come mai	*how come*
dove[1]	*where*
quando	*when*
perché	*why*

In questions beginning with interrogative adverbs, the subject is usually placed at the end.[2]

Dove studia l'italiano Mario?
Where does Mario study Italian?

---

[1] **Come** and **dove** usually become **com'** and **dov'** before forms of **essere** beginning with **e-: Com'era il film?** *How was the movie?* **Dov'è il concerto?** *Where is the concert?*

[2] In Italian yes-and-no questions, the subject may be placed either at the beginning or at the end of the question: **Gino abita in Italia? Abita in Italia Gino?** *Does Gino live in Italy?*

After **perché** and **come mai,** however, the subject may appear either at the end of the question or before the verb.

Perché studia l'italiano Mario?
Perché Mario studia l'italiano?
Why does Mario study Italian?

B. The interrogative adjectives are:

quanto, -a, -i, -e	*how much, how many*
che	*what, what kind of*
quale, quali	*which, what*

As with all adjectives, interrogative adjectives agree in gender and in number with the noun they modify. **Che,** however, is invariable.

Quanto tempo avete?
How much time do you have?

In che modo intende pagare?
How (in what way) do you plan to pay?

Che frutta vende?
What kind of fruit does he sell?

Quanti figli ha?
How many children do you have?

Quanta birra hanno comprato?
How much beer did they buy?

In quale città è nato?
In which city were you born?

Quale implies a choice between two or more alternatives, whereas **che** is used in a more general sense. In modern usage, however, **quale** and **che** are often used interchangeably.

Che (quali) libri usiamo?
What books are we using?

In che (quale) anno è nato?
What year were you born?

C. The interrogative pronouns are:

chi	*who, whom*
che, cosa, che cosa	*what*
quanto, -a, -i, -e	*how much, how many*
quale (qual[1]), quali	*which (one), which (ones)*

Chi legge i fumetti?
Who reads comic strips?

Quanti hanno detto di sì?
How many said yes?

Che cosa (che, cosa) ha detto?
What did you say?

Quali hai preso?
Which ones did you take?

1. Prepositions, such as **di, a,** and **con,** always precede an interrogative pronoun because Italian sentences must never end with a preposition.

Di chi parliamo?
Whom are we talking about?

Con chi uscite stasera?
With whom are you going out tonight?

A chi dai questi fiori?
To whom are you giving these flowers?

---

[1] **Quale** may become **qual** before forms of **essere** beginning with **e-**.

2. **Di chi,** meaning *whose,* is directly followed by a form of **essere.**

Di chi è quel cane?
Whose dog is that?

Di chi sono i libri?
Whose books are they?

3. **Che cosa + essere** is used to ask for a definition of the word that follows **essere.**

Che cosa è la semiotica?
What is semiotics?

Che cosa è l'odio?
What is hatred?

Che cosa sono le «fragole»?
What are "fragole"?

Quale (qual), quali + essere is used to ask for information, not for a definition.

Qual è la differenza?
What is the difference?

Qual è il problema?
What's the problem?

Quali sono le qualità di un buon marito?
What are the qualities of a good husband?

ESERCIZI

a. *Gli amici di Luigi sono tornati dalle vacanze. Marco vuole sapere com'è andata. In base alle risposte, formulare le domande di Marco usando le parole interrogative.*

1. Sono venuti in aereo. *Come sono venuti?*
2. Sono partiti da Londra. *Da dove sono partiti?*
3. Sono arrivati questa mattina. *Quando sono arrivati?*
4. Hanno detto che erano contenti di vederci. *Che cosa hanno detto?*
5. Sono andato a prenderli io in macchina.
6. Sono andato a prenderli con la macchina di Roberta.
7. Hanno passato le vacanze in Europa. *Dove hanno passato*
8. Hanno passato le vacanze con i loro parenti italiani.
9. Sono stati in Italia tre settimane. *Quante settimane sono stati in Italia*
10. Erano cinque anni che non tornavano in Italia.
11. Hanno portato regali a me e ai miei genitori.
12. Ora si riposano per due giorni e lunedì tornano a lavorare.

—**Non fa che ripetere: «Chi sono? Da dove vengo? Dove vado?».**

b. **Come hanno passato le vacanze?** *Il signor Giannini e la signora Rosati sono in autobus e parlano delle loro vacanze. In gruppi di due studenti, mettete in scena la conversazione. Includete le espressioni seguenti: dove andare, perché, con chi, come/con quale mezzo di trasporto, quanto tempo restare, che cosa vedere, che cosa fare la sera, quanto spendere.*

V. L'ora

A. Italians use both the twelve-hour and the twenty-four-hour clocks to tell time. Official time (for trains, buses, planes, theaters, movies, etc.) is expressed using the twenty-four-hour system. After twelve noon one continues counting up to 24 (midnight). Following is a list comparing the two systems.

12-hour clock		**24-hour clock**	
12 noon	mezzogiorno	le dodici	12:00
1 p.m.	l'una	le tredici	13:00
2 p.m.	le due	le quattordici	14:00
3 p.m.	le tre	le quindici	15:00
4 p.m.	le quattro	le sedici	16:00
5 p.m.	le cinque	le diciassette	17:00
6 p.m.	le sei	le diciotto	18:00
7 p.m.	le sette	le diciannove	19:00
8 p.m.	le otto	le venti	20:00
9 p.m.	le nove	le ventuno	21:00
10 p.m.	le dieci	le ventidue	22:00
11 p.m.	le undici	le ventitré	23:00
12 midnight	mezzanotte	le ventiquattro	24:00

The feminine definite article (**l'**, **le**) is used before the number of the hour. It agrees in form with **ora** (*hour*) or **ore** (*hours*), which is not expressed. All times other than one o'clock are plural and thus require the feminine plural article **le.**

l'una	le due	le undici
one o'clock	*two o'clock*	*eleven o'clock*

B. A fraction greater than half an hour is also expressed as time remaining until the next full hour. Fractions of an hour are expressed with **e** + *the minutes elapsed.*

le due e cinque	le quindici e trenta	l'una e quaranta (le due meno venti)
2:05	*3:30 P.M.*	*1:40*

Un quarto (*a quarter*) and **mezzo** (*a half*) are also used, but not with the twenty-four-hour clock.

le due e un quarto	le tre e mezzo	le cinque meno un quarto
le due e quindici	le tre e trenta	le quattro e quarantacinque
2:15	*3:30*	*4:45*

In everyday conversation the distinction between A.M. and P.M. is made by adding the following expressions to the time: **di mattina** or **del mattino** (*in the morning*), **del pomeriggio** (*in the afternoon*), **di sera** or **della sera** (*in the evening*), **di notte** (*at night*).

le otto di mattina	le quattro del pomeriggio
8 A.M.	*4 P.M.*
le nove di sera	le due di notte
9 P.M.	*2 A.M.*

C. To ask and tell time in the present and in the past, use the following expressions:

Che ora è?	**Che ora era?**	**A che ora?**
Che ore sono?	**Che ore erano?**	*At what time?*
What time is it?	*What time was it?*	
È mezzogiorno.	**Era mezzogiorno.**	**A mezzogiorno.**
It is noon.	*It was noon.*	*At noon.*
È l'una.	**Era l'una.**	**All'una.**
It is one o'clock.	*It was one o'clock.*	*At one.*
Sono le due.	**Erano le due.**	**Alle due.**
It is two o'clock.	*It was two o'clock.*	*At two.*

Note that **essere** is used in the third person singular for **mezzogiorno, mezzanotte,** and **l'una** and in the third person plural for all other hours.

The verb **mancare** may also be used to express time.

Mancano venti minuti alle due.	Mancava un minuto a mezzanotte.
It is twenty minutes to two.	*It was one minute to midnight.*

∾ Come esprimere la parola *time*

The English word *time* corresponds to several words in Italian, depending on the idea being expressed.

1. **Ora** means *time of day, hour,* or the proper time to do something.

Signorina, ha l'ora?	Mamma, è già ora di mangiare?
Signorina, do you have the time?	*Mother, is it time to eat yet?*

2. **Volta** means an instance or an occasion. **Qualche volta** means *sometimes.*

Devi farlo ancora una volta.	Sono venuti tre volte.
You must do it once more.	*They came three times.*

3. **Tempo** refers to duration of time, a period of time, or time in the abstract.

Avete aspettato molto tempo?	Non ho tempo ora.	Il tempo è denaro.
Did you wait a long time?	*I don't have time now.*	*Time is money.*

4. **Divertirsi** means *to have a good time.*

   Ci divertiamo sempre a Roma.
   We always have a good time in Rome.

a. *Completare con* **ora, volta** *o* **tempo.**

1. Hanno visto il film tre ___*volte*___ .
2. Jack non ha ___*tempo*___ per divertirsi.
3. Ogni ___*volta*___ che viene lei, piove!
4. A che ___*ora*___ è l'ultimo treno?
5. Bambini, è ___*ora*___ di andare a dormire.
6. Tu non perdi ___*tempo*___ !
7. Che ___*ora*___ sono?
8. C'era una ___*volta*___ una bella principessa.

VI. Giorni, stagioni, mesi, anni

A. Days of the week are not capitalized and do not require an article unless a routine weekly action is expressed.

Sono arrivati sabato.
They arrived (on) Saturday.

Non lavorano **il** sabato.
They don't work on Saturdays.

B. Le stagioni

1. The names of the seasons are not capitalized and are usually preceded by the definite article.

   La primavera è la mia stagione preferita.
   Spring is my favorite season.

2. **In** or **di** is used without the definite article to express *in* + the season.

   In primavera piove spesso.
   It often rains in the spring.

   Dove vanno le mosche **d'**inverno?
   Where do flies go in the winter?

C. I mesi

1. Months are not capitalized, and do not require an article. All months are masculine.

   Di solito agosto è il mese più caldo.
   Usually August is the hottest month.

2. **In** or **a** is used to express *in* + the month.

   In gennaio fa freddo.
   It's cold in January.

   Si sono sposati **a** maggio.
   They married in May.

3. The masculine definite article + a cardinal number + a month is used to express a specific day of the month or *on* + the day of the month. An exception is *the first,* which is **il primo** + the month.

il due settembre	l'undici settembre	il primo settembre
September second	*September eleventh*	*September first*
on September second	*on September eleventh*	*on September first*

4. Italian uses a different word order than English in numerical abbreviations.

9/5 = il nove maggio (not *September fifth!*)
1/9 = il primo settembre (not *January ninth!*)

D. Gli anni

The masculine singular definite article is used when referring to a year. The article combines with prepositions.

Il 1929 è stato un anno molto difficile.　　　La guerra è finita **nel** 1945.
1929 was a very difficult year.　　　*The war ended in 1945.*

Kennedy fu presidente **dal** 1960 **al** 1963.
Kennedy was president from 1960 to 1963.

E. The following expressions are used to refer to dates and time.

1. To ask about dates:

In che giorno?—Il cinque ottobre.　　　Quanti ne abbiamo oggi?—Ne abbiamo cinque.
On what day?—On October fifth.　　　*What's today's date?—It's the fifth.*

Che giorno è oggi?—È il cinque ottobre.
What day is today?—It is October fifth.

2. To express times of day:

di mattina (la mattina)　　　di sera (la sera)
in the morning　　　*in the evening*

di pomeriggio (nel pomeriggio)　　　di notte (la notte)
in the afternoon　　　*at night*

3. To indicate past time:

due ore (giorni, settimane, mesi) fa　　　il mese scorso (la settimana scorsa,
two hours (days, weeks, months) ago　　　　l'anno scorso)
　　　last month (last week, last year)

4. To indicate future time:

fra due ore (giorni, settimane, mesi)　　　il mese prossimo (la settimana prossima,
　in two hours (days, weeks, months)　　　　l'anno prossimo)
　　　next month (next week, next year)

5. To indicate duration and approximation of time:

dalle due alle tre　　　fino alle quattro　　　verso le cinque
from two to three　　　*until four*　　　*around five o'clock*

a. Parliamo un po'.

1. Che giorno era ieri? Quanti ne avevamo?
2. Fino a che ora resta all'università ogni giorno Lei?
3. Dov'era due anni fa e cosa faceva?
4. Qual è il Suo giorno preferito? Qual è la Sua stagione preferita? Perché?
5. Lei studia meglio di sera, di notte o di mattina?
6. Che cosa ha fatto ieri dalle undici a mezzogiorno?
7. Che cosa ha intenzione di fare l'estate prossima?
8. Quale data è importante per Lei? Perché?
9. Quante volte ha saltato la lezione d'italiano quest'anno?

b. Brevi interviste.

1. Lei è esperto/a di oroscopi e Antonio è venuto da Lei per un consiglio. Gli chieda le informazioni necessarie: la data di nascita, il giorno della settimana e l'ora.
2. Lei studia italiano in Minnesota. C'è un nuovo studente che viene dalle Isole Vergini. Scambiatevi le informazioni sul tempo *(weather)* e le stagioni nei rispettivi paesi, e spiegate quali sono per voi i mesi migliori dell'anno e perché.
3. I Suoi genitori Le telefonano spesso. Oggi Le chiedono se è molto impegnato/a. Li informi sull'orario delle lezioni giorno per giorno.

LETTURA

Vocabolario utile

la bancarella (market) stall	**la réclame** advertising
la borsa handbag	**la roba** stuff
il dubbio doubt	**le scarpe da ginnastica** sneakers
i generi alimentari food items	**la scelta** choice
il golfino sweater	**lo/la stilista** designer
il paragone comparison	**il tailleur** (woman's) suit
la pelletteria leather store	**il vitto** food
la provvista supply	
apposta on purpose	**sotto casa** near home
in compenso in return	

abituarsi to get used to

accontentarsi to be content with

consigliare bene/male to give good/bad advice

fare bella figura to look smart/elegant

potersi permettere (non me lo posso permettere) to be able to afford (I can't afford it)

sistemarsi to settle (down)

valere la pena (non ne vale la pena) to be worthwhile (it's not worth it)

Le vetrine dei negozi
eleganti espongono le
creazioni di stilisti famosi.

Prima di leggere

Elisa Ercolessi ha conseguito° la laurea in fisica presso l'Università di Bologna
e ora è candidata al dottorato di ricerca° in fisica teorica alla Syracuse Univer-
sity. Le abbiamo domandato le sue opinioni sul «fare gli acquisti» in America.

    obtained

    PhD

In gruppi di tre o più studenti, esaminate i vari modi di fare gli acquisti
nel vostro paese.

1. Quali negozi vendono articoli a buon mercato? Che cosa conviene
   comprare in questi negozi? Sono prodotti di buona qualità?
2. In generale, come sono i prezzi negli Stati Uniti? È possibile vestirsi e
   mangiare spendendo abbastanza poco?
3. Agli Italiani piace fare bella figura. Pensate che sia più importante
   essere eleganti o stare comodi? Perché?
4. Preferite avere poche cose belle e costose o molte cose a buon merca-
   to? Perché?
5. Cathy ha comprato una bella borsa in un negozio di Boston. Il giorno
   dopo ha visto, in un altro negozio, una borsa che le piace di più.
   Spiegate a un'amica italiana cosa può fare Cathy.
6. In Italia non esiste il «money back guaranteed». È solo possibile fare
   un cambio per ragione di misura o di colore, e non sempre. Secondo
   voi, gli Americani avrebbero difficoltà in Italia? Fate un esempio.

Intervista con Elisa

DOMANDA *Da quanto tempo è negli Stati Uniti?*

RISPOSTA Sono venuta alla fine dell'anno scorso.

DOMANDA *Come si è sistemata?*

RISPOSTA Ho preso un appartamento. È modesto, ma non potevo permettermi
molto di più.

DOMANDA *Trova che la vita è cara in America?*

RISPOSTA Non necessariamente. Ho notato che, se uno si accontenta, è possibile
mangiare e vestirsi spendendo poco.

DOMANDA *Dove fa le spese?*

RISPOSTA Per il vitto al supermercato. I prezzi sono forse più bassi che in Italia, ma
non c'è paragone con il macellaio o il negozio di frutta e verdura sotto casa.

DOMANDA *Ma anche in Italia ci sono i supermercati. Lei non ci va?*

RISPOSTA Sì, certo. Ora abbiamo addirittura gli ipermercati dove si compra all'in-
grosso°, ma ci andiamo una volta al mese per le provviste di base come l'olio, lo
zucchero, la pasta... quella roba lì che magari° costa meno. Ma il fruttivendolo o il
mercato rionale° hanno prodotti freschi. Una cosa che mi ha colpito è che qui ho
potuto comprare frutta e verdure tutto l'anno senza la differenza dovuta alle
stagioni.

DOMANDA *Ha fatto spese di altro genere?*

RISPOSTA Ho comprato jeans, magliette e tante scarpe da ginnastica e da sport. In
Italia un paio di Nike o di Timberland costano molto di più.

DOMANDA *E cos'altro?*

RISPOSTA Niente. I vestiti belli costano quanto in Italia e allora tanto vale°
comprarli là. Devo anche dire che non ho ancora imparato a fare le spese in un
grande magazzino, anche se bello. C'è troppa roba di qualità differenti, io ho la
decisione difficile° e la grande scelta mi aumenta i dubbi. E poi, a dir la verità, non
ho capito dove conviene fare le spese. I giornali sono sempre pieni di réclame di
svendite e ogni volta mi domando se ho speso bene i miei soldi, se non hanno
alzato apposta i prezzi prima di abbassarli, se non mi sono lasciata imbrogliare.

DOMANDA *Ma a Bologna dove fa le spese?*

RISPOSTA Mah, io sono abitudinaria°. Conosco un paio di boutique che vendono
modelli esclusivi anche se non firmati da stilisti famosi, una pelletteria che ha delle
belle borse, i golfini si trovano dappertutto°, qualche volta perfino sulle bancar-
elle del mercato... Finisco per andare sempre negli stessi posti, anche perché mi
conoscono, mi consigliano bene e mi fanno lo sconto.

DOMANDA *Lei è sempre molto elegante. Evidentemente compra della roba di buona
qualità e non a buon mercato, mi sbaglio?*

RISPOSTA Dipende. Le cose belle non sono mai veramente a buon mercato. Un
bel tailleur può costare 400 euro in compenso fa bella figura per diversi anni.

DOMANDA *Secondo Lei, che cosa conviene comprare in America?*

RISPOSTA Gli oggetti elettrici e elettronici: radio, televisori, videoregistratori, lettori
CD°, computer, forni a microonde, asciugacapelli... Solo che poi in Italia non
funzionano perché la tensione è differente.

DOMANDA *È vero. Allora, cosa riporterà in Italia?*

RISPOSTA Un mare° di libri e una bella macchina fotografica.

---

wholesale

perhaps

mercato: *neighborhood market*

tanto: *you might as well*

io ho: *I am slow to decide*

person of fixed habits

everywhere

lettori: *CD players*

great quantity

Comprensione

1. Elisa ha già un titolo universitario? Quale?
2. Che cosa fa in America?
3. Dove abita? Dove fa la spesa? Secondo voi mangia spesso in casa o va al ristorante?
4. A Elisa piacciono tutti i prodotti che trova nei negozi di generi alimentari?
5. Quali articoli di vestiario ha comprato Elisa? Perché?
6. Elisa si è abituata a fare le spese nei grandi magazzini? Le piace? Perché sì, perché no?
7. Secondo voi Elisa spende tanti soldi ogni anno per rinnovare tutto il guardaroba?
8. Quali sono gli articoli che si comprano a buon prezzo in America?
9. Che cosa pensa di riportare in Italia Elisa? Perché?

Studio di parole

to raise, to rise

alzare

to raise, to cause to rise (an object)
used with a direct object

Perché hai alzato la mano?
Why did you raise your hand?

aumentare

to raise, to increase (an amount)

Hanno aumentato il prezzo del caffè.
They raised the price of coffee.

aumento *raise, increase*

alzarsi

to get up, to stand up

La domenica mi alzo sempre tardi.
On Sundays I always get up late.

*essere alzato; *stare alzato
to be up; to stay up

Sono le sei e la mamma è già alzata.
It's six o'clock and mama is already up.

to return

*tornare, ritornare
to come, go back

Sei ritornata tardi ieri sera.
You came back late last night.

Devo ritornare in ufficio.
I have to go back to the office.

A questo punto non posso più tornare
  indietro.
At this point I cannot go back again.
(I have reached the point of no return.)

riportare
to return, bring back

Hai riportato i libri alla biblioteca?
Did you return the books to the library?

restituire
to give back

Gianni, ti devo restituire i soldi che mi hai
  prestato.
*Gianni, I have to give back to you the money
  you lent me.*

to ask

chi<u>e</u>dere (qualcosa **a** qualcuno)
to ask for, to request

Ho chiesto il conto al cameriere.
I asked the waiter for the bill.

Non mi piace chiedere favori alla gente.
I don't like to ask people for favors.

domandare (qualcosa **a** qualcuno)
to ask (a question), to inquire

Domanda a papà quando torna.
Ask daddy when he's coming back.

Vi ho domandato il prezzo tre volte!
I've asked you for the price three times!

The distinction between **chiedere** (= **chiedere per avere**) and **domandare** (= **interrogare per sapere**) is not always maintained. **Chiedere** is being used more and more frequently and seems to be replacing **domandare.**

Note: *To ask a question* is **fare una domanda.**
Mi fate sempre tante domande!
You always ask me so many questions!

Pratica

a. *Scegliere la parola che completa meglio la frase.*

1. Non dovete (chiedere/**fare**) domande imbarazzanti.
2. Non sono ancora le otto e la mamma (si alza/**è alzata**) da due ore!
3. Ho bisogno della ricevuta (*receipt*). Ricordati di (**chiederla**/domandarla)!
4. Non sappiamo perché non hanno (alzato/**aumentato**) il prezzo della benzina quest'estate.
5. Perché non hai (**restituito**/ritornato) la macchina fotografica a Simona?

b. *Inserire le parole opportune.*

1. Abbiamo perso la strada! Perché non _torniamo_ indietro?
2. In periodo di esami noi _stiamo alzati_ a studiare fino a tardi.
3. I miei studenti _fanno_ sempre tante _domande_ e io rispondo.
4. Quando papà _alza_ la voce vuol dire che è arrabbiato.
5. Ho bisogno di soldi, ma non ho il coraggio di _chieder_li ancora a mia madre.
6. Diego voleva _domandar_ti un'informazione, ma non c'eri.

c. *Domande per Lei.*

1. In quali giorni della settimana si alza tardi Lei? Quante volte si è alzato/a tardi questa settimana?
2. Lei trova facile chiedere favori alla gente? Che cosa chiede senza problema e che cosa non chiede mai?
3. Hanno aumentato le tasse (*tuition*) alla Sua università negli ultimi anni? Quanto paga all'anno? Le sembra troppo, poco, giusto? Perché?
4. Quando va in vacanza, Le piace tornare nei posti che conosce? Perché?
5. Lei riporta spesso i Suoi acquisti ai negozi dove li ha comprati? Perché?

಄ **Temi per componimento o discussione**

1. Quali sono i vantaggi e/o gli svantaggi di fare le spese in un grosso centro commerciale, dove si trova di tutto, invece di in diversi negozi in città?
2. Tutti noi, ogni volta che compriamo qualcosa, facciamo delle scelte in relazione al nostro bilancio (*budget*). Dati i soldi che ha, che cosa compra Lei? (dei bei vestiti, un'automobile nuova, libri, gioielli, mobili, dischi...) Dove? Perché?
3. Paragoni (*compare*) il modo di acquistare i generi alimentari negli Stati Uniti con quello di altri paesi che conosce o di cui ha sentito parlare. Per esempio, come si farà la spesa in Europa, in Africa o in Cina? Tenga in considerazione fattori come l'organizzazione della società, la disponibilità (*availability*) dei prodotti a livello locale, la loro conservazione, i mezzi di trasporto, ecc.

 ## RICERCA WEB

La moda italiana è famosa in tutto il mondo e le collezioni costituiscono un elemento fortemente positivo per l'economia nazionale. Il Web ci permette di vedere e, perché no, di giudicare le ultime creazioni degli stilisti italiani. Per alcuni di loro, la carriera è iniziata in maniera modesta e il successo è arrivato più tardi.

    a. Moda italiana
    b. Stilisti famosi: vita, storia, stile, collezioni:
       Armani, Benetton, Laura Biagiotti, Fendi, Ferragamo, Gucci, Nina Ricci...

Nel negozio di calzature. Carla vuole comprare un paio di scarpe in un negozio nel centro di Palermo.

COMMESSO: Prego, signorina.
CARLA: Vorrei vedere quei mocassini marrone in vetrina, per favore.
COMMESSO: Che numero porta?
CARLA: Il trentotto e mezzo.
COMMESSO: Vengo subito.
CARLA: Sono proprio delle belle scarpe. Quanto vengono?
COMMESSO: Cento euro con lo sconto del venticinque per cento.
CARLA: Sono piuttosto care!
COMMESSO: Ma sono molto comode e di ottima qualità. Vuole provare anche la sinistra?
CARLA: No, grazie. Sono molto belle ma vorrei pensarci un po'.

Offrire un servizio

Desidera?
Prego.   *How can I help you?*
Mi dica.
In che cosa Le posso essere utile?   *What can I do for you?*
Tocca a Lei, mi dica.   *It's your turn.*

Sollecitare un servizio

Per favore/piacere/cortesia...
Mi dà/mostra/fa vedere... ?
Vorrei vedere/provare...
Ho/avrei bisogno di...
Non ha/avrebbe per caso... ?   *You wouldn't by any chance have . . .*
Sa dove posso trovare... ?

Fare acquisti

(Sì) mi piace. Lo/la prendo.
Va bene. Prendo questo/a.
(Non) è proprio quello che cercavo.   *This is (not) exactly what I was looking for.*
Mi ci faccia pensare...   *Let me think about it.*
Abbia pazienza! Non so quale/i   *Be patient. I don't know what to choose.*
  scegliere.
Grazie, ma è troppo caro/a.

Chiedere il prezzo

Quanto costa/viene?
Quanto fa in tutto?
In tutto costa/viene/sono... mila euro.   *Altogether, it's . . . thousand euros.*
Mi fa lo sconto?
Che sconto mi fa?
Allora, quanto Le devo?   *How much do I owe you, then?*

1. Lei entra nella pelletteria «Mirella» perché vuole vedere una valigia blu in vetrina. Cosa domanda?
2. È sabato pomeriggio e la libreria di Suo padre è piena di clienti. Dica a una signora che è il suo turno e chieda cosa desidera.
3. È il compleanno del Suo fidanzato/della Sua fidanzata e vuole comprargli/le qualcosa d'oro. Chieda al gioielliere di farLe vedere qualcosa.
4. Sta scegliendo una nuova montatura per gli occhiali dall'ottico di famiglia, ma non sa quale prendere. L'ottico deve servire altri clienti. Lei si scusa e dice di essere indeciso/a.

Situazioni

1. Lei vuole regalare un televisore al suo ragazzo/alla sua ragazza. Il commesso Le propone alcuni apparecchi molto belli, ma costano troppo. Finalmente trova quello che vuole, ma non ha abbastanza contanti; per fortuna il negozio accetta i traveler's checks.
2. Deve fare degli acquisti per Sua madre. Telefoni ad un amico/un'amica e gli/le chieda se vuole venire in centro con Lei. L'amico/l'amica Le chiede che cosa deve comprare e in quali negozi vuole andare. Lui/lei accetta di venire e entrambi stabilite il luogo e l'ora dell'appuntamento. (Possibili suggerimenti: un rullino di foto per Sua madre, della carta per il computer di Sua sorella, una scatola di cioccolatini per Sua nonna, una cintura di pelle per Suo padre, i biglietti per il teatro, un dolce, dei fiori...)
3. Il Suo amico Jack è tornato dall'Italia con una bellissima giacca di pelle. Secondo Lei deve averla pagata moltissimo. Invece Jack l'ha comprata a un mercato di Firenze e Le racconta quanti soldi ha risparmiato, come ha fatto l'affare, ecc.
4. Lei ha comprato un nuovo divano (*sofa*). Spieghi a Sua madre che non aveva abbastanza soldi e ha dovuto chiederli a un amico/un'amica. Li ha ottenuti, ma al 15% di interesse. Pazienza! Ora la Sua camera è più bella con il divano nuovo.

CAPITOLO

4

PER COMINCIARE

Alberto è in ritardo

STRUTTURA

Narrare al passato
- I. Passato prossimo e imperfetto

Parlare di cose o persone senza nominarle
- II. Pronomi personali (oggetto diretto)
- III. L'accordo del participio passato

Negare e contraddire
- IV. Negativi

Indicare proprietà
- V. Aggettivi e pronomi possessivi

LETTURA

La stanza

PER COMUNICARE

Fare gli auguri

Congratularsi

Esprimere apprezzamento

Esprimere rammarico

Alberto è in ritardo.   La mamma ha bisogno della macchina e aspetta Alberto con impazienza. Eccolo finalmente!

MAMMA: Sei arrivato! Non tornavi più!
ALBERTO: Scusa. Ho incontrato Sabina e siamo rimasti a parlare.
MAMMA: Come sta?
ALBERTO: Bene! Non l'ho mai vista così contenta. Lei e Andrea sono andati ad abitare nella loro nuova casa in viale Manzoni.
MAMMA: Mi fa piacere. Erano diversi anni ormai che abitavano con i genitori di lui. L'hanno comprata la casa?
ALBERTO: No, l'hanno avuta in eredità dalla zia di Andrea.
MAMMA: Capisco, sì. Lidia voleva molto bene a suo nipote. Lei non si è mai sposata, non aveva figli, e Andrea è sempre stato il suo nipote preferito.
ALBERTO: È vero, lo dicevano tutti. Poi, quando sua zia ha capito che stava proprio male, ha fatto testamento e gli ha lasciato l'appartamento.
MAMMA: Mi fa proprio piacere. Ma lasciami andare ora. Ti aspettavo perché avevo bisogno della macchina.

Vocabolario utile

La famiglia

il coniuge   spouse
i genitori   parents
il figlio, la figlia   son, daughter
il fratello, la sorella   brother, sister

il (bis)nonno, la (bis)nonna
   (great-)grandfather, (great-)grandmother
il gemello, la gemella
   twin brother, twin sister

I parenti

il cognato, la cognata   brother-in-law, sister-in-law
il genero, la nuora   son-in-law, daughter-in-law
il suocero, la suocera   father-in-law, mother-in-law

il cugino, la cugina   cousin
il nipote, la nipote   nephew, niece; grandson, granddaughter
lo zio, la zia   uncle, aunt

Stato civile

celibe   single (man)
nubile   single (woman)
coniugato/a   married
divorziato/a   divorced

separato/a   separated
scapolo   bachelor
vedovo/a   widower, widow

Espressioni

*andare a trovare   to visit   venire a trovare - come to visit

   aver fiducia in   to trust
   comportarsi bene, male   to behave properly, to misbehave
   divorziare, separarsi   to divorce, to separate
*essere affezionato a   to be fond of
*essere in buoni rapporti   to have a good relationship
   fare testamento   to make one's will
   festeggiare   to celebrate   celebrare - religious
   lasciare/ricevere in eredità   to bequeath, to inherit
   litigare   to quarrel
   voler bene a   to love

ESERCIZI

a.   *Rispondere alle domande seguenti.*

   1.   Perché era in ritardo Alberto?
   2.   Dove sono andati ad abitare Andrea e Sabina?
   3.   Come hanno ottenuto la loro nuova abitazione?
   4.   Perché la zia Lidia ha lasciato l'appartamento ad Andrea?
   5.   Che cosa ha fatto la zia di Andrea quando ha capito che stava proprio male?

b.   *Dare il contrario delle espressioni sottolineate.*

   1.   Si sono sposati a maggio.
   2.   Sul passaporto c'è scritto che Piero è ancora celibe.
   3.   Piero è affezionato a Carla.
   4.   Vanno d'accordo.
   5.   Si fanno molta compagnia.
   6.   Si comportano molto bene con i parenti di lui e di lei.

c.   **Chi sono?** *Rispondere con il corrispondente termine di parentela.*

   ESEMPIO   Chi è il padre di Suo marito?
   È mio suocero.

   1.   la moglie di Suo figlio
   2.   il figlio di Sua sorella
   3.   il fratello di Suo marito
   4.   il marito di Sua figlia
   5.   il fratello di Sua sorella
   6.   Suo padre e Sua madre
   7.   la sorella di Suo padre
   8.   il padre di Sua madre
   9.   il figlio di Sua figlia
   10. Suo zio, Sua cugina e Suo nipote

I. Passato prossimo e imperfetto

A. The **passato prossimo** and the **imperfetto** each have specific uses and express different things about the past. They cannot be used interchangeably without affecting the meaning of a sentence.

1. The **passato prossimo** is a *narrative* tense used to report a specific action that was completed in the past. The action may have lasted a short time or a long time, and it may have taken place once or a specified number of times, but it was completed. The **passato prossimo** answers the question *What happened?*

   Ieri sera Riccardo **ha studiato** fino a mezzanotte.
   Last night Richard studied until midnight.

2. The **imperfetto** is a *descriptive* tense used to describe how things or people were in the past. It is also used to express a past action that was habitual, that is, repeated over a general period of time, or a past action in progress, that is, going on, with no reference to its completion. The **imperfetto** answers the questions *What was it like? What used to happen? What was happening?*

   Ogni sera Riccardo **studiava** fino a mezzanotte.
   Every evening Richard studied until midnight. (habitual action)

   Ieri sera Riccardo **studiava** quando è arrivato un telegramma.
   Last night Richard was studying when a telegram arrived. (action in progress)

   Riccardo **era** un bravo studente: **studiava** all'Università di Firenze e **prendeva** bei voti.
   Richard was a good student: he studied at the University of Florence and got good grades.
   (description)

B. There are particular cases where a careful distinction between the two tenses is necessary.

1. The **imperfetto** describes conditions and states of being (physical, mental, and emotional) in the past that have no specific beginning; the **passato prossimo** expresses the onset of a state of being at a definite time in the past.

   Quando ero piccola, **avevo** paura del buio.
   When I was little, I was scared of the dark.

   Quando la polizia mi ha fermato, **ho avuto** paura.
   When the police stopped me, I got scared.

2. The **imperfetto** expresses an action that was going on while something else was also going on (**imperfetto**) or when something else happened (**passato prossimo**).

   I bambini **dormivano** mentre io **lavavo** i piatti.
   The children were sleeping while I was doing the dishes.

   I bambini **dormivano** quando papà **ha telefonato.**
   The children were sleeping when daddy called.

C. The verbs most often used in the **imperfetto** are **avere** and **essere** as well as verbs indicating emotions and mental states: **amare, credere, desiderare, pensare, potere, ricordare, sapere, sperare, volere,** etc.

Erano stanchi perché **avevano** troppo lavoro.
They were tired because they had too much work.

Giovanni **amava** Laura e **sperava** di sposarla entro la fine dell'anno.
Giovanni loved Laura and was hoping to marry her by the end of the year.

Time, age, and weather in the past are also usually expressed in the **imperfetto.**

Quanti anni **avevi** quando ti sei sposato? **Era** mezzanotte quando sono tornati a casa.
How old were you when you got married? *It was midnight when they returned home.*

D. Certain verbs take on different meanings or different implications depending on whether they are used in the **imperfetto** or the **passato prossimo.**

conoscere	**Conoscevo** un industriale.	**Ho conosciuto** un industriale.
	I knew an industrialist.	*I met an industrialist.*
sapere	**Sapevo** che Mario era sposato.	**Ho saputo** che Mario era sposato.
	I knew Mario was married.	*I found out that Mario was married.*

The **imperfetto** of the verbs **dovere, potere,** and **volere** leaves uncertain whether or not the action one *was supposed to do, was capable of doing,* or *was willing to do* was carried out; the **passato prossimo,** in contrast, indicates clearly that the action was carried out.

dovere	**Dovevamo** comprare molte cose.	**Abbiamo dovuto** comprare molte cose.
	We were supposed to buy many things.	*We had to buy many things.*
potere	Mi **potevano** capire.	Mi **hanno potuto** capire.
	They could (had the ability to) understand me.	*They could (were able to, managed to) understand me.*
	(no reference to a specific occasion)	(one specific occasion)
volere	**Volevano** offrire il caffè.	**Hanno voluto** offrire il caffè.
	They wanted to offer coffee.	*They insisted upon offering coffee.*
	Marco **non voleva** rispondere.	Marco **non ha voluto** rispondere.
	Marco didn't want to answer.	*Marco refused to answer.*

E. The **imperfetto** and the **passato prossimo** are often used together. The **imperfetto** describes a circumstance that accompanies the main action, which is expressed by the **passato prossimo.**[1] The **imperfetto** sets the scene and provides the background; the **passato prossimo** advances the plot.

---

[1] In formal narrations (novels, short stories, historical works), the **passato remoto** is ordinarily used instead of the **passato prossimo** (see p. 142).

Era mezzanotte (*description*) e tutti dormivano (*description*). I ladri hanno rotto (*action*)
una finestra e sono entrati (*action*). Hanno preso (*action*) tutto quello che hanno trovato
(*action*) e sono andati via (*action*).

Ieri mattina quando mi sono alzato (*action*), non mi sentivo bene (*description*). Sono
andato (*action*) alla finestra e ho guardato (*action*) fuori. Mi sono subito sentito (*change of
state*) meglio. Era (*description*) una bella giornata. Il sole splendeva (*description*) e gli
uccelli cantavano (*description*). Tutti sembravano (*description*) felici.

The **imperfetto** also expresses the habitual nature of a particular action.

Piero era innamorato (*description*) di Patrizia ma non aveva il coraggio (*description*) di
parlarle. Ogni volta che la vedeva (*habit*), scappava (*habit*)... Una sera l'ha vista (*action*) in
biblioteca: Patrizia era sola (*description*) e studiava (*description*) molto diligentemente.
Piero si è avvicinato (*action*) e le ha chiesto (*action*): «Scusa, sai che ore sono?»

ESERCIZI

a. *Mettere le seguenti frasi al passato. Un verbo sarà al passato prossimo, l'altro all'imperfetto.*

    ESEMPIO   Tornano a casa perché è tardi.
              Sono tornati a casa perché era tardi.

1. Non mangio molto perché non ho appetito.
2. Lui non si ferma perché ha fretta.
3. Dato che piove, stiamo a casa.
4. Noi non usciamo perché non ci sentiamo bene.
5. Dato che hai mal di testa, prendi due aspirine.
6. Non telefonano perché non ricordano il numero.
7. Non scrivete perché non avete l'indirizzo?

b. *Formare nuove frasi mettendole o all'imperfetto o al passato prossimo, secondo il senso, e usando le
espressioni fra parentesi.*

    ESEMPIO   Faccio colazione (ogni mattina; stamattina)
              Facevo colazione ogni mattina.
              Ho fatto colazione stamattina.

1. Pranzo al ristorante. (di solito; ieri sera)
2. Prendi l'autobus. (tutti i giorni; oggi)
3. Non comprano caramelle di menta. (stamattina; di solito)
4. Uscite soli. (la sera; quella volta)
5. Andiamo al cinema. (il sabato; sabato scorso)
6. Si vedono. (il 5 agosto 1991; ogni estate)
7. Parla in italiano. (ieri; in generale)

c. **Dopo la festa.** *Completare il brano inserendo i verbi indicati all'imperfetto o al passato prossimo secondo il senso.*

Marina è tornata tardi, (essere) _era_ una bella festa, lei (divertirsi) _si è divertita_ e non (volere) _voleva_ andar via. La mattina dopo (alzarsi) _si è alzata_ tardi, (sentirsi) _si sentiva_ male e (avere) _aveva_ un gran mal di testa. La mamma, con aria di disapprovazione, le (dire) _ha detto_: «Cosa (mangiare) _hai mangiato_ ieri sera? Qualcosa ti (fare) _ha fatto_ male?» Lei non (rispondere) _ha risposto_, (sorridere) _ha sorriso_ soltanto. Non (volere) _voleva_ dare tante spiegazioni. Più tardi (telefonare) _ha telefonato_ Franco e le (proporre) _ha proposto_ di venirla a prendere e di portarla a lezione in macchina.

d. *Mettere al passato scegliendo il tempo opportuno (o imperfetto o passato prossimo).*

1. La bambina non sta bene: è a letto con la febbre, è calda e agitata. La mamma chiama il dottore. Il dottore viene e visita la bambina. Dice che ha l'appendicite e che bisogna operarla. Lui consiglia di portarla all'ospedale a Roma.

2. Sento la sveglia e mi alzo. Vado subito nel bagno, faccio la doccia e mi vesto. Poi vado in cucina. Il mio compagno di camera dorme ancora e russa (*is snoring*) come un camion carico in salita. Scendo le scale di corsa e vado a bere un caffè nel bar sotto casa perché così, a stomaco vuoto, non mi sento troppo in forma. Salgo sulla mia Ferrari al solito posteggio, innesto la marcia (*put it in gear*) e parto come un razzo (*rocket*). Subito mi accorgo che dietro di me c'è una macchina. Accelero e anche la macchina accelera. È una Cadillac nera 1960. Guardo bene nello specchietto retrovisivo (*rear-view mirror*). La guida un tizio (*guy*) grosso con gli occhi gialli, una specie di gorilla che ha anche una cicatrice (*scar*) sulla mano destra. Vedo che la sua giacca, dalla parte sinistra, ha un rigonfiamento (*bulge*). Prendo una strada deserta, freno di colpo, poi salto giù.

(Adapted from Carlo Manzoni)

e. **Lui e lei.** *Mettere l'infinito tra parentesi all'imperfetto o al passato prossimo secondo il senso.*

Quando si sono sposati, (volersi molto bene) _si volevano_. (Volersi bene) _si sono voluti_ per cinque anni, ma ora tutto è finito. Loro (volere) _volevano_ avere tanti bambini, ma (nascere) _è nato_ un figlio solo, Lorenzo. Il bambino aveva diciotto mesi quando loro (divorziare) _hanno divorziato_. Ora lui vive con la mamma. Quando lui e lei (essere) _erano_ ancora insieme, lei non (lavorare) _lavorava_, (occuparsi) _si occupava_ solo della casa e del bambino. Poi (dovere) _ha dovuto_ cercare un impiego. (Trovare) _ha trovato_ un posto in un'agenzia di viaggi. Lei (essere) _era_ molto preoccupata perché non (sapere) _sapeva_ la geografia, ma tutto (andare) _è andato_ bene. Alla fine (conoscere) _ha conosciuto_ un rappresentante che in quel periodo (fare) _faceva_ molti viaggi all'estero. Un giorno lui la (invitare) _ha invitata_ a cena, due o tre volte (andare) _sono andati_ al cinema o a teatro. Ora sono felicemente sposati.

II. Pronomi personali (oggetto diretto)

A. A direct object is a person or thing that directly receives the action of the verb. It answers the question *whom?* or *what?* Verbs that take a direct object are called *transitive verbs* (for example, *to see, to find, to eat*). Those that cannot take a direct object are called *intransitive verbs* (for example, *to come, to wait up for, to think about*). The forms of the direct object pronouns are:

	SINGULAR		PLURAL	
1st person	**mi**	*me*	**ci**	*us*
2nd person	**ti**	*you (informal)*	**vi**	*you (informal)*
	La	*you (formal)*	**Li, Le**	*you (formal)*[1]
3rd person	**lo**	*him, it (m)*	**li**	*them (m)*
	la	*her, it (f)*	**le**	*them (f)*

1. Italian direct object pronouns normally precede a conjugated verb.

   Conoscete Luigi?—Sì, **lo** conosciamo bene.
   Do you know Luigi?—Yes, we know him well.

   Lei compra i biscotti, io **li** faccio.
   She buys cookies; I make them.

2. **Lo, la** (and less often **mi, ti, ci, vi**) drop their final vowel before verbs beginning with a vowel, except forms of **essere,** and before the forms **ho, hai, ha, hanno** from **avere.** However, the plural forms **li, le, Li, Le** are *never* elided.

   L'italiano? **L'**hanno imparato in Italia.
   Italian? They learned it in Italy.

   Abbiamo la televisione, ma non
     l'accendiamo mai.
   We have a TV but we never turn it on.

   Ti aiuto quando posso.
   I help you when I can.

   Li invitate a cena.
   You invite them to supper.

3. Direct object pronouns governed by an infinitive normally follow it and are attached to it. The infinitive drops the final **-e.**

   Perché fingi di non conoscer**mi**?
   Why do you pretend not to know me?

   Ho voglia di comprar**lo.**
   I feel like buying it.

   If the infinitive is governed by the verbs **dovere, potere,** or **volere,** the pronoun may either be attached to the infinitive or precede the entire verb phrase.

   Voglio invitar**ti.**
   Ti voglio invitare.
   I want to invite you.

   Dobbiamo aiutar**la.**
   La dobbiamo aiutare.
   We must help her.

---

[1] **Li** and **Le** are rarely used and are replaced by the informal **vi: Signori, vi invito a prendere un caffè.** *Ladies and gentlemen, I invite you to have a cup of coffee.*

B. **Ecco** (*here is, here are, there is, there are*) points out or draws attention to people, places, or things.

Ecco il nonno e la nonna!
Here are grandpa and grandma!

Ecco la pensione!
Here is the small hotel!

Ecco la risposta giusta!
Here's the right answer!

1. **Ecco** differs from as **c'è, ci sono** (*there is, there are*). The latter forms state that a person, place, or thing exists without pointing out or drawing attention to it.

Ecco i tuoi vestiti!	**Ci sono** dei bei vestiti nei negozi del centro.
Here are your clothes!	*There are fine clothes in the stores downtown.*
Ecco il libro che cercavi!	**C'è** un libro molto interessante in libreria.
There's the book you were looking for!	*There's a very interesting book at the bookstore.*
Ecco gli studenti!	**Ci sono** degli studenti qui?
Here are the students!	*Are there any students here?*

2. When **ecco** is used with a pronoun rather than a noun, the pronoun is a direct object pronoun and is attached to **ecco**.

ecco**mi**	*Here I am.*	ecco**ci**	*Here we are.*
ecco**ti** ecco**La**	*Here you are.*	ecco**vi** ecco**Li** ecco**Le**	*Here you are.*
ecco**lo**	*Here he/it is.*	ecco**li**	*Here they (m) are.*
ecco**la**	*Here she/it is.*	ecco**le**	*Here they (f) are.*

C. Some Italian verbs take a direct object where their English equivalents require a preposition + object.

ascoltare	*to listen to*
chiedere	*to ask for*
pagare	*to pay for*
aspettare	*to wait for*
cercare	*to look for*
guardare	*to look at*

Amo la musica; **l'**ascolto spesso.	È un bel libro: quanto **l'**hai pagato?
I love music; I often listen to it.	*It's a fine book. How much did you pay for it?*
Se vuoi il conto, devi chieder**lo.**	Avete trovato le chiavi o **le** cercate ancora?
If you want the check, you must ask for it.	*Have you found the keys, or are you still looking for them?*

D. The invariable pronoun **lo** is used with **credere** or **pensare** (*to think*), **sperare** (*to hope*), **sapere** (*to know*), **dire** (*to tell*), and **chiedere** (*to ask*) to express the previously mentioned topic that is the object of the verb.

Lo credi?
Do you think so?

Non **lo** sappiamo.
We don't know.

Può andare in Italia?—**Lo** spero davvero.
Can you go to Italy?—I really hope so.

Chi **l'**ha detto a Elena?
Who told Elena?

With some verbs, **lo** can be replaced by **di sì** in affirmative sentences, and by **di no** in negative sentences.

Credo/penso **di sì.** (**Lo** credo.)
I think so.

Credo/penso **di no.** (Non **lo** credo.)
I don't think so.

ESERCIZI

a. **Non è vero!** *Silvana pensa che Daniele non l'aiuti abbastanza. Immagini di essere Daniele e di contraddire quanto dice Silvana. Completi ogni frase.*

ESEMPIO Non pulisci mai il tuo studio.
Non è vero! Lo pulisco ogni sabato.

1. Non fai mai la spesa.
2. Non mi aiuti mai a cucinare.
3. Non lavi mai i piatti.
4. Non ordini mai il pranzo in rosticceria (*delicatessen*).
5. Non compri mai le paste.
6. Non paghi mai le bollette del gas e della luce.
7. Non porti mai Antonio all'asilo.
8. Non mi ascolti mai.

b. **Non lo so.** *Ha prestato* (lent) *alcune cose al Suo compagno/alla Sua compagna di stanza e ora le rivuole. Gli/le chieda dove le ha messe.*

ESEMPIO STUDENTE 1 Dove sono i miei occhiali da sole?
            STUDENTE 2 **Io non li ho (non li vedo, non li trovo).**
            oppure   **Eccoli!**

1. le fotografie della festa
2. la scatola delle aspirine
3. gli appunti (*notes*) di francese
4. il rasoio
5. la schiuma da bagno
6. il dentifricio
7. le cassette di Eros Ramazzotti
8. le chiavi della macchina

c. *Rispondere alle domande usando il pronome* **lo** *e i verbi* **chiedere, credere/pensare, dire, sapere, sperare.**

1. Chi ha vinto il campionato di calcio?
   (You have no idea.)
2. È vero che Flavia ha ereditato le perle della nonna?
   (Her brother says so.)
3. Possiamo prendere la macchina nuova?
   (They must ask your father about it.)
4. È vero che vai a studiare in Italia?
   (You really hope so.)
5. Credi che Silvana diventerà una vecchia zitella?
   (You do/don't think so.)

III. L'accordo del participio passato

The past participle of a verb conjugated with **avere** is invariable unless a third person direct object pronoun (**lo, la, li, le**) precedes the verb. In such cases the past participle agrees with the pronoun in gender and number.

Ho mangiato la pizza. (*no agreement*)
I ate the pizza.

L'ho (**la** ho) mangia**ta** tutta. (*agreement*)
I ate it all.

Hai aperto le lettere?—No, non **le** ho aperte.
Did you open the letters?—No, I didn't open them.

Ho comprato dei bei dischi. **Li** ho pagati troppo, però!
I bought some beautiful records. I paid too much for them, though!

Note that the singular direct object pronouns **lo** and **la** are elided with the forms of **avere** that follow, but the plural forms **li** and **le** are not elided.

1. The direct object pronoun **La** (*you,* formal) is considered masculine if the person addressed is male, feminine if female. The past participle agrees accordingly.

Professore, scusi se non **L'**ho salutato.
Excuse me, Professor, if I didn't greet you.

Signora, scusi se non **L'**ho salutat**a.**
Excuse me, Madam, if I didn't greet you.

2. Agreement of the past participle with other direct object pronouns (**mi, ti, ci, vi**) is optional.

Mamma, dov'eri? Non **ti** ho vist**o** (vist**a**).
Mother, where were you? I didn't see you.

Ragazzi, **vi** abbiamo cercat**o** (cercat**i**) dappertutto.
Boys, we looked for you everywhere.

ESERCIZI

a. *I genitori di Pietro e Lucia tornano dalle vacanze dopo aver lasciato i figli soli per due settimane. Che cosa trovano? Seguire l'esempio.*

ESEMPIO lasciare una Coca-Cola nel congelatore *(freezer)*
Chi ha lasciato una Coca-Cola nel congelatore?
L'ha lasciata Pietro.

1. usare i bicchieri di cristallo
2. mettere la cuccia del cane *(doghouse)* in bagno
3. rompere la porta del garage
4. avere un incidente con la macchina
5. lasciare l'immondizia *(trash)* in cantina
6. non avere pagato la luce
7. cogliere tutti i fiori del giardino
8. lasciare aperte le finestre mentre pioveva
9. rovinare le videocassette
10. usare i cosmetici della mamma

b. *Domandare ad un compagno/una compagna quali film, programmi televisivi o opere di teatro ha visto ultimamente. Lui/lei risponde, usando i pronomi, e spiega il perché della risposta. Alcune parole utili:*

ieri sera	i mondiali di calcio	vedere
l'anno scorso	*La vita è bella*	registrare *(to tape)*
due settimane fa	il concerto di Pavarotti	guardare
	il telegiornale	
	La domenica sportiva	

ESEMPIO STUDENTE 1 Hai guardato le Olimpiadi invernali l'anno scorso?
STUDENTE 2 **Sì, le ho guardate. Gli sport invernali sono affascinanti.**
No, non le ho guardate. Non ho avuto tempo.

IV. Negativi

A. A negative sentence in Italian must always have a negative word before the verb. Usually this negative word is **non.** Only object pronouns are placed between **non** and the verb.

Maria Luisa **non** capisce il francese.
Marie Louise doesn't understand French.

Non ho comprato una pipa.
I didn't buy a pipe.

Quando mi vede, **non** mi saluta.
When he sees me, he doesn't greet me.

Perché non me la regala? Non la usa mai!

B. Other words may be used with **non** and the verb to form negative sentences:

non... affatto	*not at all*
non... ancora	*not yet (the affirmative counterpart is **già,** already)*
non... che	*only*
non... mai	*never*
non... mica	*not at all, not in the least, not really*
non... né... né...	*neither . . . nor*
non... { **neanche** / **neppure** / **nemmeno**	*not . . . even*
non... nessuno (pronoun)	*nobody, no one, not . . . anybody*
non... nessuno/a (adjective)	*no, not . . . any, not a single*
non... { **niente** / **nulla**	*nothing, not . . . anything*
non... più	*no longer, no more, not . . . again (the affirmative counterpart is **ancora,** still)*

Non is necessary when the companion negative word follows the verb. If a negative word other than **non** precedes the verb, however, **non** is omitted.

Non sono **affatto** stanco.
I'm not at all tired.

Non è **mica** stupido.
He is not at all stupid.

Non li vediamo **più.**
We don't see them anymore.

Non conosco **né** Firenze **né** Roma.
I know neither Florence nor Rome.

Nessuno è perfetto.
Nobody is perfect.

Niente era facile.
Nothing was easy.

Neanche noi paghiamo.
We don't pay either.

Né Lorenzo **né** Teresa capiscono.
Neither Lorenzo nor Teresa understands.

1. **Niente** (**nulla**) and **nessuno** can be used in a question without **non** to mean *anything* or *anyone.*

   Hai bisogno di **niente?**
   Do you need anything?

   Ha riconosciuto **nessuno?**
   Did you recognize anyone?

2. Several negative words can be used in the same sentence.

   Sono tirchi: **non danno mai niente** a **nessuno.**
   They are stingy: they never give anything to anyone.

C. To express *not . . . any* with a plural noun, use either **non** and the plural noun or **non** and the singular noun with the appropriate form of **nessuno.**

Non leggo giornali.
I don't read any newspapers.

Non vedo macchine.
I don't see any cars.

Non leggo **nessun** giornale.
I don't read a single newspaper.

Non vedo **nessuna** macchina.
I don't see a single car.

ESERCIZI

a. **Lei è malato/a.** *Un amico/un'amica La viene a trovare ma Lei è di cattivo umore e risponde sempre in modo negativo.*

   1. C'è qualcosa di buono in frigo? (niente)
   2. Ma come, non c'è del latte, delle uova... ? (né, né)
   3. Non è venuto qualcuno a portare la spesa? (nessuno)
   4. Non è venuta Paola ieri sera? (neppure)
   5. Ma tu che cosa hai fatto? (nulla)
   6. Cosa fai tutto il giorno? Guardi la TV? (mai)
   7. Sono le 9,00. Hai mangiato? (non ancora)
   8. Ma insomma, come sei scorbutico/a! (affatto) È solo che sono stufo/a di essere malato/a.

b. **Sai se... ?** *Antonietta è andata a trovare il fratello che si è appena sposato. La nonna è curiosa e vuole sapere come vanno le cose. Rispondere alle domande della nonna usando i pronomi e le forme negative.*

ESEMPIO Pagano l'affitto puntualmente?
No, non lo pagano mica puntualmente.

1. Hanno ringraziato tutti i parenti dei regali?
2. Vanno a trovare i suoceri spesso?
3. Scelgono le tende della cucina la prossima settimana?
4. Fanno la spesa insieme?
5. Hanno una colf (*cleaning lady*)?
6. Hanno comprato il tavolo per il soggiorno?
7. È vero che Diana aspetta un bambino?
8. Diana cerca sempre un lavoro?

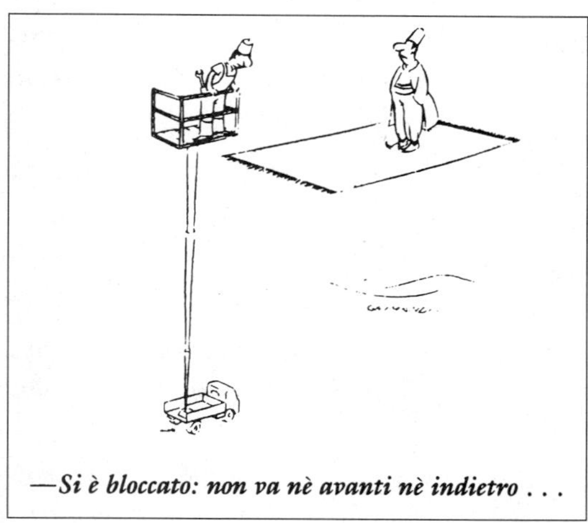

—*Si è bloccato: non va nè avanti nè indietro . . .*

V. Aggettivi e pronomi possessivi

The same forms are used for both possessive adjectives and possessive pronouns. Note that the definite article is normally part of the possessive form.

	SINGULAR		PLURAL	
	Masculine	**Feminine**	**Masculine**	**Feminine**
my / mine	il mio	la mia	i miei	le mie
your / yours	il tuo	la tua	i tuoi	le tue
your / yours (formal)	il Suo	la Sua	i Suoi	le Sue
his / hers / its	il suo	la sua	i suoi	le sue
our / ours	il nostro	la nostra	i nostri	le nostre
your / yours	il vostro	la vostra	i vostri	le vostre
your / yours (formal)	il Loro	la Loro	i Loro	le Loro
their / theirs	il loro	la loro	i loro	le loro

A. Possessive adjectives precede the noun they modify. They agree with the noun in gender and number: *my university,* la mia università; *our teachers,* i nostri professori.

1. No distinction is made between *his* and *her.* The possessive agrees with the *object* possessed, *not* with the person who possesses it.

l'uomo e **la sua** pipa
the man and his pipe

la donna e **il suo** cane
the woman and her dog

Paolo e **il suo** amico
Paolo and his friend

Francesca e **il suo** amico
Francesca and her friend

2. If clarification is needed, **di lui** or **di lei** is used.

l'amico **di lui**
his friend

l'amico **di lei**
her friend

3. The English *of mine, of yours,* etc., is expressed with the possessive adjective before the noun without the definite article. There is no equivalent for *of* in these constructions.

un mio amico
a friend of mine

due miei cugini
two cousins of mine

questa nostra città
this city of ours

4. When the possessive form is preceded by a preposition, the article combines with the preposition (see p. 61).

davanti **alla** mia porta
in front of my door

dalle tue finestre
from your windows

nei suoi occhi
in his (her) eyes

B. The possessive adjective **proprio (il proprio, la propria, i propri, le proprie)** corresponds to the English *one's* or *one's own.* **Proprio** is used in impersonal expressions instead of the usual possessive forms in the third person.

Bisogna riconoscere i propri errori.
One must recognize one's mistakes.

È necessario ascoltare la propria coscienza.
It is necessary to listen to one's conscience.

C. In some common expressions the possessive adjective is used without the definite article and may be placed after the noun.

a casa mia (sua, ecc.)	*at my (his, etc.) house*	**a nostra disposizione**	*at our disposal*
È colpa tua.	*It is your fault.*	**per conto mio**	*on my own*
da parte sua	*on his behalf*	**Sono affari loro.**	*It's their business.*
in vita nostra	*in our life*		

❧ Il possessivo con termini di parentela

The possessive adjective is used *without* the definite article when it modifies a noun expressing a family relationship in the *singular.* **Il loro** is an exception: it always requires an article. Compare:

mio zio	**i miei** zii
tuo cugino	**i tuoi** cugini
sua sorella	**le sue** sorelle
nostra cugina	**le nostre** cugine
vostra madre	**le vostre** madri
il loro fratello	**i loro** fratelli

If the noun expressing a family relationship is modified by an adjective, or if it takes a suffix, the article is retained. Compare:

mio marito	**il mio** futuro marito	*my future husband*
nostra zia	**la nostra** povera zia	*our poor aunt*
tuo cugino	**il tuo** cuginetto	*your little cousin*

ESERCIZI

a. **Andiamo alla festa.** *Con chi vanno alla festa queste persone? Usare gli aggettivi possessivi.*

ESEMPIO   Anita / un amico
Anita va con un suo amico.

1. io e Giulio / un cugino
2. Maria / delle compagne di corso
3. mia cognata / la zia
4. Lei e Sua moglie / i suoceri
5. tu / degli amici
6. tu e Marina / i figli
7. Gaetano / la fidanzata
8. Sua nuora / i genitori

b. *Inserire la forma corretta di* **suo** *e* **loro**.

1. Laura non troverà mai ______________ orecchini in questo disordine.
2. Anna e Luca dicono che Baglioni è ______________ cantante preferito.
3. Claudio cerca ______________ camicia bianca nella stanza di ______________ sorella.
4. Quale madre non ama ______________ figli?
5. Ogni regione italiana ha ______________ storia e ______________ caratteristiche.
6. Hanno avuto ______________ problemi.
7. Non capisco gli italiani e ______________ politica.
8. Elena vuole molto bene a ______________ padre.

c. **L'album di famiglia.** *In gruppi di tre o quattro studenti, portate in classe fotografie dei vostri genitori, parenti ed amici. Spiegate agli altri chi sono le varie persone. Descrivete l'aspetto fisico, il carattere, ecc.*

d. **Il mio cugino preferito.** *Con un compagno/una compagna, parlate dei vostri parenti. Alternatevi a rispondere e domandate...*

1. chi è/era il vostro parente preferito.
2. quale tipo di rapporto avete/avevate con lui/lei.
3. quando lo/la andate/andavate a trovare.
4. quali altri parenti avete perso di vista *(lost touch with)*.
5. quali parenti vedete ancora, che cosa fanno, se sono sposati, separati, ecc.

ᕰᔆ Pronomi possessivi

Possessive pronouns have the same forms as possessive adjectives. They agree in gender and number with the nouns they replace.

Mi dai la tua penna? Ho perso **la mia.**
Will you give me your pen? I've lost mine.

I tuoi fiori sono belli; anche **i nostri** lo sono.
Your flowers are beautiful; ours are too.

1. Possessive pronouns normally retain the article even when they refer to relatives.

   Mio marito sta bene; come sta **il tuo?**
   My husband is well; how is yours?

   Suo padre ha parlato **col mio.**
   Your father spoke with mine.

2. The masculine plural forms **i miei, i tuoi, i Suoi,** etc., are used to refer to relatives and close friends.

   Tanti saluti **ai tuoi.**
   Best regards to your family.

   Arrivano **i nostri!**
   Here come our friends!

3. When a possessive pronoun is used after a form of **essere** and the sentence expresses possession, the article is usually omitted.

   È **Sua** quella macchina?
   Is that car yours?

   Questi dischi sono **Suoi?**
   Are these records yours?

   Quel che è **mio** è **tuo.**
   What is mine is yours.

   The article is retained if emphasis is desired or a distinction needs to be made.

   Questa è la mia macchina. Quella là è **la Sua.**
   This is my car. That one is yours.

ᕰᔆ Differenze nell'uso del possessivo fra l'italiano e l'inglese

1. In Italian possessive adjectives are usually omitted when possession is obvious. This is particularly true in reference to parts of the body and items of clothing.

   Ho lasciato **l'ombrello** al ristorante.
   I left my umbrella at the restaurant.

   Hai cambiato **idea.**
   You have changed your mind.

   Luigino dorme con **la bocca aperta.**
   Luigino sleeps with his mouth open.

   Perché scuoti sempre **la testa?**
   Why do you always shake your head?

   With a plural subject, each of whom possesses only one of the same item, the singular form is used to refer to the thing possessed.

   Abbiamo alzato **la voce.**
   We raised our voices.

   I bambini oggi portano **il cappotto** ma non i guanti.
   Today the children are wearing their coats but not their gloves.

2. Express phrases such as *my book and Mary's, your friends and the lawyer's* with a form of **quello** + **di** + *the possessor.*

   il mio libro e **quello di** Maria
   my book and Maria's
   (*my book and that of Maria*)

   i tuoi amici e **quelli dell'**avvocato
   your friends and the lawyer's

3. Express *at/to Luigi's, at/to my brother's, at/to the butcher's*, etc., with **da** + *a person's name* or a noun referring to a person, or with **a (in) casa di** + *noun* when referring to some-one's residence.

Ci piace mangiare **da Luigi.**
We like to eat at Luigi's.

Siete andati **dall'avvocato?**
Did you go to the lawyer's?

Elena abitava **dagli zii.**
Elena was living at her aunt and uncle's.

Stasera studiamo **in casa di** Roberto (**da** Roberto).
Tonight we're studying at Robert's.

ESERCIZI

a. **Fare la valigia** (to pack). *Le vostre due figlie hanno fatto le valigie per le vacanze. Controllate che non abbiano dimenticato nulla. Seguite l'esempio e usate i pronomi possessivi.*

ESEMPIO   MADRE Hai preso i miei asciugamani?
             FIGLIA I tuoi? Sì, li ho presi.

1. prendere la cinepresa (*camcorder*) di papà
2. prendere le scarpe di Gino e Daniele
3. mettere in valigia il tuo costume da bagno e quello di tua sorella
4. mettere in valigia la mia macchina fotografica
5. prendere il tuo libro di algebra
6. trovare i miei occhiali da sole
7. cercare il calcolatore di Daniele
8. prendere la carta stradale di Gino

Vocabolario utile

le faccende di casa *(pl)* household chores
Facoltà di Lettere Department of Humanities
fare lettere to study humanities
il mobile piece of furniture
i mobili furniture
il paese village; country

la pensione inexpensive hotel
la serata evening
il sogno dream
  fare un sogno to have a dream
la stanza room

materno maternal, on one's mother's side
paterno paternal, on one's father's side

senz'altro of course
solo alone, lonely

Agli italiani piace arredare la casa con qualche mobile antico.

aiutare qualcuno a + *infinitive*   to help someone do something
ammobiliare   to furnish
ammobiliato   furnished
*__cre__scere** (*pp* **cresciuto**)   to grow up
disturbare   to bother, to disturb

sopportare[1]   to tolerate
  insopport__a__bile   unbearable
trovarsi bene con qualcuno   to feel comfortable with someone
p__e__rdere di vista qualcuno   to lose touch with someone

Prima di leggere

Il brano che segue è di Natalia Ginzburg. Natalia, nata Levi, è di famiglia ebrea ed antifascista. Sia lei che i familiari hanno avuto vita difficile in seguito alle leggi razziali antisemitiche; sono però riusciti tutti ad evitare la deportazione nei campi di concentramento.

A ventidue anni, alla vigilia della seconda guerra mondiale, Natalia sposa Leone Ginzburg, ebreo russo e dirigente° della cospirazione antifascista. Leone è più volte arrestato per motivi politici e trascorre tre anni confinato° con Natalia e i bambini, in un paesino d'Abruzzo; più tardi, a Roma, è arrestato dai tedeschi e muore a trentatré anni nella prigione di Regina Coeli in seguito alle torture subite.

Natalia aveva ventotto anni e tre bambini. Nei primi anni del dopoguerra, lavora come redattrice° di Einaudi, una delle grandi case editrici° italiane. Nel 1950 si risposa con Gabriele Baldini, professore di letteratura inglese presso l'Università di Roma.

leader

under political confinement

editor

case: *publishing houses*

---

[1] Note: *to support* is **mantenere.**

Natalia Ginzburg è autrice di racconti, romanzi e opere di teatro. Scrive in una lingua piana, che presenta il modo di parlare, di essere e di vivere della gente; è uno stile che riflette l'interesse dell'autrice per le cose e i sentimenti semplici della vita di ogni giorno.

Elena, studentessa universitaria, cerca una stanza a Roma. Viene da Pistoia, una cittadina della Toscana. L'anno scorso, a Roma, abitava a casa degli zii, ma vuole cambiare. Legge un'inserzione° sul giornale, telefona, prende appuntamento e va a vedere la stanza.   *want ad*

In gruppi di due o più studenti, rispondete alle domande che seguono.

1. Secondo voi, perché Elena cerca una stanza?
2. Quali possono essere i motivi di Teresa, la signora che ha messo l'inserzione sul giornale, per affittare una stanza del proprio appartamento?
3. Voi affittereste una stanza a uno sconosciuto/una sconosciuta°?   *stranger*
4. Con un altro studente/un'altra studentessa immaginate il dialogo tra le due donne quando Elena va a vedere la stanza.

La stanza

TERESA: Allora vuol guardare la stanza? (Apre una porta in fondo e guardano la stanza.) Oggi non si vede San Pietro perché c'è la nebbia. Sennò° si   *otherwise*
vede. L'aria è buona, siamo sotto al Gianicolo[1]. Lei è studentessa? cosa studia?

5 ELENA: Lettere. Faccio il second'anno.[2] L'anno scorso stavo dagli zii, ma non ci voglio più stare dagli zii perché c'è rumore. Dormo con due cugine e la sera, quando devo stare alzata a studiare, si lamentano della luce. I miei genitori vivono in campagna, vicino a Pistoia. Hanno là una piccola pensione per stranieri. Non mi danno molti soldi, perché non ne hanno
10   molti, e dicono che posso stare dagli zii. Dagli zii non spendo niente. Però non mi piace. No, non è che non mi piace, ma c'è rumore.

TERESA: Io non voglio soldi per la stanza. Un po' di compagnia e qualche piccola faccenda di casa. Vivo sola.

ELENA: Non è sposata?

15 TERESA: Sono sposata. Sono separata. Siamo rimasti abbastanza in buoni rapporti, spesso lui mi viene a trovare. Mi ha telefonato anche poco fa. Mi ha detto: «Ma sì, fai bene, cercati una ragazza, una studentessa, per non essere sola in casa». Perché io, la notte, sola in questa casa, ho paura. Prima avevo la donna di servizio, ma rubava, e l'ho mandata via.
20   Ma poi era vecchia. Io non mi trovo bene coi vecchi. Forse perché sono cresciuta in casa dei nonni, i nonni paterni. Non mi volevano bene. Preferivano mio fratello. Che brutta infanzia! Per esempio non sto con mia

----

[1] The **Gianicolo** is a hill on the west bank of the Tiber.
[2] **Faccio il second'anno; prim'anno; terz'anno; quart'anno.** I am a sophomore; freshman; junior; senior.

madre perché è vecchia. Non la tollero. Non è che non ci° vado d'ac- *with her*
cordo, del resto° è impossibile non andare d'accordo con mia madre, **del:** *besides*
25 perché non dice mai una parola. Penso che in tutta la sua vita avrà detto
non più di cento parole. Ma non tollero, non la sopporto. Va d'accordo
lei con sua madre?

ELENA: Oh sì. Ma mia madre non è vecchia. È tanto giovane. Sembriamo
sorelle. E non fa mica niente per conservarsi° giovane. Si lava la faccia *to keep*
30 col sapone da bucato°. Alle sei della mattina è in piedi, con la sua **sapone:** *laundry soap*
sottana scozzese a pieghe°, i suoi scarponi°, i suoi calzettoni° rossi. Sta **sottana:** *plaid pleated skirt / workboots / knee socks*
sempre con gli scarponi perché gira per la campagna, sguazza nei **sguazza:** *splashes in brooks / sinks / chicken coop / woodshed / in:*
rigagnoli°, affonda° nel fango. Va nell'orto, va nel pollaio°, va nella *on her shoulders (back)*
legnaia°, va in paese a fare la spesa col sacco in spalla°. Non si riposa un
35 attimo, ed è sempre allegra. Mia madre è una donna straordinaria.

(...)

TERESA: Allora la vuole la stanza?

ELENA: Senz'altro, grazie, penso di sì. Posso venire già domani?

40 TERESA: Venga domani. L'aspetto. Non la disturberò quando deve studiare. Ma
quando smetterà un momento di studiare, ci faremo un poco di
compagnia. Ho bisogno di compagnia. Sono rimasta sola come un
cane. E non so stare sola, questa è la cosa orribile. Mi viene l'angoscia°. **Mi:** *I get panicky*

ELENA: Non ha amiche?

45 TERESA: No. Avevo amiche quand'ero ragazza, ma poi le ho perse di vista,
perché ero sempre con Lorenzo, e non avevo bisogno di nessuno quan-
do avevo lui. Avevamo amici e amiche in comune, quelli con cui
passavamo le serate, ma ora non li vedo più. Non ne ho voglia, perché
mi ricordano il tempo che avevo Lorenzo ed ero sua moglie, e si stava° **stavamo**
50 così bene, spensierati, felici come due ragazzi, e con tanti sogni.

ELENA: Ma non ha detto che era un inferno la vita con lui?

TERESA: Sì, era un inferno. Ma io ero felice in quell'inferno, e darei la vita per
tornare indietro, per essere di nuovo come un anno fa. Ci siamo separati
solo da un anno. Separazione consensuale°. Sua madre voleva che *by mutual consent*
55 facesse la separazione per colpa°, così non mi pagava gli alimenti°. Lui **per:** *pressing charges / alimony*
non ha voluto. Dopo che ci siamo separati, m'ha aiutato a cercare ques-
ta casa, e m'ha dato dei soldi per ammobiliarla. Ho comprato qualche
mobile. Il buffet.

ELENA: Il buffet di palissandro°? Questo che vuole vendere? *rosewood*

60 TERESA: Sì. Cosa me ne faccio di° un buffet? Non ho piatti. Non invito mica mai **Cosa:** *what shall I do with*
nessuno a pranzo. Mangio in cucina. Son sola.

ELENA: Ma allora perché l'ha comprato?

TERESA: Non so. Credo che l'ho comprato perché avevo l'idea che Lorenzo
tornasse a stare con me. E allora, se tornava, io dovevo dargli una vera
65 casa.

ELENA: E invece non tornerà?

TERESA: Non tornerà mai. È finita°. **È:** *it's all over*

Natalia Ginzburg, *L'inserzione*

Comprensione

1. Perché Teresa non vuole soldi per l'affitto della casa?
2. Quali informazioni dà Elena di se stessa e della propria situazione?
3. Quali informazioni invece dà Teresa di se stessa e del suo rapporto con l'ex marito?
4. Paragonate i rapporti che Elena e Teresa hanno con i vari membri della loro famiglia.
5. Quali azioni della madre di Elena potrebbero essere definite «straordinarie»?
6. La madre di Teresa e la madre di Elena: con quale delle due andrebbe più facilmente d'accordo Lei? Perché?
7. Teresa spiega perché non va d'accordo coi vecchi: Lei trova plausibile la sua spiegazione?
8. Che impressione ha della vita attuale di Teresa?
9. Lei pensa che Elena si troverà bene in casa di Teresa? Perché?

Studio di parole

to know

conoscere
to be acquainted or familiar with (people, places); to meet

Conosci quell' uomo?
Do you know that man?

Sì, l'ho conosciuto in casa di amici.
Yes, I met him at my friends' house.

Conosco la città e i suoi monumenti.
I know the city and its monuments.

sapere + *infinitive*
to know how, to be able to do something

Non so nuotare.
I don't know how to swim. (I can't swim.)

sapere
to be aware of, to have knowledge of (facts); to find out

Sai dove sono andati?
Do you know where they went?

Come avete saputo che Cristina si è sposata?
How did you find out that Christine got married?

to see

vedere
to see, to watch, to meet

Hai visto questo film?
Have you seen this film?

Ci vediamo stasera.
We'll see each other (we'll meet) tonight.

trovare (in the expressions **andare a trovare, venire a trovare**)
to see socially, to visit

Quando andiamo a trovare la nonna?
When are we going to visit Grandmother?

Lui viene a trovarmi spesso.
He comes to see me often.

to remember

ricordare qualcosa/qualcuno
ricordarsi di qualcosa/qualcuno
(used interchangeably)
to remember something/someone

Ricordi quella domenica?
Ti ricordi di quella domenica?
Do you remember that Sunday?

ricordar(si) di + *infinitive*
to remember to do something

Devi ricordarti di pagare il conto.
You must remember to pay the check.

Non ricordo d'aver comprato il giornale.
I don't remember having bought the newspaper.

to forget

dimenticare qualcosa/qualcuno
dimenticarsi di qualcosa/qualcuno
(used interchangeably)
to forget something/someone

Non dimenticate mai nessuno voi?
Non vi dimenticate mai di nessuno voi?
Don't you ever forget anyone?

dimenticar(si) di + *infinitive*
to forget to do something

Chi ha dimenticato di spegnere la luce?
Who forgot to turn off the light?

to remind

ricordare qualcosa **a** qualcuno
to remind someone about something

Ho ricordato a Giorgio la sua promessa.
I reminded George of his promise.

ricordare a qualcuno **di** + *infinitive*
to remind someone to do something

Vuoi ricordare a Maria di comprare il latte?
Will you remind Mary to buy the milk?

to tell

dire qualcosa **a** qualcuno
to say, to tell

Gli voglio dire una cosa.
I want to tell him something.

Può dirmi l'ora?
Can you tell me the time?

parlare di qualcosa/qualcuno **a** qualcuno
  to tell, to talk about something or someone to someone

Ha parlato a tutti della sua famiglia.
He talked to everyone about his family.

raccontare qualcosa **a** qualcuno
to narrate, to recount, to relate

Ti voglio raccontare una favola, una storia, una barzelletta, i miei guai, la trama, un sogno.
I want to tell you a fable, a story, a joke, my problems, the plot, a dream.

to steal

rubare qualcosa **a** qualcuno
*to steal (a thing); to take something away
    from someone*

Le hanno rubato il portafoglio.
They stole her wallet.

derubare or **rapinare** qualcuno
to rob (a person)

Mia zia è stata derubata/rapinata.
My aunt was robbed.

to rent

affittare
to rent (as owner or renter)

La signora ha affittato la camera grande.
The lady rented the large room.

noleggiare
to rent moveable things (as owner or renter)

Mio zio noleggia barche ai turisti.
My uncle rents boats to tourists.

prendere in affitto
to rent (as renter)

La studentessa vuole prendere in affitto
una stanza con uso di cucina.
*The student wants to rent a room with kitchen
    privileges.*

prendere a nolo
to rent moveable things (as renter)

Volevamo prendere a nolo un'automobile.
We wanted to rent a car.

Related words: **affitto** and **noleggio** *rent*

Pratica

a. *Scegliere la parola che completa meglio la frase.*

1. Chi (sa/conosce) come si chiama mio padre?
2. Vi voglio (dire/raccontare) un sogno che ho fatto stanotte.
3. Chi ha (derubato/rubato) Marina?
4. Avevano pensato di (noleggiare/affittare) una macchina, ma poi sono andati in treno.
5. Cristina ha (conosciuto/saputo) il suo futuro marito a una festa.
6. È terribile. Giorgio ha (rubato/derubato) una collana dal gioielliere.

b. *Inserire le forme opportune secondo i suggerimenti.*

1. Chi (*to forget*) _______________ di chiudere il garage?
2. Devo (*to remind*) _______________ Mario _______________ andare in banca.
3. I Sabatini (*to rent*) _______________ una villa al mare.
4. Cesare è insopportabile! (Lui) (*to tell*) _______________ a tutti la storia della sua vita.
   Che noia! E per di più (*to tell*) _______________ sempre tante bugie.
5. Io non (*to know*) _______________ il marito di Franca, ma (*to know*) _______________
   che è un industriale molto ricco.

6. Il nonno (*to talk*) _____________ sempre _____________ politica o
   _____________ economia italiana degli anna Trenta.
7. Matteo non (*to forget*) _____________ di telefonare ai suoi genitori almeno una
   volta la settimana.
8. È incredibile, ma Elena non (*to know*) _____________ guidare!

c. *Domande per Lei.*

1. Lei è studente o studentessa? Che anno fa?
2. Dove vive Lei? In una residenza universitaria, in una stanza ammobiliata, in un
   appartamento o in una casa? Vive solo/a o con altre persone?
3. Dove mangia quando è solo/a? E quando invita qualcuno a pranzo?
4. Lei sa stare solo/a o ha bisogno di compagnia? Di solito con chi passa le serate?
5. Con quale dei Suoi parenti va più d'accordo Lei? Perché?
6. Lei si trova bene con le persone che parlano poco?

Temi per componimento o discussione

1. Preparare una conversazione nella quale uno studente/una studentessa fa la parte di
   Teresa così com'è (*as she is*) o parafrasando la sua situazione. L'altro/a fa la parte di
   Elena aggiungendo propri contenuti.
2. Immaginate di essere la Teresa del racconto e scrivete l'inserzione per affittare la
   stanza.
3. Si trova in un'università lontana da dove vive la Sua famiglia. Scriva una lettera a casa
   nella quale parla del Suo compagno/della Sua compagna di stanza, della residenza
   universitaria in cui abita, dei corsi che segue, delle attività del tempo libero, ecc.
4. Teresa dice: «Non so star sola». Saper stare soli è un'arte che non tutti hanno. Parlare
   dei problemi della solitudine nella società contemporanea.

RICERCA WEB

La Teresa della storia di Natalia Ginzburg è «separata». In Italia, la separazione legale
dei coniugi per almeno tre anni precede le pratiche per il divorzio. Il divorzio è legale in
Italia. Elena frequenta l'università. L'università italiana, e quelle europee in generale,
assomigliano più alle «graduate school» che ai «college» americani.

a. Matrimonio e divorzio in Italia
b. Università di Roma, Facoltà di Lettere e Filosofia

Al telefono. Filippo sta parlando al telefono con il suo amico Carlo per comunicargli una grande notizia.

FILIPPO: Pronto, Carlo?

CARLO: Filippo! Che piacere sentirti! Come stai?

FILIPPO: Benissimo! È nato Luigi!

CARLO: Auguri! Quando è nato?

FILIPPO: Ieri sera poco prima delle 11,00, e pesa quasi quattro chili!

CARLO: Magnifico! E la mamma e il bambino stanno bene?

FILIPPO: Sì, sì, grazie. E non è tutto! Ieri mi è arrivata la notizia di una promozione e di un aumento di stipendio.

CARLO: Congratulazioni! Sono proprio contento per te!

Letizia e Claudio DeAngelis con la piccola Paola

Partecipano la Nascita di Carlo Maria

Reggio Calabria, 17 maggio 2002

Fare gli auguri

Tanti auguri!	
Falle/gli gli auguri da parte mia/nostra.	*Give her/him my/our wishes.*
Buon anno!	
Buon Natale!	
Buona Pasqua!	
Buone feste!	*Season's greetings!*
Buon compleanno!	
Felice anniversario!	
... cento di questi giorni!	*. . . and many more! (lit: a hundred days like this one)*
Auguri di pronta guarigione!	*Wishes for a quick recovery!*
Ti auguro di guarire presto!	*Get well soon!*

Congratularsi

Complimenti!
Congratulazioni!
Mi congratulo per la promozione/il
   nuovo libro/la vittoria alle elezioni...
Mi fa molto piacere/sono proprio
   contento/a per te!
Te lo meritavi davvero!   *You really deserved it!*

Esprimere apprezzamento

Bravo/a!
Molto bene!
Hai fatto un ottimo lavoro!
Ti meriti il riconoscimento di noi tutti.   *You deserve our recognition.*

Esprimere rammarico

Mi rincresce.
Mi dispiace moltissimo.   *I'm really sorry.*
Dio mio, che disgrazia!
Fai/faccia le mie/nostre condoglianze a...   *Give my condolences to . . .*

Che cosa dice?

1. Il Suo/La Sua collega d'ufficio ha appena ricevuto una promozione.
2. È l'anniversario di matrimonio dei Suoi genitori.
3. Matteo, il Suo fratello minore, è diventato «eagle scout».
4. Il Suo bisnonno compie novantacinque anni.
5. Il marito della Sua vicina di casa ha avuto un incidente stradale. Lei incontra la Sua vicina in ascensore.
6. È il 31 dicembre e Lei telefona agli amici.
7. Il fratello della Sua amica Silvia è rimasto vedovo. Lei incontra Silvia in autobus.

Situazioni

1. Lei va a far visita alla Sua amica Marcella che si sta per sposare. Riferisca la conversazione tra Lei e la Sua amica.
2. Immagini di essere un avvocato e di avere un processo (*trial*) importante. È tornato/a in ufficio per rivedere certi dati e trova che il Suo/la Sua assistente Le ha preparato una documentazione utilissima. Gli/Le scriva un biglietto in cui lo/la ringrazia ed esprime il Suo apprezzamento.
3. La Sua amica Irene ha aperto qualche mese fa una boutique molto elegante in centro. Ieri ha saputo che il negozio è fallito (*bankrupt*) e che Irene è piena di debiti. Le telefoni per avere notizie e manifestarle il Suo rammarico.
4. Il Suo ex capufficio La invita al battesimo di suo figlio Nicola. Purtroppo Lei parte per la Grecia il giorno della cerimonia. Gli scriva un biglietto spiegando che Le dispiace di non poter partecipare e faccia gli auguri al neonato.

Capitolo 5

Una cena importante. La signora Morandi e la figlia hanno invitato a cena i Guiducci, i genitori di Franco che da un anno è il ragazzo di Simona. La mamma e Simona discutono i preparativi.

SIMONA: Per primo facciamo delle penne all'arrabbiata? A Franco piacciono molto.

MAMMA: Non so, sono piccanti, forse non vanno bene per tutti.

SIMONA: Allora, i tortellini alla panna.

MAMMA: Buon'idea! E per secondo?

SIMONA: Delle scaloppine di vitello al Marsala?

MAMMA: Sì, con un contorno di insalata mista.

SIMONA: Ci occorrono formaggi?

MAMMA: Direi di no, facciamo le cose semplici. Ordiniamo un dolce, un bel millefoglie,[1] e finiamo con della frutta fresca.

SIMONA: Se mi dici che cosa ci occorre, penso io a fare la spesa.

MAMMA: Mi bastano poche cose al mercato. Il resto lo posso ordinare.

SIMONA: Telefoni anche al pasticciere?

MAMMA: Sì, sì, gli telefono io.

SIMONA: Grazie, mamma, pensi sempre a tutto. Se mi fai la lista delle cose da comprare, vado subito al mercato.

Vocabolario utile

la carne   meat
il cibo   food
il contorno   side (vegetable) dish
la crema   custard
la frutta fresca/di stagione   fruit in season
la merenda   snack (time)

la panna (montata)   (whipped) cream
il pesce   fish
il primo, secondo (piatto)   first, second course
la torta gelato   ice-cream cake
la verdura   vegetables

amaro   bitter
bollito   boiled
cotto   cooked
crudo   raw
dolce   sweet, mild
fritto   fried

grasso   greasy, fatty
insipido   tasteless, bland
magro   lean
piccante   spicy, hot
salato   salty
saporito   tasty, flavorful

[1] **Millefoglie:** Torta di pasta sfoglia (*puff paste*) a più strati inframezzati con crema o cioccolato.

cucinare   to cook
***dimagrire**   to lose weight
***ingrassare**   to put on weight

cotto { **al forno**   baked / **alla griglia**   on the grill/barbecued / **a vapore**   steamed

fare da mangiare   to cook
fare una cura dimagrante   to be on a diet
fare un dolce   to bake a cake
non sapere di niente   to be tasteless

***essere a dieta**   to be on a diet

[handwritten: sale e pepe]

ESERCIZI

a.   *Vero o falso?*

_____F_____   1. Simona vuole preparare un dolce per il suo futuro suocero.

_____F_____   2. A Franco non piacciono le penne all'arrabbiata.

_____V_____   3. La signora Morandi fa i tortellini perché vanno bene per tutti.

_____F_____   4. La cena a casa Morandi include l'antipasto, il primo, due secondi, i formaggi, il dolce e la frutta.

_____F_____   5. Per primo offriranno l'insalata.

_____V_____   6. Simona è disposta ad andare al mercato.

_____V_____   7. La signora Morandi fa la spesa per telefono.

b.   *Inserire le parole opportune.*

1. Piero ed io ci alziamo ad ore differenti e non facciamo mai la *colazione* insieme.

2. Per secondo prendo il pollo alla cacciatora, ma non so cosa ordinare come *il primo* .

3. È difficile invitare a cena Renato, sta facendo *dimagrire* e dice che non può mangiare quasi niente.

4. Anna ha paura del colesterolo, mangia quasi sempre *le verdure* .

5. Durante l'inverno non è facile trovare della buona frutta *fresca* .

c.   *Dare il contrario di ciascuna parola o espressione.*

1. insipido *piccante*
2. magro *grasso*
3. ingrassare *dimagrire*
4. non sapere di niente *saporito*
5. amaro *dolce*

I. Pronomi personali (oggetto indiretto)

A. An indirect object differs from a direct object in that the action of the verb affects it *indirectly;* the action of the verb is done *to* or *for* the indirect object. Compare:

DIRECT

I brought *the book.*

INDIRECT

I brought *my sister* the book.
I brought the book *to my sister.*
I brought the book *for my sister.*

An indirect object answers the question *to whom?* or *for whom?* In English an indirect object may either stand alone or be introduced by *to* or *for.* In Italian the indirect object noun is always introduced by **a;** the indirect object pronoun stands alone without **a.**

B. Indirect object pronouns differ from direct object pronouns only in the third person singular and plural forms.

		SINGULAR		PLURAL	
1st person		**mi**	*to me*	**ci**	*to us*
2nd person		**ti**	*to you* (informal)	**vi**	*to you*
		Le	*to you* (formal)	**Loro**	*to you*
3rd person		**gli**	*to him*	**loro (gli)**	*to them*
		le	*to her*		

1. Indirect object pronouns, like direct object pronouns, normally precede a conjugated verb except for **loro** and **Loro,** which follow the verb.

Non **le** danno molti soldi.
They don't give her much money.

Gli ho offerto un caffè.
I offered him a cup of coffee.

In contemporary usage **loro** is often replaced with **gli,** which precedes the verb.

Quando parliamo **loro?**
Quando **gli** parliamo?
When shall we speak to them?

2. With the exception of **loro,** indirect object pronouns governed by an infinitive normally follow the infinitive and are attached to it. The infinitive drops the final **-e.**

Ho bisogno di parlar**Le.**
I need to talk to you.

Preferiamo non dir**ti** niente.
We prefer not to tell you anything.

Perché avete deciso di non scrivere **loro?**
Why did you decide not to write to them?

If the infinitive is governed by the verb **dovere, potere,** or **volere,** the pronoun may either be attached to the infinitive or precede the entire verb phrase.

Posso parlar**Le?**   Non dobbiamo risponder**gli.**
Le posso parlare?   Non **gli** dobbiamo rispondere.
May I talk to you?   *We mustn't answer him.*

3. When the verb is in a compound tense and an object pronoun precedes it, it is important to know whether the object pronoun is direct or indirect in order to use the correct form of the past participle. The past participle can agree with the preceding direct object pronoun (see p. 91); it *never* agrees with a preceding indirect object pronoun.

Patrizia? L'ho vist**a** ieri ma non le ho parlat**o.**
Patrizia? I saw her yesterday, but I didn't speak to her.

4. Some Italian verbs take an indirect object, whereas their English equivalents take a direct object.

Telefono **a Mario.**   **Gli** telefono.
I phone Mario.   *I phone him.*

The most common of these verbs are:

bastare	*to suffice, to last*	**piacere**	*to please*
chiedere (domandare)	*to ask*	**rispondere**	*to answer*
dire	*to tell*	**somigliare**	*to resemble, to be like*
dispiacere	*to be sorry*	**telefonare**	*to phone*
fare bene	*to be good for*	**volere bene**	*to love*
fare male	*to hurt, to be bad for*		

Signora, chi **Le** ha risposto?   Il fumo **gli** fa male.
Ma'am, who answered you?   *Smoking is bad for him.*

Telefonate agli amici; telefonate **loro** (**gli** telefonate) ogni giorno.
You call your friends; you call them every day.

Somiglio a mia madre; **le** somiglio nel naso.
I resemble my mother; my nose is like hers.

ESERCIZI

a. *Sostituire all'oggetto indiretto la forma corretta del pronome corrispondente.*

ESEMPIO Leggo la lettera a mio fratello.
     Gli leggo la lettera.

1. Voglio bene a mio padre.
2. Abbiamo chiesto ai bambini come stavano.
3. Quando hai parlato alla professoressa?
4. Non capite che date fastidio al nonno?
5. Offro sempre un caffè all'avvocato.
6. Non volete scrivere ai vostri genitori?
7. È vero che somigli alla zia?
8. Non danno molti soldi ai figli.

—Le ripeto, dottore, è un caso davvero insolito...

b. *Inserire* **lo** *o* **gli.**

1. Siamo stati contenti di riveder ___lo___ e di parlar ___gli___ .
2. Qualcuno ___gli___ ha mandato un pacco.
3. Non ___l'___ avete ancora ringraziato?
4. Tutti volevano aiutar ___lo___ .
5. Perché fingete di non conoscer ___lo___ ?
6. Chi ___gli___ ha insegnato il francese?
7. La carne non ___gli___ fa bene.
8. Il suo stipendio non ___gli___ basta.

c. *Inserire* **la** *o* **le.**

1. Che cosa ___le___ hai regalato per il suo compleanno?
2. ___La___ salutiamo sempre quando ___la___ vediamo.
3. Non ___le___ hanno detto la verità.
4. Devi risponder ___le___ in italiano.
5. Nessuno ___la___ invita.
6. Perché non ___le___ telefonate?
7. Quante volte ___le___ hai scritto?
8. Perché ___le___ avete raccontato questa barzelletta?

d. *Completare con le forme dirette o indirette dei pronomi personali.*

Lorenzo e Teresa sono separati, però lui va a trovar ___la___ regolarmente e
telefona spesso. Dopo che si sono separati, lui ___la___ ha aiutata a cercare casa
e ___le___ ha anche dato i soldi per ammobiliar ___la___ . Lorenzo
vuole ancora bene a Teresa ma lei non ___lo___ ama più. Una volta lui ha detto:
«___Ti___ voglio ancora bene.» E lei ___gli___ ha risposto: «Non
___ti___ voglio più vedere. Non venire più a trovar ___mi___ !»

e. **Parliamo un po'.** *Rispondere alle domande seguenti usando i pronomi appropriati.*

1. Lei scrive ai Suoi genitori? A chi scrive spesso? Scrive delle lettere romantiche al Suo fidanzato/alla Sua fidanzata? Che cosa gli/le dice?
2. Che cosa presta al Suo compagno/alla Sua compagna di stanza? Perché? Che cosa chiede Lei al Suo compagno/alla Sua compagna di prestarLe?
3. Il vostro professore d'italiano corregge sempre i compiti? Spiega bene le regole della grammatica?

f. *Lei non vuole dare troppe informazioni al Suo avvocato. Sua sorella si preoccupa. Completare la conversazione inserendo le risposte suggerite e usando i pronomi.*

1. —Hai telefonato all'avvocato? —Sì, _gli_ ho telefonato.
2. —Hai detto la verità? —No, non _gli_ ho detto tutta la verità.
3. —Ma lui non ti ha fatto domande? —Sì, _mi_ ha fatto molte domande.
4. —E tu che cosa hai detto? —Non _gli_ ho risposto sempre.
5. —Ma perché? —Perché non voglio dir _gli_ tutto.
6. —Sei proprio strano, proprio come tuo padre. —Sì, lo so, (io) _gli_ rassomiglio molto.
7. —L'avvocato ti ha mandato il conto? —Sì, _mi_ ha mandato il conto.
8. —L'hai pagato? —No, non _gli_ ho ancora mandato l'assegno.
9. —Non so cosa dirti. —Non devi dir _mi_ niente. Non ti preoccupare!

II. *Piacere* e verbi come *piacere*

To express likes, dislikes, and interests, Italian uses the verb **piacere,** which functions very differently from its English equivalent. The verb **piacere,** meaning *to like* or *to be pleasing,* is one of a number of common Italian verbs that use an indirect object where English uses a subject.

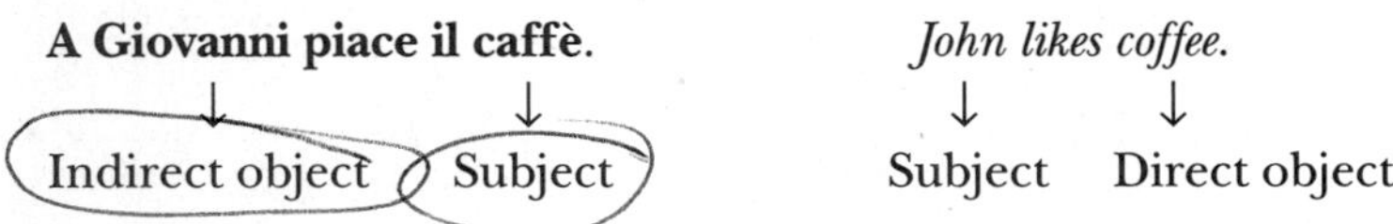

A. With verbs like **piacere,** the subject generally follows the verb; it is the subject that determines whether the verb is singular or plural. (Note that **piacere** is mostly used in the third person singular or plural.) [1]

A Maria piacciono i dolci, ma la cioccolata non le piace.
Maria likes sweets, but she doesn't like chocolate.

Note that when the person who *likes* is expressed with a noun, it is introduced by **a;** when expressed with a pronoun, the indirect pronoun alone is used.

B. When what is *liked* is expressed with an infinitive (*he likes to read*), **piacere** is used in the third person singular even if the infinitive has a plural object.

Ci piace leggere.
We like to read.

Ci piace leggere i fumetti.
We like to read comic strips.

---

[1] The other persons of **piacere** are occasionally used: **Tu mi piaci così come sei.** *I like you as you are.* **Noi conservatori non piacciamo ai giovani.** *Young people don't like us conservatives.*

C. Note that **piacere** is conjugated with **essere** in compound tenses; thus its past participle agrees in gender and number with the subject (that which is *liked*). The past tenses of **piacere** in the third person singular and plural are:

	SINGULAR	PLURAL
Imperfetto	piaceva	piac<u>e</u>vano
Passato prossimo	è piaciuto / piaciuta	sono piaciuti / piaciute

Gli **piaceva** correre.	Mi **è piaciuta** Roma.	Ti **sono piaciute** altre città?
He used to like to run.	*I liked Rome.*	*Did you like other cities?*

D. Note that in the following expressions there is no pronoun equivalent for the English *it* and *them*. Instead, these pronouns are expressed in the singular and plural verb endings.

Mi piace molto.	Mi piace di più.	Ti piacciono?
I like it a lot.	*I like it better.*	*Do you like them?*

E. The following verbs function like **piacere:**

non piacere	*to dislike, not to like*
dispiacere	*to be sorry; to mind; to be bothered*
mancare	*to not have, to lack, to be short of; to miss*
occorrere	*to need*
parere	*to look, to appear*
restare	*to have . . . left*
sembrare	*to seem*

ESERCIZI

a. **Che cosa regalare?** *È Natale e Lei sta decidendo che cosa regalare a parenti ed amici. Seguire l'esempio.*

> **ESEMPIO** Suo padre / la musica classica
> STUDENTE 1 **A tuo padre piace la musica classica?**
> STUDENTE 2 **Sì, gli piace. Esatto... gli posso comprare un disco di Vivaldi.**
> or **No, non gli piace.**

1. la suocera / i profumi francesi
2. i nonni / i dolci
3. tu e la tua ragazza / una cinepresa
4. la mamma / dei libri italiani
5. lo zio Giorgio / un binocolo
6. i tuoi fratelli gemelli / un nuovo videogioco
7. tu / un telefono personale
8. il tuo fidanzato / la tua fidanzata / una penna d'oro

b. *Dite come vi piacciono i seguenti cibi.*

ESEMPIO   a te il pesce / fritto o alla griglia?
       STUDENTE 1   **Come ti piace il pesce, fritto o alla griglia?**
       STUDENTE 2   **Mi piace alla griglia.**

1. alla mamma le patate / lesse (*boiled*) o in insalata?
2. a papà le uova / fritte o sode (*hard-boiled*)?
3. a Gabriella la carne / arrosto o alla griglia?
4. a te il gelato / di frutta o al cioccolato?
5. a voi la frutta / fresca o cotta?
6. agli amici i formaggi / dolci o piccanti?

c. **Che te ne pare?** *Rispondere alle seguenti domande usando le espressioni in parentesi. Seguire l'esempio.*

ESEMPIO   Che cosa ti piace fare? (passeggiare all'aria aperta)
       Mi piace passeggiare all'aria aperta.

1. A Sua moglie come sembra questo albergo? (molto buono)
2. Che cosa sembra impossibile a Maria e a Pietro? (di potersi sposare)
3. Che cosa manca al cuoco per il dolce? (la farina e lo zucchero)
4. Quante pagine restano a Antonia da leggere? (trenta pagine)
5. Quante macchine vi occorrono per la gita a Venezia? (solamente una macchina)
6. Quali cose non ti piace fare? (fare gli esercizi d'italiano, pulire la mia stanza, cucinare)
7. Quanti giorni di ferie ti restano? (una settimana)
8. Che cosa vi dispiace di non saper fare? (parlare bene l'italiano, pilotare un aereo, suonare il sassofono)

d. **Ecco il risultato.** In coppia, cambiate le frasi secondo l'esempio e aggiungete le conseguenze. Usate i verbi: **dispiacersi, mancare, occorrere, (non) piacere, restare.**

ESEMPIO   Non ho più francobolli.
       STUDENTE 1   **Mi occorrono dei francobolli.**
       STUDENTE 2   **Allora devi andare alla posta.**

1. Devi lavorare in ufficio altre quattro ore. *[ms.: Mi restano quattro ore a lavorare.]*
2. Senza l'olio non possiamo fare la pizza. *[ms.: Mi manca l'olio]*
3. Non hai abbastanza tempo per finire il componimento. *[ms.: Mi occorre più tempo]*
4. Il proprietario del ristorante «Tre Fontane» ha saputo che il cuoco è malato.
5. Siamo ospiti a casa Mancusi; ci hanno dato le chiavi di casa e le abbiamo perse.
6. Claudio ha tutto quello che vuole. *[ms.: non le manca niente]*
7. Chiara da ragazza adorava Robert Redford. *[ms.: Le piace]*
8. Io e Nino non amiamo le verdure molto cotte.

e. **Parliamo un po'.** *Lavorando in gruppi di due o più studenti, discutete i preparativi per una setti-mana bianca* (skiing trip) *sulle Alpi. Cercate di inserire nella conversazione alcune delle espressioni che seguono.*

1. **piacere:** le montagne, lo sci, l'inverno, la neve, le serate intorno al caminetto (*fireplace*), viaggiare, visitare paesi stranieri
2. **restare:** molte cose da fare, ancora due esami prima delle vacanze, tre settimane di studio
3. **mancare:** biglietti aerei, passaporti, prenotazione dell'albergo
4. **occorrere:** sci nuovi, soldi, lezioni di sci

III. Verbi riflessivi

A reflexive verb is one in which the action reverts back to the subject.

I see myself in the mirror.
He considers himself intelligent.
They amuse themselves playing ball.

In English, the reflexive meaning is often understood but not expressed.

I washed (myself) this morning.   *He shaved (himself) last night.*

In Italian, reflexive verbs are *always* conjugated with reflexive pronouns. Reflexive pronouns are the same as object pronouns except for the third person singular and plural forms.

PRONOMI RIFLESSIVI				
	Singular		**Plural**	
1st person	**mi**	*myself*	**ci**	*ourselves*
2nd person	**ti**	*yourself*	**vi**	*yourselves*
3rd person	**si**	*yourself / oneself himself / herself*	**si**	*yourselves/themselves*

In dictionaries and vocabulary lists reflexive verbs can be recognized by the endings **-arsi, -ersi,** and **-irsi.** The **-si** is the third person reflexive pronoun attached to the infinitive with the final **-e** dropped. Below is the present indicative of regular reflexive verbs for the three conjugations.

LAVARSI *to wash*	VEDERSI *to see oneself*	VESTIRSI *to get dressed*
mi lavo	mi vedo	mi vesto
ti lavi	ti vedi	ti vesti
si lava	si vede	si veste
ci laviamo	ci vediamo	ci vestiamo
vi lavate	vi vedete	vi vestite
si lavano	si vedono	si vestono

A. Reflexive pronouns precede conjugated verb forms but are attached to the infinitive. Even when the verb is in the infinitive, its reflexive pronoun agrees with the subject.

Ho bisogno di lavar**mi**.
I need to wash.

Perché preferite alzar**vi** presto?
Why do you prefer to get up early?

B. When a reflexive infinitive is used with a form of **dovere, potere,** or **volere,** the reflexive pronoun can be attached to the infinitive or precede the entire verb phrase.

Il bambino non vuole vestir**si**.
Il bambino non **si** vuole vestire.
The child doesn't want to get dressed.

Il bambino non ha voluto vestir**si**.
Il bambino non **si** è voluto vestire.
The child refused to get dressed.

Note that when the reflexive pronoun precedes **dovere, potere,** or **volere** in a compound tense, these verbs are conjugated with **essere.**

C. In compound tenses all reflexive verbs are conjugated with **essere,** and the past participle agrees in gender and number with the subject.

Cristina si è vestit**a** in fretta.
Christina got dressed in a hurry.

Perché vi siete arrabbiat**i**?
Why did you get angry?

❧ Uso dei verbi riflessivi

A. The reflexive is used in Italian when the subject performs an action on a part of his or her body: *I washed my face; They put on their gloves.* In Italian the definite article is used with parts of the body and clothing instead of the possessive adjective as in English.

Mi sono lavato **la** faccia.
I washed my face.

Si mettono **i** guanti.
They put on their gloves.

B. Many verbs in Italian have reflexive forms but are not reflexive in meaning.

accorgersi (di)	*to notice*	**lamentarsi (di)**	*to complain (about)*
alzarsi	*to get up*[1]	**laurearsi**	*to graduate (from a university)*
annoiarsi	*to get bored*	**riposarsi**	*to rest*
divertirsi	*to have a good time*	**sentirsi**	*to feel*
appoggiarsi	*to lean*	**svegliarsi**	*to wake up*

C. The reflexive form is also used to express meanings that are not reflexive.

1. Verbs can be used reflexively to emphasize the involvement of the subject in the action expressed by the verb. Compare:

Ho comprato una bicicletta.
I bought a bicycle.

Mi sono comprato/a una bicicletta.
I bought myself a bicycle.

---

[1] Note that Italian often uses the reflexive form of a verb where English uses *to get* + another word.

2. Nonreflexive verbs can be used in the plural with the plural reflexive pronouns **ci, vi, si** to express a reciprocal or mutual action: *(to) each other, (to) one another.*[1]

Lorenzo ed io **ci amiamo.**	**Ci siamo visti** ieri sera.
Lorenzo and I love each other.	*We saw each other last night.*
Si sono conosciuti all'università.	**Vi scrivete** ogni giorno.
They met (each other) at the university.	*You write to each other every day.*

ESERCIZI

a. **Io invece...** *Seguire l'esempio e completare ciascuna frase con la forma riflessiva del verbo in corsivo.*

ESEMPIO Carla mette i bambini a letto.
Io invece mi metto gli occhiali e guardo la TV.

1. Mia cognata non *aiuta* mai mio fratello. Io e Mario invece _ci aiutiamo_ quando possiamo.
2. Carlo *fa compagnia* alla zia. I miei zii invece _si fanno compagnia_ a vicenda.
3. Io e la mamma *prepariamo* la cena. Mio fratello invece _si prepara_ per uscire.
4. Giacomo *sveglia* il suo compagno di stanza alle 7,30. Noi invece _ci svegliamo_ alle 6,00 ogni mattina.
5. La mamma *lava* il neonato. Gli altri figli invece _si lavano_ da soli.
6. Io e mio marito *parliamo* sempre troppo. Voi due invece non _vi parlate_ da tre giorni.
7. Laura non *telefona* mai a Vittorio. Lei e Carlo invece _si telefonano_ ogni sera.
8. Io *saluto* i miei colleghi. Io e Marco però abbiamo litigato e non _ci salutiamo_ più.

---

[1] To clarify that a sentence is to be understood reciprocally rather than reflexively, one of the following phrases may be added: **fra (di) loro** *among themselves,* **l'un l'altro (l'un l'altra)** *one another,* **a vicenda, reciprocamente,** *mutually.*

b. **Una storia che finisce male.** *Raccontare la storia di Riccardo e Gabriella prima al presente e poi al passato usando i seguenti verbi.*

vedersi al supermercato / guardarsi, parlarsi / darsi appuntamento / rivedersi molte volte / innamorarsi / andare in vacanza, scriversi / telefonarsi / sposarsi / non andare d'accordo / bisticciare *(bicker)* / separarsi / divorziare

c. *Descrivete una giornata tipica della vostra vita usando il maggior numero possibile di verbi riflessivi. Descrivete poi un giorno speciale del vostro passato in cui avete fatto tutto in modo diverso.*

d. **Parliamo un po'.** *Rispondere alle seguenti domande.*

1. A che ora si è svegliato/a stamattina? Si è alzato/a subito o è rimasto/a a letto per un po'?
2. Si lava sempre i denti al mattino?
3. A chi assomiglia di più, a Suo padre o a Sua madre?
4. In che anno si sono conosciuti i Suoi genitori? Quando si sono sposati? Lei quando pensa di sposarsi?
5. I Suoi amici si ricordano sempre del Suo compleanno? Lei cosa fa se si dimenticano di farLe gli auguri?
6. Di che cosa si lamentano normalmente gli studenti universitari?

IV. Suffissi speciali

To express special shades of meaning of a noun or an adjective, English uses suffixes (bird*ie*, green*ish*) or a descriptive adjective or adverb (*little house, rather fat*). In Italian, the preferred way to indicate size, quality, and speaker's attitude is to use a suffix rather than a separate qualifying word: cas**etta** (*little house*); libr**one**[1] (*big book*); vent**accio** (*bad wind*). When a suffix is added to a word, the final vowel of the word is dropped.

A. The following suffixes indicate smallness or express affection and endearment:[2]

-ino, -ina, -ini, -ine	uccello *bird*	uccellino *cute little bird*
-etto, -etta, -etti, -ette	cugino *cousin*	cuginetto *little cousin*
-ello, -ella, -elli, -elle	fontana *fountain*	fontanella *little fountain*
-icello, -icella, -icelli, -icelle	vento *wind*	venticello *breeze*
-icino, -icina, -icini, -icine	cuore *heart*	cuoricino *little heart*
-olino, -olina, -olini, -oline	radio *radio*	radiolina *little radio*
-uccio, -uccia, -ucci, -ucce	bocca *mouth*	boccuccia *cute little mouth*

---

[1] Words that end in **-one** or **-ona** add a **-c-** before adding one of the listed suffixes: **bastone** *stick* → (+ -ino) **bastoncino**.

[2] Some feminine words become masculine when one of the listed suffixes is added:

la finestra *window* → **il finestrino** *small window*
la stanza *room* → **lo stanzino** *small room*

Also note that more than one suffix can be attached to the same word: **fiore** *flower* → **fior-ell-ino, cassa case** → **cass-ett-ina.**

B. The suffix **-one, -ona, -oni, -one** indicates largeness.[3]

naso *nose* → nasone *big nose*
libri *books* → libroni *big, heavy books*

C. The following suffixes indicate poor quality or ugliness, in either a material or a moral sense.

-accio, -accia, -acci, -acce	tempo *weather*	tempaccio *awful weather*
-astro, -astra, -astri, -astre	poeta *poet*	poetastro *very bad poet*
-iciattolo, -iciattola, -iciattoli, -iciattole	mostro *monster*	mostriciattolo *gremlin*

D. Many of the above suffixes may also be added to adjectives.

bello *beautiful* — bellino *pretty, cute*
pigro *lazy* — pigrone *quite lazy*
dolce *sweet* — dolciastro *sickeningly sweet*
noioso *boring* — noiosetto *rather boring*

E. A number of Italian nouns appear to end in one of the preceding suffixes. Their meaning, however, is in no way influenced by the suffix.

posto *place* — postino *postman* (*nice little place is* posticino)
tacco *heel* — tacchino *turkey* (*little heel* is tacchetto)
burro *butter* — burrone *ravine*

ESERCIZI

a. *Sostituire una parola sola alle parole in corsivo.*

1. Il mio compagno è un *ragazzo grande e grosso.*
2. Non mi piacciono le persone che usano *parole brutte.*
3. A Natale gli abbiamo regalato un *piccolo treno.*

---

[3] Some feminine words become masculine when the masculine suffix **-one** is added:

la nebbia *fog* → **il nebbione** *dense fog*
la palla *ball* → **il pallone** *soccer ball*
la porta *door* → **il portone** *front door*

4. Ti mando un *grosso bacio.*
5. È un *vino leggero* che non fa male. (Use **-ello.**)
6. Una *nebbia molto densa* è scesa sulla città. (Rewrite the whole sentence after you've found your word.)
7. È un bel ragazzo, ma ha un *grosso naso.*
8. Come mai sei uscito con questo *tempo così brutto?*
9. Si credono illustri, ma sono dei *poeti da strapazzo* (hack poets).
10. È stata una conferenza *piuttosto noiosa.*

V. Aggettivi e pronomi indefiniti

Indefinite adjectives and pronouns indicate quantity and quality without referring to any particular person or thing. Italian indefinites can be grouped into three categories according to how they are used: as adjectives, as pronouns, and as both adjectives and pronouns.

A. The following are the most common indefinite *adjectives.* They are invariable and always modify a singular noun.

AGGETTIVI INDEFINITI			
ogni	*every*	**qualsiasi**	*any, any sort of*
qualche	*some*	**qualunque**	*any, any sort of*

Ogni inverno andiamo in montagna.
Every winter we go to the mountains.

Qualche negozio era già chiuso.
Some stores were already closed.

Qualsiasi libro va bene.
Any book is fine.

Devo farlo a qualunque costo.
I must do it at any cost.

B. The following are the most common indefinite *pronouns.* They are used only in the singular.

PRONOMI INDEFINITI			
uno/a	*one*	**chiunque**	*anyone, whoever*
ognuno/a	*everyone*	**qualcosa**	*something*
qualcuno/a	*someone*	**niente, nulla**	*nothing*

Uno non sa mai cosa dire.
One never knows what to say.

La porta era aperta a chiunque.
The door was open to anyone.

Ognuno ha i propri difetti.
Everyone has his/ her own faults.

C'è qualcosa che non va.
There's something wrong.

Qualcuno ha preso la mia penna.
Someone took my pen.

Non volevano niente.
They didn't want anything.

1. **Qualcosa, niente,** and **nulla** are considered masculine for purposes of agreement.

Niente è perdut**o**.   È success**o** qualcosa?
Nothing is lost.   *Has something happened?*

2. When **qualcosa** and **niente** are followed by an adjective, **di** precedes the adjective, which is always masculine. When followed by an infinitive, **da** precedes the infinitive.

Abbiamo visto qualcosa **di** bello.   Non ho niente **da** vendere.
We saw something pretty.   *I have nothing to sell.*

C. The following indefinites can be used as both *adjectives* and *pronouns.*

<table>
<tr><td colspan="2" align="center">AGGETTIVI E PRONOMI INDEFINITI</td></tr>
<tr>
<td>alcuni, -e (plural only)
some, a few</td>
<td>A Ci sono alcuni errori. /qualche errore
There are a few mistakes.

P Non tutte le ragazze hanno capito; alcune sono confuse.
Not all the girls have understood; some are confused.</td>
</tr>
<tr>
<td>altro, -a, -i, -e
other</td>
<td>A Ci sono altre ragioni. which others? – Quali altre
There are other reasons.</td>
</tr>
<tr>
<td>altro
something (anything) else</td>
<td>P Desidera altro?
Do you need anything else?</td>
</tr>
<tr>
<td>altri, -e
others</td>
<td>P Dove sono andati gli altri?
Where have the others gone?</td>
</tr>
<tr>
<td>certo, -a, -i, -e
certain</td>
<td>A Quella ragazza ha un certo fascino.
That girl has a certain charm.

P Certi non capiscono.
Certain (people) don't understand.</td>
</tr>
<tr>
<td>ciascuno, -a (singular only)
each, each one
like nessuno</td>
<td>A Consideriamo ciascuna proposta.
We consider each proposal. ha affrontato ciascun problema con dignità
Hai parlato con ciascuno di loro?
P Did you speak to each of them?</td>
</tr>
<tr>
<td>molto, -a, -i, -e
much, many, a lot (of)</td>
<td>A Mangiamo molto formaggio e molta frutta.
We eat a lot of cheese and a lot of fruit.

P Molte non sono venute.
Many (girls) didn't come.</td>
</tr>
<tr>
<td>nessuno, -a (singular only)
no, none, no one</td>
<td>A Non ho nessuno zio a Chicago.
I have no uncles in Chicago.

P Nessuno vi ha chiamato.
No one called you.</td>
</tr>
<tr>
<td>parecchio, -a, parecchi,
parecchie
a lot (of), several</td>
<td>A Abbiamo visto parecchie persone.
We saw several people.

P Hai speso parecchio!
You spent a lot!   (continued)</td>
</tr>
</table>

poco, -a, pochi, -e *little, few*		C'era poco tempo. *There was little time.*
		Pochi lo sanno. *Few people know it.*
quanto, -a, -i, -e *how much, how many*		Quante parole inutili! *How many useless words!*
		Quanti hanno pagato? *How many have paid?*
tanto, -a, -i, -e *so much, so many*		Hanno fatto tanti errori. *They have made so many mistakes.*
		Tanti non ricordano perché. *So many don't remember why.*
troppo, -a, -i, -e *too much, too many*		Hai usato troppo zucchero. *You've used too much sugar.*
		Siamo in troppi. *There are too many of us.*
tutto, -a, -i, -e *all, whole, every*		Ho mangiato tutta la torta. *I ate the whole cake.*
tutto *everything*		Chi ha visto tutto? *Who saw everything?*
tutti, -e *everyone*		Tutti amano le vacanze. *Everyone loves vacations.*

1. **Tutto** takes an article when used as an adjective.

   Abbiamo lavorato tutta **la** settimana.   Tutti **i** bambini lo sanno.
   We have worked all (the whole) week.   *All children know this.*

   Tutto is used in the idiomatic expressions **tutt'e due** *both*, **tutt'e tre** *all three*, **tutt'e quattro** *all four*. Note that the definite article is used when such expressions modify a noun.

   tutt'e due **i** ragazzi   tutt'e tre **le** riviste
   both boys   *all three magazines*

2. Some of the words listed above are also used as adverbs, and as such they are invariable.

molto	*very, quite, awfully*	**tanto**	*so* (like **così**) **quanto** *how* (like **come**)
poco	*not so, not very, hardly*	**troppo**	*too*

   Siamo molto stanchi.   Siena è poco lontana.
   We are very tired.   *Siena is not very far.*

   Quanto sono intelligenti!   Erano tanto felici.
   How intelligent they are!   *They were so happy.*

   Sei troppo egoista.
   You are too selfish.

ESERCIZI

a. *Scegliere la parola corretta.*

1. _______________ (Qualunque/chiunque) può venire con noi.
2. _______________ (Nessuna/nulla) persona è venuta a piedi.
3. _______________ (Ogni/ognuno) uomo ha i suoi problemi.
4. Posso fare _______________ (qualcuno/qualcosa) per lui?
5. Solo _______________ (qualche/qualcuno) prigioniero è riuscito a fuggire.
6. Per ammobiliare la stanza, bastano _______________ (alcuni/ogni) mobili.
7. _______________ (Chiunque/qualunque) letto è buono per dormire quando abbiamo sonno.
8. In biblioteca c'erano solo _______________ (qualche/alcune) studentesse.
9. Non sappiamo _______________ (nessuno/niente).
10. Ho letto _______________ (qualche/qualcuno) dei suoi romanzi.

b. *Mettere un pronome indefinito al posto delle parole sottolineate.*

ESEMPIO Ho imparato <u>tante cose</u> in questo corso.
Ho imparato tanto in questo corso.

1. <u>Ogni persona</u> è responsabile delle sue azioni.
2. Ha bisogno di <u>altre cose</u>?
3. <u>Nessuna persona</u> lo dice.
4. <u>Nessuna cosa</u> sembra facile all'inizio.
5. <u>Qualsiasi persona</u> lo farebbe in poco tempo.
6. Voi volete sapere <u>troppe cose</u>.
7. <u>C'è un uomo che</u> ti vuole parlare.
8. <u>Ogni cosa</u> era sul tavolo.
9. <u>Qualche persona</u> ha detto di no.
10. Potevamo comprare del vino per <u>pochi soldi</u>.

c. *Scegliere la parola corretta.*

1. Quella signora ha _______________ (tanto/tanti) soldi.
2. Abitano _______________ (poche/poco) distante da casa mia.
3. Siamo _______________ (troppo/troppi) isolati in questo posto.
4. C'era _______________ (molto/molta) neve in montagna.
5. Avete _______________ (poco/poche) idee.
6. _______________ (Quanti/quanto) sono i tuoi cugini? Sette o diciassette?
7. _______________ (Quanto/quanta) è bella la giovinezza!
8. È una ragazza _______________ (molto/molta) strana.
9. Mia madre sembrava _______________ (tante/tanto) giovane.
10. _______________ (Troppe/troppa) gente crede ancora a queste cose.

VI. Il partitivo

A. The partitive is expressed in English as *some, any, a few.* The same meaning can be conveyed in Italian in the following ways:

1. With the combined forms of **di** + *definite article* (**del, dello, della, dell', dei, degli, delle**).

   Ho mangiato **del** formaggio.   Conosciamo **degli** italiani.
   I ate some cheese.   *We know some Italians.*

2. With **qualche** + *singular noun* or **alcuni, -e** + *plural noun* to mean *some, a few.* Although **qualche** always takes a singular noun and **alcuni, -e** always a plural noun, they express the same plural meaning in English.

   Invitano **qualche amica.**   **Qualche studente** lo sapeva.
   Invitano **alcune amiche.**   **Alcuni studenti** lo sapevano.
   They invite some girlfriends.   *A few students knew it.*

3. With **un poco di, un po' di** to mean *some, a bit of,* with a singular noun that is either abstract (*time, patience*) or measurable rather than countable (*milk, bread*).

   Abbiamo bisogno di un po' di tempo. Volete un po' di latte?
   We need some time.   *Do you want some milk?*

B. The partitive is left unexpressed in negative sentences and is frequently omitted in interrogative sentences.

Ci sono lettere per me?   Non abbiamo soldi.
Ci sono **delle** lettere per me?   *We don't have any money.*
Are there any letters for me?

ESERCIZI

a. *Inserire la forma corretta:* **del, dello,** *ecc.*

1. Ha ordinato acqua minerale.
2. Ci sono italiane alte e snelle.
3. Compriamo insalata e frutta.
4. Conoscono avvocati e ingegneri.
5. Cerchi giornali e riviste italiane.
6. Sono bei ragazzi.
7. Ieri sera ho preso pesce.
8. Vogliamo vino, birra e scotch!

b. *Inserire* **qualche** *o* **alcuni/alcune.**

1. Hanno avuto ___________ guaio.
2. C'erano ___________ parole difficili nell'esercizio.

3. Ho bisogno di ___qualche___ cosa.
4. Abbiamo passato ___alcune___ ore insieme.
5. Si sono sposati ___alcuni___ anni fa.
6. Avete letto ___qualche___ bel racconto in classe?
7. L'ho già visto in ___qualche___ altro luogo.
8. La polizia ha fermato ___qualche___ macchina.

c. **La spesa.** *Simona ha fatto la spesa e mamma vuol sapere se ha comprato tutto quello che le occorre.*
Inserire le forme opportune dei partitivi: **di** + *(articolo)*, **qualche, alcuno, un po' di...**

MAMMA: Hai comprato _______________ pane?

SIMONA: Sì, e anche _______________ cornetto salato per domani mattina. Ho preso anche _______________ grissini e _______________ pizza all'olio.

MAMMA: C'era _______________ bella frutta al mercato?

SIMONA: No, ho trovato solo _______________ fragole e _______________ pere, e allora ho comprato _______________ scatola di frutta surgelata (*frozen*). Per la macedonia va bene.

MAMMA: E l'insalata?

SIMONA: Ho preso _______________ di tutto, anche il radicchio e l'indivia belga. Come sono cari! Mi sono rimasti solo _______________ spiccioli.

MAMMA: Pazienza! Senti, c'è ancora un po' di caffè caldo nella caffettiera.

SIMONA: Ah, grazie! Vado in cucina a prenderlo.

Cucina casalinga, cibo sano.

Vocabolario utile

il bue	*ox*	**la pecora**	*sheep*
la capra	*goat*	**il peperoncino**	*chili*
il cavolo	*cabbage*	**il peperone**	*pepper*
il cetriolo	*cucumber*	**il raccolto**	*crop*
la cipolla	*onion*	**la selvaggina**	*game*
il fagiolino	*string bean*	**il tacchino**	*turkey*
il fagiolo	*bean*	**la zucca**	*squash*
la fava	*broad bean*		
il grano/frumento	*wheat*	**attingere**	*to draw from*
il maiale	*pig*	**condire**	*to season*
la mucca	*cow*	**diffondere**	*to spread*
la nocciola	*hazelnut*	***sopravvenire**	*to arise*
l'oca	*goose*	**spargere**	*to spread*
l'ortaggio	*vegetable*		

Prima di leggere

Una delle conseguenze delle grandi scoperte geografiche (XVI⁰ secolo) è stata quella di introdurre in Europa piante ed animali originari del nuovo mondo. Come vedremo, ciò ha contribuito a cambiare radicalmente la dieta degli europei. Ora noi abbiamo infinite scelte e ci possiamo nutrire in maniera equilibrata, spendendo molto o poco, ma è un privilegio recente.

In gruppi di due o tre studenti, discutete gli aspetti dell'alimentazione moderna. Cercate di rispondere alle domande seguenti.

1. Cosa s'intende per «dieta mediterranea»?
2. Molti di noi ottengono le proteine dalla carne. Quali altri cibi contengono proteine? Come fanno i vegetariani ad ottenere una dieta equilibrata?
3. I fagioli, originari dell'America tropicale e subtropicale, contengono proteine, carboidrati e sali minerali. Conoscete preparazioni per le quali si usano i fagioli? In quale parte del mondo sono più diffuse? Sapete perché?
4. Noi viviamo in una società ricca, i supermercati e i negozi d'importazione ci forniscono di tutto, e ci possiamo divertire a cucinare cibi di ogni genere con poca fatica. Era lo stesso per le nostre nonne e bisnonne? Perché?

Dieta mediterranea e cucina italiana

«Dieta mediterranea» ci fa pensare a spaghetti al pomodoro, peperoni ripieni°, *stuffed*
patate arrosto e fagiolini all'olio e limone. Ma è sempre stato così? Facciamo un
po' di passi indietro.

Cosa mangiavano gli abitanti delle zone mediterranee alla fine del XV° seco-
5 lo, cioè prima delle grandi scoperte geografiche? Dato che, come dice un prover-
bio italiano, «non c'è niente di nuovo sotto il sole», i ricchi avevano molte scelte
mentre i contadini° e gli altri abitanti delle campagne si nutrivano essenzialmente *peasants*
dei prodotti della terra, sempre che non sopravvenisse una carestia° e non ci *famine*
fosse una guerra, nel qual caso il solo spostamento dei soldati sarebbe bastato a
10 distruggere i raccolti.

Le tavole dei signori erano ben imbandite° anche perché spesso pensavano **ben:** *well-stocked*
loro, per così dire, a fare la spesa, passavano giornate intere dedicate alla caccia° *hunting*
e riportavano cervi e daini°, cinghiali° e altri tipi di selvaggina. C'erano poi gli *deer / boars*
animali da cortile° come polli e oche e, molto diffusi, i maiali. Sembra che la dieta *barnyard*
15 del tempo non prevedesse grande uso di carne bovina° e ovina°; le femmine *beef / lamb*
degli animali, cioè mucche, pecore e capre, si tenevano per la produzione del
latte con cui si facevano i formaggi. I buoi servivano per i lavori agricoli.

L'agricoltura produceva grano, orzo° da cui qualcuno aveva scoperto come *barley*
fare la birra, e altro cereali come la segale° e l'avena°. Con i cereali si facevano *rye / oats*
20 delle specie di *tortillas*—niente a che vedere con il pane come lo intendiamo noi
data la mancanza di lievito°—o delle minestre composite con l'aggiunta di cavoli, *yeast*
piselli, fave e cipolle a cui i meno poveri aggiungevano dei pezzetti di carne.

Chi abitava vicino al mare aveva la risorsa del pesce; la famosa *bouillabaisse
provençale* è stata per lungo tempo il cibo dei pescatori poveri, che nella loro
25 minestra mettevano pezzi di pesce, di quelli di scarto°, con tante spine° che *inferior quality / bones*
nessuno comprava.

Le piante e gli animali che i navigatori riportavano dal nuovo mondo erano
spesso considerati curiosità botaniche o zoologiche. Il pomodoro, per esempio,
apparve in Italia alla fine del Settecento°, ma c'è voluto un altro mezzo secolo *1700s*
30 perché a qualcuno venisse in mente di usarlo insieme all'olio, al formaggio ed alle
erbe locali per condire la pasta. La pasta esisteva, ma non doveva essere molto
appetibile, diciamo che non sapeva di niente. I vermicelli, altro tipico cibo dei
poveri, era condita con un po' di formaggio e si mangiava con le mani; è stato il
sugo di pomodoro a diffondere l'uso della forchetta. Col tempo sono nate
35 combinazioni geniali tra pomodori e prodotti locali—olio, burro, carne di bue e
di maiale, sarde° e frutti di mare, erbe aromatiche e formaggi—che hanno creato *sardines*
i famosi sughi° della cucina italiana. I pomodori si mangiano anche crudi° in *sauces / raw*
insalata o a fette con la mozzarella (la famosa «caprese»), al forno ripieni e, natu-
ralmente, sulla pizza.

40 Anche le patate furono ricevute con molto sospetto. Erano piccole, brutte,
sporche, piuttosto cattive° nella minestra—a nessuno era venuto in mente di *bad-tasting*
pelarle. Eppure furono un elemento fondamentale nella dieta europea; non
dimentichiamo le vicissitudini° degli irlandesi che nell'Ottocento° emigrarono in *tribulations / 1800s*

45 massa verso New York in seguito alla rovina del raccolto delle patate dovuta all'infestazione di un parassita. Gli italiani, sempre immaginativi, hanno adottato le patate creando preparazioni originali: *gnocchi, crocchette, soufflè*, e poi patate in insalata, al forno, in umido° con la carne o con altri ortaggi.

Il mais° o granturco, cioè grano straniero, si diffuse rapidamente dai semi
50 riportati da Cristoforo Colombo in Spagna e in Portogallo. In Italia è coltivato nel Veneto fin dalla metà del Cinquecento° e la polenta è stato uno degli alimenti principali nelle zone dell'Italia settentrionale. Ma anche la polenta è stata per lungo tempo cibo dei poveri, bollita nel latte o fredda e tagliata a fette con sopra qualche fettina di cetriolo. Nella dieta moderna la polenta si accompagna con
55 carni in umido, salsicce, formaggi e funghi. Parte del granturco è coltivato come foraggio°, altrimenti se ne ricava la farina; i grani sono piuttosto grossi e duri, i contadini li abbrustoliscono nella brace°, ma non si usa mangiare l'equivalente americano del "corn on the cob" cotto nell'acqua salata.

Anche diversi prodotti ortofrutticoli° vengono dal nuovo mondo. Fagioli e
60 fagiolini, zucche e zucchine, peperoni e peperoncini contribuiscono a variare in mille modi le preparazioni culinarie italiane ed europee.

Ad arricchire la varietà degli animali da cortile è arrivato in europa il tacchino. Quelli che si comprano dal pollivendolo° italiano sono piuttosto piccoli, forse perché conviene cucinarli quando sono giovani e teneri. Dall'Inghilterra si è
65 sparsa la tradizione di preparare il tacchino ripieno e cotto al forno per Natale. Sono anche apprezzati i petti e i filetti al burro, con i funghi e il marsala°, con prosciutto e mozzarella.

E per finire, non dimentichiamo il cacao. Originario dall'America centrale e meridionale, arrivò in Europa grazie a Cortès. Era considerato fonte di energia,
70 ma inizialmente fu visto con sospetto dalla chiesa cattolica. Però piaceva. In Italia è arrivato verso la seconda metà del Cinquecento a Torino per merito del Duca Emanuele Filiberto di Savoia. Più tardi il cioccolato, senza la sua componente di grasso costituita dal burro di cacao, fu unito alle nocciole e nacquero i famosi «giandujotti», prodotti dalla casa Caffarel di Torino.

75 L'incontro tra il vecchio e il nuovo mondo è stato per l'Europa la scoperta di un tesoro, ma i benefici dell'incontro sono stati scambievoli°. Colombo, fin dal suo primo viaggio, ha portato nel nuovo mondo l'olio d'oliva. Il grano, che riempie i silos degli Stati Uniti e del Canadà, deriva dai semi portati dall'Europa e dall'Europa sono venuti cavalli e maiali. I banani° sono arrivati originariamente a
80 Santo Domingo grazie a Colombo, e la canna da zucchero, originaria del Golfo del Bengala, si è diffusa nelle Antille, creando ricchezza per alcuni ma anche, purtroppo, miserabili condizioni di vita per quanti lavoravano nelle piantagioni.

L'apporto di nuove colture° è stato estremamente positivo per l'Italia. Sono cambiati in meglio l'aspetto dell'ambiente naturale°, il tipo dei prodotti disponi-
85 bili° nei mercati e la dieta degli abitanti. C'è senz'altro di che essere grati al nuovo mondo.

1. Com'era il pane di qualche secolo fa? Perché?
2. Quando si è cominciato ad usare il sugo per la pasta più o meno come lo intendiamo noi?
3. Piacevano agli europei le patate provenienti dal nuovo mondo? Sì, no, perché?
4. Come viene utilizzato il granturco in Italia?
5. Quali prodotti ortofrutticoli sono arrivati in Europa dopo Colombo?
6. Come sono i tacchini italiani?
7. Che cosa ha dato l'Europa alle Americhe?
8. Quali sono state le conseguenze dell'incontro tra il vecchio e il nuovo mondo?

Studio di parole

sapere di
to taste of; to have the flavor of

Non sa di niente.
It has no flavor.

suonare
to play (an instrument), to ring

Suono il piano e la chitarra.
I play the piano and the guitar.

È suonato il campanello?
Chi ha suonato il campanello?
Has the bell rung?
Who rang the bell?

recitare
to act, to play a role

Quell'attore recita bene.
That actor acts well.

to taste

assaggiare
to taste, to try (food)

È buono! Vuoi assaggiarlo?
It's good! Do you want to try it?

to play

giocare a + noun
to play (a game, a sport)

Io gioco a tennis; tu giochi a carte.
I play tennis; you play cards.

praticare (fare) uno sport
to play a sport

Quante persone praticano questo sport?
How many people play this sport?

to work

lavorare
to work

Lavorano in una fabbrica di biciclette.
They work in a bicycle factory.

funzionare
to work (machines, systems, etc.)

Il televisore non funziona.
The TV is not working.

to spend

passare
to spend (time)

Passavamo il tempo allegramente.
We spent the time happily.

Dove hai passato le vacanze?
Where did you spend your vacation?

spendere
to spend (money)

Hai pagato due euro? Hai speso troppo.
Did you pay two euros? You spent too much.

Pratica

a. *Scegliere la parola o l'espressione che completa meglio la frase.*

1. Dove hai intenzione di _______________ Natale quest'anno? Con i tuoi?
2. Il mio orologio non _______________ bene. È sempre indietro di dieci minuti!
3. Quando hai imparato a _______________ il piano e a _______________ a tennis?
4. In quel ristorante uno _______________ poco e mangia bene.
5. Da quanto tempo _______________ in quest'ufficio Lei?
6. Mi piacciono gli attori che _______________ bene.
7. Tu, quali sport _______________ quando hai tempo?
8. Il postino _______________ sempre due volte.

b. *Inserire le parole mancanti nel significato opportuno.*

La vita dei contadini durante il Rinascimento non era facile. Dovevano *(to work)* _______________ nei campi e poi *(to spend)* _______________ un mucchio di tempo a preparare da mangiare. Non credo che avrei voglia di *(to taste)* _______________ il loro pane o la loro minestra. Le patate poi erano brutte, nere e *(tasted)* _______________ di terra.

Come sempre, i ricchi stavano bene. Potevano *(to spend)* _______________ molti soldi per comprare i prodotti di terre lontane. Le donne si divertivano a *(to play)* _______________ l'arpa e il clavicembalo, gli uomini si dedicavano alla politica e agli affari, ma trovavano anche il tempo di *(to play)* _______________ a scacchi *(chess)*.

Vi piacerebbe partecipare ad una rappresentazione teatrale e *(to play)* _______________ la parte di un personaggio del Seicento (1600)?

c. *Domande per Lei.*

1. I Suoi piatti preferiti contengono ingredienti di origine europea? Quali?
2. Le hanno mai offerto cibi strani come lumache *(snails)*, cosce di rana *(frogs' legs)*, animelle e cervello *(sweetbreads and brains)*, alghe *(seaweed)*? Racconti una Sua esperienza vera o immaginaria.
3. Cosa prepara quando invita a pranzo o a cena i Suoi amici?

1. Che tipo di provviste alimentari avranno avuto i «Pilgrims» inglesi che hanno fondato Plymouth nel 1620? Descriva ad un amico europeo le difficoltà nutritive dei primi coloni.
2. Thanksgiving *(il Giorno del Ringraziamento)* è una festa nazionale che commemora un fatto storico. Che cosa rappresenta per Lei? Qual è il significato di Thanksgiving per la società americana contemporanea?
3. Ai nostri giorni è sempre più diffuso l'uso di cibi surgelati o comunque pronti. Si comprano al supermercato e, grazie al microonde, in pochi minuti si può andare a tavola. Costano molto? Sono buoni? Chi ne fa grande uso? Lei li compra? Perché?
4. Nonostante le comode offerte del «fast food», ci sono molti «gourmet clubs» e tante trasmissioni televisive dedicate alla cucina. Pensa che cucinare sia un'attività creativa? Che abbia un significato sociale? Sì, no, perché?

 **RICERCA WEB**

Cristoforo Colombo non ha bisogno di presentazione, ma è una figura controversa come controverse sono le conseguenze delle scoperte geografiche del Quattrocento e del Cinquecento.

a. L'età delle scoperte
b. Cristoforo Colombo navigatore

La tavola apparecchiata

C'è ancora una preferenza per la tovaglia anche se è venuto di moda il servizio all'americana°. Ogni commensale° avrà uno o due piatti, uno dei quali sarà «fondo» se il pranzo prevede una minestra. A sinistra dei piatti si mettono le forchette (non più di due), a destra il coltello e il cucchiaio (se serve). In alto, davanti ai piatti ci saranno le posatine da frutta e da dessert; un po' a destra i bicchieri dell'acqua e del vino, un po' a sinistra il piattino del pane e la coppetta dell'insalata. Il tovagliolo, piegato in due o a triangolo, va a destra del piatto. Quando forchetta e coltello sono usati insieme, la forchetta rimane a sinistra ed è la mano sinistra che porta il cibo alla bocca.

    Il burro non viene messo in tavola; si usa soltanto per la prima colazione. Se il caffè è servito a tavola, le tazzine saranno portate al momento. Il pane è in un cestino°, ma non c'è bisogno di coprirlo con un tovagliolo perché di solito non è servito caldo. I candelabri e le candele sulla tavola sono una moda di importazione recente; tradizionalmente la stanza da pranzo è molto bene illuminata.

    Le persone a tavola tengono le braccia il più possibile vicino al corpo e ambedue le mani rimangono visibili durante tutto il pranzo. Buon appetito!

servizio: place-mats / table companion

small basket

Per chi non ha voglia o tempo di cucinare, ci sono trattorie a buon mercato.

Offrire da bere o da mangiare

Le/Ti posso offrire qualcosa da bere?	*Can I offer you something to drink?*
Che cosa prendi/prende?	*What will you have?*
Prendi qualcosa da mangiare/bere?	*Would you like something to eat/drink?*
Vuoi/Vuole assaggiare... ?	*Would you like to try . . . ?*
Ti va/hai voglia di bere/mangiare... ?	*Do you feel like drinking/eating . . . ?*
Come lo preferisci il vino, bianco o rosso?	*Do you prefer white or red wine?*

Accettare cibo o bevande

Sì, grazie.	*Yes, thank you.*
Perché no? Lo/La prendo/bevo volentieri.	*Why not? I'll eat/drink it with pleasure.*
Con molto piacere, grazie.	*With pleasure, thank you.*
Sì, volentieri.	*Yes, please.*
Sì, ma la prossima volta offro io.	*Yes, but next time I'll treat.*

Rifiutare cibo o bevande

No, grazie. Sono a dieta.	*No thanks, I'm dieting.*
Grazie, ma sono astemio/a.	*Thanks, but I don't drink.*
Ti/La ringrazio, ma non posso mangiare/bere...	*Thanks, but I can't eat/drink . . .*
Sono a posto/sto bene così, grazie.	*I'm fine, thanks.*
No, grazie, non si disturbi/non ti disturbare.	*Thanks, but don't bother.*

Espressioni per la tavola

La cena è servita.	*Dinner is served.*
È pronto. Venite a tavola.	*It's ready. Come to the table.*
Buon appetito!	*Enjoy your meal!*
Serviti/Si serva pure!	*Help yourself!*
Non fare/faccia complimenti: ne prenda un altro po'.	*Don't be shy: have some more.*
Mi passi/passa il sale, per cortesia?	*Can you please pass the salt?*
Buonissimo!	*Very good!*
Questo è davvero speciale/delizioso.	*This is really special/delicious.*
Mi dà la ricetta?	*Can you give me the recipe?*

Che cosa dice?

1. Ha appena sperimentato una nuova ricetta per la torta di mele. Propone alla vicina, che sta lavorando in giardino, di assaggiarla.
2. Vuole fare il risotto alla milanese. Chieda la ricetta a Sua zia.
3. Incontra il Suo avvocato al bar e vuole offrirgli/le il caffè.
4. Il Suo/La Sua capufficio sta andando allo snack bar e Le chiede se Lei vuole qualcosa.
5. Le offrono della Sambuca, ma Lei non beve alcoolici.
6. Il pranzo è pronto e Sua madre chiama tutti a tavola.
7. Ha preparato una cena tipica americana per uno studente italiano che è piuttosto timido e mangia poco. Lei lo invita a mangiare di più.
8. Al mare il vicino di ombrellone le offre un aperitivo. Lei accetta e dice che la prossima volta è il Suo turno.

Situazioni

1. Prima di andare da McDonald's chieda al Suo compagno/alla Sua compagna di stanza se ha fame. Domandi cosa vuole da mangiare, da bere e se vuole il dolce. Dica che gli/le vuole offrire il pranzo visto che lui/lei l'ha aiutata a studiare per il compito di italiano. Il Suo compagno/La Sua compagna La ringrazia e dice di volere un hamburger al formaggio e delle patatine fritte, ma non prende niente da bere.
2. Lei è a cena a casa del Suo fidanzato/della Sua fidanzata. Con altri tre studenti che assumeranno i diversi ruoli (padre, madre e fidanzato/a), rappresenti la serata.
3. Lei passa a casa dei Rossi per riportare a Mario gli appunti di matematica. La famiglia sta festeggiando la promozione della figlia Susanna. Lei saluta tutti e si congratula con Susanna. Il signor Rossi Le vuole offrire qualcosa da bere, Mario La invita a restare e la signora Le porta un pezzo di torta gelato. Lei però ha fretta. Rifiuta cortesemente e inventa una scusa per poter tornare a casa.
4. Con un compagno/una compagna del corso di italiano, discuta un menù per ciascuna delle situazioni seguenti.
   a. un picnic con un ragazzo/una ragazza che ha appena conosciuto/a
   b. una cena veloce con un paio di amici che sono venuti a trovarvi inaspettatamente
   c. un rinfresco per la festa di laurea (*graduation party*) della vostra amica Laura

PER COMINCIARE

Al liceo scientifico

STRUTTURA

Parlare di eventi passati

    I. Passato remoto

Parlare di azioni completate prima di altre azioni

    II. Trapassato prossimo e trapassato remoto

Parlare di cose già menzionate

    III. *Ci*

    IV. *Ne*

Parlare di persone o cose senza nominarle

    V. Pronomi personali (forme combinate)

LETTURA

Il topo dei fumetti

PER COMUNICARE

Chiedere la parola

Dare la parola

Esprimere accordo

Esprimere disaccordo

Al liceo scientifico. La signora Di Stefano ha accettato di fare una breve conferenza alla scuola di suo figlio Nicola che frequenta il primo liceo scientifico. Le hanno chiesto di parlare di Enrico Fermi. Ecco i suoi appunti.

Enrico Fermi nacque a Roma nel 1901. Nel 1922 ottenne la Laurea di Dottore in Fisica e nel 1926 era professore di fisica teorica all'Università di Roma. Nel 1934 decise di occuparsi di fisica sperimentale insieme a Edoardo Amaldi, Bruno Pontecorvo, Franco Rasetti e Emilio Segré, i cosiddetti «ragazzi di via Panisperna» dal nome della strada in cui avevano il laboratorio. Nel 1937 Fermi e collaboratori trovarono che era possibile ottenere la radioattività indotta dai neutroni lenti. Proprio per questa scoperta, l'anno successivo Fermi ricevette il Premio Nobel per la fisica. In quel periodo in Italia erano entrate in vigore le leggi antisemitiche fasciste e la moglie di Fermi, Laura Capon, era di famiglia ebrea. I Fermi andarono a Stoccolma per l'assegnazione del Premio Nobel e non tornarono in Italia; si stabilirono invece negli Stati Uniti. Nel 1942, alla University of Chicago, Fermi diresse un famoso esperimento nel quale si produsse energia nucleare controllata.

Intanto la famiglia cercava di imparare la lingua e i costumi del paese, e di adattarsi alla nuova cultura. Laura aveva già scoperto alcuni anni prima che non è facile trovare un idraulico quando si cerca un «ploombber». Il processo di «americanizzazione» continuò a Los Alamos dove, durante la seconda guerra mondiale, Fermi collaborò alle ricerche per lo sviluppo delle armi atomiche.

Alla fine della guerra (1946) i Fermi tornarono a Chicago dove Enrico morì nel 1954.

Alla fine delle lezioni è piace vole restare a parlare con gli amici.

Vocabolario utile

le abitudini   habits
la comunicazione   communication
la conferenza   lecture; conference
l'incomunicabilità   inability to communicate
l'isolamento   isolation
la legge   law

cosiddetto   so-called
ebreo   Jewish
indotto   induced

adattarsi   to adapt oneself to
apprendere   to learn

breve soggiorno   short stay
***entrare in vigore**   to go into effect (a law)
lunga permanenza   long stay

il liceo (classico, scientifico, linguistico)   high school (with classical, scientific, linguistic oriented programs)
la ricerca   research
la scoperta   discovery
lo sviluppo   development

lento   slow
successivo   following

dirigere   to direct
produrre   to produce, to bring about

proprio per questo   for this very reason
usi e costumi   customs (of a people)

ESERCIZI

a.   *Vero o falso?*

__________ 1. Quando Fermi divenne professore era già anziano.
__________ 2. A Roma fu professore di ingegneria elettronica.
__________ 3. Ottenne il premio Nobel nel 1939.
__________ 4. Non tornò in Italia a causa delle leggi razziali.
__________ 5. Diresse l'esperimento sull'energia nucleare controllata alla Columbia University nel 1942.
__________ 6. La famiglia Fermi non ebbe difficoltà di adattamento in America.
__________ 7. Fermi partecipò alle ricerche sulla bomba atomica a Los Alamos.
__________ 8. Quando morì, a Chicago, era molto vecchio.

b.   *Inserire le parole che meglio completano le frasi.*

1. Tutti i cittadini devono rispettare _______________ .
2. Gli immigrati hanno difficoltà ad apprendere gli _______________ e i _______________ del nuovo paese.
3. Nel 1992 si celebrò il cinquecentenario della _______________ dell'America da parte di Cristoforo Colombo.
4. I risultati della _______________ sull'energia nucleare hanno contribuito a cambiare il nostro mondo.
5. Parlare le lingue straniere è importante per una migliore _______________ fra i popoli.
6. Una buona alimentazione è necessaria allo _______________ fisico e intellettuale del bambino.
7. Da quando gli è morta la moglie, il signor Ponte non vede più nessuno, vive in campagna in completo _______________ .

1. lento
2. lunga permanenza
3. incomunicabilità

4. successivo
5. conferenza

I. Passato remoto

Verbi regolari

The **passato remoto** (*past absolute*) is formed by adding to the stem the characteristic vowel of the verb (except for the third person singular) and the appropriate endings: **-i, -sti, -mmo, -ste, -rono.** To form the third person singular, **-are** verbs add **-ò** to the stem, **-ere** verbs add **-è,** and **-ire** verbs add **-ì.**

AMARE	CREDERE	FINIRE
am**ai**	cred**ei** (cred**etti**)	fin**ii**
am**asti**	cred**esti**	fin**isti**
am**ò**	cred**è** (cred**ette**)	fin**ì**
am**ammo**	cred**emmo**	fin**immo**
am**aste**	cred**este**	fin**iste**
am**arono**	cred**erono** (cred**ettero**)	fin**irono**

Note the accent mark in the third person singular and the placement of stress in the third person plural.

Most **-ere** verbs have an alternate set of endings for the first and third persons singular and the third person plural.

Carlo andò in cucina e si sedè (sed**ette**) al tavolo.
Carlo went into the kitchen and sat at the table.

Verbi irregolari

Following are the **passato remoto** forms of some common irregular verbs:

AVERE	ESSERE	DARE	STARE
ebbi	fui	diedi (detti)	stetti
avesti	fosti	desti	stesti
ebbe	fu	diede (dette)	stette
avemmo	fummo	demmo	stemmo
aveste	foste	deste	steste
ebbero	furono	diedero (dettero)	stettero

A. Most of the verbs that have an irregular **passato remoto** (mainly **-ere** verbs) follow a "1-3-3" pattern: the irregularity occurs only in the first person singular and the third persons singular and plural; **-i, -e,** and **-ero** are the respective endings. The endings of the other persons are regular.

CHIEDERE			
(1) **chiesi**		chiedemmo	
	chiedesti		chiedeste
(3) **chiese**		(3) **chiesero**	

B. Some common verbs that follow the 1-3-3 pattern are listed below. It is helpful to learn the irregular forms of the **passato remoto** together with the past participle since typically both are irregular and they sometimes share the same irregular stem.

INFINITIVE	PASSATO REMOTO (1ST PERSON SINGULAR)	PAST PARTICIPLE
accendere	**accesi**	acceso
chiudere	**chiusi**	chiuso
conoscere	**conobbi**	conosciuto
decidere	**decisi**	deciso
leggere	**lessi**	letto
mettere	**misi**	messo
nascere	**nacqui**	nato
perdere	**persi**	perso/perduto
piacere	**piacqui**	piaciuto
prendere	**presi**	preso
rimanere	**rimasi**	rimasto
rispondere	**risposi**	risposto
rompere	**ruppi**	rotto
sapere	**seppi**	saputo
scegliere	**scelsi**	scelto
scendere	**scesi**	sceso
scrivere	**scrissi**	scritto
spegnere	**spensi**	spento
spendere	**spesi**	speso
succedere	**successi**	successo
tenere	**tenni**	tenuto
vedere	**vidi**	visto/veduto
venire	**venni**	venuto
vincere	**vinsi**	vinto
vivere	**vissi**	vissuto
volere	**volli**	voluto

C. **Bere, dire, fare,** and **tradurre** use the original Latin stems **bev-, dic-, fac-,** and **traduc-** to form the regular persons.

BERE	DIRE	FARE	TRADURRE
bevvi	dissi	feci	tradussi
bevesti	**dic**esti	**fac**esti	**traduc**esti
bevve	disse	fece	tradusse
bevemmo	**dic**emmo	**fac**emmo	**traduc**emmo
beveste	**dic**este	**fac**este	**traduc**este
bevvero	dissero	fecero	tradussero

⁓ Uso del passato remoto e del passato prossimo

A. The **passato remoto,** like the **passato prossimo,** expresses an action completed in the past. Following are the formal rules that govern the use of these two tenses.

1. If the action took place in a period of time that has not yet ended (today, this month, this year), or if the effects of the action are continuing in the present, the **passato prossimo** is used.

   In questo mese **ho letto** molto.
   This month I've read a lot.

   Tu **hai ereditato** molti soldi.
   You have inherited a lot of money.

2. If the action occurred during a period of time that has ended (two months ago, last year, the other day), and has no continuing effect on or reference to the present, the **passato remoto** is used.

   L'altro giorno **incontrai** tuo fratello.
   The other day I met your brother.

   L'anno scorso **andammo** al mare.
   Last year we went to the beach.

3. Today many Italians (especially in the North) never use the **passato remoto** in speaking or writing unless it is formal writing. Some people use both tenses. Others (especially in the South) tend to use the **passato remoto** every time they write or talk about the past, no matter how recent it may be. Students of Italian are advised to use the **passato prossimo** in everyday conversation and to learn the forms of the **passato remoto** in order to understand them, to write them, and above all to recognize them when used in literary texts.

B. The **imperfetto** is used with both the **passato prossimo** and the **passato remoto** for descriptions (ongoing actions, outward conditions, or inner states of mind) and habitual actions.

Dato che non **avevano** molto tempo,
  partirono (sono partiti) subito.
Since they didn't have much time, they left
  right away.

Arrivai (sono arrivato) alla stazione
  proprio mentre il treno **partiva.**
I got to the station as the train was leaving.

ribezzo: *disgust*
principe: *prince*

ESERCIZI

a. **Guido è un tipo strano.** *Sostituire il passato remoto al passato prossimo.*

Guido è un tipo strano. L'abbiamo conosciuto a casa di amici e poi l'abbiamo visto al cinema. M'interessa e cerco di sapere tutto di lui. So che è andato in biblioteca ed è riuscito a trovare il libro che cercava, però è uscito senza cappello e ha preso il raffreddore. Poi è venuto a riportarti dei dischi. Tu l'hai invitato ad entrare ma lui ha preferito restare sulla porta di casa. Gli hai chiesto come stava, ma lui non ha risposto. Ti ha salutato cortesemente e se ne è andato. È entrato in farmacia a comprare una medicina, ha preso delle aspirine e poi si è messo in macchina. Tra il raffreddore e le aspirine era mezzo addormentato ed ha avuto un incidente. L'incidente è avvenuto sull'autostrada, per fortuna non ci sono stati morti né feriti gravi. Però la sua bella Lancia Delta aveva una serie di ammaccature *(dents)* e lui l'ha portata dal carrozziere *(body shop)*. Per un po' di giorni, è andato in ufficio in metropolitana. Quando i colleghi gli hanno chiesto notizie, lui ha detto: «È stata colpa mia, ho sbagliato a prendere l'autostrada in quelle condizioni.» Giusto! Ma chissà cosa gli passava per la testa quel giorno!

b. **Il congresso.** *Dica cosa fecero i partecipanti al congresso sugli usi dell'energia nucleare. Riscrivere le frasi usando l'imperfetto e il passato remoto.*

1. Quasi tutti i partecipanti noleggiano una macchina perché c'è lo sciopero dei trasporti pubblici.
2. Partecipa anche la nostra professoressa di fisica perché uno dei relatori *(speakers)* è un suo conoscente, ex collaboratore di Fermi.
3. Molti fanno domande perché il tema è interessante.
4. Alla fine ci chiedono se vogliamo firmare una petizione.
5. Il mio vicino di posto *(seat)* se ne va via presto perché non è d'accordo con quello che dicono i relatori.
6. Il professor Brown lascia il congresso prima della fine perché deve prendere l'aereo.
7. Tu e la tua compagna di corso ascoltate tutte le relazioni del congresso perché trattano di argomenti interessanti per la vostra tesi.

c. *Completare il seguente brano usando l'imperfetto o il passato remoto.*

Molto tempo fa _____________ (vivere) nella città di Verona un ricco signore che _____________ (avere) un novelliere *(storyteller)* al quale, per passatempo, _____________ (fare) raccontare delle favole durante le lunghe serate d'inverno. Una notte che il novelliere _____________ (avere) gran voglia di dormire, il suo signore gli _____________ (dire), come al solito, di raccontare qualche bella storia. Allora egli _____________ (raccontare) la seguente novella: «Ci _____________ (essere) una volta un contadino che era andato alla fiera *(fair)* con cento monete *(coins)* e aveva comprato due pecore *(sheep)* per ogni moneta. Tornato *(having returned)* con le sue pecore a un fiume che aveva passato pochi giorni prima, _____________ (trovare) che il fiume era molto cresciuto per una gran pioggia. Mentre il contadino _____________ (stare) alla riva e _____________ (aspettare) aiuto, _____________ (vedere) venir giù per il fiume un pescatore *(fisherman)* con una barchetta, ma tanto piccola che _____________ (contenere) soltanto il contadino e una pecora per volta. Il contadino _____________ (cominciare) a passare con una pecora; il fiume _____________ (essere) largo; egli _____________ (remare, *to row*) e _____________ (passare)». Qui il novelliere _____________ (smettere) di raccontare. «Continua» _____________ (dire) il signore. Ed egli _____________ (rispondere): «Lasciate passare le pecore, poi racconterò il fatto». E _____________ (mettersi) comodamente a dormire.

(Adapted from *Il Novellino*)

d. **Dove conoscesti la nonna?** *Con un compagno/una compagna sviluppare la conversazione al passato remoto o all'imperfetto in base ai suggerimenti dati. Seguire l'esempio.*

ESEMPIO conoscere / la nonna / a casa di amici di famiglia
STUDENTE 1 **Nonno, dove conoscesti la nonna?**
STUDENTE 2 **La conobbi a casa di amici di famiglia.**

1. lei / essere / una bella ragazza di ventitré anni
2. io / innamorarmi / subito di lei
3. io dopo un mese / dirle che // volere sposarla
4. lei / rispondere che // io dovere parlare con suo padre
5. suo padre / dire che // essere d'accordo
6. le due famiglie / incontrarsi a casa della nonna
7. io / essere molto nervoso / e rompere un bicchiere. // essere / una cosa terribile
8. noi / sposarsi a ventisei anni
9. mio suocero / fare una bellissima festa
10. dopo dieci mesi / nascere un bel bambino. // essere tuo padre

II. Trapassato prossimo e trapassato remoto

There are two past perfect tenses in Italian that correspond to the past perfect in English.
They are called the **trapassato prossimo** and the **trapassato remoto**.

A. The **trapassato prossimo** is formed with the **imperfetto** of **avere** or **essere** plus the past
participle of the verb. The agreement of the past participle follows the same rules as
those for the **passato prossimo** (see pp. 55–56).

VERBS CONJUGATED WITH *avere*		VERBS CONJUGATED WITH *essere*	
avevo	amato	ero	partito/a
avevi	amato	eri	partito/a
aveva	amato	era	partito/a
avevamo	amato	eravamo	partiti/e
avevate	amato	eravate	partiti/e
avevano	amato	erano	partiti/e

The **trapassato prossimo** corresponds to the English past perfect (*had* + past participle:
I had worked, he had gone, she had fallen). It expresses an action in the past that had already
occurred before another past action, expressed or implied, took place.

Laura si è messa il vestito che **aveva
  comprato.**
Laura put on the dress she had bought.

Ero stanco perché **avevo lavorato**
  troppo.
I was tired because I had worked too much.

Non ti ho detto che **erano venuti** soli?
*Didn't I tell you they had come (they came)[1]
  alone?*

---

[1] Note that in English the simple past can be used instead of the past perfect.

Quando è arrivata la polizia i ladri erano fuggiti in treno.

B. The **trapassato remoto** is formed with the **passato remoto** of **avere** or **essere** plus the past participle of the verb.

VERBS CONJUGATED WITH *avere*		VERBS CONJUGATED WITH *essere*	
ebbi	amato	fui	partito/a
avesti	amato	fosti	partito/a
ebbe	amato	fu	partito/a
avemmo	amato	fummo	partiti/e
aveste	amato	foste	partiti/e
ebbero	amato	furono	partiti/e

The trapassato remoto also corresponds to the English past perfect. It is used only in subordinate clauses introduced by conjunctions of time, such as **quando, dopo che, (non) appena, come** (*as*), **finché (non),** and only if the verb in the independent clause is in the **passato remoto.** Its use is thus very limited and confined mostly to formal narrative.

Appena **ebbe detto** quelle parole, si pentì.
As soon as he had said those words, he was sorry.

Quando egli **fu uscito,** tutti rimasero zitti.
When he had left, everybody kept quiet.

ESERCIZI

a. *Sostituire ai verbi fra parentesi la forma corretta del trapassato prossimo o remoto.*

1. Quando siamo usciti, _______________ (smettere) di piovere.
2. Gli ho raccontato la barzelletta che mi _______________ (raccontare) tu.
3. Professore, Le ho portato il libro che mi _______________ (chiedere).
4. Appena mi _______________ (riconoscere), mi salutarono cordialmente.
5. Trovammo un ragazzo che _______________ (addormentarsi) su una panchina.
6. Hai detto che _______________ (capire), ma in realtà non hai capito un bel niente!
7. Visitammo la città dopo che _______________ (riposarsi) un po'.
8. Non appena _______________ (finire) il loro lavoro, partirono per un viaggio.
9. Aspettai finché tutti _______________ (uscire) e poi telefonai.
10. La bambina aveva ancora fame perché _______________ (mangiare) solo un panino.

III. *Ci*

Ci is used in several ways in Italian. As we have already seen, it is the first person plural of object pronouns and reflexive pronouns (for example, **Ci danno delle caramelle; Ci siamo alzati alle sette**).

A. **Ci** is also used to replace a prepositional phrase introduced by **a, in,** or **su.**[1]

1. **a (in, su)** + *a place* (the English equivalent is usually *there*):

---

[1] For a list of verbs that require **a** or **su,** see Appendix, pp. 378 and 380.

Sei stato **a Roma?**—No, non **ci** sono
mai stato.
*Have you been to Rome?—No, I've never
been there.*

Tosca abita **in campagna,** ma non **ci** sta
volentieri.
*Tosca lives in the country, but she doesn't live
there willingly.*

If a place has not been previously mentioned, **là** or **lì** is used instead of **ci.**

Dove posso sedermi?—Siediti lì!
Where can I sit?—Sit there!

2. **a (su)** + *a thing* (or, less frequently, a person):

Tu credi alla psicanalisi?—No, non
ci credo.
*Do you believe in psychoanalysis?-
—No, I don't believe in it.*

Posso contare **sul tuo silenzio?**—Sì, **ci** puoi
contare.
*May I count on your silence?—Yes, you may
count on it.*

3. **a** + *an infinitive phrase:*

Sono riusciti **a finirlo?**—Sì, **ci** sono
riusciti.
*Did they succeed in finishing it?
—Yes, they succeeded in that.*

Voglio provare **a mangiare** meno; voglio
provar**ci.**
I want to try to eat less; I want to try it.

Note that the placement of **ci** is the same as that of object pronouns.

B. Some common verbs acquire an idiomatic meaning when combined with **ci.**

entrarci
to have something to do with

Tu non **c'entri.**
You have nothing to do with it.

vederci (no direct object)
to be able to see

Ho acceso la luce perché non **ci vedevo.**
I turned on the light because I couldn't see.

sentirci (no direct object)
to be able to hear

Dovete parlare più forte; non **ci sentiamo.**
You must speak louder; we can't hear.

metterci
to take (time)

Quanto tempo **ci hai messo** per finire la tesi?
How long did it take you to finish your thesis?

Una lettera **ci mette** di solito una settimana.
A letter usually takes one week.

volerci
to take (time, money, effort, etc.)

Ci vuole molto tempo per imparare bene una
lingua: **ci vogliono** anni!
*It takes a long time to learn a language well;
it takes years!*

Ci vogliono molti soldi per vivere in Italia?
Does it take a lot of money to live in Italy?

Volerci is used in the third person singular or plural depending on the noun it precedes. It is conjugated with **essere** in compound tenses.

Ci vuole + *singular noun*	**C'è voluto/a** + *singular noun*
Ci vogliono + *plural noun*	**Ci sono voluti/e** + *plural noun*

Non **c'è voluta** un'ora per tradurre la lettera; **ci sono volute** due ore!
It didn't take an hour to translate the letter; it took two hours!

Both **metterci** and **volerci** express the idea of *taking time,* but they function differently. **Metterci** is used when the person or thing taking the time is indicated. **Volerci** is used when only the length of time is indicated.

Ci metto due ore per pranzare. **Ci vogliono** due ore per pranzare.
It takes me two hours to eat dinner. *It takes two hours to eat dinner.*

Note that if another verb follows **metterci** or **volerci,** it is expressed by **per** or **a** + *infinitive.*

Ci vuole un mese **per (a) finire** tutto. Quanto ci avete messo **a (per) venire?**
It takes a month to finish everything. *How long did it take you to get here?*

ESERCIZI

a. **Mi dica...** *Giovanna è famosa per la sua curiosità. Fa molte domande, ed alcune piuttosto bizzarre. Rispondere usando* **ci.**

1. Mi dica, ha mai provato a fare la pizza?
2. Ha mai mangiato al ristorante «Il Caminetto»?
3. È mai stato/a al Festival dei Due Mondi a Spoleto?
4. È mai andato/a a un'udienza del Papa?
5. È mai salito/a sulla cupola di San Pietro?
6. Ha mai giocato a calcio?
7. Ha mai provato a fare una cura dimagrante?
8. È mai riuscito/a a perdere peso?
9. Lei crede ai fantasmi?

b. *Riscrivere le seguenti frasi usando* **volerci** *invece di* **essere necessario.**

ESEMPIO Sono necessarie molte cose per vivere bene.
    Ci vogliono molte cose per vivere bene.

1. Che cosa è necessario per riuscire nella vita?
2. Un tempo non era necessario molto per vivere bene.
3. È necessaria molta pazienza coi bambini e con le persone anziane.
4. Quali qualità sono necessarie per essere un buon marito o una buona moglie?
5. Non sono state necessarie molte parole per convincerlo.
6. Furono necessari trentamila euro per comprare quell'automobile.

c. *Completare le seguenti frasi con la forma corretta di* **volerci** *o* **metterci.**

1. Tu hai letto il romanzo in un'ora? Io ______________ tre ore!
2. Quanto tempo ______________ per costruire una casa in America?
3. Quando non c'erano i jet, ______________ molte più ore per traversare l'Atlantico; oggi, da New York a Milano, ______________ solo sette ore e quindici minuti!
4. Io scrivo sempre a mia madre in Italia; una lettera ______________ cinque o sei giorni in condizioni normali.
5. Ha detto di sì, ma ______________ molto per convincerlo.
6. Quando c'è molto traffico, i miei cugini ______________ un'ora per traversare la città.

d. *Completare le seguenti frasi con la forma corretta di* **andarci, contarci, entrarci, resisterci, sentirci, starci, vederci.**

1. È stata un'esperienza terribile: io a vedere un'autopsia non ______________ più.
2. La nonna a settant'anni leggeva ancora senza occhiali; ______________ benissimo.
3. Io soffro di claustrofobia: dieci giorni in nave non ______________ .
4. Non capisco perché non mi lasci parlare e mi dici cose che non ______________ niente.
5. Cesare promette sempre di pensare a tutto ma poi non fa niente: proprio non puoi ______________ .
6. Gli ho detto mille volte di avvertirmi quando torna tardi, ma proprio non ______________ .

IV. *Ne*

A. **Ne** has several uses in Italian. Just like **ci, ne** is used to replace a prepositional phrase. Usually, the prepositional phrase is introduced by **di,**[1] sometimes by **da.**

1. **di** + *a person or thing*

   Non dovete avere paura **degli esami;** non dovete aver**ne** paura.

   You must not be afraid of the exams; you must not be afraid of them.

   Che cosa pensate **del presidente?** Voglio sapere che cosa **ne**[2] pensate.

   What do you think of the president? I want to know what you think of him.

2. **di** + *an infinitive phrase*

   Hai voglia **di uscire** stasera?—No, non **ne** ho voglia.
   Do you feel like going out tonight?—No, I don't feel like it.

3. **da** + *a place* (the English equivalent *from there* is not always expressed):

   È già uscito **dal portone?**—Sì, **ne** è uscito proprio in questo momento.
   Did he already go out the door?—Yes, he just this minute went out (of it).

   Note that the placement of **ne** is the same as that of object pronouns.

B. **Ne** is also used in the following cases.

1. **Ne** replaces the partitive construction (see p. 127). Its English equivalent is *some* or *any.*

   Vuoi **del formaggio?**—Sì, **ne** voglio.
   Do you want some cheese?—Yes, I want some.

2. **Ne** also replaces nouns preceded by a number or an expression of quantity (**molto, poco, tanto, troppo,** etc.; **un chilo, due bottiglie, tre scatole,** etc.). Note that the number or expression of quantity remains. **Ne** means *of it, of them,* even though this is often unexpressed in English.

   Quante sorelle avete?—**Ne** abbiamo **due.**
   How many sisters do you have?—We have two.

   Leggono molti giornali?—Sì, **ne** leggono **molti.**
   Do they read many newspapers?—Yes, they read many.

   Hai comprato il pane?—Sì, **ne** ho comprato **un chilo.**
   Did you buy the bread?—Yes, I bought one kilo.

   With **tutto,** direct object pronouns are used instead of **ne.** In English we can say *I ate all of it;* in Italian one must say **L'ho mangiato tutto,** *I ate it all.*

   Non ho più arance; **le ho** mangiate tutte.
   I don't have any more oranges; I ate them all.

---

[1] For a list of verbs and expressions that require **di,** see the Appendix, p. 379.

[2] **Ne** is used with the verb **pensare** when **pensare** means "to think about" in the sense of "to have an opinion about." **Ci** is used with **pensare** when it means "to think about" in the sense of "to direct one's thoughts toward": **Pensi all'Italia quando ne sei lontana?—Sì, ci penso sempre.** *Do you think about Italy when you are away?—Yes, I think about it all the time.*

3. When **ne** replaces a noun in the partitive construction or a noun preceded by an expression of quantity, and the verb is in a compound tense, the past participle agrees in gender and number with the noun **ne** replaces.

Hanno comprato **dei romanzi?**—Sì, **ne** hanno comprat**i.**
Did they buy any novels?—Yes, they bought some.

Hai visitato molte **chiese?**—Sì, **ne** ho visitat**e** sette.
Did you visit many churches?—Yes, I visited seven.

C. **Ne** can also be used idiomatically in the following ways.

1. **Ne** is often used redundantly in addition to the prepositional phrase it would ordinarily replace.

Che **ne** dici **di questo quadro?**   **Del romanzo** era meglio non parlar**ne.**
What do you think of this painting?   *It was better not to talk about the novel.*

2. **Ne** can be added to the verbs **andare** and **stare,** which become reflexive to form **andarsene** and **starsene. Starsene** has the same meaning as **stare; andarsene** means *to go off* or *to go away* (like **andare via**).

Quando sono stanca, **me ne vado**   Voi **ve ne andate?** Noi rimaniamo ancora
   a letto.   un po'.
When I'm tired, I go off to bed.   *Are you leaving? We'll stay a little while longer.*

Me ne sto a casa a guardare la TV.
I'm staying home to watch TV.

ESERCIZI

a. *Completare le seguenti frasi usando **ci** o **ne.***

1. Voi credete agli UFO?—No, non ______________ crediamo.
2. Che cosa pensate di questo libro?—Be', veramente non sappiamo cosa pensar ______________ .
3. Hanno bisogno di carta?—No, non ______________ hanno bisogno.
4. Allora, posso contare sul tuo aiuto?—Sì, ______________ puoi contare senz'altro!
5. Tre bicchieri non bastano; bisogna prender ______________ almeno sei.
6. Avevate paura del buio quando eravate bambini?—Sì, ______________ avevamo paura.
7. Io ho partecipato alle loro riunioni; ______________ vuole partecipare anche Lei?
8. Hai pensato alle conseguenze dello sciopero? Bisogna pensar ______________ a queste cose!
9. Arrivarono a Genova la mattina e ______________ ripartirono la sera.
10. È vero che si sono lamentati dei loro superiori?—Sì, se ______________ sono lamentati.
11. È un'università famosa; ______________ hanno studiato molti grandi scrittori.
12. Che cosa sapete dell'ultima crisi di governo in Italia?— ______________ sappiamo poco.

13. Signorina, è stata allo zoo questa settimana?—Sì, _______________ sono stata due volte.

14. Ragazzi, siete passati in biblioteca?—Sì, _______________ siamo passati.

b. *Due studenti parlano tra di loro. Inserire le parti mancanti usando **ci** e **ne**.*

ESEMPIO   Allora, andate al museo?
  —Sì, ci andiamo domani.

1. Quanti biglietti avete comprato?— _______________ quindici.
2. Viene anche il professore?—Sì, _______________ .
3. Parlerete di arte contemporanea?—Certo, _______________ a lungo.
4. Hai letto qualche articolo?—Ma sì, _______________ sette o otto.
5. Hai pensato all'argomento della tesi?—Certo che _______________ !
6. Quante scelte hai?— _______________ tre.
7. Beato te! Io non _______________ nessuna.—Non ti preoccupare, _______________ è tempo!
8. Stavi andando in biblioteca?—No, _______________ sono appena uscito.
9. Allora, andiamo a prendere il caffè?—No, scusa, non _______________ ho voglia. Preferisco andarme _______________ a casa e cercare di dormire un po'.

V. Pronomi personali (forme combinate)

A. When a verb has both a direct and an indirect object pronoun, the combined forms are governed by certain rules:

1. The indirect object always precedes the direct object.

2. The indirect object pronouns **mi, ti, ci, vi** change the final **-i** to **-e. Gli** changes to **glie-** and is written as a single word in combination with the other object pronoun.

3. **Gli, le,** and **Le** *all* become **glie-** before the other object pronouns.

INDIRECT OBJECT PRONOUNS	DIRECT OBJECT PRONOUNS				
	+ lo	**+ la**	**+ li**	**+ le**	**+ ne**
mi	**me lo**	**me la**	**me li**	**me le**	**me ne**
ti	**te lo**	**te la**	**te li**	**te le**	**te ne**
gli / le / Le	**glielo**	**gliela**	**glieli**	**gliele**	**gliene**
ci	**ce lo**	**ce la**	**ce li**	**ce le**	**ce ne**
vi	**ve lo**	**ve la**	**ve li**	**ve le**	**ve ne**
... loro	**lo... loro** (gliela)	**la... loro** (gliela)	**li... loro** (glieli)	**le... loro** (gliele)	**ne... loro** (gliene)

B. In present-day Italian the forms with **glie-** tend to replace **lo, la, li, le, ne** + **loro.**

1. The combined forms occupy the same position in a sentence as the single forms. They precede a conjugated verb and follow an infinitive and are attached to it. They can either precede or follow an infinitive governed by **dovere, potere,** or **volere.**

Te lo hanno promesso? Allora devono dar**telo!**
Did they promise it to you? Then they must give it to you!

Se avete la macchina, perché non **ce la** prestate?
If you have the car, why don't you lend it to us?

Vuole il conto? **Glielo** porto subito.
Do you want the check? I'll bring it to you immediately.

Se vi chiedono dove abito, non dovete dir**lo loro** (dir**glielo**).
If they ask you where I live, you must not tell them.

Le avete mandato le rose?—Sì, **gliele** abbiamo mandat**e.**
You sent her the roses?—Yes, we sent them to her.

Note that the past participle still agrees in gender and number with the preceding direct object pronoun, even when the direct object pronoun is combined with another pronoun.

2. When a reflexive verb takes a direct object pronoun or **ne,** the reflexive pronoun combines with the other pronouns according to the rules above. In the third person singular and plural, **si** becomes **se.**

REFLEXIVE PRONOUNS	DIRECT OBJECT PRONOUNS				
	lo	**la**	**li**	**le**	**ne**
mi	**me lo**	**me la**	**me li**	**me le**	**me ne**
ti	**te lo**	**te la**	**te li**	**te le**	**te ne**
si	**se lo**	**se la**	**se li**	**se le**	**se ne**
ci	**ce lo**	**ce la**	**ce li**	**ce le**	**ce ne**
vi	**ve lo**	**ve la**	**ve li**	**ve le**	**ve ne**
si	**se lo**	**se la**	**se li**	**se le**	**se ne**

Quando vi lavate i capelli?—Ce li laviamo ogni giorno.
When do you wash your hair?—We wash it every day.

L'esame era troppo difficile così **me ne** sono lamentato.
The exam was too difficult so I complained about it.

Se hanno bisogno degli occhiali, perché non vogliono metter**seli?**
If they need glasses, why don't they want to put them on?

3. When **ci** is used with **avere** in colloquial Italian, it combines with the direct object pronouns and **ne** to form **ce lo, ce la, ce li, ce le, ce ne** + **avere.**

Scusi, ha detto che non ha più pane?—È vero, non **ce n**'ho più.
Excuse me, did you say that you have no bread left?—That's right, I don't have any left.

Ci avevate già la televisione in Italia nel 1960?—Sì, **ce** l'avevamo già.
Did you already have TV in Italy in 1960?—Yes, we already had it.

4. When **ne** is used with the verb **esserci** (**c'è, ci sono, c'era,** etc.), **ci** becomes **ce: ce n'è, ce ne sono, ce n'era,** etc.

C'è del vino?—Sì, **ce n'è.**
Is there any wine?—Yes, there is some.

C'era molta gente; **ce n'**era molta davvero.
There were a lot of people; there were really a lot.

Ci sono ristoranti italiani?—No, non **ce ne** sono.
Are there any Italian restaurants?—No, there aren't any.

ᔕ Espressioni idiomatiche con pronomi combinati

The following are some idiomatic expressions that include combinations of personal pronouns. Each expression uses the feminine **la,** which refers to an unexpressed noun such as **cosa, vita, causa,** etc. We have already seen this use of **la** in **smetterla** (see p. 46).

avercela con qualcuno
to have a grudge against someone, to have it in for someone

Io non ti ho fatto niente; perché **ce l'hai** con me?
I didn't do anything to you; why do you have a grudge against me?

farcela
to manage, to cope

Aveva studiato poco ma **ce l'ha fatta** agli esami.
He hadn't studied very much but he did all right on his exams.

cavarsela
to manage, to get by

Laura non è una cuoca esperta però **se la cava.**
Laura isn't an experienced cook but she gets by.

godersela
to enjoy life

Michele non fa nulla tutto il giorno e **se la gode.**
Michael does nothing all day and just enjoys life.

prendersela (= **offendersi**)
to take offense

Lui ci ha rimproverato e noi **ce la siamo presa** (ci siamo offesi).
He reprimanded us and we took offense.

Note that the reflexive pronouns change but **la** is invariable. If the verb is in a compound tense, the past participle agress with **la.**

ESERCIZI

a. *Sostituire alle parole sottolineate la forma corretta dei pronomi corrispondenti e riscrivere le frasi.*

1. —Ha già raccontato questa favola ai bambini?
   —Sì, ho già raccontato <u>questa favola ai bambini.</u>
2. —Non vuoi chiedere l'indirizzo alla ragazza?
   —No, non voglio chiedere <u>l'indirizzo alla ragazza.</u>
3. —Offri sempre il caffè al dottore?
   —Sì, offro sempre <u>il caffè al dottore.</u>
4. —Chi ha portato sei rose alla signora?
   —È Carlo che ha portato <u>sei rose alla signora.</u>
5. —Qualcuno ha indicato la strada ai turisti?
   —No, nessuno ha indicato <u>la strada ai turisti.</u>

6. —Hai aperto la porta al professore?
   —Sì, io apro sempre <u>la porta al professore.</u>
7. —Sei tu che hai dato le caramelle ai bambini?
   —No, è la nonna che ha dato <u>le caramelle ai bambini.</u>
8. —Chi voleva parlare della droga agli studenti?
   —Sono io che volevo parlare <u>della droga agli studenti.</u>

b. *Completare le seguenti frasi con i pronomi adatti.*

1. È vero che non gli hai voluto restituire le lettere?—È vero: non ___________ ho volute restituire.
2. Mi puoi spiegare la situazione?—Mi dispiace, ma non posso spiegar ___________ .
3. Ti ha descritto la casa?—No, non ___________ ha descritta.
4. Quand'è che ci mostri le foto?— ___________ mostro dopo cena, va bene?
5. Perché non si mette gli occhiali?—Non ___________ mette perché ci vede.
6. Ve ne andate già?—Sì, ___________ andiamo perché è tardi.
7. Mamma, mi racconti una favola?— ___________ racconto anche (*even*) due se finisci la minestra.
8. Si ricorda il nome di quel cantante?—No, non ___________ ricordo.
9. Quanti dollari le hai chiesto?— ___________ ho chiesti cento.
10. Avete detto il prezzo alla mamma?—No, non vogliamo dir ___________ .

c. *Riscrivere le seguenti frasi sostituendo alle parole sottolineate i pronomi adatti e facendo i cambiamenti necessari.*

1. Mi racconti <u>la trama?</u>
2. Ci potete parlare <u>dello sciopero?</u>
3. Non tutti si accorgono <u>dei propri difetti.</u>
4. Non ti hanno presentato <u>la signora?</u>
5. Le hai portato <u>gli appunti?</u>
6. Vi hanno promesso <u>l'aumento?</u>
7. Perché non vuole insegnarci <u>le parolacce?</u>
8. Gli hai regalato <u>i piatti?</u>
9. Gli hai regalato dodici <u>piatti?</u>
10. È vero che gli italiani sanno godersi <u>la vita?</u>

d. *Luciano si è appena iscritto al vostro corso d'italiano. Lavorando in gruppo, cercate di capire che tipo è. Domandate...*

1. se se la prende facilmente. (perché?)
2. se se la cava agli esami senza studiare tanto. (come?)
3. se ce la fa a ballare tutta la notte. (come fa?)
4. se prende la vita sul serio o se se la gode? (Qual è la sua filosofia?)
5. se è disposto a dare soldi agli amici che gli chiedono un prestito (*loan*). (perché sì/no?)
6. se ce l'ha con qualcuno. (con chi?)

Emigranti italiani a New York all'inizio del 900.

LETTURA

Vocabulario utile

l'amicizia   friendship
  fare amicizia   to make friends
la fantasia   imagination

emarginato   excluded

accorgersi di   to notice, to realize
*andare a caccia**   to go hunting
*andare in pensione**   to retire
conversare   to converse, to chat
farsi capire   to make oneself understood

i fumetti   comics
il pregiudizio   prejudice
lo straniero   foreigner

giudicare   to judge
giurare   to swear; to promise
rendersi conto   to realize
rivolgere la parola   to talk to, to address
voler dire   to mean

Prima di leggere

Sulla copertina° del suo libro *Grammatica della fantasia*, Gianni Rodari è definito giornalista, ma non bisogna dimenticare la sua attività di fabulatore°. Gli interessa «l'arte di inventare» suggerita dalle tecniche dei surrealisti francesi. Ed è l'attività fantastica che inizialmente applica come insegnante di scuola elementare. «Dovevo essere un pessimo maestro», dice, e aggiunge:

cover
storyteller

«Raccontavo ai bambini, un po' per simpatia, un po' per voglia di giocare, storie senza il minimo riferimento alla realtà né al buon senso°...» A partire dagli anni Sessanta, Rodari ha scritto molti libri di favole per bambini, ha partecipato a riunioni con i genitori ed è stato in tante scuole «a raccontare storie ed a rispondere alle domande dei bambini», con lo scopo di stimolarne l'immaginazione e l'invenzione fantastica. Secondo Rodari, la fantasia ha un ruolo fondamentale nello sviluppo dei bambini, non solo come mezzo per «vedere» la realtà in modo nuovo e originale, ma anche come strumento di educazione linguistica e civica.

    Il protagonista del racconto *Il topo dei fumetti* è un povero topo scappato da un giornale a fumetti, ma nel mondo dei topi veri non riesce a farsi capire perché non parla la loro lingua.

In gruppi di tre o quattro studenti, discutete il problema dell'incomunicabilità.

1. La gente, quando parla, dà sempre lo stesso significato alle parole? Dare un esempio.
2. Cercate sempre di capire quello che vi dicono gli altri?
3. Quali sono le vostre reazioni quando non capite quello che gli altri dicono? Vi sentite superiori, inferiori, emarginati... ?
4. In italiano l'espressione «parlare turco°» vuol dire parlare in maniera incomprensibile, non esprimersi chiaramente. Qual è la corrispondente espressione in inglese?

Il topo dei fumetti

Un topolino dei fumetti, stanco di abitare tra le pagine di un giornale e desideroso di cambiare il sapore° della carta con quello del formaggio, spiccò° un bel salto e si trovò nel mondo dei topi di carne e d'ossa°.

    —*Squash!*[1]—esclamò subito, sentendo odor di gatto.

5   —Come ha detto?—bisbigliarono° gli altri topi, messi in soggezione° da quella strana parola.

    —*Sploom, bang, gulp!*—disse il topolino, che parlava solo la lingua dei fumetti.

    —Dev'essere turco,—osservò un vecchio topo di bastimento°, che prima di
10 andare in pensione era stato in servizio° nel Mediterraneo. E si provò a rivolgergli la parola in turco. Il topolino lo guardò con meraviglia e disse:

    —*Ziip, fiish, bronk.*

    —Non è turco,—conclude il topo navigatore.

    —Allora cos'è?

15   —Vattelappesca°.

    Così lo chiamarono Vattelappesca e lo tennero un po' come lo scemo del villaggio°.

[1] Italian cartoons borrow many exclamations from English.

—Vattelappesca,—gli domandavano,—ti piace di più il parmigiano o il groviera°?

Swiss cheese

20   —*Spliiit, grong, ziziziiir,*—rispondeva il topo dei fumetti.

—Buona notte,—ridevano gli altri. I più piccoli, poi, gli tiravano la coda apposta° per sentirlo protestare in quella buffa maniera:—*Zoong, splash, squarr!*

on purpose, deliberately

Una volta andarono a caccia in un mulino°, pieno di sacchi di farina° bianca e gialla. I topi affondarono° i denti in quella manna e masticavano° facendo: *crik,*

mill / flour

sank / chewed

25 *crik, crik,* come tutti i topi quando masticano. Ma il topo dei fumetti faceva:—*Crek, screk, schererek.*

—Impara almeno a mangiare come le persone educate,—borbottò° il topo navigatore.—Se fossimo su un bastimento saresti già stato buttato a mare. Ti rendi conto o no che fai un rumore disgustoso?

grumbled

30   —*Crengh,*—disse il topo dei fumetti, e tornò a infilarsi° in un sacco di granturco°.

tornò: *slipped back in*

corn

Il navigatore, allora, fece un segno agli altri, e quatti quatti° se la filarono°, abbandonando lo straniero al suo destino, sicuri che non avrebbe mai ritrovato la strada di casa.

very quietly / **andarono via**

35   Per un po' il topolino continuò a masticare. Quando finalmente si accorse di essere rimasto solo, era già troppo buio per cercare la strada e decise di passare la notte al mulino. Stava per addormentarsi, quand'ecco nel buio° accendersi due semafori° gialli, ecco il fruscio° sinistro di quattro zampe di cacciatore. Un gatto!

darkness

luci */ rustling*

—*Squash!*—disse il topolino, con un brivido°.

shudder

40   —*Gragrragnau!*—rispose il gatto. Cielo, era un gatto dei fumetti! La tribù° dei gatti veri lo aveva cacciato perché non riusciva a fare *miao°* come si deve.

group, tribe

meow

I due derelitti° si abbracciarono, giurandosi eterna amicizia e passarono tutta la notte a conversare nella strana lingua dei fumetti. Si capivano a meraviglia°.

poveretti

a: *marvelously*

Gianni Rodari, *Favole al telefono*

Comprensione

1. Dove abitava il topo dei fumetti? Perché cambiò «casa»?
2. Che lingua parlava? Secondo voi chi poteva capirlo?
3. Che cosa pensa il topo di bastimento? Ha ragione o si sbaglia?
4. Dove andarono un giorno tutti insieme e che cosa successe?
5. Perché Vattelappesca non tornò a casa con i compagni?
6. Chi arrivò di notte al mulino?
7. Come mai il gatto non mangiò il topo e i due diventarono amici?

Studio di parole

to happen

***accadere   *avvenire   *capitare   *succedere**

These four verbs above all convey the meaning *to happen*. **Succedere** is used the most frequently. Do not confuse **succedere** with *to succeed*, which is **riuscire.** All four verbs are conjugated with **essere** in the compound tenses.

Che cosa è accaduto? Che cosa accadde?
Che cosa è avvenuto? Che cosa avvenne?
Che cosa è capitato? Che cosa capitò?
Che cosa è successo? Che cosa successe?

What happened?

to succeed

riuscire a + *infinitive*
to succeed in doing something
Used in all persons. The subject of
the verb is the person who succeeds.

riuscire di + *infinitive*
to succeed in doing something
Used only in the third person singular. The
person who succeeds is expressed by an
indirect object.

Io non riesco a parlare.
I cannot talk.

Non mi riesce di parlare.
I cannot talk.

Francesca non è riuscita a farlo.
Francesca couldn't do it.

A Francesca non è riuscito di farlo.
Francesca couldn't do it.

Riuscire a + *infinitive* is the more common of the two constructions.

Related expressions: **riuscita** *result;* **buona riuscita, successo** *success;* **cattiva riuscita,**
insuccesso *failure*

L'iniziativa ha avuto buona riuscita (buon successo).
The enterprise was successful.

Note that there is no Italian equivalent of the adjective *successful*. The idea is expressed with
avere successo or **riuscire.**

to try

cercare di + *infinitive*
to try to do something

provare a + *infinitive*
to try to do something

Ha cercato di convincermi ma non ci è
  riuscito.
He tried to convince me but he didn't succeed.

Se non capisce, prova a parlargli in inglese.
*If he doesn't understand, try to speak English
  to him.*

Cercare means *to try* in the sense of attempting to do something; **provare** means to try something as an experiment, a test.

Provare + *noun* means *to try, to try on, to try out.*

Hai provato le fettuccine?
Have you tried the fettuccine?

Ho comprato il vestito senza neppure
  provarlo.
I bought the dress without even trying it on.

Related word: **prova** *test, trial; rehearsal*

a. *Inserire le forme opportune di* **riuscire** *e* **provare.**

1. Marina è molto contenta; ___________ a prendere trenta e lode nell'esame di storia.
2. Non ___________ a dormire abbastanza? Perché non ___________ a bere meno caffè?
3. Lucia torna dal supermercato. La compagna di camera le domanda: «___________ a comprare tutto? Ti sono bastati i soldi?».
4. Anna è triste, si sente incompresa perché non le ___________ di farsi capire dagli amici.
5. Non ci vedi bene? ___________ ad accendere la luce!

b. *Inserire la parola che completa meglio la frase.*

Annalisa (cercare/provare) ___________ smettere di fumare, ma non (succedere/ avere successo) ___________. Purtroppo (succedere/cercare) ___________ sempre qualcosa: si sentiva depressa, aveva un esame, aveva litigato con il suo ragazzo... Date le circostanze non (riuscire/cercare) ___________ resistere. (Lei cercare/provare) ___________ perfino l'ipnosi, ma senza (prova/successo) ___________. Un vero disastro! Maria dice che Annalisa non ha volontà. Lei (riuscire/succedere) ___________ smettere di fumare in due settimane.

c. *Domande per Lei.*

1. Che cosa Le dice il modo di parlare delle persone? Ha mai giudicato gli altri in base al loro modo di esprimersi?
2. Dia alcuni esempi di pregiudizi o stereotipi legati a gruppi sociali o etnici del Suo paese.
3. I topi in carne e ossa non cercano di capire il povero topo dei fumetti; sono presuntuosi e intolleranti. Conosce qualcuno che si sia comportato / si comporti come loro? In quali circostanze?
4. Come ci aiutano la fantasia e la creatività nella vita quotidiana?

෬ Temi per componimento o discussione

1. Cambiate la fine del racconto e immaginate che il topo non incontri il gatto dei fumetti al mulino. Che cosa accade al topo? (Nella narrazione usate il passato remoto.)
2. L'individuo e la società possono eliminare l'incomprensione causata dalle barriere linguistiche e culturali.
3. L'inglese deve essere la sola lingua ufficiale degli Stati Uniti. Un gruppo esamina i pro e l'altro i contro di tale posizione. L'insegnante agisce da moderatore/moderatrice e la classe ha un dibattito sul tema. (Prima di iniziare, consultate le espressioni a pp. 161–162.)

RICERCA WEB

Il Premio Nobel è un prestigioso riconoscimento internazionale destinato a coloro che *(those who)* hanno contribuito con la loro opera al benessere dell'umanità. Fu istituito nel 1901 dall'industriale e chimico svedese Bernhard Nobel (1883–96), che divenne molto ricco in seguito alla scoperta della dinamite. Nobel destinò parte del suo patrimonio ad una fondazione con il compito di distribuire annualmente cinque premi: per la fisica, la chimica, la medicina, la letteratura e per la pace. Nel 1968 la Banca Centrale di Svezia istituì un sesto premio per le scienze economiche.

Premi Nobel italiani:

Camillo Golgi (medicina 1906)	Salvatore Quasimodo (letteratura, 1959)
Giosuè Carducci (letteratura, 1906)	Giulio Natta (chimica, 1963)
Ernesto Moneta (pace, 1907)	Salvatore Luria (medicina, 1969)
Guglielmo Marconi (fisica, 1909)	Eugenio Montale (letteratura, 1975)
Grazia Deledda (letteratura, 1926)	Renato Dulbecco (medicina, 1975)
Luigi Pirandello (letteratura, 1934)	Carlo Rubbia (fisica, 1984)
Enrico Fermi (fisica, 1938)	Rita Levi-Montalcini (medicina, 1986)
Emilio Segrè (fisica, 1959)	

PER COMUNICARE

Ma allora, dov'era Fermi? Dopo il discorso della signora Di Stefano, molti ragazzi/molte ragazze alzano la mano per fare domande.

STUDENTE 1: Scusi...

SIGNORA: Sì, dimmi.

STUDENTE 1: Io sapevo che Fermi ha ricevuto il Premio Nobel per la bomba atomica.

SIGNORA: No, ti sbagli, ma sono in molti a pensarlo.

STUDENTE 2: Ma non è possibile! A Stoccolma ci è andato da Roma, mica da Chicago!

CLASSE: Brava! Giusto! È vero!

STUDENTE 3: Ma allora, dov'era Fermi?

STUDENTE 2: Era a Los Alamos, in una città segreta a duemila metri d'altezza.

SIGNORA: Hai ragione! È proprio come dici tu!

STUDENTE 4: Posso dire una cosa?

SIGNORA: Sì, certamente!

STUDENTE 4: Secondo me la bomba è una gran brutta invenzione.

Chiedere la parola

Scusa/scusi/scusate... Permetti/permette... ?	*Excuse me . . .*
Posso dire/aggiungere... ?	*May I say/add . . . ?*
Vorrei dire una cosa.	*I would like to say something.*

Dare la parola

Sì, dica/dimmi...	
Dì/dica pure.	*Please, tell me . . .*
Prego!	*Go ahead!*
Prego, certamente!	*Certainly!*

Esprimere accordo

Sì, è vero. È così.	*It's true. That's so.*
Proprio così.	*Exactly right.*
Hai/ha ragione.	*You are right.*
Sono pienamente d'accordo.	*I fully agree.*
È come dici tu/dice Lei.	*It's just as you say.*

Esprimere disaccordo

No, non è così. Ti sbagli.	*No, that's not so. You are wrong.*
Assolutamente no!	*Not at all!*
Non sono d'accordo.	*I do not agree.*
Non è come dici tu/dice Lei.	*It is not as you say.*
A dire il vero, io penso che...	*Actually, I believe . . .*

Che cosa dice?

1. Lei ha comprato un computer ma qualcosa non funziona. Il venditore non vuole cambiarglielo e dice che l'ha rotto Lei.
2. Si discute il mondiale di calcio (*soccer world cup*). I Suoi amici parlano tutti insieme e Lei vorrebbe dire la Sua (opinione).
3. Immagini di essere un ispettore/un'ispettrice di polizia e di stare studiando un caso difficile. Un Suo/Una Sua collega le offre delle possibili interessanti soluzioni.
4. Suo padre Le dice: «Il dottore pensa che, se voglio stare tranquillo, devo fare l'operazione».
5. Il Suo/La Sua collega è al telefono e Lei ha bisogno urgente di parlare con lui/lei.

Situazioni

1. Il Suo fratello minore Le dice che ha intenzione di aprire una pizzeria. Lui pensa di avere delle buone ragioni. Lei è di opinione contraria.
2. Sua sorella e Suo cognato stanno bisticciando (*are arguing*) a proposito di come chiamare il bambino che sta per nascere. Si interrompono a vicenda e non si mettono d'accordo. Riferisca quello che si dicono.
3. Lei sta discutendo un progetto di lavoro con altri compagni/altre compagne. Qualcuno nel gruppo è molto timido e tende a parlare poco, ma Lei sa che si tratta di una persona che ha sempre delle ottime idee. Ne sollecita l'opinione e dichiara il Suo accordo.

CAPITOLO 7

Le sorprese della vita. Marina ha grandi progetti per il futuro. Si trasferirà in California e si dedicherà alla pittura.

Palermo, 14/7/2003

Caro Giorgio,

    due righe con le ultime notizie.

    Forse ti darò un dispiacere, ma devo dirti che i miei programmi per l'immediato futuro sono cambiati.

    Ora che ho finito l'università, dovrei cercarmi un impiego a tempo pieno, invece darò le dimissioni dallo studio dove lavoro la sera e andrò in California dal mio amico Richard. Abiteremo insieme, divideremo le spese e risparmieremo. Così io realizzerò il mio sogno di dedicarmi alla pittura. Come ben sai, avrei voluto fare la scuola d'arte, ma mio padre non era d'accordo.

    Carmela ti avrà detto che ho avuto in eredità un appartamento a Catania e un po' di soldi. Ne avrò abbastanza per vivere. Quando avrò finito i soldi, tornerò. Mio padre si rassegnerà. Un giorno avrò un lavoro regolare, porterò a casa uno stipendio favoloso e lui sarà contento.

    Non so se diventerò una grande pittrice, ma mi farà bene uscire di casa e vivere all'estero per un po'. Incontrerò gente nuova e farò nuove esperienze. Sarà interessante.

    Come va il tuo nuovo lavoro al conservatorio? Sei stato fortunato a trovarlo in così poco tempo!

    Ti scriverò da San Francisco. Perché non mi vieni a trovare durante le vacanze? Resterò almeno un anno, hai tempo per pensarci.

Ti abbraccio,

Marina

Vocabulario utile

il conservatorio music school	**la scuola d'arte** art school
la pittura painting	**lo stipendio** salary
i programmi plans	**lo studio** office; study

dedicarsi   to devote oneself
dividere   to share
rassegnarsi (a)   to resign oneself to
realizzare   to make (come) true, fulfill

averne abbastanza   to have enough
   (of something)
a tempo pieno/parziale   full/part
   time
dare le dimissioni   to resign, to quit
dare un dispiacere a qualcuno
   to worry/trouble someone
***essere contento/scontento (di)**
   to be happy/unhappy (with)

Madonna con Bambino, Artemisia Gentileschi

ESERCIZI

a.   *Vero o falso?*

__________ 1. Marina continuerà a lavorare a tempo pieno.
__________ 2. In California Marina pagherà la sua parte delle spese.
__________ 3. Marina ha studiato pittura.
__________ 4. Quando tornerà Marina andrà ad abitare con suo padre.
__________ 5. Il padre di Marina non è contento.
__________ 6. Marina frequenterà il conservatorio.
__________ 7. Giorgio è fortunato.

b.   *Completare le frasi in maniera opportuna.*

1.   In questo ufficio non resisto più!—Ma perché non _______________ ?
2.   Franco lavora all'Olivetti e ha un ottimo _______________ .
3.   Flavia non studia più chimica, ha deciso di _______________ alla ceramica.
4.   Tutti abbiamo dei sogni che non _______________ mai.
5.   L'architetto Nigro ha uno _______________ nuovo in centro. È molto bello. L'hai visto?
6.   Dopo la laurea, Piero ha trovato subito un lavoro a tempo _______________ ed è molto _______________ .
7.   Matteo è tristissimo. Lucia l'ha lasciato e lui non si _______________ .

I. Futuro

The two future tenses in Italian correspond to the two future tenses in English. They are called **futuro semplice** and **futuro anteriore.**

A. The **futuro semplice** (*simple future*) is formed by dropping the final **-e** of the infinitive and adding the endings **-ò, -ai, -à, -emo, -ete, -anno; -are** verbs change the **-a-** of the infinitive ending to **-e-.**

AMARE	CREDERE	FINIRE
amer**ò**	creder**ò**	finir**ò**
amer**ai**	creder**ai**	finir**ai**
amer**à**	creder**à**	finir**à**
amer**emo**	creder**emo**	finir**emo**
amer**ete**	creder**ete**	finir**ete**
amer**anno**	creder**anno**	finir**anno**

Note that unlike the other simple tenses, the third person plural of the future retains the stress on its ending.

1. Some verbs have spelling changes in the future tense for phonetic reasons.

   Verbs ending in **-care** and **-gare** insert an **h** after **c** and **g** in order to maintain the hard sound:

   cercare: cer**ch**erò, cer**ch**erai, etc.
   pagare: pa**gh**erò, pa**gh**erai, etc.

   Verbs ending in **-ciare, -giare,** and **-sciare** drop the **i** of the stem:

   cominciare: comin**ce**rò, comin**ce**rai, etc.
   mangiare: man**ge**rò, man**ge**rai, etc.
   lasciare: la**sce**rò, la**sce**rai, etc.

2. A number of verbs have irregular stems in the **futuro semplice.**

   Some verbs drop the characteristic vowel of the infinitive:

INFINITIVE		FUTURE
andare	**andr-**	andrò
avere	**avr-**	avrò
cadere	**cadr-**	cadrò
dovere	**dovr-**	dovrò
parere	**parr-**	parrò
potere	**potr-**	potrò
sapere	**sapr-**	saprò
vedere	**vedr-**	vedrò
vivere	**vivr-**	vivrò

Some verbs, besides dropping the characteristic vowel of the infinitive, undergo further changes:

INFINITIVE		FUTURE
bere (bevere)	**berr-**	berrò
rimanere	**rimarr-**	rimarrò
tenere	**terr-**	terrò
valere	**varr-**	varrò
venire	**verr-**	verrò
volere	**vorr-**	vorrò

Some verbs in **-are** keep the characteristic vowel of the infinitive:

INFINITIVE		FUTURE
dare	**dar-**	darò
fare	**far-**	farò
stare	**star-**	starò

3. The future of **essere** is:

ESSERE
sarò
sarai
sarà
saremo
sarete
saranno

B. The **futuro anteriore** (*future perfect*) is formed with the future of **avere** or **essere** plus the past participle of the verb.

VERBS CONJUGATED WITH *avere*		VERBS CONJUGATED WITH *essere*	
avrò	amato	sarò	partito/a
avrai	amato	sarai	partito/a
avrà	amato	sarà	partito/a
avremo	amato	saremo	partiti/e
avrete	amato	sarete	partiti/e
avranno	amato	saranno	partiti/e

‿❀ Uso del futuro

A. The **futuro semplice** is used to express an action in the future. It has three possible equivalents in English: *I will stay, I'm going to stay, I will be staying.*[1]

Ricorderò sempre le mie vacanze in Spagna.
I'll always remember my vacation in Spain.

A quale albergo starete?—Staremo all'Hilton.
Which hotel will you be staying at?—We'll be staying at the Hilton.

Lavoreranno tutta la settimana?
Are they going to work the whole week?

B. The **futuro anteriore** is used to express an action that will be completed by a specified time in the future. Its English equivalent is *will have* + past participle.

Domani, a quest'ora, avrete già finito.
By this time tomorrow you will have finished.

C. The future tenses are also used to express probability—that is, an uncertainty, a conjecture, or a deduction. The **futuro semplice** expresses probability in the present; the **futuro anteriore** expresses probability in the past.[2]

Sarà vero, ma non ci credo.   Che cosa sarà successo?
It may be true, but I don't believe it.   *What could have happened?*

Non sono ancora arrivati? Avranno perso il treno.
Haven't they arrived yet? They must have missed the train.

D. The future tenses are also used after **se** and **quando** and other conjunctions of time, such as **appena, non appena,** and **finché,** to express a future action when the verb of the main clause is in either the future or the imperative. In English the corresponding tenses are the present for the **futuro semplice** and the present perfect for the **futuro anteriore.**

Quando sarò grande, farò l'ingegnere.   Se non avrai la febbre, ti alzerai.
When I grow up, I'll be an engineer.   *If you don't have a fever, you'll get up.*

Appena arriveranno, telefonaci!   Quando avrò finito, mi riposerò.
As soon as they get there, call us!   *When I have finished, I'll rest.*

---

[1] Remember that in Italian the present tense can also be used to express a future action when accompanied by an expression of future time (see p. 5).

[2] Probability can also be expressed in other ways: with **forse** or **probabilmente** plus a verb in a present or past tense, or with the verbs **potere** or **dovere** + *infinitive*. **Se la ragazza è arrossita, deve essere timida.** *If the girl blushed, she must be shy.* **Non hanno risposto? Forse non hanno sentito la domanda.** *They didn't answer? Maybe they didn't hear the question.*

—*Spesso mi chiedo cosa farà quando andrà in pensione.*

ESERCIZI

a. **Volere e potere...** *Tutte le persone nominate in quest'esercizio realizzano i loro desideri. Cambiare secondo l'esempio.*

ESEMPIO   Silvia vuole scrivere un libro.
             Silvia scriverà un libro.

1. Fausto vuole partire alla fine di luglio.
2. I ragazzi vogliono ballare tutta la notte.
3. Noi vogliamo sapere chi ha rapito la figlia dell'industriale.
4. Tu vuoi venire a casa mia.
5. Io voglio stare a letto.
6. Voi volete rimanere con noi.
7. Noi vogliamo vivere in Italia.
8. Laura vuole tenere la finestra aperta.

b. **Non l'hanno fatto ma lo faranno prima o poi** (sooner or later)... *Completare le seguenti frasi usando il futuro.*

ESEMPIO   Non l'ho fatto, ma **lo farò prima o poi.**

1. Non ho tradotto le frasi, ma...
2. Non l'hai lasciato entrare, ma...
3. Non è caduta, ma...
4. Non siamo passati in biblioteca, ma...
5. Non avete visto *Casablanca,* ma...
6. Non te ne sei interessato, ma...
7. Non avete risposto, ma...
8. Non ha imparato l'italiano, ma...

c. **La cartomante** (The fortune teller). *Immagini di essere Elena e di andare da una cartomante per farsi predire il futuro. La cartomante, impersonata da un compagno/una compagna, risponde alle Sue domande. Segua i suggerimenti dati.*

Domandi...

1. che cosa farà dopo la laurea.
2. dove vivrà.
3. quale tipo di lavoro troverà.
4. se userà una lingua straniera sul posto di lavoro.
5. se e quando incontrerà il principe azzurro (*Mr. Right*).
6. se si sposerà o rimarrà nubile.

d. **L'incidente d'auto.** *Caterina ha avuto un incidente. Che cosa sarà successo? Esprimere le ipotesi usando il futuro.*

1. Probabilmente non ha visto la curva.
2. Deve essersi fatta male.
3. Forse la mamma non lo sa ancora.
4. Suo marito deve essere molto preoccupato.
5. Deve aver telefonato al suo amico chirurgo.
6. Probabilmente rimangono tutti e due all'ospedale.
7. I bambini devono essere soli a casa.
8. O forse c'è andata Silvana.

e. **Indovina!** *Stamattina la segretaria non è venuta in ufficio. Quale sarà stata la ragione? Fare cinque ipotesi plausibili.*

ESEMPIO **Non avrà sentito la sveglia. Avrà l'influenza.**

f. **Azioni future.** *Mettere al futuro.*

ESEMPIO Dorme quando è stanco.
Dormirà quando sarà stanco.

1. Escono se ne hanno voglia.
2. Veniamo quando possiamo.
3. Se sai bene l'inglese, puoi trovare un buon lavoro.
4. Se vogliono un tavolo, devono aspettare.
5. Appena ho finito, ti telefono.
6. Finché stai con me, non paghi niente.
7. Lo salutiamo se lo riconosciamo.
8. Che cosa faccio dopo che mi sono laureato/a?

g. **Sognare ad occhi aperti** (Daydreaming). *Luigi è un tipo dinamico che ama fare programmi per il futuro. Che cosa sogna di fare? Completi le frasi seguenti e poi parli dei Suoi sogni per il futuro.*

1. Quando saprò l'italiano...
2. Appena Barbara si laureerà...
3. Se papà mi darà soldi...
4. Non appena io e Gianni compreremo...
5. Se avrò finito...
6. Finché mia sorella vivrà con i miei genitori...

II. Condizionale

There are two conditional tenses in Italian that correspond to the two conditional tenses in English. They are called **condizionale presente** and **condizionale passato.**

A. The **condizionale presente** (*present conditional*), like the **futuro semplice,** is formed by dropping the final **-e** of the infinitive and adding the conditional endings **-ei, -esti, -ebbe, -emmo, -este, -ebbero; -are** verbs change the **-a-** of the infinitive ending to **-e-.**

AMARE	CREDERE	FINIRE
amer**ei**	creder**ei**	finir**ei**
amer**esti**	creder**esti**	finir**esti**
amer**ebbe**	creder**ebbe**	finir**ebbe**
amer**emmo**	creder**emmo**	finir**emmo**
amer**este**	creder**este**	finir**este**
amer**ebbero**	creder**ebbero**	finir**ebbero**

1. In the conditional, verbs ending in **-care** and **-gare,** and in **-ciare, -giare,** and **-sciare,** undergo the same spelling changes as in the future (see p. 166).

   Al tuo posto io non **pagherei** niente. | **Incomincereste** da capo voi?
   In your place I wouldn't pay anything. | *Would you start again from the beginning?*

2. Verbs that are irregular in the future (see p. 167) have the same irregularities in the conditional.

   Berremmo volentieri un caffè. | **Vorrei** fermarmi ma non posso.
   We'd be glad to have a cup of coffee. | *I would like to stay but I can't.*

3. The conditional of **essere** is:

ESSERE
sarei
saresti
sarebbe
saremmo
sareste
sarebbero

B. The **condizionale passato** (*conditional perfect*) is formed with the present conditional of **avere** or **essere** plus the past participle of the verb.

VERBS CONJUGATED WITH *avere*		VERBS CONJUGATED WITH *essere*	
avrei	amato	sarei	partito/a
avresti	amato	saresti	partito/a
avrebbe	amato	sarebbe	partito/a
avremmo	amato	saremmo	partiti/e
avreste	amato	sareste	partiti/e
avrebbero	amato	sarebbero	partiti/e

Uso del condizionale

A. The **condizionale presente** corresponds to *would*[1] + verb. Just as in English, it is used in the following cases:

1. To express polite requests, wishes, and preferences.

   Vorresti lavorare per me?
   Would you like to work for me?

   Preferirei un bicchiere di latte.
   I would prefer a glass of milk.

2. To express the consequence of a hypothetical situation (see p. 268).

   Mangerei ora se avessi tempo.
   I would eat now if I had the time.

3. To express doubt (see p. 270).

   Non so se verrebbero volentieri.
   I don't know whether they would come willingly.

B. The **condizionale passato** corresponds to *would have* + verb and is used in the same cases as the **condizionale presente.**

Sarebbero venuti se li avessimo invitati.
They would have come if we had invited them.

Dubito che avrebbero capito.
I doubt they would have understood.

---

[1] Other Italian constructions whose English equivalents use *would* (where *would* does not have a conditional meaning) are:

Imperfetto: Ogni sabato andavamo al cinema.
Every Saturday we would (used to) go to the movies.

Passato prossimo: Le ho chiesto di aprire la porta, ma lei non ha voluto aprirla.
I asked her to open the door, but she wouldn't (refused to) open it.

Passato remoto: Le chiesi di aprire la porta, ma lei non volle aprirla.
I asked her to open the door, but she wouldn't (refused to) open it.

C. The **condizionale passato** is used to express a future action introduced by verbs of knowing, saying, telling, or informing in a past tense. In English the present conditional is used in such cases (*He said he would come*):

Hai detto che **avresti pagato** tu.
You said you would pay.

Non aveva promesso che **avrebbe scritto?**
Hadn't he promised he would write?

Hanno detto che **sarebbero venuti,** ma io ero certo che **sarebbero stati** a casa.
They said they'd come, but I was certain they would stay home.

D. Note that the conditional of **fare meglio a** + *infinitive* expresses *had better, would do well to, would be better off to.*

Faresti meglio a tacere.
You'd better be quiet.

Avreste fatto meglio ad aspettare.
You would have been better off to wait (waiting).

ESERCIZI

a. **All'ospedale.** *Dopo l'incidente Caterina non si può muovere dal letto. Cambiare le frasi usando il condizionale secondo l'esempio.*

> **ESEMPIO** Mi porti dell'acqua?
> **Mi porteresti dell'acqua?**

1. Mi fai un favore? Mi compri un giornale?
2. Ti dispiace aprire la finestra?
3. Mi dà quella scatola di aspirine?
4. Sanno spiegarmi perché questo mal di testa non passa?
5. Mi piace sedermi in terrazzo. Potete aiutarmi?
6. Non voglio stare qui un'altra settimana.
7. Preferisco avere la lampada vicino al letto.

b. **Io avrei fatto le cose diversamente...** *Reagire a ogni situazione cominciando con* **Io non** *e usando il condizionale passato.*

> **ESEMPIO** Hai comprato quell'automobile?
> **Io non avrei comprato quell'automobile.**

1. Sei andato a quella festa?
2. Siete usciti con questo tempaccio?
3. Avete chiesto scusa?
4. Si sono offesi per quello scherzo?
5. Ti sei fidato di quell'uomo?
6. Le hai regalato una sedia?

c. **Buone intenzioni.** *Certe persone inventano sempre dei pretesti per evitare responsabilità. Completare le frasi con un pretesto logico.*

> **ESEMPIO** io / aiutarla a far trasloco (*to move*) / ma...
> **La aiuterei a far trasloco, ma ho mal di schiena.**

1. io e Gabriele / cercare lavoro / ma...
2. voi / poter finire la tesi a marzo / ma...

3. tu / fare amicizia con gli studenti stranieri / ma...
4. io / pagare in contanti / ma...
5. io e mio cognato / venire al battesimo di Giorgio / ma...
6. Angelo / tenerti il cane durante le ferie / ma...
7. noi / stare a casa sabato sera / ma...

d. **Promesse, promesse.** *Che cosa hanno promesso di fare le seguenti persone?*

ESEMPIO il dottore / venire nel pomeriggio
Il dottore ha promesso che sarebbe venuto nel pomeriggio.

1. noi / smettere di fumare
2. tu / passare in biblioteca
3. gli zii / aspettarci fino alle cinque
4. il professore / spiegarmi l'uso dell'imperfetto
5. la signora / non lamentarsi del freddo
6. voi / alzarsi presto
7. io / prendere una decisione
8. Lei / metterci poco tempo

e. **Farebbe meglio...** *La portiera e la signora Adele stanno parlando degli altri inquilini* (tenants). *Seguire gli esempi.*

1. Dica che cosa farebbero meglio a fare questi inquilini.

   ESEMPIO La signora Del Bue si separa dal marito.
   Farebbe meglio a non separarsi dal marito.

   a. Il signor Perotti beve tanto.
   b. La figlia dell'avvocato mangia sempre gelati.
   c. I Cerruti fumano due pacchetti di sigarette al giorno.
   d. Le figlie di Enrico ridono e chiacchierano sempre.
   e. La signora Adelina non esce mai di casa.
   f. Lo scapolo del terzo piano si arrabbia così facilmente!

2. Ora dica che cosa avrebbero fatto meglio a fare. Completare ogni frase con una soluzione diversa.

   ESEMPIO I Davoli hanno comprato una casa al mare.
   Avrebbero fatto meglio a comprare un appartamento.

   a. Marcello si dedica alla pittura da mesi.
   b. La signora Antonelli è andata in pensione.
   c. Il figlio di Cerruti si è laureato in archeologia.
   d. Abbiamo venduto la Maserati di mio zio.
   e. Avete preso l'aereo per andare in Sicilia.
   f. Ho dato le dimissioni.

III. *Dovere, potere* e *volere*

⌘ *Dovere*

Dovere + *infinitive* can express two basic meanings: necessity or moral obligation, and probability.

Tutti devono morire.
Everyone must die.

Deve essere tardi.
It must be late.

There are many English equivalents for **dovere** in the various tenses.

Presente: *must, have to, am supposed to*

Devo restituirti il libro.
I must return the book to you.

Imperfetto: *had to, was supposed to*

Il treno doveva arrivare alle otto.
The train was supposed to arrive at eight.

Passato prossimo or **remoto:** *had to, was obliged to*

Mario ha dovuto (dovette) aspettare quasi mezz'ora.
Mario had to wait almost half an hour.

Futuro semplice: *will have to*

Dovranno prendere un altro aereo.
They will have to take another plane.

Futuro anteriore: *will have had to, probably had to*

Avranno dovuto pagare l'intera somma.
They probably had to pay the entire sum.

—Ti avevo detto che questa storia del diluvio doveva restare tra noi!

Condizionale presente: *would have to, should, ought to*

Fa freddo. Dovresti metterti il cappotto.
It's cold. You should put on your coat.

Condizionale passato: *would have had to, should have, ought to have*

Lei avrebbe dovuto dirmelo prima.
You should have told me sooner.

ESERCIZI

a.   *Usare* **dovere** + infinito *al posto del futuro.*

     ESEMPIO   Avrà vent'anni.
              Deve avere vent'anni.
              Avrà studiato molto.
              Deve aver studiato molto.

1. Saranno stanchi.
2. Conoscerete molta gente.
3. Saprà molte lingue.
4. L'avrò sognato.
5. Avrà sbagliato strada.
6. Avremo lasciato l'ombrello al ristorante.

b.   *Lei è d'accordo o no? Spiegare perché.*

1. Ogni persona dovrebbe avere degli hobby.
2. Ogni casa dovrebbe avere la lavastoviglie.
3. Ogni famiglia americana dovrebbe avere due macchine.

c.   **Sei insopportabile!** *Marco e Giulia non si trovano mai d'accordo su nulla. Seguire l'esempio usando i suggerimenti dati.*

     ESEMPIO   Lucia fa medicina all'università di Milano. (lettere)
              Dovrebbe fare lettere.
              Ho preso il raffreddore. (mettersi la giacca)
              Avresti dovuto metterti la giacca.

1. Sono un po' giù. Preferisco rimanere a casa stasera. (uscire)
2. Non mi sento bene, ho mal di stomaco. (mangiare di meno)
3. Ho mangiato per consolarmi. M'è andato male un esame. (studiare di più)
4. Come sei noioso! Sapevi che Alfredo ha comprato una Lancia? (Alfa Romeo)
5. Ed è andato a passare le vacanze in Svizzera. (Jugoslavia)
6. Ma Alfredo è ricco. Ha regalato a Pia un orologio d'oro. (regalarle niente)
7. Tanto lei non lo sposa. (sposarlo)
8. Lei gli ha detto categoricamente di no. (dire di sì)
9. Ma non le piace e non lo ama. (sposarlo lo stesso)

ᕘ Potere

Potere can express two basic meanings: ability to do something and permission to do something.

Non posso correre; sono troppo stanca!   Posso farLe una domanda indiscreta?
I can't run; I'm too tired!   *May I ask you a personal question?*

There are many English equivalents for **potere** in the various tenses.

Presente: *can, may, am capable, am allowed*

Dove possiamo trovare un buon ristorante?
Where can we find a good restaurant?

Imperfetto: *could, was able, was allowed*

Tosca non poteva sopportare il silenzio.
Tosca could not stand silence.

Passato prossimo or **remoto:** *could, managed to, succeeded in*

Non hanno potuto (poterono) entrare perché non avevano le chiavi.
They couldn't get in because they didn't have the keys.

Futuro semplice: *will be able, will be allowed*

I bambini potranno stare alzati fino alle dieci.
The children will be allowed to stay up until ten.

Condizionale presente: *could, might, would be able, would be allowed*

Potrebbe dirmi che ore sono?
Could you tell me what time it is?

Condizionale passato: *could have, might have*

Avremmo potuto pagarti ieri.
We could have paid you yesterday.

ESERCIZI

a. *Se vogliamo che gli altri ci aiutino, dobbiamo essere più cortesi. Formulare le domande usando il condizionale presente di* **potere.**

    ESEMPIO   Mi dice che ore sono?
                   Potrebbe dirmi che ore sono?

1. La aiuta a traversare la strada?
2. Ci dà una mano?
3. Vi fermate un momento?
4. Stai a casa e guardi i bambini?
5. Finisce di lavare i piatti?
6. Vengono subito dopo cena?

b. *Lei è d'accordo? Sì, no, perché?*

1. Con un po' di buona volontà, potremmo evitare tanti sprechi.
2. Molti potrebbero fare più esercizio, se volessero.
3. Ciascuno di noi potrebbe organizzare meglio il proprio tempo.

c. **Potere e non potere.** Riformulare le frasi che seguono con il verbo **potere** nel modo e tempo opportuni.

ESEMPIO   Tutti gli anni Giulio andava in vacanza alle Bahamas.
           Tutti gli anni Giulio poteva andare in vacanza alle Bahamas.

1. Laura mangia un mucchio di grassi e non le sale mai il colesterolo.
2. Vent'anni fa ho comprato una casa al mare spendendo relativamente poco.
3. Io e Lucia andremmo al cinema, ma non c'è niente di interessante da vedere.
4. I ragazzi giocheranno a tennis nel pomeriggio. Non piove più.
5. Pensi che papà e mamma si fermino a dormire dallo zio Mario?
6. Tu non sei venuto con noi perché non ti sentivi bene.

∾ Volere

Volere corresponds to the English *to want, to wish* and has many English equivalents in the various tenses.

Presente: *want, wish, intend, feel like*

Vogliamo andare in Europa quest'estate.
We want to go to Europe this summer.

Imperfetto: *wanted, wished, intended, felt like*

Antonio voleva partire nel pomeriggio, ma è poi partito dopo cena.
Antonio intended to leave in the afternoon, but he left after supper.

Passato prossimo or **remoto:** *wanted, insisted upon*

Hanno voluto (vollero) offrire il caffè a tutti.
They wanted to offer everyone coffee (and they did).

Futuro semplice: *will want, will wish*

La zia vorrà continuare a vivere nella vecchia casa.
The aunt will want to continue living in the old house.

Condizionale presente: *would want, would like*

Vorrei chiederti un favore.
I would like to ask a favor of you.

Condizionale passato: *would have wanted, would have liked*

Avrebbero voluto invitarla.
They would have liked to invite her.

ESERCIZI

a. *Inserire il verbo* **volere** *nel modo e tempo opportuni.*

1. Non siete mai contenti! Insomma, cosa volete?
   _______________ essere lasciati in pace!
2. Come mai sei uscita così tardi dall'ufficio?
   _______________ finire un lavoro al computer.
3. Cosa regali a tua moglie per il suo compleanno?
   _______________ proprio regalarle una macchina nuova, ma non ho soldi.
4. Perché sei arrabbiata con me?
   Perché non _______________ farmi il favore di accompagnarmi a casa.
5. Cosa farà Claudio dopo la laurea?
   Penso che _______________ prendere il dottorato di ricerca in biofisica.
6. Andrà in pensione papà l'anno prossimo?
   Macché! Vedrai che _______________ continuare a lavorare.

b. **Decisioni.** *Pensa che sia (sia stata) una buona idea? Perché sì, perché no?*

1. Una Sua amica vuole interrompere gli studi e andare a fare l'assistente sociale nel Terzo Mondo.
2. Io vorrei dimagrire e ho deciso di digiunare per una settimana.
3. Dario e Carla hanno voluto sposarsi prima della laurea; ora sono disoccupati e continuano a vivere con i genitori di lei.

c. **Che tipo difficile!** *Completare il brano con le forme opportune del verbo* **volere.**

Andrea non _______________ più studiare, ora dice che _______________ fare il marinaio sulle navi da trasporto. L'anno scorso _______________ iscriversi a medicina, l'anno prima diceva che _______________ fare l'attore, suppongo che l'anno prossimo _______________ darsi alla politica. Anche da piccolo era un tipo difficile. Ci _______________ tanta pazienza con lui. Noi gli _______________ molto bene e _______________ vederlo contento, ma forse sbagliamo. Gli ci _______________ dei genitori all'antica, che lo costringono a fare quello che _______________ loro. I genitori sanno quello che ci _______________ per i figli e hanno quasi sempre ragione.

Venditore ambulante con una bancarella di articoli da regalo.

Vocabolario utile

il cambiamento   change
il diritto   right (entitlement)
il disagio   discomfort
la dittatura   dictatorship
il dovere   duty
il furto   robbery
la licenza   permit
il marciapiede   sidewalk
il motoscafo   speedboat

il passante   passerby
il quadrato   square
lo scherzo   joke

allestire   to prepare
mettere in mostra   to display
***provenire**   to come from
scaricare   to unload

Prima di leggere

L'articolo che segue tratta degli immigrati in Italia. Il fenomeno dell'immigrazione non è nuovo e sono molte le ragioni che spingono la gente a lasciare il proprio paese. In gruppi di tre o quattro studenti, esaminate i motivi per cui la gente decide di stabilirsi in un paese straniero e quali difficoltà incontra.

1. Chi sono gli immigrati e che cosa sperano?
2. Pensate che siano essenzialmente i poveri ad emigrare? Perché sì, perché no?
3. Conoscete o avete sentito parlare di persone importanti e famose che vivono all'estero? Quali motivi avranno?
4. Come reagisce la gente locale nei confronti degli stranieri? Fa differenza se sono ricchi o poveri, istruiti o di modesta cultura, bianchi o di colore?
5. Che tipo di lavoro trovano gli immigrati?
6. Siete a conoscenza di altri paesi in cui l'immigrazione sia diventata un problema sociale; per esempio: difficoltà di integrazione, intolleranza, contrasti culturali?

Gli extracomunitari

Sono un milione e duecentocinquantamila, cioè il 2% della popolazione italiana. Si tratta di individui entrati con un regolare permesso di soggiorno°, che provengono dall'Europa (40%), dall'Africa (30%), dall'Asia (20%) e dalle Americhe (10%), spinti dalla necessità e dalla speranza di una vita migliore. Sono definiti "extracomunitari" perché i loro paesi d'origine non fanno parte della Comunità Europea.

Perché emigrano? Indipendentemente dal paese d'origine le ragioni sono simili: guerriglie, conflitti etnici, dittature, carestie, povertà. Il nuovo paese invece,

permesso: *residence permit*

soprattutto se visto da lontano, sembra bello, come lo mostra la televisione e come appare dagli abiti° e dai soldi dei turisti che danno invariabilmente l'impressione di ricchezza e di vita facile.

In Italia la maggior parte degli extracomunitari vive nelle zone urbane del centro-nord, dove è più facile ottenere lavoro. Gli immigrati dalle Filippine e da Sri Lanka sono molto ricercati ed apprezzati per i servizi domestici°; a Milano molti egiziani lavorano nei ristoranti come cuochi e camerieri; i cinesi aprono ristoranti di loro proprietà. Ma c'è lavoro anche nelle campagne. Se gli indiani Sihk facessero sciopero, l'industria lattiera° della valle del Po andrebbe in fallimento°. C'è bisogno di manodopera° nell'edilizia° e nelle attività industriali. Gli immigrati sono disposti a lavorare, a volte, con salari inferiori alla media, e accettano mestieri che gli italiani preferiscono non fare.

I meno fortunati ottengono la licenza di venditore ambulante°, che permette loro di esercitare il piccolo commercio di monili°, oggetti di pelle, occhiali da sole e articoli di artigianato del loro paese. Mettono in mostra i loro oggetti su bancarelle° allestite sui marciapiedi o addirittura per terra° su un quadrato di stoffa colorata. Sono stranieri dai tratti somatici° e dagli abiti «diversi», che abbordano° i passanti con l'espressione: «Vu cumprà?»

Qual è stata la reazione degli italiani? Quello di accogliere e possibilmente integrare nel tessuto sociale italiano gente tanto diversa non è uno scherzo; si tratta di un problema serio di cui ancora si discutono le soluzioni. Rispetto ai lavoratori italiani, gli immigrati «regolari» godono di parità di trattamento e degli stessi diritti: hanno accesso ai servizi sociali e sanitari, godono di interventi economici per pagare le abitazioni°, i loro bambini frequentano la scuola dei bambini italiani. In altre parole l'Italia mantiene una politica di tolleranza. Purtroppo non tutti sono d'accordo e non mancano reazioni negative: a Roma è comparso un manifesto° su cui era scritto che è un vantaggio essere extracomunitari perché sono più protetti.

In effetti l'opinione pubblica è divisa. Ci sono automobilisti che si lasciano pulire il parabrezza° dai «lavavetri»—immigrati disoccupati e qualche volta clandestini, per dar loro un po' di spiccioli; ci sono invece cittadini pronti ad accusarli indiscriminatamente di attività illegali. Le autorità religiose sono generalmente disposte all'accoglienza; non mancano però reazioni negative alla costruzione di moschee°.

I giornali danno notizie di furti, assassini° e di altre azioni criminali commesse dagli «illegali». Purtroppo è vero che ci sono anche quelli che si organizzano in bande e trafficano in droga e prostituzione, ma è anche vero che a volte le accuse risultano infondate°. Alcuni extracomunitari arrivano per via di terra°; altri, portati da motoscafi, sono scaricati sulle spiagge del sud o addirittura buttati in mare se si avvicina la motovedetta° della guardia costiera italiana. Sperano di ottenere asilo politico o semplicemente di raggiungere parenti o conoscenti in Germania. Sono relativamente pochi quelli che si danno alla malavita°, ma purtroppo le azioni di quei pochi provocano reazioni negative nei confronti di tutti gli altri.

Gli extracomunitari sono quasi sempre riconoscibili; continuano ad offrire la loro merce e i loro servizi, considerati con benevolenza da alcuni ma anche con timore e intolleranza da altri. Purtroppo tutto ciò che è diverso provoca disagio.

Comprensione

1. Chi sono gli extracomunitari?
2. Quanti sono?
3. Da dove vengono?
4. Perché emigrano?
5. Che tipo di lavoro ottengono gli stranieri legalmente immigrati in Italia?
6. Quali protezioni sociali hanno?
7. Come arrivano i clandestini e cosa sperano?
8. Qual è la reazione dell'opinione pubblica italiana verso gli immigrati?

Studio di parole

joke

scherzo
*practical joke, trick, something said
    or done to amuse*

Lo dico sul serio, non è uno scherzo.
I'm saying it seriously, it's not a joke.

barzelletta
joke (in the form of a story)

Non mi piacciono le barzellette che
    racconti.
I don't like the jokes you tell.

Related expressions: **fare uno scherzo** *to play a trick;* **per scherzo** *as a joke* (the opposite is **sul
serio** *seriously*)

change

cambiamento
change, alteration

Ci sono stati molti cambiamenti di
    governo in Italia.
*There have been many changes of
    government in Italy.*

cambio
exchange, rate of exchange

Quant'è il cambio del dollaro oggi?
What is exchange rate for the dollar today?

È un agente di cambio.
He's a foreign exchange agent.

spiccioli
small change, coins

Ho bisogno di spiccioli per l'autobus.
I need some change for the bus.

resto
*money returned when payment exceeds the
    amount due*

Non ho il resto da darLe.
I don't have change for you.

to change

cambiare
to change, alter (with **avere**)
to change, become different (with **essere**)

Voglio cambiare i mobili del salotto.
I want to change the living room furniture.

cambiarsi
to change one's clothes

Sei tutto bagnato; cambiati!
You're all wet; change your clothes!

Il tempo è cambiato.
The weather has changed.

Hanno cambiato casa.
They've moved.

cambiare idea
to change one's mind

Ha cambiato idea; andrà a Yale, non a
    Harvard.
He changed his mind; he'll go to Yale, not Harvard.

to exchange

scambiare (con)
to exchange (one thing for another)

Ho scambiato un orologio con un anello.
I exchanged a watch for a ring.

Quando ci vediamo, scambiamo due
    parole.
*When we see one another, we exchange a
    few words.*

Related word: **scambio** *exchange*

scambiarsi
to give to each other, to exchange

Le amiche si scambiano regali.
Friends exchange gifts.

cambiare
to change (exchange) money

Hai potuto cambiare gli euro in dollari?
Were you able to exchange euros for dollars?

Pratica

a. *Scegliere la parole o l'espressione che meglio completa la frase.*

1. Non possiamo andare alla festa vestiti così! Dobbiamo ______________.
2. Perché non continuiamo a parlare di politica? Perché vuoi ______________ argomento?
3. C'è un «lavavetri» al semaforo. Hai ______________?
4. Quei due si vedono ogni giorno e ______________ posta elettronica ogni sera.
5. Posso pagare il caffè con un biglietto da cento euro?—Mi dispiace, ma non ho il ______________.
6. Se vuoi ridere, devi sentire l'ultima ______________ sui carabinieri.
7. Rajeed ha deciso di emigrare. È stato un grande ______________ nella sua vita.

b. **La coppia moderna.** *Completare il paragrafo seguente inserendo il verbo o la parola suggeriti in parentesi.*

Nina (*changed*) ______________ lavoro, è all'ufficio (*exchange*) ______________ della
Banca Commerciale. È un'ottima carriera e guadagna molto. Lei e suo marito
(*exchanged*) ______________ i ruoli. Lei lavora a tempo pieno e lui di pomeriggio sta a
casa con i bambini. Li va a prendere a scuola, (*changes his clothes*) ______________, dà
loro da mangiare, li fa giocare... È un padre modello. Ieri volevano andare tutti allo zoo,
ma poi (*they changed their minds*) ______________ perché pioveva. Sono rimasti a casa
tutto il pomeriggio. I bambini hanno incominciato a (*play tricks*) ______________ e
hanno finito per litigare. Allora il povero Massimo ha telefonato al bar e ha ordinato tre

spumoni (*soft ice cream*). Al momento di pagare, però, il garzone (*errand boy*) del barista non aveva (*change*) _______________. Massimo non aveva (*change*) _______________ per la mancia e ha dovuto lasciargli più soldi del previsto. Per fortuna i bambini si sono calmati. Fare i genitori è una cosa seria, non è (*a joke*) _______________.

c. **Domande per Lei.**

1. Conosce le origini della Sua famiglia e del Suo cognome (*family name*)?
2. Il Suo quartiere (*neighborhood*) accoglie gente diversa o persone che hanno una comune origine etnica? È bene che sia così? Sì, no, perché?
3. Conosce personalmente degli immigrati? Pensa che abbiano difficoltà nei loro rapporti con la gente locale e viceversa? Perché?
4. Ci sono molti «clandestini» nel Suo paese? Come vivono?

Temi per componimento o discussione

1. Cosa pensa della politica (*policy*) italiana di dare agli extracomunitari legalmente immigrati gli stessi diritti che hanno i lavoratori italiani?
2. È successo che degli immigrati siano stati accusati di delitti dei quali poi sono risultati innocenti. Perché saranno stati sospettati?
3. Vivere a contatto di gente straniera, soprattutto se di etnie diverse, richiede un grande esercizio di tolleranza. Come si manifesta la tolleranza? Come si manifesta l'intolleranza?
4. Qual è la Sua opinione a proposito dei «clandestini»? Pensa che abbiano diritto al soggiorno e ai servizi sociali? Sì, no, perché?
5. **Dibattito.** L'immigrazione, sia legale che illegale, è un fenomeno complesso carico di ramificazioni sociali, culturali e politiche. Discutetene i pro e i contro partendo dalle alternative che seguono.
   Pro: È dovere dei popoli ricchi accogliere e integrare nella loro società gli immigrati in cerca di una vita migliore. Gli immigrati contribuiscono con il loro lavoro e si accontentano di poco.
   Contro: Anche nelle società ricche, ci sono già tanti poveri ai quali bisogna provvedere. L'immigrazione provoca problemi di ogni genere.

RICERCA WEB

A partire dalla fine dell'Ottocento, si è verificato (*occurred*) un flusso di emigrazione dall'Italia verso gli Stati Uniti e l'America Latina. È interessante ricercare le cause dell'emigrazione e la diffusione degli emigrati italiani nei paesi stranieri.

a. L'emigrazione italiana all'estero: motivi e difficoltà
b. Italiani nel mondo

Comunicare per lettera. Nella vita quotidiana scriviamo lettere a persone differenti per motivi differenti. La forma e il tono della lettera cambiano a seconda delle circostanze.

Indicare il destinatario sulla busta

Per Antonella Nasi
Gentile Signora Salvetti
Ms. Maria Pellegrini
Sig. Mario Carrelli
Egr. (Egregio) Signor Achille Maramotti

Prof. Arturo Colombo
Dott. Aldo Incerti
Dott.ssa Maria Guiducci
Famiglia Bernardini

Come differiscono gli indirizzi italiani da quelli americani?

Iniziare una lettera

Se scriviamo ad un amico/un'amica o ad una persona che conosciamo molto bene, usiamo...

Cara Pia/Caro Michele
Carissima Laila/Carissimo Carlo
Carissima/Carissimo

Se indirizziamo la lettera ad un/a conoscente, come per esempio il medico di famiglia, possiamo scrivere...

Caro dottore
Caro avvocato
Caro architetto

Per una lettera formale o d'affari, usiamo...

Egregi Signori
Gentile Signora Olga Salvetti
Egregio Signor Dallaglio
Spettabile ditta F.lli Lolli

Terminare una lettera

In italiano non esiste l'equivalente dell'espressione inglese *Yours sincerely,* e la parola "amore" nel senso dell'inglese *love* non è usata alla fine dei messaggi.

A un amico/un'amica che vogliamo salutare affettuosamente, scriviamo...

Cari saluti (a te e famiglia)	*Greetings (to you and your family)*
Saluti affettuosi	
Ti abbraccio	*A hug*
Un caro abbraccio	
A presto	*See you soon*
Un abbraccio a tutti	*Hugs for everybody*

Quando vogliamo essere piu «neutrali», diciamo...

Con i migliori saluti	*With best regards*
Grazie e distinti saluti	*Thank you and best regards*
La ringrazio e La saluto cordialmente	

Quando terminiamo una lettera formale o d'affari, scriviamo...

Distinti saluti	*(Yours) sincerely*
In attesta di una Vostra sollecita risposta invio distinti saluti	*I look forward to hearing from you (soon). Yours sincerely,*
In attesa di leggerLa presto Le invio distinti saluti	

Abbreviazioni utili

1. Titoli professionali (usati al maschile):

    arch. (architetto)
    ing. (ingegnere)
    avv. (avvocato)

2. Titoli di personaggi politici:

    onorevole
    senatore
    senatrice
    eccellenza (riservato a ministri e ad alti funzionari)

3. Titoli dei membri del clero:

    reverendo
    reverendo padre
    reverenda madre
    monsignore
    eccellenza (per i vescovi)
    eminenza (per i cardinali)
    santità (per il papa)

Che cosa dice?

1. Immagini di essere Giorgio e di rispondere alla lettera di Marina che appare all'inizio del capitolo a p. 164.
2. Lei ha quarant'anni, è solo/a e vuole passare le vacanze in montagna. Scriva...
   a. a un amico/un'amica per invitarlo/a a passare le vacanze con Lei.
   b. all'Albergo Dolomiti, 32046 San Vito di Cadore (Belluno), per prenotare due camere dal 15 al 30 luglio.
3. I Suoi genitori sono molto amici dei signori Salvetti di Bologna. Scriva alla signora Bianca per dirle che Lei sarà in Italia quest'estate e le chieda ospitalità. Spieghi quando arriverà, il motivo del Suo viaggio in Italia, quanto tempo ha intenzione di restare a Bologna e quali sono i Suoi programmi durante il Suo soggiorno a casa Salvetti. Sia cortese e usi il condizionale.

PER COMINCIARE

Un appartamento per Fabrizia?

STRUTTURA

Esprimere incertezza o soggettività

   I. Congiuntivo presente e passato

Esprimere emozioni, desideri e
speranze. Esortare.

   II. Uso del congiuntivo

Usare espressioni indefinite

   III. Altri usi del congiuntivo

LETTURA

Padre e figlia

PER COMUNICARE

Convincere

Esprimere preoccupazione

Esprimere sollievo

Offrire aiuto

Un appartamento per Fabrizia? Fabrizia ha ventiquattro anni e un buon impiego. È figlia unica e cinque anni fa ha scelto di vivere con il padre, quando i genitori hanno divorziato. Ora vorrebbe comprare un appartamento ed abitare da sola. Ne parla con il padre.

FABRIZIA: Papà, sembra che mi diano un altro aumento di stipendio.

PAPÀ: Congratulazioni! Suppongo che il tuo lavoro sia utile alla ditta. Mi sembra che ti abbiano dato un aumento pochi mesi fa. Mi sbaglio?

FABRIZIA: No, non ti sbagli, il direttore mi ha detto che è molto contento di me... Senti, Papà, credo proprio che sia ora che io mi compri un appartamento; ad abitare qui mi sembra di essere sempre un'adolescente.

PAPÀ: Non ti posso vietare di andar via di casa. È certo che non mi devi chiedere il permesso—sei adulta e matura e penso che tu abbia diritto alla tua libertà. Ma, benché tu abbia un ottimo impiego, non è pensabile che tu possa comprare un appartamento.

FABRIZIA: Beh, ho fatto un po' di conti. Potrei pagare il mutuo mensile, ma temo di aver bisogno del tuo aiuto per l'anticipo.

PAPÀ: Fabrizia, a questo punto suppongo che i conti debba farli io. Ho dei risparmi, ma bisogna che faccia attenzione a come li amministro. Gli appartamenti in città sono molto cari. Prima di prendere una decisione, devo parlare con il mio agente di cambio.

FABRIZIA: Capisco, Papà.

PAPÀ: Ma senti, perché non prendi un appartamento in affitto? Sarebbe una scelta ragionevole. Non credi che sarebbe tutto più semplice? Magari l'anno prossimo trovi un lavoro migliore in un'altra città. Io ti consiglio di darmi retta e cambiare idea.

FABRIZIA: Ho capito, Papà. Ci ripenserò.

Moderno edificio urbano ad appartamenti.

l'**adolescente**   adolescent
l'**adulto**   adult
l'**agente di cambio**   broker
l'**anticipo**   down payment
il **consiglio**   advice
la **ditta**   firm, company
l'**impiego**   job, employment
il **mutuo**   mortgage
i **risparmi**   savings
lo **stipendio**   salary
l'**aumento di stipendio**   raise

grande   grown-up
immaturo/a   immature
maturo/a   mature
piccolo/a   young

consigliare   to advise
permettere   to allow
sbagliare   to be wrong, mistaken

***sembrare**   to appear
vietare   to forbid

***andare via di casa**   to leave home
avere/chiedere/dare il permesso di   to
    have/ask for/give permission to
cambiare idea   to change one's mind
dare retta a   to listen to
da solo   by oneself
***essere d'accordo**   to agree
***essere figlio unico/figlia unica**   to be an
    only child
fare i conti   to make, balance a budget
fare una scelta   to make a choice
magari   perhaps
potersi permettere   to be able to afford
prendere in affitto   to rent
prendere una decisione   to make a
    decision

ESERCIZI

a.   *Vero o falso?*

__________ 1. Fabrizia vuole andare via di casa.
__________ 2. Papà non è d'accordo.
__________ 3. Fabrizia ha un nuovo impiego.
__________ 4. Fabrizia vuole comprare un appartamento.
__________ 5. Fabrizia non ha abbastanza soldi.
__________ 6. Papà non ha soldi per aiutarla.
__________ 7. Papà offre una soluzione più semplice.

b.   *Cambiare le parole sottolineate con parole di significato opposto.*

1. È meglio che tu non vada a quel tipo di feste. Sei troppo <u>piccolo/a</u>.
2. La legge <u>permette</u> di guidare a ottanta miglia all'ora.
3. Mi sembra che gli <u>adolescenti</u> non abbiano mai opinioni ragionevoli.
4. Flavia ha deciso di <u>tornare a casa</u>. Speriamo che sia contenta!
5. Valerio <u>ha due fratelli e tre sorelle</u>.
6. Marco ha deciso di fare un viaggio <u>con Aldo e Lucia</u>.

c. *Inserire le parole o le espressioni che meglio completano le frasi.*

1. Tutti mi danno consigli e io non so a chi _______________ .
2. Non sempre la gente _______________ le decisioni giuste.
3. È inutile che tu insista! Non riuscirai mai a farmi _______________ .
4. Sei grande, ma ti comporti come un/a bambino/a. Sei proprio _______________ .
5. Abito ancora in famiglia, ma voglio _______________ di casa e prendere in affitto un miniappartamento.
6. Iscrivermi all'università o cercare subito un lavoro? Non sono capace di _______________ definitiva.
7. Vuoi comprare quella bellissima villa? Mah! Lo sai tu cosa ti _______________ .

STRUTTURA

I. Congiuntivo presente e passato

Unlike the **indicativo,** which states facts and conveys both certainty and objectivity, the **congiuntivo** (*subjunctive*) expresses views and emotions, possibility, and uncertainty. The **congiuntivo** has four tenses: **presente, passato, imperfetto,** and **trapassato.** All four tenses are used in both spoken and written Italian.

A. The **congiuntivo presente** (*present subjunctive*) is formed by adding the appropriate endings to the stem. Verbs ending in **-ire** that insert **-isc-** in the present indicative also insert **-isc-** in the present subjunctive, except in the first and second persons plural.

	AMARE	CREDERE	FINIRE	PARTIRE
che io	ami	creda	finisca	parta
che tu	ami	creda	finisca	parta
che lui (lei)	ami	creda	finisca	parta
che (noi)	amiamo	crediamo	finiamo	partiamo
che (voi)	amiate	crediate	finiate	partiate
che (loro)	amino	credano	finiscano	partano

1. Certain verbs show spelling changes in the present subjunctive. Verbs ending in:

   -care change the **c** to **ch**: cercare → cer**ch**i
   -gare change the **g** to **gh**: pagare → pa**gh**i
   -ciare drop the **i**: cominciare → cominci
   -giare drop the **i**: mangiare → mang**i**
   -sciare drop the **i**: lasciare → lasci
   -gliare drop the **i**: sbagliare → sbagli

2. Verbs ending in **-iare** drop the **-i** from the end of the stem unless it is stressed in the first person of the present indicative.

studiare (st<u>u</u>dio): stud**i**, stud**iamo**
inviare (inv<u>i</u>o): inv**ii**, inv**iamo**

3. Verbs that are irregular in the first person singular of the present indicative typically show the same irregularity in all forms of the subjunctive.

FARE → FACCIO	DIRE → DICO	POTERE → POSSO	VOLERE → VOGLIO	BERE → BEVO
faccia	**dica**	**possa**	**voglia**	**beva**
faccia	dica	possa	voglia	beva
faccia	dica	possa	voglia	beva
facciamo	diciamo	possiamo	vogliamo	beviamo
facciate	diciate	possiate	vogliate	beviate
facciano	dicano	possano	vogliano	bevano

4. There are also irregular subjunctive forms that use the stems of the first person *singular* and *plural*.

ANDARE → VADO	DOVERE → DEVO	VENIRE → VENGO	USCIRE → ESCO	SCEGLIERE → SCELGO
vada	deva (debba)	venga	esca	scelga
vada	deva (debba)	venga	esca	scelga
vada	deva (debba)	venga	esca	scelga
andiamo	**dobbiamo**	**veniamo**	**usciamo**	**scegliamo**
andiate	**dobbiate**	**veniate**	**usciate**	**scegliate**
vadano	devano (debbano)	vengano	escano	scelgano

5. Some very common irregular verbs have a completely irregular stem in the subjunctive.

AVERE	ESSERE	DARE	STARE	SAPERE
abbia	**sia**	**dia**	**stia**	**sappia**
abbia	sia	dia	stia	sappia
abbia	sia	dia	stia	sappia
abbiamo	siamo	diamo	stiamo	sappiamo
abbiate	siate	diate	stiate	sappiate
abbiano	siano	diano	stiano	sappiano

B. The **congiuntivo passato** (*past subjunctive*) is formed with the present subjunctive of **avere** or **essere** plus the past participle of the verb.

VERBS CONJUGATED WITH *avere*			VERBS CONJUGATED WITH *essere*		
che io	abbia	amato	che io	sia	partito/a
che tu	abbia	amato	che tu	sia	partito/a
che lui (lei)	abbia	amato	che lui (lei)	sia	partito/a
che (noi)	abbiamo	amato	che (noi)	siamo	partiti/e
che (voi)	abbiate	amato	che (voi)	siate	partiti/e
che (loro)	abbiano	amato	che (loro)	siano	partiti/e

a. **Ad ognuno i suoi problemi.** *Massimo lavora come cameriere in un caffè del centro di Roma. Ecco che cosa sente andando da un tavolo all'altro. Dare la forma corretta del congiuntivo presente dei verbi fra parentesi.*

ESEMPIO   Insisto che tu (prendere) **prenda** un cappuccino.

1. Aspetto che voi (venire) _______________ domenica.
2. Non credo che Lorenzo (essere) _______________ un bugiardo.
3. Vogliono che io (lasciare) _______________ tutto in ordine.
4. Pensate che noi non (dire) _______________ mai la verità?
5. Speriamo che (volerci) _______________ solo dieci minuti.
6. Temi che lui (andare via) _______________ ?
7. Sono contenta che tu (capire) _______________ o che almeno (cercare) _______________ di capire.
8. Bisogna che voi (scegliere) _______________ il regalo.
9. È incredibile che Teresa (avere) _______________ paura del buio.
10. Ci dispiace che Elena non (trovarsi) _______________ bene.
11. È strano che loro (dovere) _______________ aspettare tanto.
12. È logico che voi non (andare) _______________ al mare domani; piove da una settimana.

b. **Al centro commerciale.** *Dire che cosa sperano le persone seguenti.*

ESEMPIO   Che cosa sperano i proprietari del negozio?
io / comprare molte cose
Sperano che io compri molte cose.

1. Che cosa sperano i proprietari del negozio?
   a. voi / non portare indietro la camicia di seta
   b. i clienti / pagare in contanti
   c. nessuno / rubare la merce (*merchandise*)
   d. tu / spendere molti soldi
   e. noi / tornare spesso
2. Che cosa vogliono i clienti del negozio?
   a. i prezzi / essere convenienti
   b. il commesso / essere paziente
   c. il negozio / avere merce di buona qualità
   d. il proprietario / accettare la carta di credito
   e. i clienti / poter cambiare la merce

c. **Il viaggio d'affari.** *Franca vuole esser sicura che tutto proceda bene durante la sua assenza. Riscrivere le frasi seguenti usando* **Bisogna che...**

ESEMPIO   Devo ricordare a Carlo di portare il cane dal veterinario.
Bisogna che ricordi a Carlo di portare il cane dal veterinario.

1. Marco e Andrea faranno la spesa sabato mattina.
2. Elena starà a casa dei nonni.

3. Dobbiamo lasciare l'assegno per l'affitto all'amministratore.
4. Marco dirà alla segretaria di tornare lunedì.
5. Finirò questo lavoro entro domani.
6. Farò una lista delle cose da fare prima di partire.
7. I bambini devono bere il succo d'arancia tutte le mattine.
8. Luigi dovrà inviare il telegramma alla Sig.ra Buchholz.

d. Che cosa sarà accaduto? *Sono le quattro del mattino e Angelo non è ancora tornato a casa. L'intera famiglia è molto preoccupata. Riscrivere le frasi seguenti usando il congiuntivo passato e seguendo l'esempio.*

ESEMPIO   Maria almeno ha telefonato ai suoi. (sono contenta)
        Sono contenta che almeno Maria abbia telefonato ai suoi.

1. Angelo è uscito a mezzanotte. (crediamo)
2. Voi avete telefonato all'ospedale. (sono contenta)
3. Non è successo niente. (auguriamoci)
4. Hanno avuto un incidente. (temo)
5. Voi non avete ricevuto nessun messaggio da lui. (è un peccato)
6. Ha nevicato tutta la notte. (pare)
7. Si sono fermati in pizzeria. (è probabile)
8. Hai chiamato anche la polizia. (è giusto)
9. Si è fermato a dormire da Lucia. (speriamo)
10. Sono rimasti senza benzina. (ho paura)

e. Curiosità. *Adele è molto curiosa, e ogni volta che Lei la incontra per la strada Le fa un mucchio di domande. Rispondere alle domande di Adele usando lo stesso verbo della domanda o dando una risposta originale.*

ESEMPIO   —I tuoi cugini hanno sempre intenzione di trasferirsi a Salerno?
        —Sì, temo che abbiano intenzione di trasferirsi.

1. È vero che Roberto fa il pittore?—No, ma pare che...
2. Sta meglio oggi tua nonna?—No, ho l'impressione che...

3. Hanno dato retta al dottore?—Be', veramente dubitiamo che...
4. E il bambino, riesce in matematica adesso?—No, sembra che...
5. Michele se ne è accorto?—Sì, ed è meglio che...
6. È vero che Michele è ancora arrabbiato con i suoi?—Suppongo che...
7. E Luciana si è trovata bene presso la famiglia in Germania?—Sì, pare che...
8. E Luciana ora dà lezioni di tedesco?—Sì, e spero che...
9. Le ragazze vanno all'università in macchina?—No, mio marito insiste che...
10. Be', adesso devo andare.—Sì, anch'io è bene che...

II. Uso del congiuntivo

A. The subjunctive is used mainly in dependent clauses introduced by **che** (*that*). Note that **che** is almost always expressed in Italian.

INDEPENDENT CLAUSE	DEPENDENT CLAUSE
La mamma spera	che tu venga subito.

Mother hopes that you are coming right away.

INDEPENDENT CLAUSE	DEPENDENT CLAUSE
Preferiamo	che prendiate un tassì.

We prefer that you take a taxi.

The verb or expression in the independent clause determines whether the indicative or the subjunctive is used in the dependent clause. Some verbs take the indicative in a dependent clause, some take the subjunctive, and some may take either one depending on the meaning.

INDICATIVE		SUBJUNCTIVE	
Sanno	che **avete** torto.	Credono	che **abbiate** torto.
They know	*that you are wrong.*	*They believe*	*that you are wrong.*
Ricordiamo	che **è partito.**	Temiamo	che **sia partito.**
We remember	*that he has left.*	*We are afraid*	*that he has left.*
Riconosco	che **fa** freddo.	Mi dispiace	che **faccia** freddo.
I am aware	*that it is cold.*	*I am sorry*	*that it is cold.*
È certo	che **ha rubato.**	È probabile	che **abbia rubato.**
It is certain	*that he has stolen.*	*It is likely*	*that he has stolen.*

The English dependent clause is the same in each pair of examples above, but the Italian dependent clause uses the indicative when it expresses a fact and the subjunctive when it expresses a thought, a feeling, or an attitude.

B. The tense of the subjunctive used in the dependent clause is determined by the time relationship between the actions of the two clauses. If the action of the dependent clause:

1. takes place in the immediate future or at the same time as the action of the independent clause $\xrightarrow{\text{use}}$ PRESENT SUBJUNCTIVE

2. took place before the action of the independent clause $\xrightarrow{\text{use}}$ PAST SUBJUNCTIVE

Credete che prendano un tassì?
Do you think they are taking a cab? CONCURRENT ACTION

Credete che abbiano preso un tassì?
Do you believe they took a cab? PAST ACTION

❧ Verbi ed espressioni che reggono il congiuntivo

The subjunctive is used if the verb in the independent clause expresses a thought, a feeling, or an attitude.

INDEPENDENT CLAUSE	DEPENDENT CLAUSE
Credono	che io abbia torto.

They believe that I am wrong.

A. Expressing emotion (fear, sorrow, joy, etc.)

Siamo contenti che piova.
We are happy it's raining.

B. Expressing a wish or a command

Il professore vuole che tutti ascoltino.
The professor wants everyone to listen.

C. Expressing an opinion

Nego che mi abbiano aiutato.
I deny that they helped me.

D. Expressing expectation

Aspettiamo che lui ci telefoni.
We're waiting for him to call us.

E. Expressing doubt or uncertainty

Non sono sicuro che loro siano ricchi.
I am not sure they are rich.

a. *Completare con la forma corretta di* **essere** *all'indicativo o al congiuntivo.*

1. Ho letto che il 6 gennaio _______________ giorno di vacanza in Italia.
2. Vuoi dire che tutti gli uffici _______________ chiusi?
3. Non so, credo che _______________ chiuse solo le scuole.
4. Ho paura che lo spettacolo non ti _______________ piaciuto.
5. Ma no, al contrario! Ti assicuro che mi _______________ piaciuto moltissimo!
6. Ho l'impressione che il protagonista non si _______________ accorto di aver dimenticato alcune battute (*lines*).
7. _______________ vero. Ma Pino dice che non _______________ importante. Tu credi che _______________ necessario ricordare proprio tutto?
8. I ragazzi sanno che la mamma _______________ all'ospedale?
9. Sì, e ho paura che _______________ molto preoccupati.
10. Ma il dottore pensa che non _______________ niente di grave.

b. *Completare con la forma corretta del verbo dato tra parentesi. Scegliere il presente dell'indicativo o del congiuntivo, secondo il senso.*

ESEMPIO Siamo d'accordo che Papà (avere) **ha** ragione, ma dubito che Fabrizia (essere) **sia** contenta.

1. Fabrizia sa che le (dare) _______________ un aumento di stipendio.
2. È logico che Papà (congratularsi) _______________ con lei.
3. Tutti in ufficio dicono che il direttore (essere) _______________ molto contento di Fabrizia.
4. Sembra che Fabrizia non (volere) _______________ più abitare con suo padre.
5. Il padre di Fabrizia pensa che lei non (potere) _______________ comprare un appartamento.
6. È vero che Fabrizia non (avere) _______________ abbastanza soldi anche per l'anticipo.
7. Papà spera che Fabrizia (prendere) _______________ un appartamento in affitto. Non credi anche tu che (essere) _______________ la soluzione migliore?

c. **Vi interessano le persone pessimiste?** *Leggere la seguente storia e poi riscriverla usando il congiuntivo nei casi in cui è possibile.*

Io sono un pessimista nato: ho sempre paura che le cose non riusciranno come voglio io. Per esempio, se ho in programma di andare al mare per il week-end, penso che pioverà o che succederà qualcosa che mi impedirà di andarci. Se compro una camicia o un golf, temo che non mi staranno bene o che non dureranno molto. Quando telefono a un amico, immagino che non sarà in casa o che, se c'è, non mi vorrà parlare. Quando invito una ragazza al ristorante, temo che lei sceglierà il piatto più caro o che i soldi non basteranno. Quando vado a ballare con gli amici, immagino che tutte le ragazze avranno voglia di ballare con gli altri ma non con me. Non voglio neppure pensare al giorno in cui chiederò a una ragazza di sposarmi: sono sicuro che mi dirà di no!

❧ Il congiuntivo e l'infinito nelle proposizioni dipendenti

The subjunctive is used only if the subject of the dependent clause is different from that of the independent clause. When the subject of both clauses is the same, **di** + *infinitive* is used instead of the subjunctive. The infinitive without **di** is used after verbs of wishing, such as **volere** and **preferire.** Compare:

DIFFERENT SUBJECT

Siete contenti **che capiscano.**
You are glad they understand.

Spero **che tu abbia ricevuto** una lettera ieri.
I hope you got a letter yesterday.

Credono **che io ricordi** tutto.
They think I remember everything.

Non vediamo l'ora **che lui parta.**
We are looking forward to his leaving.

Vuole **che io smetta** di fumare.
He wants me to stop smoking.

SAME SUBJECT

Siete contenti di capire.
You are glad you understand.

Spero **di avere ricevuto** una lettera ieri.
I hope I got a letter yesterday.

Credono **di ricordare** tutto.
They think they remember everything.

Non vediamo l'ora **di partire.**
We're looking forward to leaving.

Vuole **smettere** di fumare.
He wants to stop smoking.

ESERCIZI

a. *Scrivere ogni frase due volte cominciando coi verbi indicati. Fare i cambiamenti necessari.*

ESEMPI   Hai poca pazienza. (credi, credo)
Credi di avere poca pazienza.
Credo che tu abbia poca pazienza.

È arrivata prima. (siete contenti, è contenta)
Siete contenti che lei sia arrivata prima.
È contenta di essere arrivata prima.

1. Ha mille lire in tasca. (spera, sperano)
2. Commettono un errore. (hai paura, hanno paura)
3. Ti ho dato quest'impressione. (mi dispiace, gli dispiace)
4. Ci ripensa prima di decidere. (vuole, voglio)
5. Non si sono resi conto del problema. (temono, temiamo)
6. Avete trovato la vostra strada. (non credo, non credete)
7. Finisci questo lavoro stasera. (preferisci, preferiamo)
8. L'abbiamo rivista in Italia. (siamo contenti, sei contento)

❧ Verbi ed espressioni impersonali che reggono il congiuntivo[1]

A. The subjunctive is used in dependent clauses introduced by **che** after impersonal verbs and expressions that denote doubt, necessity, possibility, or emotion.

È importante che tu **sia** puntuale.
It's important that you be punctual.

È probabile che non **abbiano capito.**
It is probable they didn't understand.

È meglio che ve ne **andiate.**
It's better for you to leave.

Pare che **piova.**
It seems to be raining.

B. Impersonal verbs and expressions are followed by a verb in the infinitive if that verb has no expressed subject. Compare:

EXPRESSED SUBJECT

È importante **che tu capisca.**
It's important for you to understand.

Non è possibile **che io vada** avanti così.
It's not possible for me to go on like this.

UNEXPRESSED SUBJECT

È importante **capire.**
It's important to understand.

Non è possibile **andare** avanti così.
It's not possible to go on like this.

ESERCIZI

a. *Formare nuove frasi cominciando con le espressioni date fra parentesi.*

ESEMPIO   Vediamo che il sole Le dà fastidio. (Sembra)
Sembra che il sole Le dia fastidio.

1. Riconosco che hanno ragione. (pare)
2. Voi affermate che è una macchina italiana. (è giusto)
3. Ti assicuro che le cose stanno così. (è possibile)
4. È vero che ha dimenticato il mio compleanno. (è strano)
5. Dicono che mangiano di più. (occorre)
6. Hanno scritto che vengono quest'estate. (bisogna)
7. Trovo che questo vestito non ti sta bene. (è un peccato)

b. *Riscrivere le seguenti frasi usando il soggetto fra parentesi.*

ESEMPIO   È bene invitare anche gli zii. (tu)
È bene che tu inviti anche gli zii.

1. È meglio pensarci ora. (io)
2. È importante studiare le lingue straniere. (voi)
3. Non occorre mettersi il cappotto. (lui)
4. Bisogna sapere queste cose. (loro)

---

[1] For a list of impersonal verbs and expressions that require the subjunctive in a dependent clause, see the Appendix, p. 381.

5. Basta chiedere a un vigile. (noi)
6. È ora di finirla! (Lei)
7. È difficile trovare una donna di servizio. (loro)
8. È inutile continuare a piangere. (tu)

c. *Oggi tutti parlano di cose da mangiare o da evitare, di cose che fanno bene, di cose che fanno male. Usare* **è bene che** *o* **è male che gli italiani** *con il verbo al congiuntivo.*

ESEMPIO   bere latte scremato (*skim milk*)
           È bene (è male) che gli italiani bevano latte scremato.

1. mettere zucchero nel caffè
2. mangiare pane con gli spaghetti
3. bere acqua minerale
4. usare margarina invece del burro
5. fare il pane in casa
6. variare la dieta

d. **È giusto o no?** *Gli studenti devono fare molte cose: molte sembrano utili e necessarie, altre un po' meno. Esprimere un giudizio cominciando con* **è giusto che** *o* **non è giusto che** *e usando il congiuntivo presente.*

ESEMPIO   dare esami tre volte all'anno
           (Non) È giusto che diano esami tre volte all'anno.

1. studiare durante il week-end
2. pagare le tasse
3. non fare troppe assenze
4. imparare una lingua straniera
5. avere un mese di vacanza a Natale
6. interessarsi di politica

e. **Punti di vista...** *Esprimere un punto di vista cominciando con le espressioni* **so che, credo che, non credo che, dubito che, è vero che, è possibile che,** *ecc., e scegliendo l'indicativo o il congiuntivo.*

1. L'italiano è una lingua importante.
2. Gli italiani sanno vivere.
3. Gli italiani guidano come matti.
4. I giovani italiani ammirano l'America.
5. Le relazioni italo-americane sono buone.
6. I film italiani hanno successo in America.

f. **Opinioni.** *Completare le frasi o rispondere alle domande usando il congiuntivo.*

1. Non credo che gli italiani...
2. Sono contento/contenta che i miei genitori...
3. È impossibile che...
4. È normale che il marito aiuti la moglie nelle faccende di casa?
5. È giusto che le persone fumino al cinema o nei locali pubblici?
6. È logico che un/a giovane non voglia abitare con i suoi genitori?

g. **Secondo me.** *Completare le seguenti frasi usando o il congiuntivo o l'infinito, secondo i casi.*

1. Mi sembra logico che...
2. È una cosa normale che...
3. Non ci pare di...
4. Bisogna che...

Benché sia caro, è impossibile ottenere un tavolo senza prenotazione.

⁀ Congiunzioni che reggono il congiuntivo

A. The following conjunctions introduce dependent clauses that require the subjunctive.

benché **sebbene** **quantunque**	*although*
affinché **perché**[1] **in modo che**	*in order that* *so that*
purché **a patto che** **a condizione che**	*provided that*

a meno che non[2]	*unless*
prima che	*before*
senza che	*without*
finché (non)[2]	*until (referring to future time)*

Vado in ufficio **sebbene** non ne **abbia voglia.**
I'm going to the office although I don't feel like it.

Ve lo ripeto **perché** ve lo **ricordiate.**
I'll repeat it to you so that you remember it.

Vengono **a patto che** io li **accompagni** a casa.
They'll come provided (that) I take them home.

---

[1] **Perché** takes the indicative when it means *because.*

[2] The **non** has no negative meaning here.

Non può pagare **finché** non le **arrivi** l'assegno.
She can't pay until the check comes.

B. **Prima di** + *infinitive* and **senza** + *infinitive* are used when the subject of the main clause and the dependent clause are the same.

DIFFERENT SUBJECT

Perché non le telefoni **prima che** lei **parta**?
Why don't you call her before she leaves?

SAME SUBJECT

Perché non le telefoni **prima di partire**?
Why don't you call her before leaving (before you leave)?

ATTENZIONE! **dopo che** takes the indicative mood!

Telefoniamo **dopo che** tutti **sono usciti**.
We call after everyone has left.

ESERCIZI

a. *Riscrivere le seguenti frasi usando* **benché, purché** *o* **perché** + *congiuntivo (presente o passato).*

ESEMPIO È ricco ma non è felice.   **Benché sia ricco, non è felice.**
Vi aspettiamo se ritornate.   **Vi aspettiamo purché ritorniate.**
Gli do il libro da leggere.   **Gli do il libro perché lo legga.**

1. Nevica e fa freddo ma lui esce senza cappotto.
2. T'impresto gli appunti se me li restituisci prima di sabato.
3. Tu ce lo dici sempre, ma noi non ci crediamo.
4. Hanno mangiato molto ma hanno ancora fame.
5. Le do le cartoline da imbucare.
6. Stanno attenti in classe ma non imparano.
7. Mi piace anche il tè ma preferisco bere caffè.
8. Il dottore è contento se ve ne state a letto due o tre giorni.
9. Gianni, vuoi venire al cinema?—Sì, ci vengo se pagate voi!
10. Gli date gli assegni da depositare.
11. Puoi uscire se hai finito di studiare.
12. L'ho vista molte volte ma non me la ricordo.
13. Mi danno le camicie da stirare.
14. Potete andare se non c'è nessun pericolo (*danger*).
15. Ti dà gli esami da correggere.
16. Vi do i dischi da ascoltare.
17. Le date una mela da mangiare.
18. Avete acceso la luce ma io non ci vedo.

b. **L'eredità.** *Inserire* **benché, purché, perché, a meno che, finché non.**

La zia Ginevra ha detto che ti lascerà in eredità la sua villa al mare ______________ tu non vada in Brasile. Ci puoi contare, ______________ non cambi idea all'ultimo momento. Te la lascia ______________ tu ci porti Dino e Marcello. Ai bambini fa bene

il mare, _________________ non prendano troppo sole. _________________ il lavoro in
Brasile sia interessante, non dimenticare che qui a Torino ci sono i tuoi amici. In Brasile
sarai sola e triste. Non ci andare, _________________ tu non preferisca stare lontana da
tutti noi. Del resto (*after all*) la zia Ginevra ha quasi cent'anni; puoi bene aspettare
_________________ vada in paradiso!

c. **Genitori e figli.** *I genitori lasciano Marco a casa da solo per il week-end. Completare le istruzioni lasciate dai genitori di Marco.*

1. Aspetta a casa dei Borziani finché...
2. Stasera tu ed Elena potete andare alla festa a condizione che...
3. Non aprire la porta a nessuno a meno che...
4. Lascia la chiave a Giuliana affinché...
5. Non dimenticarti di spegnere la televisione prima...
6. Domenica pomeriggio puoi invitare i tuoi amici a casa a patto che...
7. Telefona alla nonna perché...
8. Metti in ordine la tua camera dopo che...

III. Altri usi del congiuntivo

A. The subjunctive is used in dependent clauses introduced by the following indefinite forms ending in **-unque** (*-ever*).

chiunque	*whoever*
qualunque	*any, whatever, whichever (adjective)*
qualunque cosa	*whatever (pronoun)*
comunque, in qualunque modo	*however, no matter how*
dovunque	*wherever*

Qualunque decisione prendiate, non importa.
Whatever decision you make, it doesn't matter.

Ti troverò **dovunque** tu vada.
I'll find you wherever you go.

B. The subjunctive is often found in relative clauses that follow . . .

1. **il più** + *adjective*   *the most (the . . . est)*
   il meno + *adjective*   *the least*

   Sei la ragazza **più bella** che ci **sia**.
   You're the nicest girl there is.

2. **il solo**   *the only*
   il primo   *the first*
   l'ultimo   *the last*

   Sono **il primo** che **si sia laureato** nella mia famiglia.
   I am the first in my family to have graduated.

3. A negative expression.

Non conosco **nessuno** che **abbia** tanta pazienza.
I don't know anyone who has so much patience.

4. An indefinite expression.

un (uno, una)	*a*
qualcuno	*someone*
qualcosa	*something*

Cerchiamo **una** stanza che **sia** in centro.
We are looking for a room that is downtown.

C. With verbs like **non capire, non sapere, chieder(si), domandar(si),** the subjunctive can be used to emphasize doubt in indirect interrogative clauses.

Non so chi **sia!**
I don't know who he is!

Non capisco come **faccia.**
I don't understand how he can do it.

ESERCIZI

a. *Completare le seguenti frasi usando il congiuntivo.*

ESEMPIO Conosco un ristorante che è aperto dopo mezzanotte.
Cerco un ristorante che **sia aperto dopo mezzanotte.**

1. Conosco un professore che parla sette lingue.
   Non conosco nessun professore che...
2. C'è qualcosa che potete fare.
   Non c'è niente che...
3. Sono gli esempi che ho usato.
   Sono i soli esempi che...
4. È il dottore che conosco.
   È il più bravo dottore che...
5. Che cosa ti succede?
   Non capisco che cosa...
6. È lo studente che ha avuto l'influenza.
   È il solo studente che...
7. Quelli che vogliono possono vedere gli esami.
   Chiunque...
8. Che ora è?
   Non so che...
9. Dove sono andati?
   Mi domando dove...
10. Hanno un collega che non fuma.
    Preferiscono un collega che...
11. Ci piacciono gli insegnanti che hanno molta pazienza.
    Cerchiamo insegnanti che...

12. Mario trova un libro che gli piace.
    Mario cerca un libro che...
13. Ecco un romanzo che è facile e divertente.
    Vuole un romanzo che...
14. Ho comprato un cappotto che mi tiene caldo.
    Ho bisogno di un cappotto che...
15. Hanno una segretaria che sa il tedesco e il francese.
    Cercano una segretaria che...

LETTURA

Vocabulario utile

la maniera   manner
il pensiero   thought, worry
  essere (stare) in pensiero per   to worry about

libero   free

aggiungere (*pp* **aggiunto;** *pr* **aggiunsi**)
  to add
*****arrossire**   to blush
confondere (*pp* **confuso;** *pr* **confusi**)
  to confuse
  confondersi   to get confused
convincere (*pp* **convinto;** *pr* **convinsi**)
  to convince
dare ragione (a qualcuno)   to concede
  that someone is right
fare piacere a   to give pleasure to, to
  please

la premura   haste, hurry; concern
la sorveglianza   watching over,
  surveillance
la veduta   view
  di larghe vedute   broad-minded

interrompere (*pp* **interrotto;** *pr*
  interruppi)   to interrupt
pesare   to weigh
preoccuparsi (**di** *o* **per**)   to worry (about)
rimproverare   to blame, reproach
scegliere (*pp* **scelto;** *pr* **scelsi**)   to choose
sorvegliare   to watch over
stringere (*pp* **stretto;** *pr* **strinsi**)   to
  tighten up, to grasp
  stringere la mano a   to shake hands
  with

Prima di leggere

Carlo Cassola è uno scrittore italiano del Novecento. Scrive in maniera essenziale, intento a registrare la realtà nei fatti elementari e i sentimenti intimi, in polemica con i discorsi difficili sull'ideologia e la storia. È da notare l'interesse psicologico, in particolare nei suoi personaggi femminili. Egli esplora la condizione della donna soggetta all'uomo *(Paura e Tristezza);* presenta la capacità di lottare, soffrire e attendere un futuro migliore *(La ragazza di*

Gli italiani vanno al bar anche per riposarsi e vedere gli amici.

Bube); e esamina i nuovi comportamenti che nascono dalla rivoluzione culturale giovanile del 1968 *(Monte Mario).*

 Padre e figlia è tratto dal romanzo *Monte Mario.* Il libro è uscito nel 1973, cioè nel periodo storico che in Italia va sotto il nome di *contestazione.* Molti, e soprattutto i giovani, avevano adottato un atteggiamento di protesta e di critica contro tutto e tutti: lo stato, la scuola, la famiglia, l'ipocrisia del moralisti, la condizione di dipendenza delle donne.

 La scena ha luogo in un caffè di Roma dove si incontrano il signor Raicevic, la figlia Elena e il capitano Varallo. Elena è andata via di casa senza dir niente a nessuno e ora sta in casa di un amico, il capitano Varallo. È stato il capitano a fissare l'appuntamento al caffè col signor Raicevic.

In gruppi di tre o quattro studenti, discutete la situazione del racconto. Ecco alcune domande utili.

1. Che tipo pensate che sia Elena? Quanti anni avrà?
2. Perché sarà andata via di casa?
3. Perché non avrà detto niente a nessuno?
4. Come immaginate che sia il padre di Elena?
5. Chi sarà Varallo? Quanti anni avrà? Quali ragioni pensate possa aver avuto Elena per andare da lui?
6. Perché Varallo avrà fissato l'appuntamento al caffè con il signor Raicevic?
7. Provate ad immaginare di che cosa abbiano parlato.

Padre e figlia

Il signor Raicevic era seduto in fondo°. Stava leggendo il giornale.

    Ci fu un momento d'imbarazzo, da una parte e dall'altra: poi padre e figlia si abbracciarono. Il capitano a sua volta strinse la mano al signor Raicevic.

    «Prendete anche voi un caffè?» disse questi°. «Hai fatto colazione?» 5 domandò premuroso° alla figlia.

    «No, ma non mi ci va niente°. Prendo anch'io un caffè».

    «Prendi un cappuccino». Elena alla fine si lasciò convincere°. Richiamò indietro il cameriere per dirgli di metterci un velo° di polvere di cacao.

    «È una bella giornata» cominciò il signor Raicevic. «Sembra che la primavera 10 sia arrivata davvero».

    «Oh, non c'è da farsi illusioni» disse il capitano. «Il tempo è matto».

    «Già°, è troppo caldo... È un brutto segno quando la stagione è così».

    Bruscamente Elena li interruppe:

    «Mi avete fatto venir qui per parlare del tempo?»

15   Il padre si confuse:

    «Volevo aspettare che ti fossi rifocillata°... »

    «Se sono di troppo°, me ne vado» disse pronto il capitano.

    «Non essere stupido. Rimettiti seduto°» gl'impose Elena. «Non ci sono mica segreti tra noi. C'è che m'è venuto a noia stare a casa: mi sembra anche logico, 20 per una ragazza che ha ventisei anni compiuti°... »

    «Certo, certo» si affrettò a darle ragione il padre. «Ne abbiamo parlato altre volte, e io, non credo d'essermi mai opposto°... Mi sembra di essere di larghe vedute».

    «Lascia stare i paroloni» disse Elena. Era arrossita di colpo°, come le succede-25 va spesso. «Tu dici di aver fiducia nel mio giudizio, ma basta che stia tre giorni lontano perché ti allarmi... »

    «Io... sono rimasto sconcertato dalla maniera... Me lo avessi detto che avevi intenzione di andartene; mi avessi almeno lasciato due righe° per dirmi dov'eri andata... »

30   «È questo che non posso sopportare» proruppe° Elena. «Questa sorveglianza. Anche quando sono fuori Roma, ho l'impressione che tu mi stia sempre con gli occhi addosso°... »

    «Elena, tu sei mia figlia, è logico che stia in pensiero per te. È un pensiero che non mi abbandona mai, nemmeno quando sei a casa... Mi preoccupo del 35 tuo avvenire°, ecco tutto. Ho paura che tu sia scontenta. Che non abbia ancora trovato la tua strada... »

    «Sempre paroloni» disse Elena infastidita. S'interruppe per l'arrivo del caffè e del cappuccino, bevve una sorsata°, accese una sigaretta: si vedeva che riusciva a stento° a dominare il nervosismo. «La mia strada, come la chiami tu, devo trovar-40 la da me. E quanto più mi sentirò libera nella scelta, tanto più° potrò scegliere la strada giusta... Oh, ma basta con questa frase ridicola» e si sforzò di ridere.

    «Mi dispiace di averti dato quest'impressione, che ti voglia sorvegliare da lontano... Tu sei libera, io ho inteso° sempre lasciarti libera... »

---

*Glossario (margine):*

in: *in the back*

the latter

with concern

non: *I don't feel like eating* / **si:** *eventually gave in*

sprinkling

Sure

che: *until you had eaten something* / **Se:** *I'm not wanted*

Rimettiti: *Sit back down*

che: *was 26 on her last birthday*

d'essermi: *I have ever been opposed*

di: *suddenly*

due: *a short note*

burst out

con: *with your eyes on me*

futuro

bevve: *took a sip*

a: *con difficoltà*

quanto... tanto: *the more . . . the more*

ho: *I've meant*

45 «Già, ma ti preoccupi per me. Hai paura che commetta un passo falso... Hai
paura che vada a letto con l'uomo sbagliato: perché è di questo che si tratta... È
tutta lì la tua paura» aggiunse con una smorfia° di disprezzo.

Il capitano parteggiava per° il padre: ma si guardava bene dal farlo vedere°.
Gli pareva però poco abile: «Dovrebbe conoscerla. Dovrebbe sapere quali sono le
cose che la fanno scattare°... ».

50 A un certo punto il padre commise° uno sbaglio grosso. Disse: «Non puoi
negare che sono di larghe vedute. Ieri, per esempio: quando ho saputo che eri in
casa del... » temette di sbagliarsi sul grado° «di Varallo; ammetterai che non è
una cosa normale che una ragazza si faccia ospitare° da un giovanotto; ma è tale
la mia fiducia in te, è tale la stima che ho del nostro amico... ».

55 «Lo vedi che stai lì a pesare ogni cosa che faccio? Se proprio lo vuoi sapere,
non me ne importa un bel nulla di quel che pensi. Pensa pure il peggio, se ti fa
piacere. Ma sì, pensa che sono diventata la sua amante... »

«Elena, perché devi dire queste cose?» intervenne il capitano. «Tuo padre lo
sa benissimo che rapporti ci sono tra noi... »

60 «Tu non ci mettere il becco°, per favore. Anzi, fai una cosa, vai ad aspettarmi
fuori».

Questa volta fu il padre a trattenerlo°; gli disse che doveva assolutamente
rimanere.

«Allora me ne andrò io. Ma sì, basta, finiamola. Queste spiegazioni, mi fanno
65 venire il vomito°... Ecco, mi è già andata a traverso la giornata°. Ma poi, io, non
devo spiegar niente a nessuno. Avanti, andiamocene» disse a Varallo.

«Bevi almeno il cappuccino» fece lui.

«Non ti ho detto che m'è venuta l'agitazione di stomaco°? Non potrei
mandar giù° niente».

70 «Elena» cominciò il padre: ma lei gli aveva già voltato le spalle. Il capitano
rimase incerto, ma il padre gli fece segno di seguirla. «Mi raccomando a lei°»
disse stringendogli il braccio.

«Non dubiti, signor Raicevic» rispose mettendosi sull'attenti°.

Carlo Cassola, *Monte Mario*

Comprensione

1. Sono a loro agio i tre personaggi all'inizio della storia?
2. Di che cosa parlano il signor Raicevic e il capitano?
3. Chi cambia il discorso?
4. Che cosa rimprovera il padre alla figlia?
5. Che cosa rimprovera la figlia al padre?
6. Come si comporta il signor Raicevic durante la discussione?
7. Di che cosa si preoccupa?
8. Vi sembra che Elena sia obiettiva nelle sue opinioni? Cerca di capire suo padre?
   Secondo voi, chi ha ragione o torto?
9. Che tipo di rapporto pensate che ci sia tra Elena e Varallo?
10. Secondo Elena, di che cosa ha veramente paura suo padre? Perché?

Studio di parole

confidence

fiducia
confidence, trust, faith, reliance

È un uomo che non ispira fiducia.
He's a man who doesn't inspire confidence.

avere fiducia in, fidarsi di
to trust

Ho fiducia nel (mi fido del) mio amico.
I trust my friend.

confidenza
something that is confided; a secret

Ti posso fare una confidenza?
May I confide in you?

Te lo dico in confidenza.
I'm telling it to you in confidence.

sign

segno
sign, indication, gesture, motion

È un brutto segno quando i bambini
  perdono l'appetito.
It's a bad sign when children lose their appetite.

fare segno
to motion

Mi hanno fatto segno di seguirli.
They motioned to me to follow them.

cartello
written or printed sign

Perché non metti un cartello sulla tua porta?
Why don't you put a sign on your door?

segnale (*m*)
Standardized instructional sign or signal

Tu capisci tutti i segnali stradali?
Do you understand all the road signs?

insegna
sign on a business or public facility

Vi piace l'insegna di quel bar?
Do you like that bar's sign?

to be about

trattare di
to be about (subject is expressed)

Il film tratta delle avventure di due giovani.
*The film is about the adventures of two
  young people.*

***stare per** + *infinitive*
to be about to

Stavamo per mangiare quando sono arrivati.
We were about to eat when they came.

trattarsi di
to be a question, a matter of (impersonal
  subject)

Il dottore ha detto che si tratta di una cosa
  grave.
The doctor said it is a serious matter.

about

circa
about, approximately
used with a numeral or expression of quantity

Ho circa trenta dollari.
I've got about thirty dollars.

di, su, a propòsito di, riguardo a
about, concerning, regarding, on the subject of

Chi ha letto quest'articolo sul disarmo?
Who has read this article on disarmament?

A proposito della festa, che cosa ti metti tu?
*Speaking of the party, what are you going to
    wear?*

verso
about, around
Used with the time of day except when the
verb is a form of **essere.**

Sono venuti verso le otto.
They came at about eight.

But: Sono circa le otto.
It's around (about) eight.

Pratica

a. *Scegliere la parola o l'espressione che completa meglio la frase.*

1. I genitori dovrebbero aver _______________ nel giudizio dei figli.
2. Una luce rossa è un _______________ di pericolo.
3. Non devi dirlo a nessuno: è una _______________ !
4. Gli ho chiesto: «Vieni?» e lui mi ha fatto _______________ d'aspettare.
5. Hanno messo un _______________ sulla porta. Dice: «Lezioni d'italiano. Venticinque dollari all'ora».
6. Non dovete preoccuparvi: è chiaro che _______________ di uno scherzo.
7. Ti dà fastidio l'_______________ al neon di quel negozio?
8. Di che cosa _______________ l'ultimo libro che hai letto?
9. Carla fuma _______________ venti sigarette al giorno.
10. Vorrei chiederti delle informazioni _______________ gli alberghi di Venezia.

b. **Una cena per il direttore.** *Scegliere la parola o l'espressione che completa meglio la frase.*

Il direttore avrà _______________ sessantacinque anni; ormai è _______________ la fine della sua carriera. Ieri, alla cena in suo onore, ha parlato _______________ fiducia che ha sempre avuto nei suoi collaboratori. A noi ha fatto piacere, eravamo tutti contenti. Quando _______________ finire il discorso, Mario, che gli stava dietro, ha alzato un _______________ che diceva: «Battete le mani fino a quando torno con il regalo». Poi è sparito ed è ritornato con un pacchetto piccolo piccolo. Brutto segno, ho pensato. Mario mi aveva detto in _______________ di aver speso poco ed ero un po' preoccupato. Ma mi sbagliavo. _______________ di un bell'orologio d'oro. È _______________ che abbiamo tutti contribuito generosamente.

c. *Domande per Lei.*

1. In quali categorie di persone non ha fiducia Lei?
2. A chi ama fare confidenze?
3. Sotto quale segno è nato/a?[1] Quali sono le caratteristiche delle persone nate sotto il Suo segno?
4. Quali scelte vorrebbe essere libero/a di fare Lei?
5. Secondo Lei, come avrebbe reagito la madre di Elena al comportamento della figlia?

Temi per componimento o discussione

1. Dove finisce l'autorità dei genitori? Dove comincia la libertà dei figli?
2. I giovani hanno bisogno di staccarsi dalla famiglia e di vivere la propria vita. Che cosa significa in pratica?
3. In Italia molti tra i giovani vivono in famiglia con i genitori, spesso fino a quando si sposano, o trovano lavoro in un'altra città, o guadagnano abbastanza soldi per comprare o prendere in affitto un appartamento. Le ragioni sono molteplici: la tradizione, l'alto costo delle abitazioni, la poca disponibilità di lavori part-time, la tendenza a frequentare l'università della propria città. Quali sono le vostre reazioni? Sapreste adattarvi ad una situazione del genere? Perché sì? Perché no?
4. In America i giovani vanno via di casa molto presto, o per continuare gli studi o perché hanno un lavoro. Quali sono i vantaggi? Quali sono le difficoltà? Spiegatelo ai ragazzi italiani.
5. Qualche volta anche i giovani americani abitano, o tornano ad abitare, con i genitori. Perché? Cosa si aspettano da papà e mamma? Cosa danno in cambio?

RICERCA WEB

Va sotto il nome di contestazione un movimento giovanile di protesta nei confronti delle strutture scolastiche da cui è nata una radicale opposizione al sistema sociale, economico e politico. La contestazione si è sviluppata in Europa e in America verso la fine degli anni Sessanta.

a. La contestazione
b. Il Sessantotto italiano

---

[1] The names of the signs are **Ariete** (*m*), **Toro, Gemelli, Cancro, Leone, Vergine** (*f*), **Bilancia, Scorpione** (*m*), **Sagittario, Capricorno, Acquario, Pesci.**

Che decisione prendere? Sembra che Sabina abbia intenzione di lasciare la scuola e andare a lavorare in Australia. Gli amici offrono opinioni e commenti.

—Devi capire che il diploma al giorno d'oggi (*nowadays*) è necessario!
—Cerca di non fare sciocchezze. Ho paura che ti pentirai presto.
—Ammetti che quel lavoro in Australia non ti offre nessuna garanzia.
—Come ti viene in mente di prendere una decisione del genere?
—Più che per te, io mi preoccupo per tua madre.
—Possiamo fare qualcosa per aiutarti a finire la scuola? Puoi contare su di noi.

Sabina si lascia convincere e rimanda la partenza a dopo gli esami. Gli amici non si preoccupano più.

—Ha cambiato idea. Meno male!
—Ringraziamo il cielo!
—Ora possiamo stare tranquilli.

Convincere

È vero che... ma dovresti/potresti...	*It's true that . . . but you should/could . . .*
Devi riconoscere che...	*You must acknowledge that . . .*
Devi capire che...	*You must understand that . . .*
Devi ammettere che...	*You must admit that . . .*
Come puoi pensare che... ?	*How can you think that . . . ?* *What makes you think that . . . ?*
Come ti viene in mente di... ?	*How can it cross your mind to . . . ?*

Esprimere preoccupazione

Mi preoccupo per te/loro.	
Ho paura che tu...	
Ho paura di...	
Temo che sia sbagliato...	*I'm afraid it's wrong . . .*

Esprimere sollievo

Meno male! Ringraziamo il cielo!	*Thank God!*
Finalmente!	*At last!*
Meglio così!	*So much the better!*
Oh, che bellezza!	*How nice!*
Per fortuna che...	*Luckily . . .*

Offrire aiuto

Ti posso aiutare?
Cosa posso fare per aiutarti?
Vuoi che vada/faccia/compri...
C'è niente che posso fare per te?
Puoi contare su di me.   *You can count on me.*

Che cosa dice?

1. Un Suo amico/una Sua amica è in gravi difficoltà finanziarie. Lei è ricco/a.
2. Un amico Le propone di interrompere gli studi e di andare con lui ad iniziare un'azienda agricola in Cile. Lei non è sicuro che l'avventura finisca a Suo vantaggio.
3. Un amico di Suo padre Le offre di passare le vacanze lavorando nella sua ditta di trasporti internazionali. Che cosa Le dice per convincerLa?
4. Lei è all'aeroporto da tanto tempo. L'aereo su cui viaggiano i Suoi genitori ha moltissimo ritardo e non si capisce perché. Dopo ore di attesa Lei legge sullo schermo televisivo che l'aereo è atterrato.

Situazioni

1. Suo fratello non va d'accordo con la moglie, vuole lasciarla e andare a vivere con un'altra donna. Lei pensa che le conseguenze saranno disastrose e cerca di fargli cambiare idea.
2. Suo padre è medico e vuole convincerLa a laurearsi in medicina e ad andare a lavorare nel suo studio. Lei è molto preoccupato/a perché si diverte con i computer e vuole specializzarsi nel campo dell'informatica. Che cosa dice Suo padre? Che cosa dice Lei?
3. La Sua amica Gioia è in crisi. Le spiega che deve ancora finire una relazione per domani e non farà in tempo a inserirla nel computer. Lei? Lei offre aiuto. Che cosa dice Gioia? Che cosa dice Lei?

PER COMINCIARE

Scherzavo

STRUTTURA

Esprimere emozioni, desideri e speranze nel passato

I. Congiuntivo imperfetto e trapassato

II. Concordanza dei tempi nel congiuntivo

Mettere in evidenza persone e oggetti

III. *Questo* e *quello* e altri dimostrativi

Stabilire una connessione tra due idee

IV. Pronomi relativi

LETTURA

Una vite di troppo

PER COMUNICARE

Dare indicazioni stradali

Punti di riferimento

Termini utili

Scherzavo. Serena e Silvano stanno pensando di comprare una macchina nuova, ma quella che piace a Silvano costa troppo e Serena ha qualcosa da dire in proposito.

SILVANO: Magari potessimo permetterci una macchina così! E se chiedessimo un prestito? Non so quale sia il tasso d'interesse.

SERENA: Credevo che fossi una persona ragionevole! Quella è una macchina da milionari!

SILVANO: Ma senti com'è bella! Il dépliant dice che ha il volante regolabile in altezza, apertura delle porte con telecomando, iniezione elettronica e sospensioni computerizzate. Gli interni sono firmati da uno stilista famoso e la carrozzeria è garantita per dieci anni contro la corrosione atmosferica—e poi ti assicuro che il turbodiesel ha dato prestazioni globali eccellenti.

SERENA: Ne parli come se fosse già tua. E quanti chilometri fa con un litro di benzina?

SILVANO: Dieci o undici. Non si può dire che consumi poco. Bisognerebbe che mi aumentassero lo stipendio…

SERENA: Che ti stia tornando la ragione? Con tutti gli anni che hai passato a studiare, credevo che avessi imparato a fare i conti!

SILVANO: Ma dai! Scherzavo. Davvero pensavi che dicessi sul serio?

Vocabolario utile

L'automobile

il bagagliaio trunk
la carrozzeria (auto) body
la corsia lane
il cruscotto dashboard
il danno damage
il dépliant brochure
i fari headlights
il freno brake
l'incidente accident
l'interno interior, inside part

il limite di velocità speed limit
il mezzo di trasporto means of transportation
il motore engine
la multa/contravvenzione (traffic) ticket
il parabrezza windshield
la prestazione performance
il serbatoio gas tank
il tergicristallo windshield wiper

frenare to brake, come to a stop
riparare to fix
scontrare to hit, collide

affidabile reliable
prestigioso prestigious

chiedere un prestito to apply for a loan
fare il pieno to fill up
mettere in moto to start

ESERCIZI

a. *Rispondere alle domande seguenti.*

1. Cosa potrebbe fare Silvano per comprare la macchina che gli piace?
2. Cosa pensa Serena? È d'accordo? Perché?
3. Si tratta di una macchina raccomandabile sotto tutti i punti di vista? Perché?
4. Che cosa fa cambiare idea a Silvano? Che effetto ha una macchina così sul bilancio (*budget*) familiare?

b. *Inserire le parole o espressioni che meglio completano la frase.*

1. Ero sull'autostrada, pioveva e il _______________ non funzionava.
2. All'improvviso si sono accese due luci rosse del _______________ e io mi sono preoccupato.
3. Tutte le altre macchine viaggiavano ben al di sopra del _______________ .
4. Mi sono fermato alla prima stazione di servizio dove un bravo meccanico _______________ dei contatti difettosi.
5. Dato che nel _______________ non c'era più tanta benzina, ho anche _______________ .
6. Ero quasi arrivato a destinazione quando c'è stato un _______________ terribile.
7. Per fortuna io sono riuscito a cambiare velocemente _______________ e non sono stato coinvolto.
8. Sono molto soddisfatto della mia Alfa Romeo, è veramente una macchina _______________ .

STRUTTURA

I. Congiuntivo imperfetto e trapassato

A. The **congiuntivo imperfetto** (*imperfect subjunctive*) is formed by adding the characteristic vowel for the conjugation plus the appropriate endings to the stem. The endings are the same for all three conjugations: **-ssi, -ssi, -sse, -ssimo, -ste, -ssero.**

	AMARE	CREDERE	fiNIRE
che io	amassi	credessi	finissi
che tu	amassi	credessi	finissi
che (lui/lei)	amasse	credesse	finisse
che (noi)	amassimo	credessimo	finissimo
che (voi)	amaste	credeste	finiste
che (loro)	amassero	credessero	finissero

1. Very few verbs are irregular in the imperfect subjunctive. The most common are shown below.

	ESSERE	DARE	STARE
che io	fossi	dessi	stessi
che tu	fossi	dessi	stessi
che (lui/lei)	fosse	desse	stesse
che (noi)	fossimo	dessimo	stessimo
che (voi)	foste	deste	steste
che (loro)	fossero	dessero	stessero

2. Verbs that use the Latin stem to form the **indicativo imperfetto** also use the same stem in the **congiuntivo imperfetto.**

	BERE (BEVEVO)	DIRE (DICEVO)	FARE (FACEVO)	TRADURRE (TRADUCEVO)
che io	bevessi	dicessi	facessi	traducessi
che tu	bevessi	dicessi	facessi	traducessi
che (lui/lei)	bevesse	dicesse	facesse	traducesse
che (noi)	bevessimo	dicessimo	facessimo	traducessimo
che (voi)	beveste	diceste	faceste	traduceste
che (loro)	bevessero	dicessero	facessero	traducessero

B. The **congiuntivo trapassato** (*past perfect subjunctive*) is formed with the imperfect subjunctive of **avere** or **essere** plus the past participle of the verb.

VERBS CONJUGATED WITH *AVERE*			VERBS CONJUGATED WITH *ESSERE*		
che io	avessi	amato	che io	fossi	partito/a
che tu	avessi	amato	che tu	fossi	partito/a
che (lui/lei)	avesse	amato	che (lui/lei)	fosse	partito/a
che (noi)	avessimo	amato	che (noi)	fossimo	partiti/e
che (voi)	aveste	amato	che (voi)	foste	partiti/e
che (loro)	avessero	amato	che (loro)	fossero	partiti/e

๑ Uso del congiuntivo imperfetto e trapassato

A. The imperfect and past perfect subjunctive are used in the very same cases in which the present and past subjunctive are used. (See Chapter 8, pp. 191–192.)

B. The tense of the subjunctive used in the dependent clause is determined by the time relationship between the actions of the two clauses. If the action of the dependent clause:

1. takes place at about the same time as or shortly after the action of the independent clause $\xrightarrow{\text{use}}$ IMPERFECT SUBJUNCTIVE

2. took place before the action of the independent clause $\xrightarrow{\text{use}}$ PAST PERFECT SUBJUNCTIVE

Temevo che **avesse** un incidente.
I was afraid he might have an accident.

Non volevo che lui **comprasse** una macchina veloce.
I did not want him to buy a fast car.

} CONCURRENT ACTION

Temevo che lui **avesse avuto** un incidente.
I was afraid that he might have had an accident.

Speravo che lui non **avesse comprato** una macchina veloce.
I was hoping that he had not bought a fast car.

} PAST ACTION

The imperfect and past perfect subjunctive are also used if the main clause contains a verb in the conditional that indicates will (**volere**), desire (**desiderare**), or preference (**preferire**).

Vorrei che lui finisse l'università. *I would like him to finish college.*

Preferirei che lui avesse finito l'università. *I would prefer that he had finished college.*

Avrei preferito che lui avesse finito l'università. *I would have preferred that he had finished college.*

๑ Il congiuntivo usato da solo

The subjunctive tenses can also be used in independent clauses to express:

A. A deeply felt wish that something should come about. The present subjunctive is used in this case.

Che Dio ti benedica! Dio vi accompagni!
God bless you! *God be with you!*

B. A wish or a desire whose fulfillment seems unlikely, or a regret that something did not happen in the past. **Oh, almeno, magari,** and **se** often introduce such expressions, followed by the imperfect or the past perfect subjunctive.

Fosse vero! Se avesse fatto ingegneria!
I wish it were true! *If only he/she had graduated in engineering!*

C. A sense of doubt or an assumption (*Is it possible that . . . ? Do you suppose that . . . ?*). This expression is often introduced by **che.**

Che l'abbiano già saputo?
Do you suppose they've already found out?

Che fosse innamorato di me?
Is it possible he was in love with me?

ESERCIZI

a. **Ricordi?** *Francesca e Mariella stanno pensando a quando facevano le elementari. Trasformare le frasi al passato, usando l'imperfetto del congiuntivo.*

> **ESEMPIO** Non mi piace che tu legga il mio diario.
> **Non mi piaceva che tu leggessi il mio diario.**

1. Ogni giorno tu e Gina temete che la maestra vi interroghi.
2. È raro che succeda qualcosa di entusiasmante a scuola.
3. Agli zii sembra che Luigi dica un sacco di bugie.
4. Quando andiamo a dormire, ho paura che venga il lupo mannaro (*boogeyman*).
5. Mi pare che tu sia molto più grande di me.
6. Di sera vuoi che la mamma ti venga a dare il bacio della buona notte.
7. Speriamo che il babbo ci racconti le favole.
8. Tu non sai bene che lavoro fa papà.

b. **A vent'anni...** *La nonna Piera racconta di quando lo zio Giovanni andò via di casa per una settimana. Trasformare le frasi al passato, usando la forma corretta del trapassato del congiuntivo.*

> **ESEMPIO** Giovanni è l'unico figlio che abbia mai fatto una cosa simile.
> **Giovanni era l'unico figlio che avesse mai fatto una cosa simile.**

1. Tutti credono che gli sia accaduto qualcosa.
2. Nessuno sa che cosa sia andato storto (*to go wrong*).
3. Noi non sappiamo dove sia andato.
4. È probabile che Giovanni non abbia voluto telefonare di proposito (*on purpose*).
5. Sembra che noi non abbiamo capito l'intera situazione.
6. Alla fine a lui è dispiaciuto che siamo stati in pensiero.
7. Dubitiamo che voi vi siate accorti di nulla.

c. **Occasioni mancate.** *Immagini di parlare con un compagno/una compagna delle occasioni mancate della sua vita. Usare le espressioni* **oh, magari, almeno,** *and* **se.**

> **ESEMPIO** io / studiare storia dell'arte a Firenze
> **Almeno avessi studiato storia dell'arte a Firenze!**

1. miei genitori / darmi più libertà
2. il mio fidanzato / comprare quell'appartamento in via Tassoni
3. io e Luca / andare a lavorare all'estero
4. tu / vincere tanti soldi alla Lotteria di Capodanno
5. mamma / permetterci di uscire la sera
6. voi / non dare un tale dispiacere al nonno Tino

d. **Vita d'ufficio.** *Il vostro capo è stato chiamato d'urgenza nell'ufficio del presidente. Cercate di immaginare con i vostri colleghi che cosa sia potuto accadere. Inventare delle frasi usando le espressioni seguenti o altre espressioni da voi scelte.*

ESEMPIO licenziare qualcuno
Che abbiano in mente di licenziare qualcuno?

1. dare il permesso di uscire un'ora prima
2. dare le dimissioni
3. andare in pensione
4. aumentare lo stipendio
5. organizzare uno sciopero
6. diminuire la produzione
7. esserci un errore nel bilancio
8. accorgersi dell'assenza di Mario

e. **Vita in famiglia.** *Formare un'unica frase usando* **di** + infinito *o* **che** + congiuntivo, *secondo il senso.*

ESEMPI Marina era contenta. Usciva con Leo.
Marina era contenta di uscire con Leo.
Marina era contenta. I suoi la lasciavano uscire con Leo.
Marina era contenta che i suoi la lasciassero uscire con Leo.

1. Fabrizia si preoccupava. Non aveva abbastanza soldi per comprare un appartamento.
2. Il padre aveva paura. Fabrizia aveva preso una decisione sbagliata.
3. I figli non volevano. I genitori li sorvegliavano.
4. A Grazia dava fastidio. Il suo ragazzo non le aveva telefonato.
5. Ci dispiaceva molto. Non ricordavamo il nome della madre di Leo.
6. Simona era preoccupata. Il marito non era tornato.
7. Lui era sorpreso. Era arrivato con tanto ritardo.
8. Alla bambina faceva piacere. Il papà le aveva portato un regalo.

II. Concordanza dei tempi nel congiuntivo

A. The following chart shows the sequence of tenses when the verb in the independent clause is in the *present, future,* or *imperative.*

INDEPENDENT CLAUSE	DEPENDENT CLAUSE	
Presente **Futuro** **Imperativo**	Concurrent action Past action	**Congiuntivo presente** **Congiuntivo passato**

Dubito che capiscano.
I doubt they understand.

Dubito che abbiano capito.
I doubt they (have) understood.

Siamo contenti che **vengano.**
We're glad they are coming.

Siate contenti che **siano venuti!**
Be glad that they came!

Credete che **piova** domani?
Do you think it will rain tomorrow?

Non crederete che Mario **si sia divertito.**
You won't believe Mario has had a good time.

Contrary to the above sequence, the *imperfect subjunctive* is used in the dependent clause when the verb reports a habitual action in the past or a past condition or state of being. A test of this usage is that the **imperfetto** would be used if the clause were independent.

Pare che gli antichi **morissero** giovani. (Gli antichi **morivano** giovani.)
It seems that the ancients died young.

Crediamo che lui **fosse** stanco quel giorno. (Lui **era** stanco quel giorno.)
We think that he was tired that day.

B. The following chart shows the sequence of tenses when the verb in the independent clause is in any *past tense* or in the *conditional*.

INDEPENDENT CLAUSE		DEPENDENT CLAUSE
Imperfetto **Passato prossimo** **Passato remoto** **Trapassato** **Condizionale presente** **Condizionale passato**	Concurrent action Past action	**Congiuntivo imperfetto** **Congiuntivo trapassato**

Dubitavo che **ascoltassero.**
I doubted they were listening.

Dubitavo che **avessero ascoltato.**
I doubted they had listened.

Preferiremmo che tu **venissi** ora.
We would prefer that you come now.

Avremmo preferito che tu **fossi venuto** ieri.
We would have preferred that you had come yesterday.

After **come se** (*as if*) the *imperfect* and *past perfect* subjunctive are used, no matter what the tense is in the independent clause.

Gli volevamo bene come se **fosse** nostro figlio.
We loved him as if he were our own son.

Voi parlate come se **aveste capito** tutto.
You talk as if you had understood everything.

C. The following examples illustrate the sequence of tenses in the subjunctive.

Credi che
  Gianni lavori all'IBM?
  Gianni abbia lavorato all'IBM?
  Gianni lavorasse all'IBM quando preparava la tesi?

Credevi che
  Gianni lavorasse all'IBM?
  Gianni avesse lavorato all'IBM?

Ti pago il cinema
  purché tu finisca i compiti.
  purché tu abbia finito i compiti.

Gli pagavo il cinema
  purché finisse i compiti.
  purché avesse finito i compiti.

D. Remember that the future of the past is always expressed with the past conditional (see pp. 172–173).

Credevi che dopo la laurea Gianni **avrebbe lavorato** all'IBM?
Did you believe that after graduating Gianni would work for IBM?

ESERCIZI

a. *Completare le seguenti frasi con la forma corretta del congiuntivo.*

> **ESEMPIO** Spero che il direttore accetti la mia proposta. Speravo che...
> **Speravo che il direttore accettasse la mia proposta.**

1. Ci aiuta senza che noi glielo chiediamo.
   Ci aiutò senza che...
2. Non sapevo che cosa fosse successo.
   Non so che cosa...
3. È inutile che voi mi scriviate.
   Sarebbe inutile che...
4. Spero che Lei passi un felice Natale.
   Speravo che...
5. Bastava un esempio perché io potessi capire.
   Basta un esempio perché...
6. Fece tutto senza che ce ne accorgessimo.
   Fa tutto senza che...
7. Lui insiste perché lei gli dia un appuntamento.
   Lui aveva insistito perché...
8. Lo mandarono in America per un anno perché vedesse il mondo e imparasse l'inglese.
   Lo mandano in America per un anno perché...
9. Chi avrebbe pensato che fosse lei la madre?
   Chi penserà...?
10. Temevano che nevicasse durante la notte.
    Temono...

Non credevo che la benzina in Italia costasse tanto così.

b. *Completare le seguenti frasi con la forma corretta del verbo dato fra parentesi.*

> **ESEMPIO** Sentivo dei rumori strani. Avevo l'impressione che la macchina non (funzionare) **funzionasse** regolarmente.

1. Cominciarono a ridere prima che io (parlare) _______________ .
2. Cominceranno a ridere prima che io (parlare) _______________ .
3. Occorre che tu (lasciare) _______________ la macchina in un parcheggio e (prendere) _______________ l'autobus.

4. Sarebbe necessario che anche voi (venire) _______________ alla riunione.
5. Sebbene loro non (fare) _______________ mai attenzione, imparano molto.
6. Vi do il permesso di uscire purché (ritornare) _______________ prima di mezzanotte.
7. Parlò forte perché tutti (potere) _______________ capire.
8. Preferirei che mio figlio (cercare) _______________ un lavoro e (imparare) _______________ a guadagnarsi la vita.
9. Luisa sperava che tu (andare) _______________ a prenderla alla stazione. Quando è arrivata e non ti ha visto, ha pensato che tu (dimenticare) _______________ .
10. Dove sono gli zii? Non credo che (arrivare) _______________ . Può darsi che (perdere) _______________ il treno.

c. *Formare nuove frasi usando* **che** + congiuntivo *invece di* **di** + infinito.

    ESEMPIO   Gli ho detto di tornare subito a casa.
            Gli ho detto che tornasse subito a casa.

1. Le ho ordinato di fare presto.
2. Ti ho detto di svegliarmi alle sette.
3. Ho detto loro di non lavorare troppo.
4. Ho raccomandato ai clienti di avere pazienza e di aspettarmi ancora un po'.
5. Gli ho ordinato di chiudere la porta e di seguirmi.
6. Vi avevo suggerito di spegnere la luce e di andare a letto.

d. **Fratello e sorella.** *Completare le frasi con il verbo al congiuntivo o all'indicativo, secondo il senso.*

Carlotta dice che la macchina non (andare bene) _______________ e pensa che (essere necessario) _______________ portarla dal meccanico. Ieri era sull'autostrada e ha avuto l'impressione che i freni (non funzionare) _______________ . Le ho detto che io (usare) _______________ la stessa macchina sabato e domenica e che non (avere) _______________ difficoltà. Ho paura che (essere) _______________ lei che non (sapere) _______________ guidare. Vorrei che dal meccanico la macchina la (portare) _______________ Carlotta. Lei invece ha proprio l'aria di credere che (toccare) _______________ a me occuparmene, come se i fratelli (esistere) _______________ esclusivamente per liberare le sorelle da tutte le seccature. È sempre la stessa storia. Qualsiasi cosa non le (funzionare) _______________ viene da me, come se io non (avere) _______________ niente altro da fare. Non solo! Ieri sono andato un momento in cucina a prendere il caffè e lei si è messa a usare il mio computer. Quando sono tornato in camera mia, mi ha guardato con aria innocente e mi ha detto: —Oh! credevo che tu (uscire) _______________ ! Be', ho paura che tu (dovere) _______________ lasciarmi lavorare una mezz'oretta, sto scrivendo il tema di storia per domani. Non ho protestato, ma almeno mi (dire) _______________ grazie!

III. *Questo* e *quello* e altri dimostrativi

A. **Questo** e **quello** come aggettivi

1. **Questo** (*this, these*) can be shortened to **quest'** before a singular noun or adjective beginning with a vowel.

    Guarda questo quadro!   Cosa fate quest'inverno?
    Look at this painting.   *What are you doing this winter?*

2. In the following forms, **questo** is contracted and combined with the noun.

stamattina	(questa mattina)	*this morning*
Also: **stamani** *or* **stamane**		
stasera	(questa sera)	*this evening, tonight (the earlier part of the night)*
stanotte	(questa notte)	*tonight (now or later), last night*
stavolta	(questa volta)	*this time*

3. **Quello** (*that, those*) has several forms that follow the same pattern as **bello** and definite articles combined with **di** (**del, dello, dell'**, etc.). For an explanation of the forms of **quello** and their uses, see pp. 65–66.

4. **Questo** and **quello** are often accompanied by **qui** (**qua**) and **lì** (**là**).

questo libro qui   quel giornale là
this book here   *that newspaper there*

B. **Questo** e **quello** come pronomi

Questo and **quello** are pronouns as well as adjectives. As pronouns, they both have four forms.

SINGULAR	PLURAL	SINGULAR	PLURAL
questo	questi	quello	quelli
questa	queste	quella	quelle

Questo è il mio orologio.   Quella è mia moglie e quelli sono i miei bambini.
This is my watch.   *That's my wife and those are my children.*

1. **Questo** can mean **questa cosa; quello** can mean **quella cosa.**

Questo mi preoccupa davvero.   Tu pensi solo a quello!
This (matter) really worries me.   *You think only of that (matter)!*

2. **Quello** and **questo** can also mean *the former* and *the latter,* respectively.

Milano e Genova sono due grandi città: quella è in Lombardia, questa (è) in Liguria.
Milan and Genoa are two large cities; the former is in Lombardy, the latter (is) in Liguria.

3. **Quello** may be followed by an adjective or a prepositional phrase. Its English equivalents are *the one, the ones.*

Ti piacciono le biciclette italiane?—No, preferisco **quelle** francesi.
Do you like Italian bicycles?—No, I prefer French ones.

Quale pasticceria preferisce?—**Quella** vicino a Piazza del Duomo.
Which pastry shop do you prefer?—The one near Piazza del Duomo.

4. **Quello** may be followed by **di** to indicate possession. Its English equivalents are *that (those) of, the one(s) of.*

Hai letto i racconti di Moravia?—No, ho letto solo **quelli** di Buzzati.
Have you read Moravia's short stories?—No, I've only read Buzzati's.

5. **Quello** may be followed by a relative pronoun. Its English equivalents are *the one(s) who, the one(s) that.*

Ecco una vite: è **quella** che cercavi?
Here's a screw: is it the one you were looking for?

Ecco un libro: è **quello** di cui avevo bisogno.
Here's a book: it is the one I needed.

C. Altri pronomi dimostrativi

1. Other demonstrative pronouns can replace **questo** and **quello** only when **questo** and **quello** refer to *people.*

SINGULAR		PLURAL
masculine	*feminine*	*masculine* and *feminine*
questi		
costui	costei	costoro
quegli		
colui	colei	coloro

Questi (*this [one]*) and **quegli** (*that [one]*) are masculine singular pronouns and can only be used as subjects.

Questi piange, **quegli** ride.
This one cries, that one laughs.

Costui, costei (*this [one]*), **costoro** (*these*), and **colui, colei** (*that [one]*), **coloro** (*those*) can be used as both subjects and objects. **Costui, costei, costoro** often express a derogatory meaning. **Colui, colei, coloro** are almost always followed by the relative pronoun **che.**

Non mi parlare di **costui!**　　　　**Colui** che sa parla.
Don't talk to me about this jerk.　　　*The one who knows, speaks.*

Che diavolo vogliono **costoro?**
What the devil do they want?

2. The pronoun **ciò** can replace both **questo** and **quello** only when they refer to *things.* **Ciò** is always masculine singular.

Ciò è strano.　　　　Dovete ricordare ciò.
That's strange.　　　*You must remember this.*

Mario non scrive da mesi e ciò mi preoccupa.
Mario hasn't written for months, and that worries me.

—Quello pensa solo ai quattrini.

When it is not a subject, **ciò** is often replaced by **lo, ne, ci.**

lo = ciò

Chi **lo** ha detto? Chi ha detto **ciò?**
Who said so?

ne = di ciò, di questo, di quello

Chi **ne** vuole parlare? Chi vuole parlare **di ciò?**
Who wants to talk about that?

ci = a ciò, a questo, a quello

Un'altra volta devi pensar**ci** prima!
Next time you must think about it first.

ESERCIZI

a. **È questione di gusti...** *Rispondere alle domande usando le parole fra parentesi.*

ESEMPIO   Ti piace il vestito verde? (rosso)
—No, preferisco quello rosso.

1. Ti piace la camicetta a righe? (a quadri)
2. Ti piacciono gli stivali neri? (marrone)
3. Ti piace quella giacca elegante? (sportiva)
4. Ti piace il caffè americano? (italiano)
5. Ti piacciono i mobili in plastica? (in legno)
6. Ti piacciono le piante della zia? (della mamma)

b. **Gusti opposti.** *Indicare le preferenze di Marta e di Maria, prendendo l'esempio come guida.*

ESEMPIO   MARTA   A me piacciono i romanzi che parlano d'amore.
MARIA   **Io preferisco quelli che non parlano d'amore.**

1. le canzoni che parlano di Napoli
2. le persone che s'intendono di arte moderna
3. le storie che finiscono bene

4. gli uomini che hanno la barba
5. le automobili che hanno due portiere
6. i golf che sono in vetrina

c. **Questo o quello?** *Inserire il termine appropriato.*

_______________ storia proprio non mi piace. Toni ha preso un'altra multa e non ha soldi per pagarla. Gli ho già pagato _______________ che gli hanno fatto la settimana scorsa, _______________ di quaranta euro per eccesso di velocità. È proprio vero _______________ che dice suo padre, Toni è uno di _______________ che non rispettano mai le regole. Ma _______________ volta io non lo aiuto: non sono la Banca d'Italia!

IV. Pronomi relativi

A relative pronoun (*who, whom, that, which, whose*) joins a dependent clause to a preceding noun or pronoun called the *antecedent*. The dependent clause introduced by a relative pronoun is called a *relative clause*. In Italian relative pronouns are always expressed.

Il golf **che** ho comprato è rosso.
The sweater (that) I bought is red.

Mario è il ragazzo con **cui** sono uscita.
Mario is the young man I went out with (with whom I went out).

The relative pronouns are: **che; cui; chi; il quale, la quale, i quali, le quali.**

A. **Che**

1. **Che** corresponds to *who, whom, that, which.* **Che** refers to both persons and things, either singular or plural, masculine or feminine. It is invariable and can be either the subject or the direct object of the verb in the relative clause. It cannot be the object of a preposition.

   il ragazzo **che** ride
   the boy who laughs

   la ragazza **che** conosco
   the girl (whom) I know

   gli esami **che** devo dare
   the exams (that) I must take

   le case **che** costano poco
   the houses that cost little

2. When **che** is the direct object of a verb in a compound tense, agreement of the past participle in gender and number with the antecedent is optional.

   La signora che ho invita**to** (invita**ta**) è inglese.
   The woman I invited is English.

B. **Cui**

1. **Cui** corresponds to *whom, that, which* and is always used after a preposition. It refers to both persons and things and is invariable.

   l'uomo **di cui** parli
   the man (whom) you're talking about

   la signora **di cui** ci siamo lamentati
   the lady (whom) we complained about

   i bambini **a cui** piacciono i biscotti
   the children who like cookies

   il palazzo **in cui** abitate
   the building (that) you live in

   Note that in Italian the preposition never comes at the end of a relative clause.

2. **In cui** or **che** is used after expressions of time where English uses **when** (which is often unexpressed).

il giorno **in cui** (che) mi hai visto
the day (when) you saw me

l'anno **in cui** (che) ha nevicato
the year (when) it snowed

3. **Per cui** is used after expressions of cause where English uses *why* or *that* (which is usually unexpressed).

la ragione **per cui** non sono venuti
the reason (that) they didn't come

il motivo **per cui** piangi
the reason (that) you are crying

4. **In cui** is used after **modo** or **maniera** to mean *the way in which.* In English *in which* is often unexpressed.

il modo **in cui** Lei parla
the way (in which) you talk

la maniera **in cui** ballano
the way they dance

C. Il cui, la cui, i cui, le cui

The *definite article* + **cui** expresses possession (*whose, of which*). The article agrees with the noun that follows **cui** and not with the antecedent of **cui**.

Ecco la signora **il cui marito** è
   avvocato.
*There's the woman whose husband
   is a lawyer.*

Il palazzo **le cui finestre** sono chiuse è
   in vendita.
*The building whose windows are closed is
   for sale.*

D. Il quale, la quale, i quali, le quali

The *article* + **quale** can replace **che** or **cui** in all of the above situations.

1. The *article* + **quale** is used instead of **che** to avoid ambiguity because the article indicates the gender and number of the antecedent.

Ho parlato con la moglie di Mario **la quale** è professoressa.
I spoke with Mario's wife, who is a teacher.

Gli amici di Laura **i quali** arrivano oggi vivono in campagna.
Laura's friends, who are arriving today, live in the country.

2. The *article* + **quale** is frequently used instead of **cui**. The article combines with the preceding preposition as necessary: **al quale, della quale, nei quali, sulle quali,** etc.

Ecco i ragazzi **con i quali** (**con cui**) gioco a carte.
There are the boys with whom I play cards.

È una cosa **alla quale** (**a cui**) bisogna pensare.
It's something we have to think about.

3. **Di** + *article* + **quale** can replace the *article* + **cui** to show possession. There are differences in agreement and word order: **del quale** agrees with its antecedent and follows the noun it modifies.

Ecco la signora il marito **della quale** (il cui marito) è avvocato.
There's the lady whose husband is a lawyer.

Il palazzo le finestre **del quale** (le cui finestre) sono chiuse è in vendita.
The building whose windows are closed is for sale.

E. Chi

Unlike the other relative pronouns, **chi** does not require an antecedent and is used only for people. It corresponds to *he (him) who, she (her) who, whoever, whomever, the one(s) who, those who*. When used as the subject of the relative clause, it always takes a singular verb. **Chi** is often found in proverbs, popular sayings, and generalizations.

Ride bene chi ride ultimo.
He who laughs last laughs best.

Potete dare il mio indirizzo a chi volete.
You can give my address to whomever you want.

Ammiro chi dice la verità.
I admire those who tell the truth.

F. Chi?

Chi?—not to be confused with **chi** used as a relative or indefinite pronoun—is an interrogative pronoun that corresponds to *who?* or *whom?* Preceded by prepositions, **chi?** corresponds to *whose?, to whom?, with whom?, for whom?*, etc. It can appear in direct or indirect questions:

Chi viene a cena? /Mi domando chi hai invitato a cena.
Who is coming for dinner? / I wonder whom you have invited for dinner.

Di chi è quella villa? / Anna sa di chi è quella villa.
Whose villa is that? / Anna knows whose villa that is.

Con chi esci questa sera? / Dimmi con chi esci questa sera.
With whom are you going out tonight? / Tell me with whom you are going out tonight.

G. Quello che, quel che, ciò che, quanto

Quello (quel) che / **ciò che** / **quanto**	*that which, what*	REFER TO THINGS
tutto quello (quel) che / **tutto ciò che** / **tutto quanto**	*everything that, all that*	REFER TO THINGS
tutti quelli che / **(tutti) quanti**	*everyone that, all that*	REFER TO PEOPLE OR THINGS

Non capisco **quello che** dici.
I don't understand what you are saying.

Facevano **tutto quanto** potevano.
They did everything they could.

Tutti quelli che lo conoscono gli vogliono bene.
Everyone who knows him loves him.

Devi restituirmi **tutti quanti** i soldi che ti ho prestato.
You must return all the money that I lent you.

ESERCIZI

a. *Inserire la forma corretta del pronome relativo.*

1. La stagione _______________ quasi tutti preferiscono è la primavera.
2. Chi è la persona con _______________ parlavi?
3. Non mi piace il tono con _______________ mi hai risposto.
4. Volete sapere la ragione per _______________ se n'è andata?
5. È una persona della _______________ tutti parlano.
6. È quello il cameriere al _______________ abbiamo chiesto il conto?
7. Il dottore da _______________ andiamo è molto bravo.
8. Ricordo bene il giorno in _______________ l'ho incontrata.
9. Gli operai _______________ lavorano in quella fabbrica escono alle sei di sera.
10. Le hai restituito il libro _______________ ti aveva imprestato?

b. *Completare ciascuna delle frasi del Gruppo A con la frase corretta del Gruppo B.*

A	B
1. Quello che non mi piace	a. quelli che se lo meritano.
2. Non riuscivamo a capire	b. che si occupi dei bambini.
3. Non c'era nessun ristorante	c. il motivo per cui parlavano in quel modo.
4. Aiutiamo volentieri	d. in cui non fossimo stati.
5. Cercano una signorina	e. è che si interessino degli affari miei.
6. È bene parlare di cose	f. di cui abbiamo un'esperienza diretta.

c. *Sostituire un altro pronome relativo a quello usato.*

> **ESEMPIO** Il romanzo di cui mi parli non mi è piaciuto affatto.
> **Il romanzo del quale mi parli non mi è piaciuto affatto.**

1. Chi non vuole venire può restare a casa.
2. L'università in cui studiano i suoi figli è la stessa in cui ha studiato lui.
3. Vuoi sapere il motivo per cui ho preferito tacere?
4. Prendi solo i libri di cui hai bisogno.
5. Desidero ringraziarvi di ciò che avete fatto per me.
6. Non sono molti gli americani a cui piacciono gli spinaci.
7. L'avvocato di cui mi avete parlato non abita più qui.
8. Fa' quello che vuoi!

d. *Combinare le due frasi usando* **che** *o una preposizione* + **cui.**

> **ESEMPIO** Vada a prendere i libri. Sono sugli scaffali.
> **Vada a prendere i libri che sono sugli scaffali.**

1. Qual è la casa? La casa è in vendita.
2. Non ricordo lo studente. Gli ho imprestato il dizionario.
3. Come si chiama la ragazza? Le hai telefonato pochi minuti fa.
4. Ha un fratello. Non va d'accordo con lui.
5. Sono problemi attuali. Ne abbiamo già parlato ieri.
6. Questo è l'indirizzo. Non dovete dimenticarlo.
7. Quella è la professoressa. Le dà fastidio il fumo.
8. Ecco l'appartamento. Ci abitano da diversi anni.

e. *Formare un'unica frase usando* **il (la, i, le) cui.**

> **ESEMPIO** Alberto Moravia è uno scrittore. I suoi racconti sono famosi.
> **Alberto Moravia è uno scrittore i cui racconti sono famosi.**

1. Andiamo dallo zio. La sua casa è in montagna.
2. Aldo è un mio amico. I suoi genitori sono piemontesi.
3. Roma è una città. Abbiamo studiato i suoi monumenti.
4. C'è una via. Ho dimenticato il suo nome.
5. Giancarlo Giannini è un attore. I suoi occhi mi piacciono molto.
6. Michelangelo è un artista. Le sue opere sono ammirate da tutti.

f. *Completare il seguente brano con i pronomi relativi appropriati.*

L'autore di __________ parleremo e con __________ chiuderemo questo ciclo di lezioni presenta alcune caratteristiche __________ lo differenziano dagli altri autori __________ abbiamo letto. Il romanzo da __________ ho tratto il brano __________ leggeremo è stato incominciato in un periodo in __________ l'autore si trovava in America. È la storia di una serie di misteriosi delitti __________ sono commessi nella biblioteca di un monastero. Il romanzo la __________ storia s'intreccia (*intertwines*) con la Storia è difficile da definire. Ci sono critici __________ lo chiamano un'allegoria, altri __________ lo considerano un romanzo poliziesco. Il libro, da __________ hanno anche tratto un film, ha ricevuto molti premi letterari.

g. *Completare le seguenti frasi.*

1. Chi studia molto...
2. Ricordo ancora il giorno in cui...
3. Le cose di cui ho più bisogno sono...
4. Non mi piace il modo in cui...
5. Quello che conta nella vita è...
6. Ciò che Serena voleva era che...
7. La ragione per cui studio l'italiano è che...

h. *Rispondere alle seguenti domande.*

1. Ci sono persone che Lei conosce i cui genitori o i cui nonni sono nati in Italia?
2. C'è un professore/una professoressa alla Sua università che è conosciuto/a in tutti gli Stati Uniti?
3. Conosce un regista italiano/una regista italiana i cui film sono popolari in America?
4. Conosce qualche scrittore americano le cui opere Lei considera importanti?
5. Lei sa il nome degli attori e delle attrici che hanno vinto l'Oscar l'anno scorso?
6. C'è qualche uomo politico moderno il cui nome, secondo Lei, sarà ricordato nella storia?

LETTURA

Vocabolario utile

l'accendino   lighter
la benzina   gasoline
il buco   hole
il colpo   banging
il dito (*pl* **le dita**)   finger
la gita   excursion
la portiera   door (of a car)
il sedile   seat (**il sedile anteriore/ posteriore** front/back seat)
la sicurezza   safety
la vite   screw

al giorno d'oggi   nowadays
sicuro   safe
veloce   fast

aumentare   to increase
chinarsi   to bend down
curare   to take care of, to treat
***dipendere** (*pp* **dipeso;** *pr* **dipesi**) (**da**)   to depend (on)
rallentare   to slow down
***salire in macchina**   to get in a car
***scendere** (*pp* **sceso;** *pr* **scesi**) **dalla macchina**   to get out of a car
staccare   to detach
staccarsi   to fall out

Credevamo che non ci fosse abbastanza olio.

Prima di leggere

Carlo Manzoni (1909–1975) è un umorista milanese. Nella storia che segue, egli esplora come da un evento banale possano derivare conseguenze assurde. La storia può far ridere, ma fa anche riflettere sui piccoli avvenimenti nella nostra vita che assumono significati imprevisti, prodotti dalla nostra immaginazione.

Due amici sono sull'autostrada, in una macchina ben funzionante e silenziosissima. Ad un tratto uno di loro vede una vite per terra; poco dopo si sente anche odor di benzina e una strana vibrazione. Qualcosa che non va? Da dove viene la vite? Dal motore, dalla carrozzeria? I due amici si fermano preoccupati.

Succede abbastanza spesso che interpretiamo la realtà in maniera sbagliata perché diamo a certi «segni» significati che essi non hanno. Non solo, ma alle volte°, partendo da una supposizione iniziale, «vediamo» e «sentiamo» quello che non c'è.

at times

In gruppi di due o tre studenti, cercate di ricostruire e raccontarvi un'esperienza che vi ha portati ad una conclusione sbagliata. Ecco alcune domande utili.

1. Come è cominciata la cosa? Quale è stato il «segno» iniziale?
2. C'erano altri elementi che davano valore alla vostra interpretazione?
3. Era logico quello che avete fatto o pensato? In che senso?
4. Com'è andata a finire?
5. A quale punto c'è stato un errore di interpretazione?
6. Quando ve ne siete resi conto?

Una vite di troppo°

Una: one screw too many

C'era un tempo meraviglioso, proprio un tempo di primavera. Un sole e un'aria fresca che avevano il potere di trasformare anche un viaggio d'affari in una piacevole gita.

La macchina era a posto. Perfetta sotto tutti i punti di vista. Motore in ordine, freni potentissimi, carrozzeria silenziosissima.

Prendemmo l'auto e ci avviammo all'autostrada, e quando fummo sul rettilineo° lanciai la macchina a tutta velocità.

—È inutile correre°,—disse Attilio—noi non abbiamo nessuna premura° e dobbiamo considerare questo viaggio come una gita.

Rallentai. Sull'autostrada non c'è molto da vedere, ma anche quel poco che c'è, con una giornata di sole, è sempre piacevole. L'auto scivolava via silenziosa, e cominciammo a parlare delle automobili, del motore e della sicurezza delle macchine di oggi. Una volta non si viaggiava così sicuri. C'era sempre il timore che qualcosa smettesse di funzionare, e le panne° erano molto più frequenti di adesso. Adesso, infatti, è rarissimo trovare automobili ferme ai lati delle strade. Se si trovano automobili ferme ai lati delle strade è perché si tratta di panini imbottiti° e non di carburatori o altro.

Attilio fece alcune considerazioni sulla silenziosità della mia automobile. Era davvero un miracolo che essa fosse in così buone condizioni. Era già qualche anno che l'usavo, ma io la curavo proprio come una cosa preziosa e appena mi accorgevo di qualcosa che cominciava a non andare la portavo subito dal meccanico. Se tutti tenessero l'auto come la tengo io, le automobili durerebbero di più.

—Fumi?—disse a un tratto° Attilio interrompendo il discorso e prendendo un pacchetto di sigarette.

Io dissi di sì e Attilio mi mise in bocca la sigaretta, poi prese l'accendino e fece sprizzare la fiamma. Accendemmo la sigaretta e continuammo il discorso sulle automobili ma a un tratto sentimmo chiaramente un tintinnio° come di un piccolo oggetto di metallo che batte contro un piano di metallo. Attilio si chinò a guardare sotto il cruscotto e si rialzò tenendo fra le dita un piccolo oggetto luccicante°.

—Cos'è?—dissi.

—Una vite,—disse Attilio,—da che parte viene?

—Non so,—dissi,—è caduta dalla tua parte, mi pare.

Attilio guardò la portiera dimenandosi° un poco sul sedile, guardò sul soffitto della macchina, dietro lo specchio retrovisore°.

—Non trovo,—disse,—mi pare che tutte le viti siano a posto, qui.

Attilio allungò le mani e cominciò a tastare° sotto il cruscotto.

—Ci sono un sacco di fili° e non riesco a capire dove manca una vite,—disse,—ad ogni modo deve essere una vite poco importante perché vedo che la macchina va lo stesso.

—Tutte le viti sono importanti, se ci sono,—dissi,—a te pare di sentire qualcosa?

Vidi che si metteva° ad ascoltare attentamente.

—Mi pare di sentire come una vibrazione,—disse,—dalla mia parte. E prima non c'era,—disse.

45   —La sento anch'io,—dissi—e sento anche un tuc tuc.

Sentivo effettivamente una vibrazione e dei colpi regolari, e poi mi sembrò che la vibrazione aumentasse e ai colpi si fosse aggiunto un altro rumore.

—Effettivamente c'è qualcosa che non va,—disse Attilio,—prova a rallentare.

50   Rallentai, poi aumentai di nuovo la velocità.

Adesso mi sembrava che tutto traballasse° e che la macchina si dovesse sfasciare° da un momento all'altro.

—Sembra proprio che la macchina si stia sfasciando,—disse Attilio,—si vede proprio che la vite era importante. Alle volte basta che venga via una vite perché

55 si provochi° un disastro. Io mi fermerei.

—Tanto più,—continuò,—che sento odor di benzina.

—Odor di benzina?—dissi arricciando il naso e annusando° qua e là. —È vero.

Sentivo infatti un leggero odor di benzina e la cosa cominciava a preoccu-

60 parmi: se si sente odor di benzina, la vite è venuta via da qualche parte della macchina.

Accostai° la macchina al lato della strada e andai a fermarmi pochi metri più avanti.

—Qui c'è un buco,—disse Attilio,—ma è grosso come un dito.

65 Occorrerebbe una vite grossa quattro volte questa°.

Guardammo il buco, ma non era nemmeno un buco da vite e continuammo a cercare.

Una piccola automobile venne a fermarsi davanti a noi.

—Avete perduto qualcosa?,—ci domandò un giovane che era sceso dalla

70 macchina.

—No,—dissi,—abbiamo trovato qualcosa. Si tratta di una vite e stiamo cercando il suo buco che non riusciamo a trovare.

Il giovanotto guardò la vite e poi disse che gli sembrava si trattasse di una vite da accessorio. Forse del retrovisore o dell'orologio del cruscotto.

75   —Impossibile,—disse Attilio.—Quando si è staccata abbiamo cominciato a sentire odore di benzina. Non si sente odore di benzina se si stacca una vite del retrovisore.

—Questo è vero,—disse il giovanotto,—e allora bisogna alzare il cofano° e guardare il carburatore. Sebbene mi sembra molto difficile° che una vite che sta

80 nel motore debba cadere dentro la macchina.

—Tutto può succedere al giorno d'oggi—disse Attilio.

Alzammo il cofano e guardammo il carburatore e il condotto della benzina.

Ad alzare il cofano non si sentiva nessun odore di benzina. Accendemmo il motore ma tutto funzionava regolarmente e non si sentiva nessun odore di benzina.

85   —Eppure da qualche parte deve venire,—dissi,—da quando si è staccata, oltre all'odore di benzina, la macchina si è messa a fare un rumore indiavolato° come se si dovesse sfasciare da un momento all'altro.

Il giovanotto scosse° la testa.

—Allora dipende dalla° carrozzeria,—disse,—e se dipende dalla carrozzeria

90 non capisco perché si dovrebbe sentire odore di benzina.

—Sembra strano anche a me,—dissi,—ma d'altra parte questi sono i fatti.

*Margin glosses:*

- *was shaking*
- *fall apart*
- **si:** succeda
- *sniffing*
- avvicinai
- **quattro:** *four times as big as this one*
- *hood*
- *unlikely*
- *terrible*
- *shook (from* **scuotere***)*
- **dipende:** *it comes from*

Il giovanotto alzò le spalle e tornò alla sua macchina dopo averci consigliato di riprendere la strada pian piano e di fermarci alla prima officina°.

95 Continuammo a cercare ancora per un pezzo°, poi ci sedemmo sul ciglio° della strada senza essere riusciti a trovare il buco della vite.

—Non c'è niente da fare,—disse Attilio,—il buco non si trova e ci conviene° proseguire fino alla prossima officina. Sigaretta?

Presi la sigaretta e Attilio fece scattare l'accendisigaro e accese.

100 —Sento di nuovo odore di benzina,—disse.

—Impossibile.—dissi,—siamo lontani dalla macchina.

—Eppure!—disse Attilio. Si sfregò° il palmo della mano e annusò, poi prese di tasca l'accendisigaro e mandò un accidente°.

—Ecco,—disse,—di dove manca la vite!

105 Mostrò l'accendisigaro e il buco che gocciolava° benzina. Vi accostò° la vite che combaciò° perfettamente e la strinse con una moneta da cinque lire.

Risalimmo soddisfatti in macchina e riprendemmo la marcia. Ora la macchina filava° via sull'autostrada a tutta velocità, e non si sentiva il più piccolo rumore.

110 Era una bellissima mattina di primavera.

Carlo Manzoni, *Il signor Brambilla e dintorni*

Comprensione

1. Dove sono Attilio ed il suo amico?
2. Che tipo di viaggio è il loro? Hanno fretta? Perché?
3. Di che cosa parlano?
4. Com'è la macchina in cui viaggiano?
5. Ad un certo punto si sente un rumorino. Da dove proviene?
6. Che cosa preoccupa i due amici?
7. Ci sono altri segni di possibili problemi?
8. Che cosa decidono di fare i due amici?
9. Qual è l'opinione del giovanotto che si è fermato per aiutarli? Che cosa consiglia?
10. Come si scopre il mistero della vite e dell'odore di benzina?
11. Quando i due amici ritornano in macchina, tutto funziona perfettamente. Perché?

Studio di parole

next

prossimo
next, after this one (in both time and space)

Vai a Roma il mese prossimo?
Are you going to Rome next month?

Devo scendere alla prossima stazione.
I must get off at the next station.

seguente or **dopo**
next, following (in both time and space)

Sono arrivati il due maggio e sono ripartiti
il giorno seguente (dopo).
*They arrived on May 2 and left again the
following day.*

to take

prendere
to take; to have (something to eat)

Abbiamo preso la macchina e siamo partiti.
We took the car and left.

Perché non andiamo a prendere un caffè?
Why don't we go have a cup of coffee?

portare
to take, to carry, to accompany; to wear

Abbiamo portato la macchina dal
meccanico.
We took the car to the mechanic.

Voglio portare i bambini allo zoo.
I want to take the children to the zoo.

Perché porti gli occhiali?
Why do you wear glasses?

There are many idiomatic expressions in Italian in which a verb other than **prendere** or **portare** corresponds to the English *take*:

seguire un corso (fare un corso)	*to take a course*
But: **prendere una lezione**	*to take a lesson*
fare un viaggio (una gita)	*to take a trip (excursion)*
fare un esame	*to take an exam*

Pratica

a. *Scegliere la parola che completa meglio la frase.*

1. Per arrivare prima, quale strada dobbiamo _______________ ?
2. Non sono scesi alla fermata in Piazza Dante; sono scesi alla fermata

   _______________ .
3. Se non ti senti bene, ti devo _______________ dal dottore.
4. Quante volte alla settimana _______________ lezioni di ballo i bambini?
5. Sono sicuro che gli zii arriveranno la settimana _______________ .
6. La signora era molto elegante: _______________ un vestito rosso con accessori neri.
7. Quanti viaggi avete _______________ da quando vi siete sposati?
8. Non hai studiato abbastanza. Come puoi _______________ l'esame domani?
9. La storia continua al _______________ numero.
10. La _______________ volta che mangiamo insieme, offro io!

b. **Anna ha la patente.** *Inserire le parole opportune.*

Prima di ____________ l'esame di guida, Anna ha ____________ molte lezioni dall'istruttore della scuola. Appena ha ____________ la patente, è andata a fare una gita con le sue amiche. Sono ____________ di mattina presto e dopo circa tre ore sono arrivate in un paesino di montagna. Sono andate al bar della piazza a ____________ il caffè; Anna, che ha sempre fame, ha ____________ anche due cornetti. Poi hanno ____________ la funivia (*cable car*) che le ha ____________ su in alto dove c'era un panorama stupendo. Hanno ____________ qualcosa da mangiare e sono rimaste un paio d'ore a ____________ il sole. Il posto era molto carino e hanno deciso di passarci anche il weekend ____________. Circa tre ore dopo, erano di nuovo in paese dove hanno ____________ la macchina per tornare a casa. Anna voleva essere di ritorno presto perché la sera aveva un appuntamento con Giorgio che sarebbe andato a ____________ la alle 8,30 per ____________ la a teatro.

c. *Domande per Lei.*

1. Che cosa fa Lei quando Le sembra che qualcosa non funzioni nella Sua macchina?
2. Le è mai capitato di sentire odore di benzina? Che cosa ha pensato?
3. Che tipo di automobile preferisce? Ne spieghi le ragioni ad un amico italiano.
4. È a favore dei limiti di velocità sulle autostrade? Li rispetta? Sì, no, perché?
5. Cosa pensa delle grandi macchine (SUV) la cui moda è esplosa con il nuovo millennio? Quali sono i vantaggi e gli svantaggi?

∽ Temi per componimento o discussione

1. La benzina in Italia costa più di tre volte che negli Stati Uniti, eppure ci sono moltissime macchine in circolazione, nonostante un'ampia rete di servizi pubblici. Discutete la dipendenza degli esseri umani dall'automobile.
2. La benzina è una risorsa che non durerà in eterno. Discutete come conservarla e quali impegni (*commitments*) personali e tecnologici andrebbero messi in atto per il bene di tutti.
3. Di tanto in tanto in molte città italiane sono in vigore (*in effect*) i «week-end a piedi». La gente riscopre la bicicletta e il piacere di lunghe passeggiate, l'aria dell'ambiente urbano è più pulita, si conserva la benzina. Che ne pensate? Sarebbe possibile un provvedimento del genere dove abitate voi?

RICERCA WEB

L'autostrada del Sole va da Milano a Napoli. Lungo il percorso si incontrano molti luoghi interessanti che riflettono la storia e la cultura italiane.

Nelle zone agricole si è sviluppato «l'agriturismo». Inizialmente l'agriturismo era una maniera di passare le vacanze lavorando in campagna; ora è facile trovare alloggio (*accommodation*) in una casa di campagna, dove l'aria è buona e si mangiano cibi freschi e genuini, e trascorrere un periodo di riposo con una spesa ragionevole.

   a. L'autostrada del Sole (Assisi, Arezzo, Perugia, Spoleto, Pienza, Gubbio, i Castelli Romani…)
   b. L'agriturismo

Volta a sinistra. Paolo e Sabina sono diretti a piedi a casa di amici che non vedono da tanto tempo.

PAOLO: Andiamo di qua. Continuiamo dritto fino al semaforo e poi voltiamo a destra.

SABINA: No, no. Dobbiamo voltare a sinistra qui al primo incrocio, poi a destra subito dopo il ponte. Ricordo benissimo che bisogna arrivare fino in fondo al viale. C'è un bar all'angolo e la casa è davanti alla chiesa.

PAOLO: Mah! Io ho idea che si debba passare vicino ai giardini pubblici, attraversare al semaforo e prendere corso Rinascimento a destra subito dopo la farmacia.

SABINA: Secondo me ti sbagli e dovremo tornare indietro. Se non avessi dimenticato a casa la carta!

Dare indicazioni stradali

(Per) di qua.	*This way.*
Vada dritto.	*Go straight ahead.*
Attraversi al semaforo.	*Cross at the traffic light.*
Giri/volti a destra/sinistra.	*Turn right/left.*
all'incrocio, alla traversa	*at the intersection*
all'angolo	*at the corner*
la prima/seconda strada	*the first/second street*

Punti di riferimento

davanti ai giardini pubblici	*in front of the public gardens*
dietro la chiesa	*behind the church*
prima del ponte	*before the bridge*
dopo la farmacia	*after the pharmacy*
vicino al bar	*close to the bar*
a destra dell'edicola dei giornali	*to the right of the newsstand*
a sinistra della stazione	*to the left of the station*
davanti alla fermata dell'autobus	*in front of the bus stop*
a cento metri dalla scuola	*one hundred meters from the school*
di fronte alla banca	*facing the bank*

Termini utili

viale, via, vicolo, corso	*boulevard, street, alley, large street*
piazza, piazzale, largo	*square, esplanade, square*
circonvallazione	*bypass, beltway*
strada, strada statale, autostrada, superstrada	*street, main street, highway, superhighway*

Che cosa dice?

Dove sono? *Suggerire dei punti di riferimento per meglio identificare i seguenti luoghi.*

1. il dipartimento di lingue
2. la libreria dell'università
3. la discoteca
4. la Sua pizzeria preferita
5. l'ufficio postale
6. la fermata dell'autobus
7. il centro commerciale

Situazioni

1. Lei dà una festa. Ha invitato i compagni di corso e il professore d'italiano, ma il professore non è mai stato a casa Sua. Gli spieghi come arrivarci dall'università.
2. Qual è la strada più breve tra l'università e il centro?
3. Il Suo amico Piero è appena arrivato e Le telefona dall'aeroporto. Ha preso una macchina a noleggio ma non sa come arrivare a casa Sua.
4. Lei lavora da Hertz. Spieghi a dei clienti italiani come raggiungere un'interessante zona turistica non lontana dalla città.

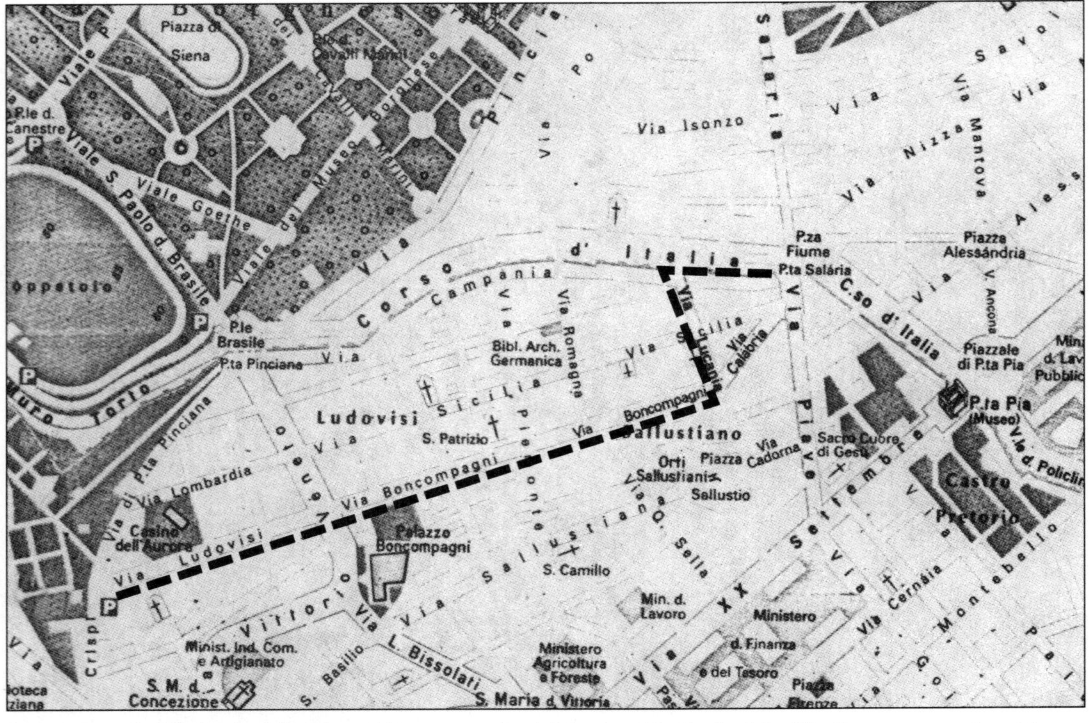

Per andare da Via Ludovisi a Piazza Fiume continui dritto su Via Ludovisi e Via Boncompagni, volti a sinistra su Via Lucania e poi a destra su Corso d'Italia. Da lì Piazza Fiume non è lontana.

CAPITOLO 10

PER COMINCIARE
Non farti illusioni!

STRUTTURA
Ordinare, esortare, pregare qualcuno di fare qualcosa
  I. Imperativo
Esprimere apprezzamento
  II. *Come* e *quanto* nelle esclamazioni
Sostituire persone e cose
  III. Pronomi tonici

LETTURA
Avventura con il televisore

PER COMUNICARE
Esprimere ammirazione
Dimostrare incredulità
Esprimere sorpresa

Non farti illusioni! Angelo si è appena laureato in legge ed è in cerca di lavoro. Suo padre ha uno studio legale, ma Angelo ha intenzione di fare il giornalista, anzi, il corrispondente estero per una rete televisiva. Ne parla con la sua ragazza Daniela e il suo amico Michele.

ANGELO: Guarda, proprio non voglio fare l'avvocato. Ti immagini? Passare la vita tra l'ufficio e il tribunale?

DANIELA: Non so. Pensaci bene. I vantaggi che ti offre lo studio di tuo padre non sono poca cosa, ben stabilito da molti anni e con una clientela numerosa.

MICHELE: Angelo, può darsi che Daniela abbia ragione. Non prendere decisioni affrettate. Hai in mente qualcos'altro?

ANGELO: Forse fare il giornalista, magari il corrispondente estero.

DANIELA: Non farti illusioni! Tanto per cominciare ti daranno un angolo di scrivania e dovrai lavorare da solo. Le inchieste più facili e insignificanti saranno per te, altro che servizi all'estero! Ti piacerebbe se la telecronaca dalla Casa Bianca la affidassero proprio ad Angelo Frattini! Non farmi ridere!

MICHELE: Dai, Daniela, sii ragionevole. Considera anche i lati positivi. È vero che Angelo al giornale non comincerà come capo redattore, ma è così per tutti. Si farà strada a poco a poco e dimostrerà ai suoi superiori che possono contare su di lui.

DANIELA: E prima che abbia una posizione ragionevole, passeranno dieci anni e chissà quando ci sposeremo!

ANGELO: Basta! Non ne parliamo più. Io e te abbiamo obiettivi differenti, lo so. Questo è un grosso problema che devo risolvere da me.

Vocabolario utile

L'allenatore coach
il (capo) redattore editor (in chief)
la carriera career
il/la dipendente (*m/f*) employee
il/la dirigente (*m/f*) executive, manager
la ditta firm, business
l'impiegato statale public servant
l'inchiesta inquiry, assignment
il lato side

la posizione/il posto (di lavoro) job position, standing
la qualifica qualification
il ragioniere accountant
la rete televisiva TV channel
il servizio giornalistico news report
lo studio legale attorney's office
la telecronaca telecast, TV report
il tribunale court, courthouse

affrettato hasty, hurried
estero foreign

assumere to hire
licenziare to fire

affidare un compito a to assign a task to
chiedere/ottenere un colloquio to ask for/obtain an interview

farsi illusioni to delude oneself
farsi strada/fare carriera to advance in one's career

***essere assunto da**   to be hired by
fare domanda di assunzione   to fill out
   a job application

Suvvia! /Dai! /Andiamo!   Come on now!

ESERCIZI

a.   *Rispondere alle domande seguenti.*

1. Che laurea ha preso Angelo?
2. Pensa di fare l'avvocato come suo padre? Perché?
3. Qual è l'opinione di Daniela?
4. Che cosa consiglia ad Angelo l'amico Michele?
5. Secondo Daniela, sarebbe una buona idea per Angelo scegliere di fare il giornalista?
6. Michele pensa che Angelo farà carriera rapidamente?
7. Angelo è disposto a continuare a discutere il problema? Perché sì, perché no?

b.   *Combinare le parole della lista A con i significati della lista B.*

A	B
1. ditta	a. sperare inutilmente
2. ragioniere	b. ricerca allo scopo di scoprire opinioni o fatti
3. telecronaca	c. si occupa di giornali, riviste, libri
4. allenatore	d. affermarsi in una attività o professione
5. inchiesta	e. impresa commerciale
6. redattore	f. incaricato di fare o rivedere i conti
7. farsi illusioni	g. giornalista
8. farsi strada	h. tecnico sportivo che istruisce gli atleti
9. corrispondente estero	i. ripresa televisiva commentata di un avvenimento

c.   *Cosa devono fare queste persone?*

1. Giorgio cerca lavoro alla RAI/TV.
2. Il direttore non può pensare a tutto.
3. Io voglio parlare con il dottor Esposito e chiedergli un aumento di stipendio.
4. Susanna vuole raggiungere un posto importante nella sua professione.
5. Il consiglio di amministrazione ha stabilito che ci sono venti dipendenti di più del necessario.

I. Imperativo

The **imperativo** (*imperative*) is used in Italian, as in English, to give orders and advice and to exhort. It exists in all persons except the first person singular.

Verbi regolari

A. The forms of the imperative for regular verbs in the three conjugations are:

	AMARE	CREDERE	fiNIRE	PARTIRE
(tu)	ama	credi	finisci	parti
(Lei)	ami	creda	finisca	parta
(noi)	amiamo	crediamo	finiamo	partiamo
(voi)	amate	credete	finite	partite
(Loro)	amino	credano	finiscano	partano

Note that only the second person singular (**tu**) of **-are** verbs has a special imperative form: *stem* + **-a. Tu, noi,** and **voi** use the present indicative forms; **Lei** and **Loro** use the present subjunctive forms.

1. The first person plural of the imperative (**noi**) is used to make suggestions. It corresponds to the English *Let's* + *verb.*

Andiamo a casa!	Accendiamo la luce!	Facciamo una passeggiata!
Let's go home!	*Let's turn on the light!*	*Let's go for a walk!*

2. For extra emphasis the imperative may be accompanied by the subject pronoun placed before or after the verb.

Rispondi **tu!**	**Lei** mi dica cosa vuole!
You answer!	*You tell me what you want!*

3. To soften the intensity of the imperative, the words **pure** or **un po'** are often used.

Resta pure a cena!	Indovina un po'!
Please stay for dinner!	*Take a guess!*

Verbi irregolari

A. **Avere** and **essere** have special forms for the second person singular, **abbi** and **sii,** and use the present subjunctive forms in all other persons.

	AVERE	ESSERE
	abbi	sii
	abbia	sia
	abbiamo	siamo
	abbiate	siate
	abbiano	siano

B. In the second person singular, a few verbs use either a contracted form or the full form of the present indicative (except for **dire**).

ANDARE	DARE	FARE	STARE	DIRE
va' (vai)	**da'** (dai)	**fa'** (fai)	**sta'** (stai)	**di'**
vada	dia	faccia	stia	dica
andiamo	diamo	facciamo	stiamo	diciamo
andate	date	fate	state	dite
vadano	diano	facciano	stiano	dicano

C. Verbs that have irregular forms in the present indicative and present subjunctive show the same irregularities in the imperative.

TENERE	USCIRE	VENIRE
tieni	esci	vieni
tenga	esca	venga
teniamo	usciamo	veniamo
tenete	uscite	venite
tengano	escano	vengano

D. Special attention should be paid to the imperative of **sapere** and **volere**.

SAPERE	VOLVERE
sappi	vogli
sappia	voglia
sappiamo	vogliamo
sappiate	vogliate
sappiano	vogliano

The forms **sappi, sappia,** and **sappiate** correspond to the English *you must know.*

Sappiate che non scherzo!
I want you to (you should) know I am not joking.

∽ Imperativo negativo

To form the negative imperative, **non** is placed before the affirmative form in all persons
except for **tu**. In the **tu** form, **non** + *infinitive* is used.

		AFFIRMATIVE	NEGATIVE
(tu)		lavora	non lavorare
(Lei)		lavori	non lavori
(noi)		lavoriamo	non lavoriamo
(voi)		lavorate	non lavorate
(Loro)		lav*o*rino	non lav*o*rino

Sii puntuale!   **Non essere** in ritardo!
Be on time!   *Don't be late!*

Prenda il giornale!   **Non prenda** la rivista!
Take the newspaper!   *Don't take the magazine!*

ESERCIZI

a. **In classe.** *Cosa dice un professore italiano? Dare tutt'e due le forme dell'imperativo (il* **Lei** *e il* **voi***)
per il verbo di ogni frase.*

    ESEMPIO   Il professore dice di studiare la lezione.
                Studi la lezione! (quando parla a uno studente)
                Studiate la lezione! (quando parla a tutti gli studenti)

Il professore dice di...

1. fare attenzione.
2. finire l'esercizio.
3. andare alla lavagna.
4. tradurre le frasi.
5. non dimenticare le eccezioni.
6. ripetere, per favore.
7. parlare più forte.
8. leggere il brano ad alta voce.
9. non avere fretta.
10. aprire il libro a pagina novanta.

b. *Dire all'amica Orietta di fare il contrario di quello che fa.*

    ESEMPI   Orietta guarda la TV. Non guardare la TV!
              Orietta non esce. **Esci!**

1. Orietta non va in cucina.
2. Non chiude la porta.
3. Beve la Coca-Cola.
4. Non sta zitta.
5. Racconta barzellette.
6. Non spegne la luce.
7. Scende dalla macchina.
8. Non stringe la mano a tutti.
9. Non è gentile con i vicini.
10. Dice sempre «cioè».

᧙ Imperativo + pronomi

A. When object pronouns (direct and indirect, **ci** and **ne,** and combined forms) are used with the imperative, their position in relation to the verb is determined by the person of the verb.

1. Object pronouns *always* precede the verb in the **Lei** and **Loro** persons in both the *affirmative* and *negative* imperative.

Lei	**Mi dica** qualcosa!	**Non mi dica** tutto!
	Tell me something!	*Don't tell me everything!*
Loro	**Lo facciano** adesso!	**Non lo facciano** stasera!
	Do it now!	*Don't do it tonight!*

2. When object pronouns are used with the *affirmative* imperative in the **tu, noi,** and **voi** persons, they follow the verb and are attached to it, forming one word. No matter how long the word becomes, the stress remains unaffected by the addition.

tu	**Parlami** d'amore, Mariù!	**Pensaci** bene!
	Talk to me of love, Mariù!	*Think about it!*
noi	**Prendiamone** un po'!	Carla non ha capito le regole. **Spieghiamogliele!**
	Let's take a little!	*Carla didn't understand the rules. Let's explain them to her!*
voi	**Ditelo** coi fiori!	**Lasciatela** passare!
	Say it with flowers!	*Let her pass!*

3. When the shortened **tu** form of **andare, dare, dire, fare,** and **stare** is used with a pronoun (single or combined), the apostrophe disappears and the initial consonant of the pronoun is doubled (except for **gli**).

dare	**da'**	**Dalle (dagli)** un bacione!	**Dacci** oggi il nostro pane quotidiano!
		Give her (him) a big kiss!	*Give us this day our daily bread!*
dire	**di'**	Anna, **dimmi** di sì!	**Digli** quando vieni!
		Anna, tell me yes!	*Tell him when you're coming!*
fare	**fa'**	**Fallo** ora!	Hai le foto? **Faccele** vedere!
		Do it now!	*Do you have the pictures? Show them to us!*
stare	**sta'**	Va' in Italia e **stacci** almeno un mese!	
		Go to Italy and stay at least a month!	
andare	**va'**	**Vattene** a casa e riposati!	
		Go on home and rest!	

4. With the negative imperative of the **tu, noi,** and **voi** persons, object pronouns may either precede or follow the verb. With the **noi** form of the negative imperative, it is less common for object pronouns to follow the verb.

AFFIRMATIVE	NEGATIVE	
Parlale!	Non **le** parlare!	Non parlar**le**!
Parliamole!	Non **le** parliamo!	(Non parliamole!)
Parlatele!	Non **le** parlate!	Non parlate**le**!

B. The preceding rules governing the position of object pronouns with the imperative also apply to the imperative of reflexive verbs.

AFFIRMATIVE	NEGATIVE		
Alzati!	Non **ti** alzare!	*or*	Non alzar**ti**!
Si alzi!	Non **si** alzi!		
Alziamo**ci**!	Non **ci** alziamo!	*or*	(Non alziamoci!)
Alzate**vi**!	Non **vi** alzate!	*or*	Non alzate**vi**!
Si alzino!	Non **si** alzino!		

As we have seen, reflexive pronouns may combine with other pronouns. The following imperatives of **andarsene** illustrate the combination of reflexive pronouns with **ne**.

AFFIRMATIVE	NEGATIVE		
Vattene!	Non te ne andare!	*or*	Non andartene!
Se ne vada!	Non se ne vada!		
Andiamocene!	Non ce ne andiamo!	*or*	(Non andiamocene!)
Andatevene!	Non ve ne andate!	*or*	Non andatevene!
Se ne vadano!	Non se ne vadano!		

ESERCIZI

a. **Dare istruzioni.** *Certe persone sanno dare gli ordini molto bene. Dare l'imperativo usando le espressioni suggerite.*

1. Per il compleanno della mamma, Sabina dice a Paola di...
   a. andare dal pasticciere.
   b. comprare un dolce.
   c. non comprarlo al cioccolato.
   d. ordinarlo per venerdì sera.
   e. non dire niente a nessuno.

2. Il Suo partner/La Sua partner è molto viziato/a e Le chiede di...
   a. portargli/le le pantofole.
   b. preparargli/le il caffè.
   c. chiudere la finestra.
   d. non accendere la luce.
   e. dirgli/le le ultime notizie.
   f. fargli/le la zuppa di pesce per cena.

3. Il fotografo dice a una coppia di sposi di...
   a. guardarsi nello specchio.
   b. pettinarsi.
   c. sedersi di fronte alla macchina fotografica.
   d. girare la testa un po' a sinistra.
   e. stare dritti.
   f. non muoversi.
   g. sorridere.

b. *Mi piace dare dei suggerimenti* (suggestions)...

ESEMPIO Voglio proporre agli amici di fare una passeggiata.
Facciamo una passeggiata!

Voglio proporre di...

1. andare al cinema.
2. giocare a carte.
3. prendere lezioni di judo.
4. bere qualcosa.
5. non dirlo a nessuno.
6. finire gli esercizi.
7. non parlarne più.
8. tornare in Europa e starci un mese.

c. **Entrate pure!** *Durante una cena in onore di alcuni studenti americani, fateli sentire a loro agio (ease). Seguire l'esempio.*

ESEMPIO venire dentro
Venite dentro!
Venga dentro!

1. venire verso le otto
2. accomodarsi in salotto
3. non stare in piedi
4. non preoccuparsi per il ritardo
5. scusare il disordine
6. aspettarci cinque minuti
7. non chiudere la porta
8. prendere un caffè

d. **Ordini strani...** *In un racconto di Moravia, una donna sente una voce che le ordina di fare cose strane. Leggere attentamente e poi cambiare dal* **tu** *al* **Lei.**

Alzati, esci in camicia come sei, va' a suonare alla porta del tuo vicino e digli che hai paura. Va' a comprare una bottiglia di cognac, bevine la metà e poi mettiti a letto. Telefona in ufficio. Di' che non ti senti bene. Resta a casa. Restaci tre giorni.

e. **E adesso come faccio?** *Lei si rende conto di aver perso il passaporto e domanda consiglio al portiere del Suo albergo a Roma. Completi il dialogo con le forme corrette dei verbi indicati.*

LEI: Non trovo più il passaporto! Non so come fare.

PORTIERE: Non (preoccuparsi) _________ più del necessario. Mi (ascoltare) _________.
(Andare) _________ dal fotografo qui vicino e (farsi fare) _________ le foto formato tessera; gliele fanno subito. Poi (telefonare) _________ al Suo consolato e (domandare) _________ qual è l'orario di apertura al pubblico. Ci (arrivare) _________ presto e non (dimenticarsi) _________ di portare la patente di guida o un altro documento di riconoscimento. (Spiegare) _________ la situazione e (dare) _________ tutte le informazioni che Le chiederanno. (Stare) _________ tranquillo/a, sono cose che succedono.

f. **Sì, sì.** *È così facile andare d'accordo quando l'altra persona dice sempre di sì! Seguire l'esempio.*

ESEMPIO   Allora, ci andiamo? —**Sì, andiamoci!**

1. Allora, ci sediamo?
2. Allora, lo facciamo?
3. Allora, ce ne andiamo?
4. Allora, le portiamo due fiori?
5. Allora, ci scommettiamo?
6. Allora, glielo diciamo?
7. Allora, li compriamo?
8. Allora, ci fermiamo?

g. *Sostituire al nome la forma corretta del pronome. Fare i cambiamenti necessari.*

ESEMPIO   Dicci la verità! **Sì, diccela!**

1. Parlale dei bambini!
2. Dillo al professore!
3. Indicale la strada!
4. Restituiscigli l'anello!
5. Chiedilo alla mamma!
6. Dagli il passaporto!
7. Falle un regalo!
8. Falle molti regali!
9. Sta' a casa!
10. Vendile il mobile!

◌ Altri modi di esprimere l'imperativo

1. The infinitive often replaces the imperative when addressing the general public rather than an individual person or persons (public notices, signs, instructions, recipes).

Non fumare.
No smoking.

Cuocere un'ora a fuoco lento.
Cook an hour on low heat.

2. A question phrased in the present indicative or conditional may be substituted for the imperative to soften an order or request. Compare:

Mi porta un caffè?
Will you bring me a cup of coffee?

Mi porterebbe un caffè?
Would you bring me a cup of coffee?

The present indicative or conditional of **potere** or **volere** + *verb* can also be used instead of the imperative.

Può portarmi un caffè?
Can you bring me a cup of coffee?

Mi porteresti un caffè?
Would you bring me a cup of coffee?

3. To express a command affecting a third party, (**che**) + *present subjunctive* is used. These indirect commands express what the speaker wants another person or persons to do.

Venga Mario se vuole!
Let Mario come if he wants to.

Che **parli** lei al professore!
Let her talk to the professor.

Note that when the subject is expressed, it often follows the verb for emphasis.

ESERCIZI

a. *Rispondere alle domande usando i nomi fra parentesi.*

ESEMPIO   Chi lo fa? Tu? (Carlo) —**No, lo faccia Carlo!**

1. Chi paga? Tu? (l'avvocato)
2. Chi glielo dice? Tu? (la nonna)
3. Chi ci va? Tu? (Luigi)
4. Chi ne parla? Tu? (Silvia)
5. Chi le accompagna? Tu? (l'autista)
6. Chi gli telefona? Tu? (l'ingegnere)
7. Chi se ne occupa? Tu? (lo zio)

II. *Come* e *quanto* nelle esclamazioni

A. **Come** and **quanto** can introduce exclamatory sentences. They correspond to the English *how* and are invariable.

Come sono felice!
How happy I am!

Quanto sei buona, nonna!
How kind you are, Grandma!

Come cantano bene quei bambini!
How well those children sing!

Quanto è stato lungo il viaggio!
How long the trip was!

Come parlavi piano!
How softly you talked!

B. **Che** + *adjective* is often used to express *how* used as an exclamation.

Che bello!
How beautiful!

Che strana!
How strange!

Che buoni!
How good!

Com'è bello!
How beautiful it is!

Com'era strana!
How strange she was!

Come sono buoni!
How good they are!

III. Pronomi tonici

A. **Pronomi tonici** (*stressed pronouns*) are used as objects of prepositions and as object pronouns following a verb. Unlike the other object pronouns we have studied, they occupy the same position in a sentence as their English equivalents.

SINGULAR		PLURAL	
me	*me, myself*	**noi**	*us, ourselves*
te	*you, yourself*	**voi**	*you, yourselves*
Lei	*you*	**Loro**	*you*
lui, lei	*him, her*	**loro**	*them (people)*
esso, essa	*it*	**essi, esse**	*them (things)*
sé	*yourself* *himself, herself, itself, oneself*	**sé**	*yourselves* *themselves*

Note that **me, te, noi,** and **voi** can also express a reflexive meaning, whereas in the third person singular and plural there is a special form for the reflexive: **sé.**

Secondo loro hai torto.
According to them you are wrong.

Il direttore vuole **te!**
The director wants you!

Lui non pensa mai agli altri, pensa **a sé.**
He doesn't think of the others, he thinks of himself.

Non mi piace lavorare **per lui.**
I don't like to work for him.

Parla **a me?**
Are you speaking to me?

Preferisco non parlare **di me.**
I prefer not to talk about myself.

B. Stressed pronouns are used most frequently as objects of prepositions.

Il fornitore ha lasciato un messaggio **per te.**   Venga **con me!**
The vendor left a message for you.   *Come with me!*

Non gettar via quei libri. Qualcuno **di essi** può esserti utile.
Don't throw away those books. Some of them can be useful to you.

1. Many single-word prepositions add **di** before a stressed pronoun.

contro *against*	Ha combattuto contro gli inglesi; sì, **contro di loro.** *He fought against the British; yes, against them.*
dentro *inside*	C'è qualcosa **dentro di te.** *There is something you're holding in.*
dietro *behind*	Camminavano **dietro di me.** *They were walking behind me.*
dopo *after*	Arrivarono dopo gli zii. Arrivarono **dopo di loro.** *They arrived after our aunt and uncle. They arrived after them.*
fra (tra) *between, among*	C'era una certa ostilità **fra di loro.** *There was a certain hostility between them.*
fuori *outside*	È fuori città: è **fuori di sé** dalla gioia. *He is out of town; he is beside himself with happiness.*
presso *at, near*	Vive presso i nonni? —Sì, vivo **presso di loro.** *Do you live at (your) grandparents? —Yes, I live with them.*
senza *without*	Viene senza il marito; viene **senza di lui.** *She is coming without her husband; she is coming without him.*
sopra *above*	Volava sopra la città; volava **sopra di noi.** *It flew over the city; it flew over us.*
sotto *under*	**Sotto di me** abita una famiglia inglese. *An English family lives below me.*
su *on*	Contiamo sul tuo aiuto; sì, contiamo **su di te.** *We're counting on your help; yes, we're counting on you.*
verso *to, toward*	È stato buono **verso di voi.** *He has been kind to (toward) you.*

2. **Da** + *stressed pronoun* can mean two things: **a (in) casa di** (*at/to someone's home*) and **da solo (sola, soli, sole)** (*without assistance*).

Dove andiamo? A casa di Riccardo?—Sì, andiamo **da lui!**
Where shall we go? To Riccardo's?—Yes, let's go to his house.

L'ho capito **da me (da solo).**
I understood it by myself.

Hanno riparato il televisore **da sé (da soli).**
They fixed the TV themselves.

C. Stressed pronouns are also used after verbs:

1. For emphasis, instead of the other object pronouns (direct or indirect). They always follow the verb.

Ho visto **lei.**	L'ho vista.	Scrivono **a me.**	Mi scrivono.
(emphasis on her*)*	*(no emphasis)*	*(emphasis on* me*)*	*(no emphasis)*
I saw her.	*I saw her.*	*They write to me.*	*They write to me.*

Often, for greater emphasis, adverbs like **anche, proprio,** and **solamente** are used with the stressed pronouns.

Aspettavamo **proprio te.**   Telefono **solamente a lui.**
We were waiting just for you.   *I call only him.*

2. When there are two or more direct objects or indirect objects in the same sentence.

Hanno invitato **lui** e **lei.**   Antonio ha scritto **a me** e **a Maria.**
They invited him and her.   *Antonio wrote to me and to Mary.*

D. The **sé** form can only be used in the reflexive. It is masculine or feminine, singular or plural, and can refer to either people or things.

Silvia non ama parlare **di sé.**   Carla e Valeria amano parlare **di sé.**
Sylvia doesn't like to talk about herself.   *Carla and Valeria love to talk about themselves.*

La cosa **in sé** ha poca importanza.
The thing has little importance in itself.

Stesso is often added to the pronoun for extra emphasis and agrees in gender and number with the stressed pronoun. The accent mark on **sé** is optional before **stesso.**

Parlavo tra **me stessa.**   Paolo è egoista: pensa solo a **sé stesso.**
I was talking to myself.   *Paul is selfish: he thinks only of himself.*

ESERCIZI

a.   **In ditta.** *Il direttore di una ditta di componenti meccaniche che esporta all'estero parla con un collega. Rispondere alle domande usando i pronomi tonici.*

ESEMPIO   Vuoi parlare davvero con i sindacati (*unions*)?
          Sì, voglio parlare davvero con loro.

1. Hai intenzione di dare il nuovo incarico a Marco?
2. Hai veramente fiducia in Marina per il contratto con la TRE EFFE?
3. Vuoi che mandiamo gli ordini per settembre solo ai F.lli Rosselli?
4. Non sembra anche a te che i prodotti della Selenia siano migliori?
5. Il dottor Merlotti vuole solo Stefano per il contratto di Bari, vero?
6. E possono sempre contare su di voi per le merci dall'Inghilterra, vero?
7. È vero che sia Castelli che Pavone devono trovarsi i clienti da sé?
8. Finiranno la produzione di quest'anno anche senza di me e senza di te?

b. **Non ci credo!** *Federica ha passato un anno all'estero e non è al corrente di quanto è successo durante la sua assenza. Seguire l'esempio.*

ESEMPIO   Franco è andato in ferie senza sua moglie.
Veramente è andato in ferie senza di lei?

1. Gli Arbizzi contano su di te per il nuovo negozio.
2. Mia cugina ha fatto strada senza l'aiuto dello zio.
3. Il nostro ex professore di storia abita sotto di noi.
4. Le nostre compagne di Padova si sono laureate dopo di mia sorella.
5. Luciano si è rotto la gamba proprio mentre sciava dietro di me.
6. Patrizia è andata via di casa e adesso vive presso i nonni.
7. Margherita adesso è contro le leggi in favore dell'ecologia.

Vocabolario utile

l'annunciatore / l'annunciatrice
announcer, speaker
l'armadio   wardrobe
il carabiniere[1]   police officer
il divano   couch, sofa
il mestiere   job; trade
il nascondiglio   hiding place
la notizia   news
la poltrona   armchair
il pompiere   fireman
il/la testimone   witness
il televisore   television set
il vigile   police officer

altrimenti   otherwise
a proposito   by the way

assicurarsi (**che** + *subjunctive*   to make sure
*__essere in grado di__ + *infinitive*   to be able
to do something
fare i propri comodi   to do as one pleases
fare visita a qualcuno   to visit, to pay a
visit to
nascondere (*pp* **nascosto;** *pr* **nascosi**)
to hide
nascondersi   to hide (oneself)
nascosto   hidden
di nascosto   secretly
riempire (di)   to fill (with)
riempirsi (di)   to get filled (with)
sorridere (*pp* **sorriso;** *pr* **sorrisi**)   to smile
testimoniare   to witness; to give evidence,
testify

---

[1] In Italy there are several types of police force, each having specific duties. The **carabinieri** are a national police force that performs such duties as border control, protection of public officials, and crime prevention. The **vigili urbani** are local police mainly responsible for traffic control, enforcing city ordinances, and dealing with minor offenses.

Quella che segue è un'altra storia di Gianni Rodari. Questa volta si tratta di una «storia aperta». Da un certo punto in poi, la storia presenta un problema di fantasia: abbiamo certi elementi e dobbiamo stabilire cosa succede, cioè come la storia va a finire. In questo caso l'autore ci offre tre possibilità: una fantastica, una che possiamo definire pratica, e una addirittura ideologica in quanto ci presenta un messaggio da chiarire e meditare.

Il dottor Verucci, il protagonista del racconto *Avventura con il televisore*, torna a casa dal lavoro stanchissimo. Chiude la porta, si mette le pantofole, accende il televisore, si siede in poltrona. Ah, che meraviglia! È finalmente solo! Di tanto in tanto abbiamo bisogno di stare tranquilli, di rilassarci, di non vedere nessuno. Ma sappiamo veramente star soli?

In gruppi di due o tre studenti, esaminare questo stato d'animo°. Ecco alcuni spunti di riflessione.   **Stato:** *state of mind*

1. Vi capita mai di aver voglia di «chiudere fuori il mondo» e di stare «in pace» per un po'? Perché? Quanto dura?
2. Che cosa fate quando siete stanchi di studiare o di lavorare?
3. Spesso, per distrarci un po', accendiamo il televisore. Che cosa ci aspettiamo?
4. La TV, oltre a intrattenere°, ci informa sugli avvenimenti di tutto   *to entertain*
   il mondo. In che misura siamo spettatori attenti e responsabili?
5. Guardare il telegiornale è un diversivo? Guardare la TV è veramente un modo di star soli?

Avventura con il televisore

Una sera il dottor Verucci rincasava° dal lavoro. Questo dottor Verucci era un   **tornava a casa**
impiegato, forse delle poste. Ma poteva anche essere un dentista. Noi possiamo
fare di lui tutto quello che vogliamo. Gli mettiamo i baffi? La barba? Benissimo,
barba e baffi. Cerchiamo di immaginare anche com'è vestito, come cammina,
5 come parla. In questo momento sta parlando fra sé... Ascoltiamolo di nascosto:
   —A casa, a casa, finalmente... *Casa mia, casa mia, per piccina che tu sia*[1],
eccetera. Non ne posso più, sono proprio stanco. E poi tutta questa confusione,
questo traffico. Adesso entro, chiudo la porta, signore e signori, tanti saluti: tutti
fuori... Quando chiudo la porta di casa il mondo intero deve restare fuori.
10 Almeno questo lo posso fare, toh... Ecco qua. Solo, finalmente solo... Che bellezza... Primo, via la cravatta... Secondo, pantofole... Terzo, accendere il televisore...
Quarto, poltrona, sgabello° sotto i piedi, sigaretta... Ah, ora sto bene. E so-   *stool*
prattutto solo... So... Ma lei chi è? Di dove viene?

---

[1] This is part of a well-known rhyme: **Casa mia, casa mia, per piccina che tu sia, tu mi sembri una badia.** *My home, my home, however small you may be, you seem like a mansion to me.* It corresponds to the English "Be it ever so humble, there's no place like home."

Una bella signorina sorrideva gentilmente al dottor Verucci. Un attimo°
15 prima non c'era, adesso era lì, sorrideva e si aggiustava una collana sul petto.

—Non mi riconosce, dottore? Sono l'annunciatrice della televisione. Lei ha acceso il suo televisore ed eccomi qua. Le debbo dare le notizie dell'ultima ora...

Il dottor Verucci protestò:

—Abbia pazienza, ma lei non sta *dentro* il televisore come dovrebbe: lei sta
20 in casa mia, sul mio divano...

—Che differenza fa, scusi? Anche quando sto nel televisore, sto in casa sua e parlo con lei.

—Ma come ha fatto a venir giù? Io non me ne sono accorto... Senta, non sarà mica entrata di nascosto, vero?

25 —Su, non stia a pensarci troppo... Le notizie del telegiornale le vuole, o no?

Il dottor Verucci si rassegnò:

—La cosa non mi persuade del tutto°, ma insomma... Faccia un po' lei.

La bella signorina si schiarì la voce° e cominciò:

—Dunque: *Continua in tutta l'Inghilterra la caccia al temibile bandito evaso dal*
30 *carcere di Reading. Il commissario capo della polizia ha dichiarato che secondo lui il* *bandito si nasconde nei boschi...*

In quel momento il dottor Verucci sentì una voce che non veniva né dal televisore né dall'annunciatrice, ma piuttosto da un punto imprecisato dietro la sua testa. Disse la voce:

35 —Storie°!

—Chi è?—sobbalzò° Verucci.—Chi ha parlato?

—Ma è il bandito, no?—disse l'annunciatrice, senza scomporsi.—Guardi, stava nascosto dietro il suo divano.

—Storie,—ripetè la voce,—dove mi nascondo, non glielo vengo a dire
40 a lei...

Il dottor Verucci si alzò di scatto, guardò dalla parte della voce e sbottò°.

—Ma come si permette? E armato, pure°! Un bandito in casa mia! Roba da matti°!

—Se è lei, che mi ha invitato!—disse il bandito, uscendo dal suo
45 nascondiglio.

—Io? Questa è buona davvero. Io inviterei i banditi a farmi visita e a bere un bicchierino°...

—A proposito, ce l'ha?

—Che cosa?

50 —Il bicchierino.

—Non è solo un bandito, è anche uno sfacciato°. Per prima cosa, dichiaro che io non la conosco e che lei è qui contro la mia volontà. Lei, signorina, è testimone.

—No, dottor Verucci,—disse l'annunciatrice,—non posso testimoniare
55 come vuole lei. È stato lei ad accendere il televisore...

—Ah, perché anche il bandito...

—Certo, è entrato in casa sua *dal televisore,* come me.

—Insomma,—disse il bandito,—il bicchierino me lo offre, o no?

—Per carità,—fece il dottor Verucci,—avanti, si accomodi, faccia come se
60 fosse a casa sua. Ormai ho capito che io qua non sono nessuno. È casa mia, ma

non comando niente. La porta è chiusa, le finestre sono sbarrate°, ma la gente va
e viene e fa i suoi comodi...

    —Quanto la fa lunga°, per un bicchierino—osservò il bandito.

    —Vado avanti con le notizie?—domandò l'annunciatrice.

E Verucci:—Perché no? Sono curioso di vedere come andrà a finire questa
storia...

    E la signorina riprese il tono impersonale delle annunciatrici e annunciò:—*Il
generale Bolo, comandante delle truppe semantiche, ha dichiarato che riprenderà al
più presto l'offensiva contro la repubblica di Planàvia e che la guerra non terminerà
prima di Natale.*

    —Questo non è del tutto esatto,—disse una voce nuova, mentre lo sportello
di un armadio si spalancava con forza. Nuovo balzo° del dottor Verucci.

    —Cosa? Ah, volevo ben dire. Lei è il generale Bolo, vero? E che cosa faceva
in quell'armadio?

    —Niente che la interessi,—rispose il generale.

    —Già, ma io voglio vedere lo stesso°,—disse Verucci, facendo seguire l'atto
all'annuncio della sua volontà.—Bombe... Bombe nel mio armadio. Nel mio
armadio, dico!... Cosa c'entro io con la sua guerra, lo vorrei proprio sapere...

    Il generale Bolo ridacchiò°:

    —Il mio mestiere, caro signore, è di comandare le truppe semantiche e di
occupare il territorio di Planàvia, non di rispondere alle sue domande. Stavo
dicendo, qui, alla signorina, che la mia dichiarazione è stata compresa° male. Le
mie esatte parole sono queste: *la guerra terminerà prima di Natale, perché io
distruggerò tutti i planaviani, uno per uno, ridurrò in cenere le loro città, i loro campi
saranno trasformati in deserti.*

    A questo punto il bandito volle dire la sua°:

    —Senti, senti, che animo gentile: e a me, povero banditello da strada, mi
stanno dando la caccia per tutta l'Inghilterra. Vorrei sapere chi è il vero bandito,
tra noi due...

    —E io, invece,—tuonò° il dottor Verucci,—vorrei sapere quando ve ne
andate tutti quanti: lei, cara signorina, e lei, signor bandito, e lei, signor
generale... Questa è casa mia e io voglio restare solo! Quello che fate e quello che
dite non mi interessa. Ma troverò bene un sistema per mettervi alla porta. Ora
chiamo la polizia e vi denuncio per violazione di domicilio°. Va bene? E telefono
anche ai carabinieri giacché° ci sono. E anche ai vigili urbani, ai pompieri... Voglio
proprio vedere se sono padrone in casa mia o no... Voglio proprio vederlo...

    Ma intanto, via via che° l'annunciatrice della TV proseguiva nella lettura delle
notizie, la casa di cui il dottor Verucci era l'unico proprietario e nella quale conta-
va di restare solo e indisturbato, si andava riempiendo di gente di ogni genere:
folle di affamati, eserciti° in marcia, uomini politici alla tribuna, automobilisti
bloccati dal maltempo, sportivi in allenamento, operai in sciopero, aeroplani in
missione di bombardamento... Voci, grida, canti, insulti in tutte le lingue si
mescolavano a rumori, esplosioni, fragori° d'ogni genere.

    —Basta!—gridava il dottor Verucci.—Tradimento! Violazione di domicilio!
Basta! Basta!

Primo finale

Improvvisamente si udì° un energico squillo di campanello.

    —Chi è?

    —La forza pubblica°!

110   Lode al cielo erano i carabinieri. Li aveva chiamati un vicino allarmato dalle esplosioni.

    —Fermi tutti! Mani in alto! Documenti!

    —Grazie,—sospirò il dottor Verucci, accasciandosi° sul suo amato divano.—Grazie, portate via tutti. Non voglio vedere nessuno! È tutta gente sospetta.

115   —Anche la signorina?

    —Anche lei. Non aveva nessun diritto di portarmi in casa questa baraonda°.

    —D'accordo, dottor Verucci,—disse il comandante dei carabinieri,—lei ha diritto alla sua vita privata. Porterò tutti in prigione. Vuole che le faccia anche un caffè?

120   —Grazie, me lo faccio da solo. Ma senza caffeina, altrimenti non mi lascia dormire.

Secondo finale

Improvvisamente... il dottor Verucci pose° termine alle sue esclamazioni. Gli era balenata° un'idea, ma un'idea... una di quelle idee che nei fumetti sono rappre-
125 sentate da una lampadina che si accende nella testa di Topolino° o di Superman.

    Il dottor Verucci si avvicinò quatto quatto° al televisore, sorridendo ai numerosi presenti che lo osservavano con curiosità. Con un ultimo sorriso egli si assicurò che nessuno fosse in grado di interrompere la sua manovra. Poi con un gesto brusco e preciso, tac, spense il televisore.

130   La prima a sparire, insieme alle ultime luci del video, fu l'annunciatrice. Al suo seguito, uno dopo l'altro, sparirono banditi e generali, cantanti e atleti, eserciti e popoli. Semplice, no?

    Basta chiudere il televisore, e il mondo è costretto a scomparire, a restare fuori della finestra, a lasciarti solo e tranquillo...

135   Il dottor Verucci, rimasto padrone del campo, sorrise a se stesso e si accese la pipa.

Terzo finale

Improvvisamente... il dottor Verucci smise di gridare come un insensato°.

    Aveva capito?

140   Sì, aveva capito.

    Che cosa?

    Che non basta chiudere la porta di casa per chiudere fuori il mondo, la gente, i suoi dolori, i suoi problemi.

    Che nessuno può veramente godere le gioie della vita quando sa—e basta
145 un televisore a farglielo sapere—che c'è chi piange, soffre e muore, vicino o lontano, ma sempre su questa terra, che è una sola per tutti, la nostra casa comune.

Gianni Rodari, *Tante storie per giocare*

Il telegiornale ci mostra il bene e il male del mondo.

Comprensione

1. Perché il dottor Verucci è contento di essere a casa finalmente?
2. Chi è la prima persona che viene in casa sua e che cosa fa?
3. Quali sono le notizie dell'ultima ora dall'Inghilterra?
4. Quale dichiarazione ha fatto il generale Bolo secondo il telegiornale?
5. Quali sono le vere intenzioni del generale?
6. A chi vuole telefonare il dottor Verucci e perché?
7. Di chi si riempie la casa di Verucci?
8. Nel primo finale, chi viene dal dottor Verucci e perché? Che cosa succede?
9. Nel secondo finale, come riesce a rimanere solo il dottor Verucci?
10. Nel terzo finale, che cosa ha capito il dottor Verucci?

Studio di parole

to hear

sentire (less commonly **udire**) qualcuno/ qualcosa
to hear someone/something

Mi pare di sentire dei rumori.
I think I hear noises.

sentire parlare di qualcuno/qualcosa
to hear about someone/something

Avete sentito parlare di questo poeta?
Have you heard about this poet?

sentirci
to be able to hear

Non ci sento bene; sono quasi sordo!
I can't hear well; I'm almost deaf!

ascoltare
to listen to

Ti piace ascoltare la radio?
Do you like to listen to the radio?

sentire (dire) che
to hear a rumor that

Hanno sentito dire che ci sarà una nuova
   offensiva.
They heard there will be a new offensive.

avere notizie di
ricevere notizie da } **qualcuno**
to hear from someone

Chi ha ricevuto notizie da Vittorio?
È molto tempo che non ho sue notizie.
Who has heard from Vittorio?
I haven't heard from him in a long time.

to enjoy

***piacere**
to enjoy = to like

Ho visto il film ma non mi è piaciuto.
I saw the movie but I didn't enjoy it.

ATTENZIONE! **Piacere** is used when *enjoy*
means *to like*. The other verbs that express
to enjoy are limited to certain idiomatic
expressions.

fare piacere a qualcuno + *infinitive*
to enjoy doing something

Mi farà piacere conoscerLa.
I'll enjoy meeting you.

godere
to enjoy = to have, to possess
godere buona salute, buona reputazione,
   una bella vista
to enjoy = to derive pleasure from
godere il sole, l'aria fresca, la compagnia di
   una persona, i frutti del proprio lavoro, le
   gioie della vita

gradire
to enjoy = to appreciate, to welcome
gradire una lettera, un regalo, una vista, dei
   fiori

gustare
to enjoy = to savor, to appreciate
gustare il cibo
gustare la musica, un buon sonno

Related words:
il piacere *pleasure*
piacevole *pleasant*
gusto *taste*
gustoso *tasty*

a.   *Scegliere la parola o le parole che completano meglio la frase.*

1. Chi ha _____________ le ultime notizie?
2. Grazie per la cartolina che ho molto _____________.
3. È impossibile che non abbiate mai _____________ Dante, il padre della letteratura italiana.
4. Con tutte le preoccupazioni che abbiamo, come possiamo veramente _____________ le gioie della vita?
5. I nonni di Paolo avevano quasi novant'anni ma _____________ ancora buona salute.
6. Signora Raggi, complimenti per il dolce! L'ho veramente _____________.
7. Mario ha avuto un incidente: ora non _____________ dall'orecchio destro.
8. Ci sono molte cose che mi _____________ fare durante il week-end.

b.   *Inserire le parole che completano meglio il dialogo.*

—Ho _____________ che sei diventato direttore di RAI 3. È vero?
—Sì, chi te l'ha detto?
—Fabrizio S. Non ti conosce molto bene, ma aveva _____________ di te dai colleghi e mi ha detto che la notizia gli ha fatto _____________. Congratulazioni!
—Grazie! Senti, hai consigli da darmi? Dimmi, tu _____________ spesso la radio?
—Sì, certo. L'_____________ sempre in macchina.
—Che cosa _____________ di più?
—Mi _____________ i notiziari e i servizi che informano sulla vita della società contemporanea.
—Mi fa _____________. Anch'io penso che siano importanti e anch'io li ascolto in macchina. A proposito, forse non ti ho detto che ho comprato una casetta al mare, all'Argentario. È un posto splendido dove si possono _____________ il sole e l'aria pulita. Perché non vieni il week-end prossimo?
—Grazie! _____________ moltissimo passare una giornata al mare con te. C'è un buon ristorante dove si possano _____________ le specialità della zona?
—Come no? Pesce fresco e ottima cucina. Il cuoco sono io!

c.   *Domande per Lei.*

1. Conosce dei posti dove è ancora possibile godere il silenzio e l'aria pura?
2. Le farebbe più piacere ricevere in regalo un grande televisore a colori o una piccola motocicletta? Perché?
3. Come reagisce quando sente parlare male di qualcuno? E quando ne sente parlare bene?
4. Lei ha sentito dire che una sua conoscente potrebbe aver vinto la lotteria. A dir la verità, Lei non ci crede ma le piacerebbe avere notizie più precise. Cosa fa?

Temi per componimento o discussione

1. I mezzi di comunicazione di massa hanno, tra l'altro, la funzione di intrattenerci. È bene o male che sia così? Perché? Quali altri divertimenti (*entertainments*) abbiamo?
2. La TV ci porta in casa immagini di ogni genere, dai programmi per i bambini a scene di violenza e di orrore. Siete d'accordo che passare molte ore davanti al televisore fa male, specialmente ai giovani? Perché sì o perché no?
3. Grazie ai mass media, le notizie di ciò che accade nel mondo ci arrivano in poche ore. In che misura questo influisce sulla nostra vita e sulla vita della società in cui viviamo?
4. Commentate l'ultimo paragrafo della storia di Rodari. «Nessuno può veramente godere le gioie della vita quando sa—e basta un televisore a farglielo sapere—che c'è chi piange, soffre e muore, vicino o lontano, ma sempre su questa terra, che è una sola per tutti, la nostra casa comune».

RICERCA WEB

In Italia, oltre alla televisione di stato (RAI), ci sono molti altri servizi diffusi da stazioni televisive private. La RAI offre via Internet un «portale» culturale molto interessante.

a. Canali televisivi in Italia
b. RAI, Portale Cultura

PER COMUNICARE

Dieci anni dopo. Angelo e Daniela non si sono sposati e non si vedono da dieci anni. Un giorno all'aeroporto di Santiago in Cile, Angelo vede una signora che gli sembra di conoscere... Le si avvicina.

ANGELO: Mi scusi, Lei non è per caso... Ma sì, sei Daniela!

DANIELA: Angelo? Non è possibile! Che sorpresa!

ANGELO: Ma guarda! Ritrovarsi dopo tanto tempo, e in Cile!

DANIELA: Incredibile!

ANGELO: Dimmi, come stai? Cosa fai?

DANIELA: Sono consulente di una compagnia italiana che ha investimenti nell'agricoltura cilena.

ANGELO: Ma và! Che mi dici? Non facevi antropologia?

DANIELA: Sì, quand'ero giovane. E tu cosa fai? Come mai sei qui?

ANGELO: Sono venuto a filmare un servizio sugli emigrati italiani.

DANIELA: Ma allora sei diventato davvero corrispondente televisivo! Magnifico! Sono proprio contenta per te! Devo andare. Hanno appena annunciato il mio volo. Senti, hai notizie di Michele?

ANGELO: Sta bene, è informatico, è ricchissimo, ha appena divorziato per la terza volta.

DANIELA: Ma come! Un tipo accomodante come lui!

ANGELO: Eh già! È meglio che tu vada adesso, se no perdi l'aereo.

DANIELA: Angelo, mi ha fatto davvero piacere rivederti.
ANGELO: Anche a me. Il mondo è veramente piccolo!

Esprimere ammirazione

Magnifico! Splendido! Stupendo! Meraviglioso!	*How wonderful!*	Che bello! Com'è bello!	*How nice!*
Perfetto!	*Perfect!*	Quanto mi piace!	*I really like it!*

Dimostrare incredulità

Ma và! Incredibile!	*Come on! Incredible!*	Che mi dici?	*What are you telling*
Non è possibile!	*It's not possible!*	Cosa mi racconti?	*me?*
Ma come! Sei sicuro/a?	*What? Are you sure?*	Non ci credo proprio!	*I can't believe it.*
Dici sul serio?	*Are you serious?*	Ma dai, chi ci crede!	

Esprimere sorpresa

Veramente? Davvero?	*Really?*	Ma guarda!	*How strange!*
Che sorpresa!	*What a surprise!*	Che strano!	

Proprio non me
   l'aspettavo!
	*I didn't expect
	   this at all!*		

Che cosa dice?

1. Il Suo amico Giuseppe, quello che non studia mai, ha preso trenta e lode all'esame di latino.
2. Mara, la Sua compagna di liceo, quella timidissima e introversa che sedeva sempre al terzo banco, è diventata un'attrice famosa.
3. Sua moglie/Suo marito Le fa trovare sotto il tovagliolo le chiavi di un'Alfa Romeo nuova.
4. Le chiedono il Suo giudizio su un quadro che Lei ammira moltissimo.
5. Una chiromante Le predice che si sposerà presto e avrà sei figli.

Situazioni

1. Lei ha fatto molto bene l'esame di ingegneria mineraria e il Suo professore Le ha offerto di lavorare con lui in Alaska. Immagini una conversazione telefonica in cui Lei dà la notizia a Sua madre e le racconta le Sue reazioni.
2. Durante il telegiornale vede sullo schermo televisivo una Sua vecchia compagna di scuola che ha appena ricevuto il premio Nobel. Ne parli con Suo marito/Sua moglie.
3. Il Suo aereo passa vicino al polo artico e Lei vede per la prima volta il fenomeno dell'aurora boreale. Comunichi le Sue impressioni agli altri passeggeri.
4. Lei va a trovare Suo nonno, un vecchio signore di ottantasette anni a cui piace scherzare. Il nonno Le annuncia con molta serietà che ha deciso di sposarsi e L'invita al matrimonio. Lei esprime la Sua sorpresa e si fa raccontare dal nonno i preparativi del matrimonio.

PER COMINCIARE

L'esame è andato male

STRUTTURA

Parlare di situazioni reali o ipotetiche

    I. Periodo ipotetico con *se*

Dare un suggerimento

Esprimere un dubbio

    II. Altri usi di *se*

Modificare il senso della frase

    III. Avverbi

Fare paragoni

    IV. Comparativi

    V. Superlativi

    VI. Comparativi e superlativi irregolari

LETTURA

Il primo giorno

PER COMUNICARE

Espressioni per la vita universitaria

Esprimere insicurezza

Esprimere frustrazione

Esprimere sollievo dopo un esame

265

L'esame è andato male.   Emilio è preoccupato: vuol fare la tesi in linguistica ma il primo esame è andato maluccio. Fabio cerca di dargli appoggio morale.

EMILIO: Se quest'esame mi va male, sono rovinato.

FABIO: Andrà certamente meglio dell'altro, stai studiando moltissimo. Prenderai senz'altro un voto migliore.

EMILIO: Ma deve essere un voto molto più alto! Se prendessi trenta o trenta e lode, potrei andare da De Mauro e chiedergli la tesi senza timore.

FABIO: Ma non è soltanto il voto dell'esame che conta.

EMILIO: Di solito no, per fortuna la mia media è piuttosto alta. Se non avessi un ventuno in fonologia, non mi preoccuperei.

FABIO: Forse ti preoccupi di più di quanto non sia necessario. Inoltre mi sento un po' responsabile anch'io. Se non ti avessi invitato a sciare, avresti studiato di più e ora saresti meno depresso.

EMILIO: Ma di tanto in tanto bisogna fare qualcosa di divertente! Fa bene allo spirito! Non esco mai con gli amici, spesso non guardo neanche il telegiornale... Meno male che tra due settimane finisco! Se continuo così, mi viene l'esaurimento nervoso!

FABIO: È probabile. Però anche tu sei un bel tipo! Hai scelto una tesi difficilissima e vuoi come relatore uno dei professori più famosi della facoltà. Sai cosa ti dico? Continua a fare del tuo meglio e, se il giorno dell'esame non ti senti pronto, ritirati. Se non riesci a darlo ora, lo darai alla sessione di febbraio.

EMILIO: Hai ragione tu. Forse è meglio fare così.

Dopo la lezione è interessante scambiare opinioni.

L'università

la borsa di studio   scholarship
la commissione d'esame   examining committee
la facoltà (di medicina/ingegneria)   college (school of medicine/ engineering)
l'istituto   department

la laurea   university degree
il laureato   university graduate
la matricola   freshman
la media   grade point average
il relatore   thesis advisor
la segreteria   registrar's office
la tesi di laurea   thesis, dissertation

Espressioni

dare latino/statistica/diritto romano   to take Latin/statistics/Roman law
fare il primo/secondo anno   to be in first/second year
frequentare   to attend
iscriversi   to register

prendere diciotto/trenta e lode[1]   to get an eighteen/a thirty cum laude
ritirarsi (da un esame)   to withdraw (from an exam)
superare un esame   to pass an exam

La scuola media e superiore

il compito in classe   written test
la condotta   behavior
il diploma   secondary school diploma
l'esame di riparazione   make-up exam
l'insufficienza/la sufficienza   failing/ passing grade
l'interrogazione   oral test

la maturità   standardized final secondary school exam
la pagella   report card
respinto   failed (in all subjects)
rimandato a settembre   failed (in one or more subjects)

ESERCIZI

a.   *Completare le frasi con le espressioni opportune.*

1. Emilio pensa: «Se quest'esame mi va male...»
   a. abbandono gli studi.
   b. non importa perché il voto dell'esame conta poco.
   c. non posso chiedere la tesi.

---

[1] In secondary school, the passing grade is 6 out of a possible 10; at university the passing score is 18 out of a possible 30.

2. Fabio teme che...
   a. Emilio non abbia studiato abbastanza.
   b. sia colpa sua se Emilio ha perso tempo.
   c. Emilio pensi a divertirsi invece che a studiare.
3. Se Emilio non si sente pronto per l'esame...
   a. può chiedere aiuto al relatore.
   b. può dare l'esame alla sessione di febbraio.
   c. può andare a sciare.

b. **La definizione.** *Dare il termine descritto dalle frasi seguenti.*

1. Lo studente la scrive al termine di un corso di studi universitari per ottenere la laurea.
2. È il nome per uno studente/una studentessa universitario/a di primo anno.
3. È un comitato che esamina gli studenti al termine del loro corso di studi.
4. È il voto minimo per superare un esame all'università.
5. Accade quando uno studente decide di non dare un esame perché non si sente ben preparato.
6. È il documento che registra i voti riportati da un alunno per ogni trimestre dell'anno scolastico.
7. È il comportamento di un alunno durante le ore di scuola.
8. Certifica il titolo di studio.
9. È il voto minimo che l'alunno deve prendere per non essere rimandato a settembre.

STRUTTURA

I. Periodo ipotetico con *se*

A. The **periodo ipotetico** *(hypothetical sentence)* consists of two parts or clauses: a *dependent clause* introduced by *if* (**se**) indicating a condition, a possibility, or a hypothesis *(If I felt ready for the exam …)*, and an *independent clause* indicating the result of the condition *(… I would take it)*. A hypothetical sentence can express real or possible situations, probable (likely or unlikely) situations, or improbable (contrary-to-fact) situations. The mood and tense of the verb depend on the nature of the condition.

Situation: Lucia is giving a party; two of her friends are talking about it.

ANNA: Vieni alla festa di Lucia?
PAOLA: Oh sì! **Vengo** volentieri se **m'invita.**

Paola uses the indicative mood because she is talking about a real probability; she expects to be invited.

ANNA: Vieni alla festa di Lucia?
PAOLA: **Verrei** volentieri se **mi invitasse!**

Paola is not sure that she will be invited; her choice of verb moods reflects her doubt.

ANNA: Perché non sei venuta alla festa di Lucia?
PAOLA: **Sarei venuta** se **mi avesse invitata.**

Paola was *not* invited; her choice of verb moods indicates a contrary-to-fact situation.

B. When real or possible situations are described, the **se**-clause is in the indicative and the result clause is in the indicative or the imperative.

CONDITION: *SE*-CLAUSE	RESULT: INDEPENDENT CLAUSE
Se + presente	**presente** **futuro** **imperativo**

Se **studiate, imparate.**
If you study, you (will) learn.

Se **corriamo,** li **raggiungeremo.**
If we run, we'll catch up with them.

Se lo **vedi, digli** di aspettarmi.
If you see him, tell him to wait for me.

CONDITION: *SE*-CLAUSE	RESULT: INDEPENDENT CLAUSE
Se + futuro[1]	**futuro**

Se **potrò,** lo **farò.**
If I can, I'll do it.

CONDITION: *SE*-CLAUSE	RESULT: INDEPENDENT CLAUSE
Se + passato prossimo o **remoto** **imperfetto**	**presente** **futuro** **imperfetto** **passato prossimo** o **remoto** **imperativo**

Sei hai studiato, lo sai.
If you have studied, you (will) know it.

Se hanno preso l'aereo, arriveranno prima.
If they took a plane, they'll arrive earlier.

Se disse questo, non sapeva quel che diceva.
If he said that, he didn't know what he was saying.

Se avete riso, non avete capito niente.
If you laughed, you didn't understand a thing.

Se non era vero, perché l'hai detto?
If it wasn't true, why did you say it?

Se è arrivata, dille di telefonarmi.
If she has arrived, tell her to phone me.

---

[1] This is the only tense sequence that differs from English: **se + futuro** in Italian; *if + present* in English. This construction is possible only when the verb of the independent clause is in the future.

C. When describing probable or imaginary situations (whether likely or unlikely), the **se**-clause is in the imperfect subjunctive, and the result clause is in the conditional (usually the present conditional).

CONDITION: *SE*-CLAUSE	RESULT: INDEPENDENT CLAUSE
Se + congiuntivo imperfetto	**condizionale presente** **condizionale passato**

Se trovassimo un ristorante, mangeremmo.
If we found a restaurant, we would eat.

Se lui avesse un buon carattere, non avrebbe detto queste cose.
If he had a good disposition, he wouldn't have said these things.

D. When describing improbable or impossible situations (contrary to fact, unlikely to happen or to have happened), the **se**-clause is in the past perfect subjunctive, and the result clause is in the conditional (usually the conditional perfect).

CONDITION: *SE*-CLAUSE	RESULT: INDEPENDENT CLAUSE
Se + congiuntivo trapassato	**condizionale passato** **condizionale presente**

Se gli altri avessero taciuto, anche noi avremmo taciuto.
If the others had kept quiet, we would have kept quiet too.

Se tu mi avessi aiutato, ora sarei ricco.
If you had helped me, I would be rich now.

1. ATTENZIONE! If the independent clause in an English sentence contains *would* (signal for the present conditional) or *would have* (signal for the conditional perfect), use the subjunctive (imperfect or past perfect) in the **se**-clause in Italian. The conditional is used in the independent clause, never in the **se**-clause.

   If I were rich, I would travel. → **Se fossi** ricco, viaggerei.

   If they had missed the train, they would have called. → **Se avessero perso** il treno, avrebbero telefonato.

2. Sometimes **se** is omitted, as in English.

   Fossi laureata, non lavorerei qui.
   Were I a college graduate, I wouldn't work here.

   Rinascessi, tornerei a fare lo scrittore.
   Were I born again, I'd be a writer again.

   Fosse stato vivo mio padre, che cosa avrebbe detto?
   Had my father been alive, what would he have said?

3. The order of the clauses is interchangeable.

   Se avessimo tempo mangeremmo.
   Mangeremmo se avessimo tempo. } *We would eat if we had time.*

ESERCIZI

a. *Trasformare le seguenti frasi secondo il modello.*

> **ESEMPIO** Se fa bel tempo, (noi/poter andare) al mare.
> **Se fa bel tempo, possiamo andare al mare.**
> **Se facesse bel tempo, potremmo andare al mare.**
> **Se avesse fatto bel tempo, saremmo potuti andare al mare.**
>
> **Remember!** Se is NEVER followed by a conditional.

1. Se ho tempo, (venire) _______________ volentieri al concerto con te.
2. Se Pierino non deve studiare, (andare) _______________ a giocare a calcio.
3. Papà non dorme se (prendere) _______________ il caffè prima di andare a letto.
4. Andiamo a sciare se (nevicare) _______________ tutta la notte.
5. Se (tu/avere) _______________ fame, fatti un panino.
6. Se il mare è inquinato, noi non (potere) _______________ fare il bagno.
7. Mamma (preoccuparsi) _______________ se Papà è in ritardo.
8. Il professore ha detto: «Se la città è sporca, (essere) _______________ tutti noi i responsabili».
9. Maria mi assicura che se non vado io da lei, (venire) _______________ lei da me.

b. **Realtà o possibilità.** *Trasformare le seguenti frasi secondo l'esempio terminando ciascuna frase in modo originale.*

> **ESEMPIO** Se sono stanchi...
> **Se sono stanchi non escono.**
> **Se fossero stanchi non uscirebbero.**
> **Se fossero stati stanchi non sarebbero usciti.**

1. Se devo studiare...
2. Se piove...
3. Se tu resti...
4. Se non hanno tempo...
5. Se ci laureiamo a luglio...
6. Se studiate sodo...
7. Se notano qualcosa di strano...
8. Se riusciamo a prendere trenta nell'esame di biologia...

c. **A dire il vero...** *Rispondere alle seguenti domande seguendo l'esempio e dando una ragione plausibile.*

ESEMPIO   Mi aiuteresti a fare i compiti?
  Se potessi ti aiuterei, ma non ho tempo.

1. I professori pospongono gli esami?
2. Dareste l'esame di psicologia con noi a marzo?
3. Verresti con me all'Istituto di Italianistica?
4. Mi daresti gli appunti di filosofia?
5. Professore, mi spiegherebbe di nuovo le teorie di Keynes?
6. Mi aiuteresti ad organizzare la festa della matricola?
7. Eleggono un nuovo rettore (*president*)?
8. Gli impiegati della segreteria fanno sciopero (*strike*)?

d. **Vita universitaria.** *Formare un'unica frase secondo l'esempio.*

ESEMPIO   Fiorello diede l'esame di storia moderna. Prese trenta.
  Se Fiorello avesse dato l'esame di storia moderna, avrebbe preso trenta.

1. Marinella voleva diventare diplomatico. Entrò all'università subito dopo il liceo.
2. Anna andò alla festa di laurea di Patrizia. Rivide molte compagne di corso.
3. Le poste non hanno funzionato. Gli appunti di chimica non sono arrivati in tempo.
4. Vi fermaste in biblioteca. Tornaste a casa tardi.
5. Andammo alla conferenza. Ascoltammo la relazione di Raimondi.
6. Tu facevi lingue moderne. Potevi fare l'interprete.
7. Chiesi la tesi a Celati. La mia proposta gli piacque.

e. **Che cosa farebbe Lei?** *Formare frasi complete indicanti condizioni e conseguenze, usando i seguenti verbi.*

ESEMPIO   arrivare, salutare
  Se arrivassi in ritardo, non potrei salutare Daniela.
  Se fossi arrivata in ritardo, non avrei potuto salutare Daniela.

1. avere paura, scappare
2. piacere, comprare
3. fare attenzione, capire
4. essere bel tempo, fare una gita
5. vedere, salutare
6. alzarsi tardi, perdere il treno
7. sapere, dire

f. *Completare con la forma corretta (condizionale o congiuntivo) del verbo fra parentesi.*

1. Che cosa _______________ (rispondere) se Le chiedessero di andare sulla luna?
2. Se i bambini _______________ (stare) zitti, potremmo studiare meglio.
3. Se tu avessi avuto la coscienza tranquilla, non _______________ (parlare) così!
4. Se lui ci _______________ (dare) una mano, finiremmo prima.
5. _______________ (bagnarsi) se fosse uscita senza ombrello.
6. Non ci avrei creduto se non lo _______________ (leggere) sul giornale.
7. Mi dispiace, se _______________ (potere) lo farei volentieri, ma proprio non posso.
8. Se _______________ (mettersi) gli occhiali, ci vedresti.

g. **Le conseguenze...** *Completare con un verbo all'indicativo o al condizionale.*

1. Se io dessi retta a mia madre...
2. Se trovano lavoro...
3. Se lui avesse avuto più tempo...
4. Se tutti fossero onesti...
5. Se nevicherà...
6. Se io fossi scrittore/scrittrice...
7. Se lo avessero saputo prima...
8. Se la giornata avesse quarantotto ore...

h. *Rispondere alle domande. Che cosa succederebbe...*

1. se un giorno Lei vedesse un UFO?
2. se i marziani arrivassero sulla terra?
3. se Le proponessero una parte in un film?
4. se La invitassero a un pranzo e il Suo vicino di tavola fosse un attore famoso?
5. se mancasse l'elettricità per ventiquattro ore?

II. Altri usi di *se*

A. **Se** followed by the imperfect subjunctive introduces a suggestion. It corresponds to English *How about . . . ? What about . . . ? Shouldn't we . . . ?*

Che ne diresti (direbbe) di + *infinitive (What would you say to . . . ?)* can also introduce a suggestion.

Se prendessimo le ferie in maggio?
How about taking our vacation in May?

Che ne diresti di venire al cinema con me?
How about going to the movies with me?

B. When **se** means *whether* and is introduced by a verb that denotes doubt or uncertainty or asks a question, **se** may be followed by the indicative, the conditional, or the subjunctive (all four tenses).

Domandagli se **vuole** venire o no.   Mi domando se **è** possibile.
Ask him whether he wants to come or not.   *I wonder if (whether) it's possible.*

Non so se **sarei** capace di dire una bugia.
I don't know if I could tell a lie.

Non so se a Pina **piacciano** o no le
lumache.
I don't know if Pina likes snails.

Non sapevano se lei **avesse** voglia di venire.
They didn't know whether she felt like coming.

Sono curiosa di sapere se lo **accetteranno.**
*I'm curious to know if (whether) they will
accept him.*

Si chiedevano se **avrebbe parlato** o se
avrebbe taciuto.
*They were wondering whether he would talk or
remain silent.*

Note that use of the subjunctive when **se** is introduced by a verb of doubt is optional.
The subjunctive stresses the element of doubt or uncertainty.

Non so se **hanno** ragione.
Non so se **abbiano** ragione.
I don't know if they're right.

C. The imperfect and past perfect subjunctive may be used alone (with or without **se**) in
sentences that express a wish or regret (see p. 218).

Se i vecchi potessero e i giovani sapessero!
If only the old could and the young knew!

(Se) avessi avuto un figlio!
If only I had had a son!

ESERCIZI

a. **Il gioco dei se...** *Completare le seguenti frasi.*

1. Non sanno se...
2. Sarei andato in aereo se...
3. Ci domandavamo se...
4. Studieresti più volentieri se...
5. Vengono a trovarci se...

6. Chiedile se...
7. Gli ho domandato se...
8. Non gli parleremo mai più se...
9. Ci sarebbero meno incidenti se...
10. Voglio sapere se...

III. Avverbi

A. Adverbs are invariable words that modify a verb, an adjective, or another adverb. Adverbs
express time, place, manner, and quantity.

Federico è partito **improvvisamente.**
Frederick left suddenly.

Mangi **troppo velocemente.**
You eat too fast.

Maria è **molto** intelligente.
Maria is very intelligent.

Parla **poco,** ascolta **assai** e **giammai** non fallirai!
Speak little, listen a lot, and you'll never go wrong.

B. Adverbs are most often formed by adding **-mente** to the feminine form of the adjective.
This form corresponds to the *-ly* form in English.

improvviso → improvvisa → **improvvisamente**   *suddenly*
vero → vera → **veramente**   *truly*
dolce → **dolcemente**   *sweetly*

If the adjective ends in **-le** or **-re** preceded by a vowel, the final **-e** is dropped before adding **-mente**.

naturale → natural → **naturalmente** *naturally*
regolare → regolar → **regolarmente** *regularly*

C. Some commonly used adverbs have forms of their own: **tardi, spesso, insieme, bene, male, così, volentieri,** etc.

D. Some adverbs have the same form as the adjective.

Andate **piano!**
Go slow!

Parliamoci **chiaro!**
Let's talk frankly!

Non parlare così **forte!**
Don't talk so loud!

Perché cammini così **svelto?**
Why are you walking so fast?

Hai visto **giusto.**
You guessed right.

Lavorate **sodo,** ragazzi!
Work hard, boys!

Abitano **vicino.**
They live nearby.

E. Like nouns and adjectives, many adverbs can be altered using the same suffixes discussed in Chapter 5; see pp. 121–122.

bene → **benino, benone**

Come va?—Va **benone.**
How are things?—Quite good.

male → **maluccio**

Oggi sto **maluccio.**
Today I am feeling a little down.

poco → **pochino, pochettino**

Sono un **pochino** stanco.
I'm a bit tired.

presto → **prestino**

È ancora **prestino.**
It is still rather early.

F. Adverbial expressions consisting of two or more words are often used instead of simple adverbs.

a poco a poco
little by little

di solito
usually

per caso
by chance

in tutto e per tutto
completely

di tanto in tanto
from time to time

per fortuna
fortunately

all'improvviso
all of a sudden, suddenly

in seguito
later on

ad un tratto
suddenly

ᘓᕲ Posizione degli avverbi

A. In general the adverb directly follows the verb in a simple tense, but it may precede the verb for emphasis.

Parlano **bene** l'italiano.
They speak Italian well.

Qui abita mia sorella.
My sister lives here.

La vediamo **raramente**.
We rarely see her.

Allora non lo conoscevo.
I did not know him then.

B. In sentences with compound tenses, the adverb may be placed:

1. Between the auxiliary verb and the past participle, especially common adverbs of time: **già, mai, sempre, ancora, spesso, più.**

   Te l'ho **già** detto mille volte!
   I already told you a thousand times!

   Ci siamo **veramente** divertiti.
   We really had a good time.

   Non mi hanno **ancora** invitato.
   They haven't invited me yet.

   Non ci sono **più** andati.
   They didn't go there again.

2. Directly after the past participle (most adverbs of place, time, and manner).

   Non sono venuti **qui.**
   They didn't come here.

   Mi hanno risposto **male.**
   They answered me badly.

   Sei arrivata **tardi.**
   You arrived late.

3. Before the auxiliary verb, for emphasis.

   Io **subito** ho risposto.
   I answered right away.

   Mai avrei immaginato una cosa simile.
   I would never have imagined such a thing.

C. **Anche** (*also, too, as well*) normally precedes the word it refers to.

Fausto era intelligente ed era **anche** bello.
Fausto was intelligent and handsome too.

Possiamo prendere l'autobus ma possiamo **anche** prendere un tassì.
We can take the bus, but we can also take a cab.

Anch'io ho fatto l'autostop l'estate scorsa.
I too hitchhiked last summer.

Anche cannot be used at the beginning of a sentence to mean *also* in the sense of *besides, moreover, in addition, furthermore.* **Inoltre** must be used in such cases.

Non posso venire. **Inoltre,** non ne ho voglia.
I can't come. Besides, I don't feel like it.

ESERCIZI

a. **Il primo appuntamento.** *Ieri sera Annamaria è uscita per la prima volta con un ragazzo che lavora con lei. La sua amica le chiede i particolari. Seguire l'esempio.*

ESEMPIO   Ha parlato molto? (costantemente)
   Sì, ha parlato costantemente.

1. Ti ha raccontato la storia della sua vita? (già)
2. Ama gli animali? (molto)
3. Quando siete usciti, vi siete sentiti a vostro agio? (immediatamente)
4. Esce la sera con i suoi amici? (raramente)
5. Va alla partita di calcio? (regolarmente)
6. Ti piacerebbe uscire con lui un'altra volta? (ancora)
7. Ha parlato di cose interessanti? (subito)
8. Hai capito se ha la ragazza? (no / assolutamente)
9. Si è lamentato di qualcosa? (mai)
10. Ma senti, hai intenzione di dirlo a Mario? (certamente)

b. **Gli esami.** *Il professor Monti fa parte di una commissione di esami di maturità e ne parla con la moglie. Formare nuove frasi usando l'opposto degli avverbi sottolineati.*

1. Il presidente (*chairman*) aveva <u>già</u> aperto le buste con i temi di italiano quando sono arrivato.
2. <u>Fortunatamente</u> all'esame orale quasi tutti i ragazzi hanno risposto <u>bene.</u>
3. Abbiamo concluso gli esami abbastanza <u>presto.</u>
4. Un membro della commissione ci ha chiesto se avevamo <u>mai</u> avuto delle difficoltà di procedura.
5. Il mio collega di scienze <u>non</u> gli aveva <u>ancora</u> raccontato quello che successe l'anno scorso.
6. Ho notato che al presidente piace <u>molto</u> interrogare gli studenti.
7. Devo ammettere che io do voti alti <u>raramente.</u>
8. L'unica cosa che mi disturba è quando i membri della commissione vogliono fare tutto <u>in fretta.</u>

IV. Comparativi

ᏒᏄ Comparativo di uguaglianza

The following forms are used in comparisons of equality:

A. (**così**) + *adjective or adverb* + **come**   *as . . . as*
(**tanto**) + *adjective or adverb* + **quanto**   *as . . . as*

La mia casa e (così) **grande come** la tua.
La mia casa e (tanto) **grande quanto** la tua.
My house is as big as yours.

Così and **tanto** are often unexpressed.

When a personal pronoun follows **come** or **quanto,** it is a stressed pronoun.

Il bambino è alto quanto **me.**
The child is as tall as I am.

B. **tanto** + *noun* + **quanto**   *as much as; as many . . . as*
       tanto quanto   *as much as*

Tanto + *noun* + **quanto** usually agree in gender and number with the noun they modify.

Hanno ricevuto tanti regali quanti ne volevano.
They received as many presents as they wanted.

(**tanto**) **quanto** (invariable and not separated) follows a verb.

È vero che guadagni (**tanto**) **quanto** me?
Is it true you earn as much as I do?

ᏒᏄ Comparativo di maggioranza e minoranza

The following forms are used for comparisons of inequality:

più... di
più... che   *more . . . than; -er . . . than*

meno... di
meno... che   *less . . . than; fewer . . . than*

A. **più/meno... di** (**di** combines with the definite article) with numbers and when two different persons or things are compared in terms of the same quality or action.

Il nonno ha **più di** settant'anni.
Grandpa is more than seventy years old.

Gli italiani bevono **più** vino **degli** americani.
Italians drink more wine than Americans.

I soldi sono **meno** importanti **della** salute.
Money is less important than health.

Tu sei **più** alto **di** me?
Are you taller than I am?

L'Italia è trenta volte **più** piccola **degli** Stati Uniti.
Italy is thirty times smaller than the United States.

B. **più/meno... che** when two words of the same grammatical category (nouns, adjectives, infinitives, adverbs) are directly compared in relation to the same person, thing, or action.

I miei amici mangiano **meno** carne **che** pesce.
My friends eat less meat than fish.

L'alta moda è **più** elegante **che** pratica.
High fashion is more elegant than practical.

È **più** facile salire **che** scendere.
It is easier to get up than to get down.

Hanno risposto **più** gentilmente oggi **che** ieri.
They answered more kindly today than yesterday.

Scriverò **più** rapidamente con la matita **che** con la penna.
I will write faster with a pencil than with a pen.

ATTENZIONE! If the two words on either side of *than* can be reversed, and the sentence still makes sense though with an opposite meaning, the word you want for *than* is **che;** otherwise use **di.**

I drink more coffee than *tea.*
(*I drink more tea* than *coffee.*)
Bevo più caffè **che** tè.

They spent more time in France than *in Italy.*
(*They spent more time in Italy* than *in France.*)
Hanno passato più tempo in Francia **che** in Italia.

But:

I drink more coffee than *Mary.*
(*cannot be reversed*)
Bevo più caffè **di** Maria.

C. **più/meno...** { **di quel(lo) che** + *verb* in the indicative
di quanto + *verb* in the indicative or subjunctive
che non + *verb* in the subjunctive }

when the comparison is followed by a conjugated verb, that is, when it introduces a dependent clause.

Lo spettacolo è stato **meno** interessante **di quello che** ci aspettavamo.
The show was less interesting than we expected.

La conferenza durò **più di quanto** immaginavo (immaginassi).
The lecture lasted longer than I imagined.

Hanno lavorato **più di quel che** credi.
They worked more than you think.

Quell'uomo è **più** gentile **che non** sembri.
That man is kinder than he seems.

ESERCIZI

a. *Completare le seguenti frasi con un comparativo (di uguaglianza, maggioranza o minoranza),
secondo il senso.*

    ESEMPIO   Un treno locale è **meno** veloce **di** un treno rapido.

1. I mesi invernali sono _______________ caldi _______________ quelli estivi.
2. Il mese di novembre ha _______________ giorni _______________ il mese d'aprile, ma _______________ giorni _______________ dicembre.
3. La giraffa ha il collo _______________ lungo _______________ l'elefante.
4. Un limone è _______________ dolce _______________ una mela.
5. Sei sicuro che ci siano _______________ calorie in una carota _______________ in un avocado?
6. Le montagne sono _______________ alte _______________ le colline.
7. Un'Audi costa _______________ _______________ una Ford.
8. Negli Stati Uniti un viaggio in autobus è _______________ caro _______________ un viaggio in treno.
9. Gli italiani bevono _______________ vino _______________ gli americani; bevono _______________ la gente creda!
10. Non sono veramente malato; sono _______________ stanco _______________ malato!

b. *Riscrivere le seguenti frasi sostituendo il comparativo di maggioranza o minoranza al comparativo
di uguaglianza.*

    ESEMPIO   Sono alta come mio padre.
                   Sono più (meno) alta di mio padre.

1. È vero che il bambino mangia tanto quanto te?
2. Non è tardi come pensavo.
3. Abbiamo usato tanto burro quanta farina.
4. Il letto sembrava tanto bello quanto comodo.
5. Sapete che guadagnate quanto noi?
6. Eravate stanchi come gli altri.
7. Hanno tanto coraggio quanto credi.
8. Per me, la storia è interessante come la geografia.

c. *Completare le seguenti frasi usando* **di** (**di** + articolo), **che, di quel che, come, quanto.**

1. Gli americani bevono più caffè _______________ vino.
2. Mi sento più felice in campagna _______________ in città.
3. I giorni feriali sono più numerosi _______________ giorni festivi.
4. Non trovate che i motorini siano più pericolosi _______________ automobili?
5. L'aria è tanto necessaria _______________ acqua.
6. Quell'edificio è più bello _______________ utile.
7. La tua macchina consuma più benzina _______________ mia.

8. Nella vita, tu hai avuto più gioie _______________ dolori.
9. L'autunno è meno caldo _______________ estate.
10. Nessuno ha tanta pazienza _______________ ne ho io.
11. L'esame sarà meno facile _______________ voi crediate!
12. Camminavano meno rapidamente _______________ me.
13. Qualche volta è più difficile tacere _______________ parlare.
14. Come balli bene! Sei leggera _______________ una piuma.
15. L'Italia ha più colline e montagne _______________ pianure.

V. Superlativi

❧ Superlativo relativo

Italian forms the relative superlative of adjectives and adverbs (*most, least, -est*) with the definite article + **più** or **meno. Di** (or **fra**) used after a superlative is the equivalent of English *in* or *of.*

la meno famosa di tutte le attrici
the least famous of all actresses

il ragazzo **più** intelligente della famiglia
the most intelligent boy in the family

il più rapidamente possibile
the most rapidly (as rapidly as possible)

A. When the superlative follows its noun, the definite article is not repeated with **più** or **meno.**

il museo più famoso
the most famous museum

la sorella meno carina
the least pretty sister

B. The subjunctive often follows the superlative (see p. 203).

Il dottore è l'uomo più alto che io **conosca.** È il film più lungo che io **abbia visto.**
The doctor is the tallest man I know. *It's the longest movie I have seen.*

C. With the superlative of adverbs, the definite article is usually omitted unless **possibile** is added to the adverb. (Note the idiomatic expressions with **possibile.**)

Ha parlato **più rapidamente** di tutti. Ha parlato **il più rapidamente possibile.**
He spoke the most rapidly of all. *He spoke as rapidly as possible.*

il più presto possibile (al più presto) **il più tardi possibile**
as soon as possible *as late as possible*

❧ Superlativo assoluto

The absolute superlative (*very intelligent, quite pretty, very rapidly*) can be formed:

A. By dropping the final vowel of the masculine plural form of the adjective and adding **-issimo** (**-issima, -issimi, -issime**). The absolute superlative always agrees in gender and in number with the noun it modifies.

ricco → ricchi → **ricchissimo**
simpatico → simpatici → **simpaticissimo**
lungo → lunghi → **lunghissimo**

Pietro prende sempre voti **altissimi.**
Pietro always gets very high grades.

La situazione politica era **gravissima.**
The political situation was very serious.

B. By adding **-issimo** to the adverb minus its final vowel.

tardi → **tardissimo**
spesso → **spessissimo**

La mamma è arrivata ieri sera, **tardissimo.**
Mother arrived last night, very late.

C. For adverbs ending in **-mente,** by adding **-mente** to the feminine form of the superlative adjective.

sicuramente: sicuro → sicurissima → **sicurissimamente**
gentilmente: gentile → gentilissima → **gentilissimamente**

Questo succede **rarissimamente.**
This happens very rarely.

D. By using such adverbs as **molto, assai, bene, estremamente, incredibilmente, infinita-mente, altamente** + *adjective* or *adverb.*

Silvia è una ragazza **molto strana.**
Sylvia is a very strange girl.

La situazione è **estremamente difficile.**
The situation is very difficult.

Le sono **infinitamente grato.**
I'm extremely grateful to you.

Lo farò **ben volentieri.**
I'll be delighted to do it.

E. By adding a prefix to an adjective: **arci**contento, **stra**pieno, **extra**rapido, **super**veloce, **ultra**moderno, etc.

La carne era **stracotta.**
The meat was overcooked.

Vivono in un palazzo **ultramoderno.**
They live in a very modern apartment building.

F. By adding another adjective or phrase to an adjective.

ricco sfondato
filthy rich

vecchio decrepito
very old, on one's last legs

pieno zeppo
overflowing

ubriaco fradicio
drunk

innamorato cotto	**pazzo da legare**
madly in love	*raving mad (fit to be tied)*
stanco morto	**sordo come una campana**
dead tired	*as deaf as a post*

G. By repeating the adjective or the adverb.

| Se ne stava in un angolo **zitta zitta.** | I bambini camminavano **piano piano.** |
| *She kept very silent in a corner.* | *The children were walking very slowly.* |

ESERCIZI

a. **Sono eccezionali!** *Trasformare le frasi secondo l'esempio dato.*

> **ESEMPIO** È un bel palazzo.
> **È il palazzo più bello della città. È bellissimo!**

1. È un monumento famoso.
2. È un bel parco.
3. È una vecchia statua.
4. È un ristorante caro.
5. Sono dei palazzi moderni.
6. Sono chiese buie.

b. **Interessantissimo!** *Paola racconta a Umberto come si trova con il professor Marchetti. Riscrivere le frasi usando un'altra forma del superlativo assoluto.*

1. Le sue lezioni sono molto interessanti.
2. Ma i suoi esami sono estremamente difficili.
3. Anche i seminari di storia medievale sono molto lunghi.
4. Normalmente l'aula è strapiena di studenti.
5. Dopo aver assistito alle sue lezioni, arriviamo tutti a casa stanchissimi.
6. Ma è un docente (*teacher*) assai bravo e molto preparato.
7. Saremmo arcicontenti se anche tu ti iscrivessi a Lettere e Filosofia.
8. Vedrai che i suoi assistenti ti tratteranno benissimo.

c. **Da Luigi.** *Che cosa dice Luigi per convincere i clienti a comprare la sua merce? Seguire l'esempio usando* **che ci sia/siano** *a seconda del caso.*

> **ESEMPIO** Queste pere sono buone?
> **Sono le più buone che ci siano.**

1. Le uova sono fresche?
2. I fichi sono maturi?
3. Le olive nere in vasetto (*jar*) sono saporite?
4. La mozzarella è fresca di giornata?
5. I piselli sono dolci?
6. Questo prosciutto è buono?
7. Le arance siciliane sono belle rosse?

VI. Comparativi e superlativi irregolari

A. Some adjectives have irregular comparatives and superlatives in addition to their regular forms. The first form shown is the regular one.

ADJECTIVES			
	Comparative	**Relative Superlative**	**Absolute Superlative**
buono	più buono	il più buono	buonissimo
good	migliore	il migliore	ottimo
	better	*the best*	*very good*
cattivo	più cattivo	il più cattivo	cattivissimo
bad	peggiore	il peggiore	pessimo
	worse	*the worst*	*very bad*
grande	più grande	il più grande	grandissimo
big, great	maggiore	il maggiore	massimo
	bigger, greater	*the biggest*	*very big*
piccolo	più piccolo	il più piccolo	piccolissimo
small, little	minore	il minore	minimo
	smaller	*the smallest*	*very small, slightest*
alto	più alto	il più alto	altissimo
high, tall	superiore	il superiore	supremo/sommo
	higher	*the highest*	*very high, supreme*
basso	più basso	il più basso	bassissimo
low, short	inferiore	l'inferiore	infimo
	lower	*the lowest*	*very low*

1. The choice of a regular or an irregular form is dictated by meaning and/or style and usage. In general, the irregular forms indicate figurative qualities and values; the regular forms are used to indicate material qualities.

   Questa casa è **più alta** di quella.　　Vorrei scarpe con tacchi **più bassi.**
   This house is taller than that one.　　*I'd like shoes with lower heels.*

   Questa quantità è **superiore** al　　Sono scarpe di qualità **inferiore.**
   necessario.　　*They are shoes of poorer quality.*
   This quantity is more than necessary.

2. Note the special meanings of **maggiore** and **minore.** In addition to meaning *greater, major,* and *lesser,* they are frequently used in reference to people to mean *older* and *younger.* **Il maggiore** means *the oldest* (in a family) and **il minore** means *the youngest.* When referring to physical size, *bigger* and *biggest* are expressed by **più grande** and **il più grande;** *smaller* and *smallest* by **più piccolo** and **il più piccolo.**

   Il sole è **più grande** della luna.　　I tuoi difetti sono **minori** dei miei.
   The sun is bigger than the moon.　　*Your faults are smaller than mine.*

Chi è **maggiore:** tu o tua sorella?
Who is older: you or your sister?

I tuoi piedi sono **più piccoli** dei miei.
Your feet are smaller than mine.

3. Often the regular and irregular forms are used interchangeably, especially when material qualities are compared.

Questo formaggio è **più buono**
   (migliore) di quello.
This cheese is better than that.

In questo negozio i prezzi sono **inferiori**
   (più bassi).
In this shop prices are lower.

4. Some additional examples of the irregular forms are:

I Rossi sono **i** miei **migliori** amici.
The Rossis are my best friends.

Al **minimo** rumore si spaventa.
He gets frightened at the smallest noise.

È un'**ottima** occasione.
It's an excellent opportunity.

Dovete andare al piano **superiore.**
You must go to the upper floor.

L'ipocrisia è **il peggior(e)**[1] difetto.
Hypocrisy is the worst fault.

Il valore di quel libro è **infimo.**
The value of that book is minimal.

Quali sono state le temperature **minime** e **massime** ieri?
What were the lowest and highest temperatures yesterday?

B. Some adverbs have irregular comparatives and superlatives.

ADVERBS			
	Comparative	**Relative Superlative**	**Absolute Superlative**
bene *well*	meglio *better*	(il) meglio *the best*	molto bene, benissimo ottimamente *very well*
male *badly*	peggio *worse*	(il) peggio *the worst*	molto male, malissimo pessimamente *very badly*
molto *much, a lot*	più, di più *more*	(il) più *the most*	moltissimo *very much*
poco *little*	meno, di meno *less*	(il) meno *the least*	pochissimo *very little*

L'hai fatto bene, ma puoi farlo **meglio.**
You did it well, but you can do it better.

Hanno scritto **malissimo.**
They wrote very badly.

Vedo che hai già finito. **Benissimo!**
I see you are already done. Very good!

Cercano di mangiare **il meno possibile.**
They try to eat as little as possible.

---

[1] **Migliore, peggiore, maggiore,** and **minore** can drop the final **-e** before nouns that do not begin with **z** or **s** + consonant: **il maggior dolore; il miglior professore;** but **il migliore scrittore.**

In the relative superlative the article is usually omitted unless **possibile** is added.

Ha risposto **meglio** di tutti.
He gave the best answer. (lit: He answered the best of all.)

Ha risposto **il meglio possibile** (**nel miglior modo possibile**).
He answered as well as possible.

1. Note that *more* and *less*, when used alone without nouns (usually after a verb), are **di più** and **di meno**.

   Bisogna lavorare **di più** e chiacchierare **di meno**.
   One must work more and chatter less.

   Quando è depresso, Pietro mangia **di più**.
   When he is depressed, Peter eats more.

2. **Sempre più** and **sempre meno** correspond to *more and more* and *less and less* + adjective or adverb. Use **sempre di più** and **sempre di meno** when the expressions are used by themselves.

   La situazione diventa **sempre più** grave.
   The situation is getting more and more serious.

   Capite **sempre di meno**.
   You understand less and less.

3. **Più... più** and **meno... meno** correspond to *the more . . . the more* and *the less . . . the less*.

   Più dorme, **più** ha sonno.
   The more he sleeps, the sleepier he is.

   Meno lavorano, **meno** guadagnano.
   The less they work, the less they earn.

4. **Il più, i più, la maggior parte (la maggioranza)** + **di** + *noun* + *verb* (singular or plural) express *most*, meaning *the greatest quantity, the majority, most persons.*

   Il più è fatto.
   Most of it is done.

   I più preferiscono quest'idea.
   Most people prefer this idea.

   La maggior parte dei nostri amici era già partita.
   Most of our friends had already left.

   La maggior parte (la maggioranza) degli uomini è contenta del proprio stato.
   Most men are happy with their condition.

C. When expressing *better* or *worse* you have to determine whether they are used as adjectives or adverbs. **Migliore/migliori** express *better* as an adjective; **peggiore/peggiori** express *worse* as an adjective.

Abbiamo visto tempi **migliori**.
We've seen better times.

Non ho mai bevuto un vino **peggiore** di questo.
I've never drunk a worse wine than this one.

Meglio and **peggio** express *better* and *worse* as adverbs.

Stanotte ho dormito **meglio**.
Last night I slept better.

Con questi occhiali ci vede **peggio**.
With these glasses he doesn't see as well (he sees worse).

Meglio and **peggio** can also be used with **il** as masculine nouns to mean *the best (thing), the worst (thing).*

Abbiamo scelto il **meglio**.
We've chosen the best.

Temevano il **peggio**.
They feared the worst.

ESERCIZI

a. **Contrasti.** *Completare le seguenti frasi usando* **meglio, migliore/i, peggio** *e* **peggiore/i.**

1. La macchina nuova funziona ______________ di quella vecchia.
2. È un bravo dentista: credo che sia il ______________ dentista che io abbia mai avuto.
3. Abitano in una brutta zona; è la zona ______________ della città.
4. Questo vestito ti sta veramente bene; sta ______________ a te che a me.
5. Gli studenti di quest'anno sono ______________ di quelli dell'anno scorso.
6. Luigi non è certo modesto! Dice sempre: «Quello che fanno gli altri, io lo faccio ______________».
7. Le cose vanno male! Non potrebbero andar ______________.
8. Come la tratti male! La tratti ______________ di una schiava.
9. Non gli ho detto niente; ho ritenuto che fosse ______________ non dirgli niente.
10. Con gli occhiali nuovi la nonna ci vede ______________.
11. Dobbiamo risolvere il problema nel modo ______________.
12. Vuoi abbandonare gli studi? Io non sono d'accordo. Mi sembra la soluzione ______________.

b. **Quiz.** *Rispondere alle seguenti domande.*

1. I Rossi abitano sopra di noi; i Bianchi abitano sotto di noi. Chi abita al piano inferiore?
2. Paolo ha preso ventisei; Roberto ha preso ventinove. Chi ha preso il voto migliore?
3. Il mio orologio è di plastica; quello di Giancarlo è d'oro. Qual è l'orologio di qualità superiore?
4. Anna pesa 53 chili; Mirella pesa 140 libbre. Chi pesa di più?
5. Mario ha la febbre a 39º C., Carlo a 37º C. Chi sta peggio?
6. Mio cugino ha 20 anni; io ne ho 19. Chi è maggiore?
7. Io ho fatto tre chilometri; tu hai fatto tre miglia. Chi ha camminato di più?[1]

c. **Parliamo un po'.** *Lavorando con un compagno/una compagna, immagini di aver appena conosciuto un ragazzo/una ragazza alla mensa universitaria. Alternatevi a fare domande e a rispondere.*

Domandare...

1. se ha un fratello maggiore o una sorella maggiore, e quanti anni hanno più di lui/lei.
2. se lui/lei è alto/a come suo padre o più alto/a.
3. chi è la persona più simpatica della sua famiglia, la più strana, e la meglio vestita.
4. chi parla più lingue, chi parla meglio l'inglese, e chi ha la migliore pronuncia.

d. **Conversazione.**

1. Si parla tanto di un mondo migliore: come lo immagina Lei?
2. Quali sono i tre elettrodomestici (*household appliances*) che Lei considera più utili? Perché?
3. Qual è il più bel regalo che Lei abbia mai fatto o ricevuto?
4. Qual è il più bel complimento che Lei abbia mai fatto o ricevuto?
5. Qual è il miglior voto che Lei abbia mai preso?

---

[2] A mile equals 1.6 kilometers.

Vocabolario utile

l'**amarezza**   bitterness
l'**ambiente**   environment
l'**aula**   classroom
il **banco**   school desk
la **campana**   bell
la **cattedra**   teacher's desk
la **classe**   students in a course; classroom
il **comportamento**   behavior
il **cortile**   courtyard
la **divisa**   uniform

obbligatorio   mandatory
annoiato   bored

*__apparire__ (*pp* **apparso**; *pr* **apparvi**)
   to appear
cucire   to sew

il **docente**   teacher
età evolutiva   developmental years
il **lavoratore**   worker
il **maestro**   elementary school teacher
(patrimonio di) conoscenza   body of
   knowledge
la **predica**   sermon
lo **scolaro**   pupil
lo **spavento**   fright, fear
il **timore**   fear

iscrivere   to enroll
supplicare   to beg, to implore
far arrabbiare   to make someone angry

Doposcuola: l'insegnante propone un'attività ricreativa.

Mario Lodi è un educatore e studioso dei problemi dell'infanzia e dell'età evolutiva. Molti dei suoi scritti propongono cambiamenti di indirizzo pedagogico nelle scuole e difendono il diritto dei bambini alla libera espressione.

Lodi sostiene che per il bambino la scuola è la prima esperienza sociale di gruppo. È lì che il gioco può diventare interesse, ricerca e quindi scoperta dei problemi sociali. Sulla base di questi principi Lodi ha creato a Trieste la Casa delle Arti e del Gioco, il cui obiettivo è quello di sviluppare le capacità espressive e creative dei bambini e degli adulti.

La scuola fascista di cui si parla all'inizio di questo racconto era autoritaria, insegnava verità incontestabili e richiedeva ubbidienza cieca. I bambini sedevano nei banchi a due a due: alle elementari, se non dovevano scrivere, tenevano le braccia ripiegate dietro la schiena «per mantenere dritta la spina dorsale». Anche in cortile, per i dieci minuti di ricreazione a metà mattina, si andava in fila per due, in silenzio. Gli «asini» erano bocciati e dovevano ripetere l'anno.

In gruppi di tre o quattro studenti, parlate della scuola.

1. Come ricordate l'esperienza della scuola elementare? Bella, brutta, interessante, noiosa, triste... Perché?
2. In Italia c'è una buona probabilità di avere lo stesso insegnante per i cinque anni della scuola elementare. Vi sarebbe piaciuto? Voi quanti insegnanti avete avuto? Com'erano?
3. Quali erano le materie di studio alla scuola elementare? Quali attività offriva la vostra scuola?
4. Nella scuola fascista gli studenti non avevano diritto ad opinioni personali e la disciplina era rigorosa. Conoscete o avete sentito parlare di scuole la cui funzione è di trasmettere «il sapere» e «la verità» con sistemi autoritari? Com'era la scuola nel vostro paese cinquanta anni fa? Sapete com'è/com'era in altri paesi?

Il primo giorno

Il primo giorno di scuola come bambino è purtroppo ormai lontano nel tempo, ma lo ricordo benissimo perché avvenne un fatto che allora non riuscivo a comprendere e in seguito mi apparve nella sua drammatica realtà.

Invece di mia madre, quel giorno mi accompagnò a scuola mio padre: mi
5 teneva stretta la mano nella sua e stava zitto, contrariamente a quanto faceva gli altri giorni quando mi parlava di tante cose in modo semplice e chiaro. Quella mattina capivo che era arrabbiato e infatti brontolò° subito con la maestra.   *grumbled*

—Se non è iscritto nei balilla[1] e non gli procurate la divisa, non posso tenerlo a scuola—gli disse la maestra.

10   E lui: —Se i balilla sono i piccoli fascisti, la divisa la dovrebbero mettere i figli dei fascisti e non mio figlio!

---

[1] During the fascist era boys of 8 to 14 years of age enrolled in a statewide paramilitary organization called **i balilla.**

—I balilla sono i piccoli italiani del Duce—rispose lei, e disse altre cose che non ricordo. E alla fine ricordo che disse: —È obbligatorio. Se vuole mandare a scuola suo figlio deve iscriverlo nei balilla.

Io pensavo che mio padre mi riportasse a casa, invece sentii la sua mano che lasciava la mia e mi spingeva verso l'aula dove gli amici mi aspettavano.

Quando mia madre mi cucì e provò i pantaloncini grigioverdi e la camiciola nera, mio padre, a vedermi in divisa mi disse: —Ora non puoi capire, ma un giorno sì. Ricordati che quella divisa la porti perché voglio che tu studi, ma per me è una vergogna!° [è: *it is a shame*]

La mamma mi sussurrò°:—I fascisti vogliono male° a papà. [*whispered* / **vogliono:** *hate*]

—A me e a tutti quelli che come me vogliono la libertà dei lavoratori!—gridò lui.

La mamma lo supplicò di tacere e lui tacque.

—È un brutto mondo e speriamo che cambi—disse la mamma, e sospirò.

Fascisti. Libertà. Parole che restarono da allora come sospese nella memoria e capii più tardi. Intanto il maestro Rossi ogni giorno in cortile non mancava° di [*did not fail*] insegnarci la marcia con il moschetto°: uno-due, uno-due... Mio padre, con [*musket*] amarezza commentava: —Bella scuola quella che insegna a fare la guerra! E i maestri che hanno paura e non si ribellano. Che cosa può venire? La guerra vera e allora sarà la fine.

"La fine di che cosa?" Pensavo. Ma non osavo domandarlo a mio padre per non farlo arrabbiare.

...

Come maestro, il mio primo giorno è stato altrettanto deludente°. Avevo il [**altrettanto:** *just as disap-pointing* / **posto:** *tenured position*] diploma, un posto di ruolo°, una classe mia, ma non sapevo nulla dei bambini perché l'Istituto Magistrale[1] ci aveva insegnato la storia della pedagogia ma non i problemi dell'età evolutiva. Che fare allora? Ero passato dal banco alla cattedra e feci quello che avevo visto fare dai miei insegnanti: piccole prediche moraleggianti, lezioni, dettati, esercizi, interrogazioni, voti... E i bambini, distratti e annoiati, che facevano tutto per dovere e per timore, senza interesse e partecipazione.

Era il 1948, la guerra era finita da tre anni e le madri giustificavano i figli dicendo: —Che vuole, maestro, sono i frutti degli spaventi di guerra!

Ma nel gioco non erano così.

Quando uscivano sulla strada, oltre la soglia° erano diversi: le bocche che qui [*threshold*] erano mute là parlavano e gridavano, erano bambini felici. Li osservavo mentre giocavano nel cortile: si muovevano con un'aggressività ricca di fantasia, un comportamento volitivo, una felicità motoria. Era il bambino eterno, vero, ricco di vitalità e fantasia che esprime se stesso. La campana della scuola distruggeva quello stato felice e rientravano fra i banchi a sopportare l'altra vita, quella dell'obbligo° più o meno rassegnati. Nei loro occhi che mi guardavano in attesa [*duty*] di ciò che io avrei comandato di fare (tema?° dettato? problema? lettura? inter- [*composition*] rogazioni?) scoprivo la mia antica tristezza di scolaro studioso, diligente, disci-plinato, ma per dovere, per timore.

...

---

[1] A four-year course of study that prepares elementary-school teachers.

55   Oggi altri bambini vivono il loro primo giorno di scuola portando con sé il
patrimonio di conoscenze accumulate nel rapporto diretto con la natura, la
famiglia, l'ambiente sociale in sei anni di esperienze, in un mondo dominato dal
consumismo e dalla tecnologia, ricco di stimoli ma carico di paure e di problemi.
      Entrano in una scuola che opera secondo nuovi programmi grazie ai quali i
60 docenti non possono più ignorare la cultura del bambino.

Mario Lodi, *Il primo giorno*

Comprensione

1. Cosa c'era di diverso nel comportamento del padre il primo giorno di scuola?
2. A quale condizione il bambino poteva frequentare la scuola? Qual era la difficoltà?
3. Quali erano le opinioni politiche del padre? Perché era contrario ai metodi della scuola che il figlio doveva frequentare?
4. Come maestro, quali tecniche d'insegnamento usava da principio l'autore della storia? Come reagivano i bambini?
5. Cosa scopre il maestro durante la ricreazione in cortile? Come si comportavano i bambini nel gioco? Com'erano in classe?
6. Di che cosa devono tener conto gli insegnanti della scuola moderna?

Studio di parole

to introduce

introdurre
to introduce, to insert, to bring in

Per aprire la porta, dobbiamo intro-
   durre la chiave nella serratura.
*To open the door, we have to insert the
   key into the keyhole.*

Chi ha introdotto il tabacco in Europa?
Who introduced tobacco in Europe?

presentare
to introduce, to get people acquainted

Tu conosci Mariangela? Chi te l'ha
   presentata?
*Do you know Mariangela? Who introduced her
   to you?*

to move

muovere
*to move, to cause to change place or
   position*

Il vento muove le foglie.
The wind moves the leaves.

commuovere
to move, to touch, to arouse the feelings of

La notizia della sua morte ci ha profon-
   damente commosso.
The news of his death deeply moved us.

muoversi
to move, to change place or position

La luna si muove intorno alla terra.
The moon moves around the earth.

traslocare or **cambiare casa**
to move, to change residence

Siamo molto occupati perché dobbiamo
    traslocare (cambiare casa) la
    settimana prossima.
*We're very busy because we have to move
    next week.*

commuoversi
to be moved, touched

Io mi commuovo sempre quando sento
    quest'aria.
I'm always moved when I hear this aria.

trasferirsi
*to move, to change residence (to a specified
    location)*

Hanno intenzione di trasferirsi in
    Australia.
They intend to move to Australia.

to fail

fallire
Used transitively: *to fail, to botch something*
Used intransitively: *to fail, to be unsuccessful,
    to go bankrupt*

Chi ha fallito l'esperimento?
Who botched the experiment?

Molte banche fallirono durante la
    depressione.
*Many banks failed during the
    Depression.*

* **mancare di** + *infinitive*
to fail, to neglect to do something

Non mancare di salutare i tuoi genitori!
Don't forget to say hi to your parents!

bocciare
to fail, to flunk someone

Quest'anno i professori hanno bocciato
    molti studenti.
This year teachers have failed many students.

Bocciare is very often used in the passive
    (**essere bocciato**).

Roberto è stato bocciato in francese.
Roberto failed French.

Note the expression: **non superare un esame**
to fail an exam

L'esame era difficile e molti studenti non
    l'hanno superato.
*The exam was difficult, and many students
    failed it.*

Pratica

a. *Scegliere la parola o le parole che completano meglio la frase.*

1. Era una prova troppo difficile. Non sono stato sorpreso quando ho sentito che molti
    l'avevano _______________.
2. L'ingegner Parodi deve _______________ da Milano a Roma per ragioni di lavoro. La
    moglie non è contenta: in sette anni di matrimonio ha già dovuto _______________
    quattro volte!
3. Non c'era vento e non una foglia _______________.
4. La storia delle tue disgrazie ci ha profondamente _______________.

5. La foto non è riuscita bene. Avevo detto ai bambini di stare fermi, ma invece loro
    _______________!

6. Voglio conoscere la ragazza seduta vicino alla finestra. Perché non me la
    _______________ se la conosci?

7. I genitori di Riccardo sono preoccupati perché il figlio non ha fatto bene agli esami
    ed è stato _______________ in due materie.

8. Non sapevi che bisogna _______________ la carta telefonica nell'apparecchio prima di
    fare il numero?

b. *Scegliere le parole che completano meglio ogni brano.*

1. **La signora Fanelli racconta.** Mio padre era chimico e durante la guerra non
    _______________ della città. Per paura dei bombardamenti, molti suoi amici sono
    andati ad abitare con la famiglia in campagna, ma lui non ha mai _______________ di
    andare in laboratorio e lavorare ai suoi esperimenti. Invece noi bambini e la mamma
    _______________ in un paesino di montagna. Alla fine della guerra siamo tornati alla
    casa di città. Era tanto tempo che non vedevamo nostro padre e ci siamo profonda-
    mente _______________.

2. **La conferenza.** È stata una conferenza noiosissima. L'oratore ha _______________
    molti concetti nuovi e difficili. Io avevo voglia di andare via ma ero seduto proprio al
    centro della sala e non potevo _______________. Inoltre non lontano da me c'era una
    signora dall'aspetto interessante, forse era quella tua collega che mi _______________
    alla mostra dei pittori surrealisti. L'idea mi consolava un po', ma invece no, era una
    mia studentessa che la settimana scorsa ho dovuto _______________ in diritto inter-
    nazionale. Peccato!

c. *Domande per Lei.*

1. Le piaceva andare a scuola? Perché sì, perché no?
2. Quali erano le Sue materie preferite? Quali circostanze gliele rendevano attraenti?
3. Ricorda in modo particolare, positivo o negativo, qualcuno dei Suoi insegnanti?
    Racconti.
4. Con l'eccezione di alcune scuole «a tempo pieno», i ragazzi italiani hanno la prima
    lezione alle 8,00; l'ultima finisce verso le 13,15. Si torna a casa per pranzo e nel
    pomeriggio ci sono tanti compiti da fare. La scuola non si preoccupa della vita
    sociale degli studenti, per esempio, non esistono né il cosiddetto *prom* né la cerimo-
    nia della *graduation*. Cosa ne pensa? Qual è, secondo Lei, la responsabilità della
    scuola?
5. Nel racconto di Mario Lodi il padre era ovviamente antifascista e non approvava i
    sistemi della scuola di Mussolini, eppure lascia che il figlio la frequenti. Ha ragione o
    ha torto? Perché?
6. All'inizio della sua carriera di maestro l'autore si rende conto che i suoi allievi
    appaiono distratti e annoiati in classe, ma durante il gioco, in cortile, sono felici e
    pieni di vita. Cosa ricorda Lei dei Suoi primi anni di scuola? Com'erano le lezioni e
    le attività di classe: interessanti, noiose, meccaniche, piene di fantasia… ? Come ricor-
    da gli/le insegnanti?

1. Secondo Lei, quale delle affermazioni che seguono è la più importante e perché? La funzione principale della scuola è di:
   a. preparare a un lavoro.
   b. insegnare a pensare in maniera critica.
   c. offrire un'esperienza sociale che sviluppi la comprensione e la tolleranza.
2. Che cosa si aspettano gli studenti dalla scuola? Quali sono i loro diritti e i loro doveri?
3. Quali sono i diritti e i doveri degli insegnanti?
4. Nel mondo ci sono molte scuole che impongono agli allievi di indossare una divisa: per ragioni politiche, per eliminare la distinzione tra ricchi e poveri, per suggerire l'ubbidienza alle regole e all'autorità della scuola... Spieghi qual è il Suo punto di vista in proposito.
5. Secondo Lei, quali sono i problemi della scuola nel Suo paese? Come andrebbero risolti?
6. Mario Lodi afferma che: «I bambini oggi hanno il diritto di entrare nella scuola come cittadini e di vivere fin dal primo giorno i valori della libertà, della democrazia, della cooperazione, della pace». Le sembra che la scuola del Suo paese risponda a questi ideali? Le pare che ci siano difficoltà da risolvere? Quali?

RICERCA WEB

Il fascismo è definito come regime politico autoritario, stabilito in Italia dal 1922 al 1943, fondato sulla dittatura di un partito unico, l'esaltazione nazionalista e l'azione autoritaria dello stato.

a. Il fascismo
b. Benito Mussolini (1883–1945) fondatore del Partito Nazionale Fascista.

◦◦ PER COMUNICARE ◦◦

Due mamme.

—Ciao. Come sono andati gli esami di Carlo?
—Bene, bene. Ha preso la maturità a luglio, grazie a Dio! Eravamo così preoccupati! Se l'avessero rimandato anche solo in una o due materie, avremmo dovuto passare l'estate in città e spendere un mucchio di soldi in ripetizioni *(tutoring)*.

Studenti universitari in attesa dell'esame.

—Non so se ce la farò.

—Chissà se riuscirò a rispondere a tutto.

—Se vuole che gli parli di Bloomfield, sono rovinato/a.

—Ho paura di non ricordare più niente.

—Ho studiato tanto! Ci mancherebbe che andasse male!

—Se il prossimo che esce è bocciato, mi ritiro.

Dopo l'esame.

—Ancora non ci credo! M'ha dato ventotto!

—Non mi ha chiesto niente su D'Annunzio. Che fortuna!

—Che rabbia! Basta non sapere tre verbi latini e Paratore ti butta fuori!

—Basta, non ne posso più! Io l'esame di logica non lo passerò mai!

—Accidenti (*darn*)! Un respinto sul libretto proprio non ci voleva!

Espressioni per la vita universitaria

Le iscrizioni si aprono il 24 ottobre.	*Registration begins October 24th.*
Mi sono iscritto a Economia e Commercio.	*I enrolled in the School of Business.*
Ho ottenuto una borsa di studio.	*I was awarded a scholarship.*
Sono al terzo (primo, secondo) anno di Farmacia.	*I'm in the third (first, second) year of Pharmacy.*
Non frequento./Non vado a lezione.	*I don't attend any classes.*
Do (l'esame di) fisiologia a dicembre.	*I will take the physiology exam in December.*
Faccio la tesi con (il professor) Bernardini.	*I am doing my thesis with Prof. Bernardini.*
Devo parlare con il mio relatore.	*I must speak to my thesis advisor.*
Discuto la tesi a febbraio.	*I will defend my dissertation in February.*

Esprimere insicurezza

Ho paura di non essere pronto/a.	*I'm afraid I'm not prepared.*
Quasi quasi mi ritiro.	*I'm thinking about withdrawing.*
E se poi mi chiede/interroga su...	*And what if he asks me about . . .*
Spero solo che mi vada bene.	*I only hope I'll do well.*
Mi sembra di avere dimenticato tutto.	*It seems as if I've forgotten everything.*

Esprimere frustrazione

È andata male. Che rabbia!	*It didn't go well. How frustrating!*
Mi ha buttato fuori.	*The professor threw me out. (colloquial)*
Non ci mancava altro!	*That's all I needed.*
Lo sapevo!	*I knew it!*
Non ne posso più.	*I can't take it any longer.*
Non c'è più niente da fare.	*There is nothing else I can do.*
È la seconda volta che mi boccia.	*This is the second time he has flunked me.*
Eppure avevo studiato.	*And yet I did study.*

Esprimere sollievo dopo un esame

Meno male!	*Thank goodness!*
Ce l'ho fatta. M'ha dato ventiquattro.	*I made it. He/she gave me twenty-four.*
È andato benissimo.	*It went very well.*
Che sollievo!	*What a relief!*
Che fortuna!	*Such luck!*
Che bellezza!	*It's great!*
Non ci devo pensare più.	*I don't have to think about it any more.*
Se Dio vuole anche questa è fatta!	*Thank heavens. I can put this behind me.*
Ho preso trenta e lode. Da non crederci!	*. . . Hard to believe!*

Che cosa dice?

1. Un compagno di corso Le chiede se ha gli appunti di letteratura comparata. Lei non frequenta da più di due semestri.
2. Sta aspettando di dare l'esame di scienze politiche ma non si è preparato/a bene ed è incerto/a del risultato. Che cosa dice alla ragazza seduta vicino a Lei?
3. Dopo aver preso trenta e lode in chimica applicata, esce dall'aula dell'esame ed esclama...
4. Ha fatto la fila per due ore per iscriversi al terzo anno di Magistero *(Education)*, e la segreteria chiude proprio prima che tocchi a Lei.

Situazioni

1. La nonna è un po' anziana e non si ricorda mai che cosa Lei faccia all'università. Ogni volta che la va a trovare, Lei deve spiegarle che anno fa, a che corso di laurea si è iscritto/a, se ha ricevuto una borsa di studio, e quali saranno i Suoi prossimi esami. Immagini una conversazione in cui la nonna Le fa diverse domande e Lei risponde.
2. Dopo aver dato un esame per il quale aveva studiato molto, ma che non è andato molto bene, telefona ad un amico/un'amica per sfogarsi *(to vent one's feelings)*. Gli/le racconta com'è andato l'intero esame. L'amico/a cerca di farLe coraggio e di convincerLa che prendere diciotto non è la fine del mondo.
3. Subito dopo aver dato la maturità, sta cercando di decidere a quale facoltà iscriversi. Telefoni a un'interprete che Lei conosce solo di vista e che ha fatto lingue orientali a Ca' Foscari a Venezia. Le domandi quali sono i professori migliori, i seminari più o meno difficili, gli esami più o meno impegnativi. La signora Le risponde specificamente, dandoLe anche consigli sulle possibilità di lavoro dopo l'università.

CAPITOLO
12

PER COMINCIARE
La famiglia, la donna, la mamma

STRUTTURA
I modi indefiniti del verbo

Il verbo in funzione di sostantivo

   I. Infinito

Forme implicite del verbo

   II. Gerundio

   III. Participio

LETTURA
Il lavoro femminile in Italia

PER COMUNICARE
Espressioni di affetto

Esprimere contentezza

Dimostrare indifferenza

Espressioni di rassegnazione e accettazione

La famiglia, la donna, la mamma. La famiglia italiana è essenzialmente urbana, cellulare e poco numerosa. Essendo diminuita l'autorità della chiesa cattolica e offrendo il mercato ampia scelta di anticoncezionali, molte famiglie decidono di limitare il numero dei figli. La legge italiana prevede anche l'aborto, essa inoltre autorizza i coniugi a divorziare dopo aver trascorso un periodo di tre anni legalmente separati.

Il mercato del lavoro è aperto alle donne in tutte le attività professionali, pur restando qualche volta il titolo al maschile per ragioni storiche, per cui si continua a parlare di donne avvocato, medico, chimico, ingegnere, architetto. Sono molte le donne che si dichiarano contente di aver scelto di lavorare, invece di restare a casa e fare le casalinghe, e che si aspettano di avere successo. Non mancano gli esempi: c'è una donna premio Nobel per la medicina, Rita Levi Montalcini, c'è una donna architetto famosa, Gae Aulenti, e c'è un gran numero di professioniste e di donne attive in politica.

Curare la propria salute è facile in quanto esiste la medicina di stato. I neonati danno diritto alle mamme lavoratrici a cinque mesi di congedo a stipendio intero, tre mesi prima e due mesi dopo il parto. Anche i papà possono lasciare il lavoro per malattia dei figli o della moglie senza perdere lo stipendio.

I collettivi femministi, esistenti ormai da molti anni, offrono consultori, centri sociali e asili nido per i bambini fino a tre anni. Gli asili infantili pubblici e privati sono istituti educativi per bambini dall'età di tre anni all'inizio della scuola elementare.

Non mancano gli elettrodomestici, grandi e piccoli, che senza dubbio facilitano la vita delle casalinghe, e sono molte le famiglie che possiedono più di un'automobile. Non dimentichiamo poi i nonni che, essendo in pensione, e avendo tempo libero, sono spesso disponibili per passare le giornate con i nipotini malati, aiutarli a fare i compiti o portarli ai giardini pubblici. È questo uno dei vantaggi della poca mobilità degli italiani. I figli crescono, trovano un lavoro, si sposano, ma la tendenza è di restare nella città natale, dove sono i parenti e gli amici di vecchia data, e dalla quale si tende ad allontanarsi quando le circostanze lo esigono, ma spesso non per scelta personale.

Vocabolario utile

amici di vecchia data   old friendships
l'anticoncezionale   contraceptive
l'asilo (infantile)   nursery school
la casalinga   housewife
la clinica   private health facility
il collettivo   self-help group
il congedo   leave of absence
il coniuge   spouse
il consultorio   public health center
il femminismo   feminism

la giornata lavorativa   working day
la gravidanza   pregnancy
la medicina di stato   public health care
il neonato   newborn
il nido   (*lit:* nest) day-care center
la parità dei diritti   equal rights
il parto   childbirth
il posto di lavoro   job, position
la professionista   professional woman

aver accesso a   to have access to
aver diritto a   to be entitled to
battersi per   to fight for
esigere   to require, to demand

occuparsi di   to take care of
realizzarsi   to fulfill oneself
tendere a   to be inclined to, to tend to
tenuto conto che   considering that

ESERCIZI

a. *Vero o falso?*

________ 1. La famiglia italiana continua ad essere tradizionale con tre generazioni viventi sotto lo stesso tetto.

________ 2. In Italia l'aborto è legale.

________ 3. In Italia non è possibile divorziare.

________ 4. Per le donne italiane è difficile l'accesso alle professioni.

________ 5. Le donne italiane stanno in casa a cucinare e ad occuparsi della famiglia.

________ 6. In Italia l'assistenza medica è garantita a tutti.

________ 7. Le future mamme rimangono cinque mesi senza stipendio, poi tornano al loro posto di lavoro.

________ 8. I padri hanno diritto al congedo per malattia della moglie o dei figli.

________ 9. I collettivi femministi offrono servizi inutili.

________ 10. Non esistono strutture che permettano alle madri di famiglia di lavorare.

b. *Inserire le parole che meglio completano le frasi.*

1. Le mamme lavoratrici in attesa di un bambino _______________ a cinque mesi di congedo a stipendio intero.
2. Le donne italiane hanno libero _______________ a tutte le professioni.
3. I _______________ femministi offrono vari servizi sociali.
4. Dopo i tre anni i bambini italiani possono andare _______________.
5. In Italia la salute pubblica è protetta dalla _______________.
6. Non tutte le donne italiane lavorano; molte scelgono di _______________ a casa e di _______________ del marito e dei figli.
7. Per i nonni in pensione non è difficile _______________ dei nipotini.
8. I figli grandi _______________ ad abitare nella città dove sono nati e dove hanno _______________ ed _______________.

I. Infinito

A. The infinitive is the unconjugated form of a verb. It corresponds to *to + verb* in English (*to love*) or the gerund (*loving*). The infinitive has two forms: the simple (or present) infinitive and the compound (or past) infinitive, which is made up of **avere** or **essere** plus the past participle of the main verb.

INFINITO PRESENTE	INFINITO PASSATO
amare	**avere amato**
to love	*to have loved*
perdere	**avere perduto**
to lose	*to have lost*
partire	**essere partito/a/i/e**
to leave	*to have left*

Note that the past infinitive is translated as *to have + verb*, even when it is formed with **essere.** Also note that when the past infinitive is formed with **essere,** the past participle agrees with the subject in gender and number.

B. In both forms, object pronouns follow the infinitive and are attached to it to form one word. The final **-e** of the infinitive is dropped.

Sarebbe bene dir**glielo.**
It would be a good idea to tell it to him.

Non credo di aver**la** invitata.
I don't think I invited her.

Preferisci veder**li** ora o più tardi?
Do you prefer to see them now or later?

Vino? Spero di aver**ne** comprato abbastanza.
Wine? I hope I bought enough.

C. Reflexive pronouns are also attached to the infinitives of reflexive verbs and must match the subject (p. 119).

Io vorrei lavar**mi.**
I would like to wash.

Voi vorreste lavar**vi?**
Would you like to wash?

In the case of reflexive compound infinitives, the pronoun is attached to **essere,** and the past participle agrees with the subject in gender and number.

Dopo esser**ci** alzati, abbiamo mangiato.
After getting up, we ate.

Laura non crede di esser**si** divertita.
Laura doesn't think she had a good time.

෬ Uso dell'infinito presente

A. The infinitive may be used:

1. As the subject of a sentence.

   Parlare con lui è un vero piacere.
   Speaking with him is a real pleasure.

2. With an impersonal expression containing **essere.**

   Non sapevo che **fosse proibito parcheggiare** qui.
   I didn't know it was forbidden to park here.

3. As an imperative in impersonal commands (see p. 250).

   Tenere la destra.
   Keep right.

4. As an object of verbs like **volere, potere,** and **dovere** and verbs expressing likes and dislikes, wishing, preferring, etc. (see Appendix, p. 380).

   Non volevano uscire.
   They did not want to go out.

   Preferivano aspettare.
   They preferred to wait.

B. Most verbs require a preposition before a dependent infinitive.

1. Certain verbs require **a** before a dependent infinitive; others require **di.** There are no general rules governing the usage of **a** and **di;** practice and the dictionary must serve as guides. For a list see the Appendix, pp. 378–380.

S'è abituato **a bere** l'espresso.
He got used to drinking espresso.

Non vuoi ammettere **di aver** torto?
Don't you want to admit you're wrong?

Ti diverti **a guardare** i treni.
You have fun watching trains.

Hanno deciso **di partire** in aereo.
They decided to leave by plane.

Proviamo **a entrare!**
Let's try to get in!

Vi ringrazio **d'esser venuti.**
Thank you for coming.

Riesci **a leggere** senza occhiali?
Can you read without glasses?

Hanno paura **di uscire** sole la sera.
They're afraid to go out alone at night.

2. Some frequently used verbs change meaning according to the preposition that follows them.

cominciare a + *infinitive*	to begin, to start doing something
cominciare con + *article* + *infinitive*	to begin by (the first thing in a series)
finire di + *infinitive*	to finish, to be through doing something
finire per + *infinitive*	to end up doing something, to do it eventually
decidere di + *infinitive*	to decide to do something
decidersi a + *infinitive*	to make up one's mind to do something

Quando ha cominciato **a nevicare?**
When did it begin to snow?

Hanno cominciato **col chiedere** cinquanta euro.
They started by asking 50 euros.

Hai finito **di piangere?**
Have you finished crying?

Finirai **per stancarmi.**
You'll end up making me tired.

Ho deciso **di partire.**
I decided to leave.

Mi sono deciso **a partire.**
I made up my mind to leave.

C. Most adjectives require a preposition before a dependent infinitive.

1. Certain adjectives require **a** before a dependent infinitive; others require **di.** For a list see the Appendix, p. 381.

Erano abituati **a fare** la siesta.
They were used to taking a siesta.

Silvia era ansiosa **di essere** sola.
Silvia was anxious to be alone.

State attenti **a non bruciarvi!**
Be careful not to burn yourselves!

Sareste capaci **di dirglielo?**
Would you be able to tell it to him?

Carlo è stato il primo studente **a finire.**
Carlo was the first student to finish.

Eravamo stanchi **di leggere.**
We were tired of reading.

Sono sempre pronti **ad aiutarci.**
They are always ready to help us.

Sembravano contenti **di vederci.**
They seemed happy to see us.

2. Some adjectives require **da** + *infinitive* or, less commonly, **a** + *infinitive* in the reflexive form if the dependent infinitive has a passive meaning.

facile	*easy*	**difficile**	*difficult*	**orribile**	*horrible*
bello	*beautiful*	**brutto**	*ugly*	**eccellente**	*excellent*
buono	*good*	**cattivo**	*bad*		

Questo formaggio è buono **da mangiare** con la frutta.
This cheese is good to eat with fruit.

La parità è difficile **da ottenere.**
Equal rights are difficult to obtain.

Era una cosa orribile **da vedere** (**a vedersi**).
It was a horrible thing to see.

D. Nouns also require a preposition before a dependent infinitive.

1. **Da** is used before an infinitive when the infinitive indicates the purpose and use of the noun. Note that the infinitive expresses a passive meaning.

Chi ha tempo **da perdere?**
Who has time to waste?

Dov'è la roba **da mangiare?**
Where are the things to eat?

Casablanca era un film **da vedere.**
Casablanca was a film to see.

Cerco i pacchi **da spedire.**
I'm looking for the packages to be mailed.

2. **Di** (rarely **a** or **per**) is used before an infinitive in all other cases. Note that the infinitive then expresses an active meaning.

Chi ti ha dato il permesso **di parlare?**
Who gave you permission to talk?

Fammi il piacere **di venire** a trovarmi.
Do me the favor of coming to see me.

È ora **di mangiare?**
Is it time to eat?

Mi piace il suo modo **di rispondere.**
I like his way of answering.

E. Prepositions that are not governed by a verb, adjective, or noun can introduce the infinitive to form prepositional phrases.

1. The prepositions **a, da, in, con, su,** and **tra** require the masculine singular article, which combines with the preposition before the infinitive.

Nel rispondere cerca d'essere chiaro!
In answering try to be clear!

Ho fatto uno sbaglio **nell'usare** questo verbo.
I made a mistake in using this verb.

Dal dire al fare c'è di mezzo il mare.
There's many a slip twixt the cup and the lip.

Col passare del tempo tutto s'aggiusta.
With the passage of time everything works out. (Time heals all.)

2. Other prepositions can introduce an infinitive without an article.

invece di	*instead of*	**prima di**	*before*
oltre a (oltre che)	*besides, in addition to*	**senza**	*without*
per	*to, in order to*	**tranne (che)**	*except*
piuttosto che	*rather than*		

Perché giocate **invece di studiare?**
Why are you playing instead of studying?

Sei venuto da me solo **per parlare** di affari?
Have you come to my house only to talk business?

ESERCIZI

a. *Sostituire l'infinito al nome indicato.*

ESEMPIO   *Il nuoto* fa bene a tutti.
        Nuotare fa bene a tutti.

1. *La lettura* era la nostra passione.
2. Vi piace *lo studio?*
3. *L'amore* per i propri figli dovrebbe essere una cosa istintiva.
4. *La scelta* di una professione non è sempre facile.
5. Ci conforta *il pensiero* che l'inverno è quasi finito.
6. *La sorveglianza* dei bambini era la sua unica preoccupazione.
7. *La vita* riserva continue sorprese.
8. Non credi che *la confessione* sia un atto di coraggio?

b. Preposizioni. *Completare ogni frase con la preposizione corretta, quando è necessaria.*

1. Non vengo ora perché ho paura _____________ disturbarvi.
2. Sono facili _____________ imparare le lingue orientali?
3. Ci sono domande a cui è impossibile _____________ rispondere.
4. Hai qualche buona notizia _____________ darmi?
5. Siamo contenti _____________ informarvi che non è necessario _____________ aspettare.
6. Io non sarei stato capace _____________ fare bene come te.
7. Faresti meglio _____________ tacere se non vuoi _____________ offendere nessuno.
8. Marco è stato il solo studente _____________ finire l'esame e _____________ uscire prima di mezzogiorno.
9. Chi vi ha dato l'ordine _____________ chiudere il negozio?
10. Ho voglia _____________ fare qualcosa: perché non andiamo _____________ ballare?
11. Se continuano _____________ correre così, finiranno _____________ stancarsi.
12. Era un concetto difficile _____________ capire.
13. Pensate che sia difficile _____________ camminare nel bosco?
14. Mi rifiuto _____________ credere che non avete intenzione _____________ venire alla mia festa.

c. Abitudini alimentari. *Rispondere alle seguenti domande.*

1. Che cosa è stanco/a di mangiare?
2. Quanti ravioli (quante pizze, quanti gelati) è capace di mangiare?
3. Che cosa è disposto/a ad eliminare dalla Sua dieta?
4. Che piatto è curioso/a di provare?
5. Che cosa è abituato/a a bere durante i pasti?
6. Sarebbe contento/a di rinunciare ai dolci per un anno?

d. La gravidanza. *Il medico consiglia a Beatrice di fare le seguenti cose durante la gravidanza. Seguire l'esempio.*

ESEMPIO   *Faccia una passeggiata ogni giorno! È meglio.*
             Ah, è meglio fare una passeggiata ogni giorno?

1. Non fumi! È pericoloso.
2. Mangi adeguatamente! È essenziale.
3. Non faccia molti sforzi! È sbagliato.
4. Non beva alcolici! È importante.
5. Cerchi di rilassarsi! È meglio.
6. Smetta di lavorare! È necessario.
7. Non prenda medicine inutili! È più prudente.
8. Non faccia tardi la sera! È consigliabile.
9. Venga per la visita di controllo mensile! È opportuno.
10. Non vada in motocicletta! È rischioso.

e. *Formare nuove frasi col contrario delle parole indicate.*

ESEMPIO Ho *cominciato* a scrivere alle undici.
Ho finito di scrivere alle undici.

1. Fu il *primo* ad andarsene.
2. È *utile* conoscere le lingue?
3. Il maestro ci *permise* di uscire.
4. Quando ha *smesso* di parlare?
5. Si sono *dimenticati* di comprare il caffè.
6. È un dolce *facile* a farsi.
7. Ha *torto* di lamentarsi.
8. Hanno fatto *bene* a venire.

f. **Viva le donne!** *Ecco quanto è emerso da un recente incontro femminista. Formare delle nuove frasi con i verbi indicati. Usare le preposizioni necessarie.*

1. Le donne non hanno ancora *ottenuto* la parità dei diritti.
   a. Cercano...
   b. Vogliono...
   c. Non sono riuscite...

2. Infatti, non *hanno* completo *accesso* ai posti di lavoro più prestigiosi...
   a. Non volete...
   b. Vi piacerebbe...
   c. Siete le sole...
   d. Chiedono...

3. Incoraggiamo ogni donna a *battersi* per la propria liberazione.
   a. Mi hanno detto...
   b. Ci hanno consigliato...
   c. Non sono riuscita...
   d. Avrei voluto...

g. *Sostituire alle parole in corsivo* **prima di** + *infinito o* **prima che** + *congiuntivo, usando gli esempi come guida.*

ESEMPI *Prima della partenza sono venuti a salutarci.*
Prima di partire sono venuti a salutarci.
Prima del tuo arrivo devo pulire la casa.
Prima che tu arrivi devo pulire la casa.

1. Finirò il lavoro *prima del vostro ritorno.*
2. Andammo via *prima della fine del film.*
3. *Prima della partenza* telefonateci!
4. Ha fatto molto freddo *prima del mio arrivo.*
5. Partì *prima della vostra telefonata.*
6. *Prima della scelta* eravamo tutti indecisi.
7. *Prima della loro venuta* non sapevo cosa fare.

The past infinitive is used instead of the present infinitive to express an action that has clearly taken place before the action expressed by the main verb of the sentence. It can be introduced by a verb or expression and must *always* be used after the preposition **dopo.**

Siete contenti di **avere scelto** l'italiano?
Are you glad you chose Italian?

Non credo di **averli capiti.**
I don't think I understood them.

Cosa hai fatto **dopo essere ritornato** a casa?
What did you do after returning home?

The past infinitive is always used after the verb **ringraziare.**

Vi ringrazio **di (per) essere venuti** e **di (per) averci portato** i fiori.
I thank you for coming and for bringing us the flowers.

ESERCIZI

a. **I pensieri di Beatrice.** *Sostituire l'infinito passato all'infinito presente.*

ESEMPIO   Spero di essere brava.
Spero di essere stata brava.

1. Sono contenta di vedere spesso il dottore e di potergli parlare della mie paure.
2. Temo di pagare troppo le visite.
3. Dubito di saper seguire tutti i suoi consigli.
4. Il dottore spera di tranquillizzarmi.
5. Mio marito vorrebbe preparare la stanza del bambino prima del parto.
6. Io preferisco dedicarmi allo studio della psicologia infantile.
7. Sono contenta di poter scegliere la clinica Sant'Anna.
8. Non credo di perdere il controllo durante il parto.
9. Temo solo di spaventarmi un po' della nuova esperienza.
10. È nata Francesca e mia madre dice di pensare lei a dare l'annuncio a parenti ed amici.

b. **Prima e dopo.** *Mettere* **dopo** *al posto di* **prima di** *e fare i cambiamenti necessari.*

ESEMPIO   Ho avuto dei dubbi prima di prendere questa decisione.
Ho avuto dei dubbi dopo aver preso questa decisione.

1. Gino ha trovato un lavoro prima di laurearsi.
2. Sono venuti a casa nostra prima di andare al cinema.
3. Ce ne siamo andati prima di sapere i risultati.
4. Carla passerà da me prima di fare la spesa.
5. Partimmo prima di ricevere il telegramma.
6. Telefonerete prima di cenare?
7. Mi disse «Buona sera» prima di stringermi la mano.
8. Sei andato via prima di renderti conto del pericolo.

II. Gerundio

The Italian **gerundio** is not the same as the gerund in English (*Reading* is important). Instead, it usually corresponds to the English present participle: *Reading* your letter, I found many mistakes.

A. The **gerundio** has two forms: the simple (or present) gerund formed by adding **-ando** to the stem of **-are** verbs, and **-endo** to the stem of **-ere** and **-ire** verbs; and the compound (or past) gerund, formed with **avendo** or **essendo** plus the past participle of the main verb.

GERUNDIO PRESENTE	GERUNDIO PASSATO
amando *loving*	**avendo amato** *having loved*
perdendo *losing*	**avendo perduto** *having lost*
partendo *leaving*	**essendo partito/a/i/e** *having left*

Note that the translation of the compound gerund is *having* + verb, even when it is formed with **essendo.** Note also that the simple gerund is invariable and that when the compound gerund is formed with **essendo,** the past participle agrees with the subject in gender and number.

B. Verbs that use the Latin stem to form the **imperfetto** also use the same stem to form the gerund.

bere	(bevevo)	**bevendo**
dire	(dicevo)	**dicendo**
fare	(facevo)	**facendo**
introdurre	(introducevo)	**introducendo**
porre[1]	(ponevo)	**ponendo**

C. Reflexive and object pronouns follow the gerund and are attached to it to form one word. In the compound gerund they are attached to **avendo** or **essendo.**

Non sentendo**mi** bene, ho chiamato il dottore.
Not feeling well, I called the doctor.

Non avendo**la** vista, non ho potuto parlarle.
Not having seen her, I was unable to talk to her.

---

[1] Other verbs ending in **-porre** also use the stem **-pon-.**

⌇ Uso del gerundio presente

1. The **gerundio presente** is used with the **presente** or the **imperfetto** of **stare**[1] to express an action in progress in the present or in the past: **sto lavorando,** *I am (in the process of) working;* **stavo lavorando,** *I was (in the process of) working.*[2] Note that the progressive forms are used less frequently in Italian than in English.

FORME PROGRESSIVE	
PRESENTE	**IMPERFETTO**
sto stai sta stiamo } lavorando state stanno	stavo stavi stava stavamo } lavorando stavate stavano

Non fate rumore: il bambino **sta dormendo** (dorme).
Don't make noise; the baby is sleeping.

Che cosa **stai (vai) dicendo** (dici)?
What are you saying?

Stavamo uscendo (uscivamo) di casa quando squillò il telefono.
We were leaving the house when the telephone rang.

Quando arrivammo noi, loro **stavano facendo** (facevano) colazione.
When we arrived they were having breakfast.

Note the difference:

lavoro: *I am working, I work*
lavoravo: *I was working, I used to work*

sto lavorando: *I am working (right now)*
stavo lavorando: *I was working (right at that time)*

In the **stare** + *gerund* construction, reflexive and object pronouns may precede **stare** or be attached to the gerund.

Stavo vestendo**mi** quando sono venuti.
Mi stavo vestendo quando sono venuti.
I was dressing when they came.

Stavamo telefonando**ti,** cara.
Ti stavamo telefonando, cara.
We were calling you, dear.

2. The **gerundio presente** is also used to express an action or state of being that accompanies the action of the main verb. It is often the equivalent of a dependent clause expressing time, means, manner, condition, or cause. Note that there are several English equivalents for this use of the gerund in Italian and that there is no equivalent in Italian for *while, on, in, by* when followed by the *-ing* form of the verb.

---

[1] And, less commonly, **andare.**

[2] The progressive forms are also used in the subjunctive (present and imperfect): **Non credo che tu stia studiando.** *I don't believe you're studying.* **Pensavo che tu stessi cucinando.** *I thought you were cooking.*

Essendo (= dato che erano) malati,
non sono andati a scuola.
Being sick, they did not go to school.

Volendo (= se volete) potete riuscire.
You can succeed if you want to.

È diventato ricco **lavorando** molto.
He became rich by working hard.

The gerund must have the same subject as that of the main verb. If the subject is different, a clause is used instead of the gerund. Compare the following two sentences:

L'ho incontrato **camminando** in via
Veneto.
*I met him walking (= while I was walking)
on Via Veneto.*

L'ho incontrato **che camminava (mentre
camminava)** in Via Veneto.
*I met him walking (= while he was walking)
on Via Veneto.*

3. No preposition or conjunction is used before the gerund in Italian, except for **pur(e). Pur** + *gerund* is the equivalent of a clause expressing concession (**benché** or **sebbene** + *subjunctive*).

Pur studiando (Benché studi), non impara niente.
Although he studies (Despite studying), he doesn't learn a thing.

ESERCIZI

a. **In ufficio.** *Il dottor Belloli è un direttore estremamente pignolo e vuol sempre sapere che cosa fanno i suoi dipendenti* (employees). *Seguire l'esempio.*

ESEMPIO Marta / lavorare al bilancio annuale
STUDENTE 1 **E Marta a che cosa sta lavorando?**
STUDENTE 2 **Sta lavorando al bilancio annuale.**

1. Edoardo / parlare con un cliente
2. tu / battere a macchina la lettera per la ditta Frattini
3. il ragionier Martelli / controllare i conti di novembre
4. gli avvocati / preparare un contratto
5. Lei e il capufficio / discutere gli ordini per il prossimo anno
6. gli esperti di marketing / organizzare la vendita di un nuovo prodotto
7. il vice-direttore / chiudersi in ufficio per telefonare alla fidanzata
8. Filippo / andare allo snack-bar a mangiare un tramezzino
9. la signora Laura / brontolare (*to grumble*) perché non trova un documento importante

b. *Sostituire a* **stare per** + infinito (to be about to do something) *la forma* **stare** + gerundio (to be doing something).

ESEMPIO La ragazza sta per uscire.
La ragazza sta uscendo.

1. Gli operai stanno per prendere l'autobus.
2. Il dottore sta per visitare la bambina.
3. Stavamo per uscire di casa; non stavamo per vestirci.

4. Stai per leggere il brano o stai per tradurlo?
5. Cosa stavi per bere?
6. Stavo per dire una sciocchezza!

c. **Intervista.** *Intervistiamo alcuni amici sposati. Cosa stavano facendo quando si sono visti per la prima volta? Utilizzare le seguenti espressioni o crearne delle nuove.*

ESEMPI camminare
Quando l'ho vista, stava camminando.
tagliare l'erba
Quando l'ho visto, stava tagliando l'erba.

1. correre nel parco
2. prendere il sole
3. salire sull'autobus
4. scendere dal treno
5. fare l'aerobica
6. pagare alla cassa
7. giocare a carte
8. servire un hamburger

d. *Formare nuove frasi mettendo il gerundio al posto delle parole fra parentesi.*

ESEMPIO (Mentre tornavo) da scuola, ho incontrato lo zio.
Tornando da scuola, ho incontrato lo zio.

1. I bambini correvano (mentre giocavano) al pallone.
2. (Se tu lo vedessi) forse lo riconosceresti.
3. (Benché sapessero) la risposta, sono stati zitti.
4. (Con l'insistere) troppo, non ha ottenuto niente.
5. (Dato che non avevano) spiccioli, non mi hanno potuto dare il resto.
6. (Nello scrivergli) mi sono accorto che dovevo dirgli troppe cose.
7. Sono arrivata in ritardo (perché credevo) che la riunione fosse alle cinque.
8. (Se non comprate) il biglietto, risparmiate cinque dollari.
9. (Poiché abita) in campagna e (conosce) poche persone, quella ragazza è timida e
   insicura.
10. (Quando ti prepari) per l'esame, non dimenticare di studiare il gerundio!

e. *Formare un'unica frase usando il gerundio del verbo della prima frase.*

> **ESEMPIO** Prendono il caffè. Chiacchierano.
> **Prendendo il caffè, chiacchierano.**

1. Voi fate attenzione. Imparate molto.
2. Leggeva la lettera. Piangeva.
3. Dormivo. Ho fatto un brutto sogno.
4. Devo partire. Verrò a salutarvi.
5. Si sente stanca. È andata a letto.
6. Guardavamo la televisione. Ci siamo addormentati.
7. Non accetti il nostro invito. Ci offendi.
8. Si trovano bene qui. Sperano di restare.

f. **Viva le lingue straniere!** *Completare le seguenti frasi usando* **conoscere** *o* **conoscendo.**

1. _______________ una lingua straniera è importante.
2. _______________ una lingua straniera, dovresti trovare un lavoro migliore.
3. Pur _______________ più di una lingua straniera, Mario è disoccupato.
4. Per _______________ bene una lingua straniera, ci vogliono molti anni di studio.
5. In America, quante sono le persone che hanno bisogno di _______________ una lingua straniera?
6. Com'è possibile vivere in un paese straniero senza _______________ la lingua di quel paese?

g. **Conversazione.**

1. In che modo può migliorare il Suo italiano?
2. Come si diverte in un giorno di pioggia?
3. Come può aiutare le persone sole?
4. Come è possibile diventare ricchi secondo Lei?

❧ Uso del gerundio passato

When the action expressed by the gerund has clearly taken place *before* the action of the main verb, the **gerundio passato** is used.

Avendo letto molti libri, Franco sa molte cose.
Having read many books, Franco knows a great deal.

Essendo partiti presto, siamo arrivati presto.
Having left early, we arrived early.

Note that the tense of the main verb does not influence the choice of the **gerundio presente** or the **gerundio passato.**

a. **Causa ed effetto.** *Formare un'unica frase seguendo l'esempio.*

   ESEMPIO   Ho trovato il caffè cattivo. Ho ordinato del tè.
            Avendo trovato il caffè cattivo, ho ordinato del tè.

   1. Ho perduto mólte lezioni. Sono rimasto indietro.
   2. Ha bevuto troppo. È stato male tutta la notte.
   3. Hanno finito di mangiare. Sono usciti dal ristorante.
   4. Si è rotta una gamba. È andata all'ospedale.
   5. Hai perso la scommessa. Devi pagarci un pranzo.
   6. Abbiamo perso l'aereo. Arriveremo dopo.
   7. Mi sono confusa. Non ho superato l'esame.

b. **Benché...** *Formare nuove frasi usando* **pur** + gerundio *(presente o passato) al posto di* **benché** + congiuntivo.

   ESEMPIO   Benché sia stanco, esco.
            Pur essendo stanco, esco.

   1. Benché fosse raffreddato e non si sentisse bene, il tenore ha voluto cantare lo stesso.
   2. Benché avessi mangiato tanto in fretta, ero riuscito a sentire il gusto del formaggio.
   3. Benché lo sapesse, non volle dire il nome del ladro.
   4. Benché avessero studiato poco, sono riusciti a farcela agli esami.
   5. Benché mi conosceste, non mi avete salutato.
   6. Benché lavorassimo molto, non guadagnavamo abbastanza.
   7. Benché fossero partiti tardi, arrivarono in tempo.
   8. Benché io apprezzi l'eleganza nel vestire, non faccio mai attenzione agli abiti delle persone.

III. Participio

The Italian participle has two forms: the present and the past.

A. The **participio presente** (*present participle*) is formed by adding **-ante** to the stem of **-are** verbs and **-ente** to the stem of **-ere** and **-ire** verbs.

PARTICIPIO PRESENTE		
amare	**amante**	*loving*
perdere	**perdente**	*losing*
partire	**partente**	*leaving*

   1. The participio presente is mostly used as an adjective, and as such agrees with the noun it modifies.

   Era una lettera **commovente** e **convincente.**   Ho visto molte facce **sorridenti.**
   It was a moving and convincing letter.   *I saw many smiling faces.*

2. Sometimes the present participle is used as a noun.

i grandi **cantanti**
the great singers

gli **abitanti** di Roma
the inhabitants of Rome

il mio **assistente**
my assistant

insegnanti e **studenti**
teachers and students

3. When the present participle is used as a verb, it is the equivalent of a relative clause.

Quanti sono i cittadini italiani **residenti** (= **che risiedono**) all'estero?
How many Italian citizens are (How many are the Italian citizens) residing abroad?

Ho comprato un quadro **rappresentante** (= **che rappresenta**) un tramonto.
I bought a picture representing a sunset.

Strada di paese alle due del pomeriggio. Dove saranno gli abitanti?

B. The **participio passato** (*past participle*) is formed by adding **-ato** to the stem of **-are** verbs, **-uto** to the stem of **-ere** verbs, and **-ito** to the stem of **-ire** verbs.

PARTICIPIO PASSATO		
amare	**amato**	*loved*
perdere	**perduto**	*lost*
partire	**partito**	*left*

A number of verbs, especially **-ere** verbs, have irregular past participles. Several endings are possible: **-so (-sso), -lto, -nto, -to (-tto), -sto.**

muovere *to move*	**mosso**
togliere *to remove*	**tolto**
vincere *to win*	**vinto**
morire *to die*	**morto**
chiedere *to ask*	**chiesto**

For a list of verbs with irregular past participles, see Capitolo 3, p. 57, and the Appendix, pp. 395–396.

∿ Uso del participio passato

A. The past participle is used with an auxiliary verb, either **avere** or **essere,** to form compound tenses of verbs.[1]

Stefano **ha scritto** molte cartoline.
Stefano wrote many postcards.

È **andato** a spedirle.
He went to mail them.

In the compound tenses, the past participle is often subject to agreement. If the verb is conjugated with **avere** and a direct object pronoun precedes the verb, the past participle often agrees in gender and number with the direct object (see pp. 91–92). When the verb is conjugated with **essere,** the past participle agrees with the subject (see p. 56).

B. When used as an adjective, the past participle must agree in gender and number with the noun it modifies.

Era una lettera ben **scritta.**
It was a well-written letter.

L'avvocato sembrava **soddisfatto.**
The lawyer seemed satisfied.

Perché le finestre non sono **chiuse?**
Why aren't the windows closed?

C. The past participle is sometimes used as a noun.

Conosci gli **scritti** di Dante?
Do you know Dante's writings?

Un **laureato** è qualcuno che ha finito l'università.
A "laureato" is someone who has received a university degree.

D. The past participle is frequently used, without an auxiliary verb, in place of the compound gerund (*having finished*) or **dopo** + *compound infinitive* (*after finishing*).

Arrivati alla porta,
Essendo arrivati alla porta, } abbiamo suonato il campanello.
Dopo essere arrivati alla porta,
Once we arrived (Upon arriving) at the door, we rang the bell.

1. Reflexive and object pronouns follow the past participle and are attached to it, forming one word.

Messosi il cappotto, Paolo non aveva più freddo.
After he put on his winter coat, Paolo was no longer cold.

Vistala sola, mi sono avvicinato alla donna.
Seeing her alone (When I saw that she was alone), I went over to the woman.

2. Note the agreement of the past participle in these constructions: If the verb used is conjugated with **avere,** and if there is a direct object, the past participle agrees in gender and number with its direct object.

---

[1] For a more complete discussion of the compound tenses, see the **passato prossimo,** p. 55, the **trapassato prossimo,** p. 145, the **trapassato remoto,** p. 146, the **futuro anteriore,** p. 167–168, the **condizionale passato,** p. 172–173, and the compound tenses of the subjunctive, pp. 191–192, 217.

Fatta colazione, i bambini andarono a scuola.
Having had breakfast, the children went to school.

Fatto il compito, i bambini guardarono la TV.
After they did their homework, the children watched TV.

Presili per un braccio, li accompagnammo alla porta.
Having taken them by the arm, we accompanied them to the door.

If the verb is conjugated with **essere,** the past participle agrees with the subject.

Uscita dal portone, **la ragazza** attraversò la strada.
Having come out the front door, the girl crossed the street.

Alzatisi in piedi, **gli spettatori** hanno applaudito.
Having stood up, the spectators applauded.

The past participle may be preceded by **appena** or **dopo.**

Appena ricevuto il telegramma, partirono.
As soon as they received the telegram, they left.

Cosa farete **dopo mangiato?** Il bagno? Ma non è bene fare il bagno subito **dopo
  mangiato!**
*What are you going to do after you eat? Go swimming? But it is not a good idea to go swimming
  right after you eat!*

ESERCIZI

a. *Sostituire il participio passato alle costruzioni tra parentesi.*

  ESEMPIO (Dopo essersi seduto) a tavola, lo zio cominciò a tagliare il pane.
     Sedutosi a tavola, lo zio cominciò a tagliare il pane.

   1. (Dopo aver letto) i libri, li riportai in biblioteca.
   2. (Avendo sentito) uno strano rumore, si fermarono in un'officina.
   3. (Dopo aver riparato) il guasto al motore, ripresero la strada.
   4. (Essendo passato) il temporale, uscirà il sole.
   5. (Quando finì) la guerra, tornammo alle nostre case.
   6. (Dopo aver salutato) i parenti, siamo saliti sul treno.
   7. (Dopo essersi cambiata) in fretta, la signora è uscita di nuovo.
   8. (Avendo ricevuto) notizie dal figlio, la mamma è tranquilla.
   9. (Dopo avermi detto) queste parole, ti sei allontanato.
  10. (Quando si sposò) mia figlia, mi trasferii a Milano.

b. *Completare le seguenti frasi usando l'infinito, il participio o il gerundio dei verbi tra parentesi.*

   1. Non riesco a _______________ (capire) quello che stai _______________ (dire).
   2. Non volete _______________ (ascoltare) un po' di musica? Non credete di
      _______________ (studiare) abbastanza?

3. Lui fingeva di _______________ (stare) attento, ma era chiaro che non ascoltava una parola.
4. È possibile _______________ (imparare) molto _______________ (stare) attenti in classe.
5. _______________ (sentirsi) solo, il bambino è scoppiato a _______________ (piangere).
6. Tempo _______________ (permettere), vorrei _______________ (andare) al mare.
7. Gli spettatori si alzarono in piedi _______________ (applaudire).
8. _______________ (morire) la moglie, il marito ha cambiato casa.
9. Il ragazzino è caduto _______________ (giocare) al pallone.
10. Ammetto di _______________ (fare) molti sbagli negli ultimi anni.
11. _______________ (uscire) subito, troverai la farmacia ancora aperta.
12. Come hai potuto _______________ (convincere) tutti?—Ho usato argomenti molto _______________ (convincere)!

c. **Povera Luciana.** Completare il seguente brano usando l'infinito, il participio o il gerundio dei verbi tra parentesi.

Mentre stava _______________ (uscire) dall'ufficio, Luciana si è ricordata di non _______________ (avere) niente da _______________ (mangiare) in casa. Così è passata al supermercato. Dopo _______________ (comprare) il necessario, è ritornata subito a casa. Appena _______________ (entrare), ha sentito _______________ (suonare) il telefono. Invece di _______________ (rispondere), ha messo la roba nel frigo. Dopo _______________ (mettere) la roba nel frigo, ha preparato la cena. Stava per _______________ (sedersi) a tavola e _______________ (cenare), quando si è ricordata che Marco l'aveva invitata a cena quella sera! _______________ (cambiarsi) in fretta, ha aspettato. _______________ (aspettare) Marco, ha guardato la televisione. Ma ecco di nuovo il telefono! Questa volta ha risposto. Era Marco: telefonava per _______________ (dire) che non poteva _______________ (venire). Luciana era così delusa che ha perso la voglia di _______________ (mangiare)!

LETTURA

Vocabolario utile

l'appoggio support
l'argomento topic
il bilancio budget
il datore di lavoro employer
il/la dipendente employee
il disagio uneasiness
la norma rule
la pantofola slipper

il parrucchiere hairdresser

aspettarsi to expect
prendere in prestito to borrow
pretendere to demand

efficace effective
efficiente efficient

Giornalista televisiva al lavoro.

Prima di leggere

Nell'ultimo decennio la situazione della donna lavoratrice in Italia è senz'altro migliorata. Non tutte le difficoltà sono state superate ma, come vedremo nella lettura, sia i Comuni° che i datori di lavoro si rendono *municipalities* conto dell'importanza del «problema del tempo» nell'organizzazione della vita delle lavoratrici. Uffici pubblici e privati, scuole e negozi hanno adottato orari meno rigidi, e si vanno diffondendo il part-time e il telelavoro fatto da casa con il computer. Sono iniziative° che facilitano la vita di *enterprises* tutti i giorni, in particolare quella delle mamme che hanno attività lavorative extradomestiche.

Come sono organizzate le cose nel vostro paese? In gruppi di due o più studenti, discutete le domande che seguono.

1. Sono molte le donne che hanno un lavoro retribuito° nel vostro *paid* paese? Che tipo di lavoro fanno? Si tratta di occupazioni tradizionalmente "femminili" (insegnante, infermiera, segretaria, commessa di negozio) o di attività estese ai campi della medicina, della scienza, della finanza, della dirigenza industriale?
2. Si tratta, in maggioranza, di attività a tempo pieno o a tempo parziale? Per quali motivi?

3. Come conciliano° le donne, e gli uomini, le esigenze del lavoro
   con quelle della famiglia, per esempio: accompagnare i bambini a
   scuola o dal medico, fare la spesa e cucinare, tenere in ordine la
   casa, occuparsi dei familiari malati… ?
4. Com'è strutturato il tempo del lavoro per quanto riguarda
   l'orario di uffici, banche, negozi, enti pubblici? È flessibile?
   Permette a chi lavora di organizzare le giornate rispetto alle
   proprie necessità? O è rigido, tale da creare difficoltà? Quali?

Il lavoro femminile in Italia

Sono molte le donne italiane che ogni giorno devono trovare un equilibrio tra le
loro fondamentali responsabilità: lavoro, marito e figli, e casa.

    Le mamme lavoratrici sono tante, sia perché molte di loro hanno iniziato la
carriera prima di sposarsi, sia perché tutte possono godere dei vantaggi previsti
5 dalle leggi sociali e dal diritto di famiglia, in particolare il congedo con assegni°
per maternità o per malattia di un familiare, e il mantenimento del posto°. Chi ha
un lavoro se lo tiene, chi non l'ha si aspetta di trovarlo, non soltanto perché un
secondo stipendio è benvenuto nel bilancio familiare, ma anche perché è impor-
tante per le donne quanto per gli uomini avere soddisfazioni° personali.

10   Ma le donne in carriera finiscono col sobbarcarsi° un «lavoro doppio», dato
che la cura dei figli e della casa continua ad essere essenzialmente responsabilità
loro. Non è più il caso di parlare di mariti che pretendono di trovare la cena
pronta e le pantofole calde, ma quelli che aiutano nelle faccende di casa° sono
ancora pochini.

15   Fino a relativamente pochi anni fa il problema fondamentale, e spesso insol-
ubile, era quello del «tempo della città». L'orario d'ufficio coincideva con quello
di negozi, banche, studi medici ed enti pubblici, ed era generalmente più lungo
di quello della scuola. Era necessaria tanta organizzazione: fare la spesa nei
negozi di alimentari che sono aperti più a lungo, ma sono anche più cari del
20 mercato; incaricare qualcuno di riprendere i bambini a scuola; chiedere ore di
permesso in ufficio per la visita pediatrica, il dentista, il ginecologo… e non
parliamo di andare dal parrucchiere.

    Ma le cose stanno cambiando e continuano a migliorare. «Il tempo della
città» è più flessibile. L'orario di apertura e chiusura dei negozi non è più regolato
25 da norme rigide imposte dai Comuni; è possibile praticare l'orario continuato
(cioè non chiudere dalle 13,00 alle 16,00); è permesso restare aperti più a lungo
la sera. Anche gli uffici pubblici e le banche hanno aumentato le ore di apertura
che non sono più limitate alla mattina.

    Una dose di flessibilità è stata raggiunta anche per quanto riguarda «il
30 tempo del lavoro», inoltre ci sono ditte° che offrono attrezzature° quali palestre°
e asili-nido° annessi all'ufficio, e perfino centri vacanze per i figli dei dipendenti.

    L'idea del part-time si fa strada°, anche se ancora limitata ad organizzazioni
industriali o bancarie. È possibile ottenere un contratto che permetta di lavorare

reconcile

congedo: *leave with pay*
position

rewards

embark upon

faccende: *household*
chores

firms / facilities / gyms
day-care centers
si: *is catching on*

meno ore ogni giorno o solo alcuni giorni della settimana senza perdere i benefi-
35 ci inerenti all'impiego stabile. Per esempio: una grossa industria di elettrodomes-
tici offre un orario flessibile di diciotto ore giornaliere a gruppi di tre lavoratrici,
che possono dividersele come loro credono; è sufficiente che informino il capo-
reparto°. Un'altra ditta offre «la banca delle ore», un sistema grazie al quale le   *foreman*
dipendenti-mamme possono prendere in prestito ore di lavoro in ufficio che poi
40 restituiscono entro° tre mesi. Ci sono, infine, possibilità di «telelavoro», a casa col   *within*
computer, che prevedono il rientro in ufficio dopo un periodo di assenza più o
meno lungo. Per le lavoratrici che ritornano sono a disposizione corsi di aggior-
namento°.   **corsi:** *refresher courses*

Le opzioni di cui sopra sono definite con i termini inglesi «part-time» e «job
45 sharing» che appaiono anche nelle edizioni recenti dei vocabolari italiani. I due
termini però denotano possibilità di scelta che non sono disponibili a tutti i livelli
di impiego. A seconda delle responsabilità professionali del dipendente può
essere, o non essere, possibile il telelavoro; è anche improbabile che una piccola
ditta possa offrire il «timesharing». Lo stesso vale per le altre facilitazioni° come   *perks*
50 gli asili aziendali°, la palestra annessa all'ufficio e i centri vacanze per i figli dei   *company-based day care*
dipendenti, che sono offerte solo da alcune delle industrie più grandi. Chi lavora
in una piccola fabbrica, in un ufficio privato o in un negozio a conduzione fami-
liare° non può pretendere di ottenere vantaggi del genere. Quindi, nonostante i   **negozio:** *family store*
miglioramenti ottenuti, non è stato eliminato il disagio di molte lavoratrici, disa-
55 gio che continua ad essere argomento di discussione al fine di raggiungere una
situazione di equilibrio.

Alla città si chiedono mezzi pubblici e organizzazione del traffico più efficien-
ti, per evitare imbottigliamenti° e perdite di tempo. Alla città si chiedono anche   *traffic jams*
orari di uffici, negozi ed enti pubblici ancora più flessibili e prolungati, più posti
60 negli asili-nido pubblici e orari più elastici per le scuole. Dal datore di lavoro si
vorrebbero maggiori possibilità di part-time.

È tutto? Sì e no. C'è bisogno di ancora un altro appoggio: un marito che
collabori più efficacemente all'organizzazione della famiglia e della casa, e condi-
vida con la moglie anche le cure domestiche.

Comprensione

1. Perché lavorano molte mamme italiane?
2. In che senso le donne fanno «doppio lavoro»?
3. Quali miglioramenti ci sono stati rispetto al «tempo della città»?
4. È diffuso il part-time in Italia? Sì, no, perché?
5. Chi ha maggiori difficoltà ad ottenere il part-time?
6. Quali altri benefici offrono alcune grandi ditte?
7. Cosa possono fare i Comuni per migliorare la situazione delle lavoratrici in generale?
8. Che tipo di appoggio dovrebbero dare i mariti?

to expect

aspettare
to wait for; to expect (a person or thing)

Da quanto tempo aspetti l'autobus?
How long have you been waiting for the bus?

Aspetti molte lettere oggi?
Do you expect many letters today?

aspettarsi (**di** + *infinitive* or **che** + *subjunctive*)
to expect (an event or non-material thing)

Mi aspettavo un po' di gratitudine!
I expected a little gratitude!

Non si aspettavano di vedermi.
They didn't expect to see me.

argument

discussione (*f*)
argument, debate; discussion

Hanno molte discussioni perché non
vanno d'accordo.
*They have many arguments because they don't
get along.*

argomento
subject, topic; argument, proof, reasoning

Il mio amico è capace di scrivere poesie su
qualsiasi argomento.
My friend can write poems on any subject.

Mi dispiace ma i Suoi argomenti non sono
convincenti.
I'm sorry, but your arguments are not convincing.

to pretend

fingere
fare finta } **di** + *infinitive*
to pretend, to feign, to make believe

Michele finge di lavorare, ma in realtà
sta sognando.
*Michael pretends he's working, but he's
actually dreaming.*

finto *false, artificial, fake*
fiori finti, denti finti, pelle finta, finto
marmo

pretendere (**di** + *infinitive* or **che** +
subjunctive)
to demand, to expect, to want

Lui pretende la massima puntualità dai
suoi impiegati.
*He demands the utmost punctuality from his
employees.*

Come potete pretendere che io lasci tutto
e venga da voi?
*How can you expect me to drop everything and
come to you?*

Pratica

a. *Scegliere la parola o le parole che completano meglio la frase.*

1. I ragazzi, quando tornano da scuola, non _____________ che il pranzo sia pronto.
2. I dipendenti degli uffici pubblici sono in sciopero; _____________ di essere pagati di
   più, ma non ci sono soldi.

3. Avrei bisogno di più tempo libero, ma mio marito _______________ di non capire.
4. Ho lavorato proprio bene quest'anno e _______________ un aumento di stipendio.
5. Capisco perfettamente i Suoi _______________, ma non posso darLe un'altra settimana di ferie.
6. Mia moglie è in viaggio per lavoro e io _______________ ansiosamente il suo ritorno.
7. Le ha regalato una borsa, ma non è di coccodrillo, è di pelle _______________.
8. Ha cercato di giustificarsi, ma i suoi _______________ non erano convincenti.

b. *Scegliere le parole che completano meglio il brano.*

Grazie al movimento femminista ai nostri giorni le donne _______________ dalla vita molto di più delle loro mamme. Quello della parità degli uomini e delle donne è un _______________ convincente; dopotutto perché loro, gli uomini, dovrebbero _______________ di essere superiori? È una _______________ che va avanti da tanto tempo anche se le soluzioni al livello della coppia sono sempre differenti. Marcello, per esempio, non _______________ più—come faceva suo padre—che la moglie gli faccia trovare la cena pronta e le pantofole calde vicino al caminetto. Accetta perfino di aiutare nei lavori di casa senza _______________; però continua a _______________ che Lucia, che l'aiuta in ufficio, faccia le cose esattamente come vuole lui. Quando Lucia gli porta _______________ contrari, lui si arrabbia e finiscono col fare una bella _______________. La nonna di Lucia non approva. «Ma no—dice—quando non c'è niente da fare è inutile discutere; invece, quando è possibile, devi _______________ di dargli ragione e poi fare a modo tuo (*as you please*)».

c. *Domande per Lei.*

1. Nel Suo paese l'organizzazione della società è in favore delle donne lavoratrici? In che modo?
2. Ci sono attività e professioni nelle quali le donne sono più numerose degli uomini? Quali? Perché?
3. Nel Suo paese il lavoro a tempo parziale è regolato dalla legge? Quali sono i vantaggi, o gli svantaggi, per i lavoratori?
4. A Bolzano, città della regione Trentino-Alto Adige, hanno istituito i «cortili aperti» (*open schoolyards*). Delle associazioni private hanno ottenuto dal Comune l'uso dei cortili delle scuole dove, fuori dagli orari di lezione, gli adolescenti possono riunirsi per giocare e stare insieme. Come passano il tempo libero gli adolescenti della Sua città? Ci sono per loro strutture simili? Quali?
5. Nel centro storico di Pistoia, in Toscana, molti commercianti espongono un orsetto (*teddy bear*). I bambini che si trovassero in difficoltà sanno che nei negozi con l'orsetto ci sono adulti pronti ad aiutarli. Le sembra una cosa utile? Necessaria? Ci sono provvedimenti (*measures*) simili nella Sua città? Da parte di chi?

1. Fin verso la metà del Novecento, la funzione della donna era quella di «angelo della casa» quando non doveva, per necessità, lavorare in campagna o in fabbrica. Le donne famose del passato si sono distinte essenzialmente nel campo dell'arte o dell'educazione. Esaminare le nuove funzioni della presenza femminile nel mondo del lavoro contemporaneo.

2. Esaminare come la tecnologia (per esempio gli elettrodomestici), i servizi di vendita e le strutture pubbliche facilitano la vita alle donne contemporanee rispetto alla situazione delle loro nonne. Quali differenze si possono immaginare nel ritmo della giornata?

3. **Dibattito.** Discutere i pro e i contro della tesi che segue. Le donne hanno le stesse abilità degli uomini e gli stessi diritti al lavoro in tutte le professioni ed a tutti i livelli. La famiglia e la società devono essere organizzate in modo da dare loro le stesse opportunità che sono state, per tanto tempo, privilegio degli uomini.

RICERCA WEB

Come risulta dalla lettura che precede, in Italia sono stati presi vari provvedimenti in favore delle donne lavoratrici e, in particolare, delle mamme che oltre all'attività professionale devono continuare ad occuparsi del marito, dei figli e della casa.

Varie organizzazioni e «portali» Internet si occupano dei loro problemi.

a. Mamme lavoratrici
b. Donne dol's / Il portale delle donne che lavorano
c. Organizzazioni sociali / donne

Congratulazioni! Anna telefona al marito per dirgli della recente promozione. Come risponderà Daniele all'entusiasmo di Anna?

ANNA: Pronto, Daniele?

DANIELE: Ciao, cara. Cosa mi dici di bello?

ANNA: Mi hanno dato la promozione e l'aumento di stipendio.

DANIELE: Congratulazioni! Sono proprio contento per te!

ANNA: Sì, è favoloso! Però devo cambiare ufficio.

DANIELE: Ti dispiace?

ANNA: No, no. Non farà differenza, tanto più che continuerò a lavorare con Giannelli. Ma, amore, c'è una complicazione. Mi chiedono di seguire un corso intensivo di amministrazione aziendale (*business administration*) per tre settimane in Svizzera, e proprio nei giorni in cui volevamo andare in montagna.

DANIELE: Pazienza! Se è importante per la tua carriera, va bene lo stesso. In ferie ci andremo in un altro momento.

ANNA: Sei un tesoro! *(fra sé)* Che bisogno c'è di essere femministe quando si ha un marito così?

Espressioni di affetto

amore (mio)	
tesoro (mio)	*dear, honey, darling, my love*
caro/cara, mio caro/mia cara	
Ti voglio (molto, tanto) bene.	*(lit) I am (very) fond of you.*
Ti amo.	*I love you.*
Che carino (tesoro, amore)!	*How nice (darling, sweet)!*
zietta, mammina, nonnino	*Auntie, Mommy, Grandaddy*

Esprimere contentezza

Che bello!	*How nice!*
È favoloso!	
È fantastico!	*It's wonderful!*
È meraviglioso!	
Sono proprio contento/a.	*I'm really glad.*
Non potrebbe andar meglio!	*It couldn't be any better!*

Dimostrare indifferenza

Per me è lo stesso.	
Va bene lo stesso.	*It's all the same to me.*
È uguale.	
Non importa.	
Non fa differenza.	*It doesn't matter.*
Non ha importanza.	

Espressioni di rassegnazione e accettazione

Come vuoi tu.	*As you wish.*
Fai come credi.	*It's up to you.*
Decidi tu.	
Pazienza!	*Never mind!*
Se è necessario!	*If it's necessary!*
Fai come ritieni opportuno.	*Do what you believe is right.*
Come ti sembra meglio.	*(Do) what you believe is best.*
Come preferisci.	*As you prefer.*

Che cosa dice?

1. Lei vuole comprare una macchinetta per fare il caffè espresso. La preferirebbe nera, ma il commesso Le dice che ce ne sono rimaste solo due, una bianca e una rossa.
2. Lei vuole molto bene alla vecchia zia Livia che, novantenne e in casa di riposo, continua a rendersi utile. La zia Le ha appena fatto le tende per la cucina. Le telefoni per ringraziarla.
3. Il suo amico Marcello ha appena finito una dieta ed è in perfetta forma (*great shape*). Che cosa gli dice?
4. Lei vuole andare a Parigi in luglio. Il Suo/la Sua partner vuole aspettare fino alla fine di agosto. Lei decide di farlo/a contento/a.
5. Pietro è molto carino e gentile. Ieri l'ha invitata a cena in un delizioso ristorante sul lago. Lei pensa...

Situazioni

1. Lei si è appena diplomato/a e cerca lavoro. Sperava di ottenere un posto in una grossa ditta, ma non Le hanno fatto un'offerta e ha dovuto accettare un posto di poca soddisfazione. Sua madre è molto dispiaciuta per Lei. Cerchi di convincerla che Lei è contento/a lo stesso.
2. Sua figlia, la mamma di Chiaretta, sarà in viaggio di lavoro per una settimana e Lei si occuperà della bambina fino all'ora di cena, quando ritorna papà. Immagini la conversazione nella quale Lei informa la Sua nipotina.
3. Il Suo fidanzato/La Sua fidanzata sta seguendo un corso di specializzazione all'estero per sei mesi. Vi telefonate spesso e parlate del più e del meno (*this and that*). Entrambi usate espressioni di affetto.
4. Lei discute con Sua moglie l'acquisto di un'automobile nuova. Lei vorrebbe comprarne una piccola, Sua moglie ne desidera una grande e comoda. La conversazione è molto amichevole e alla fine uno/a dei due fa contento/a l'altro/a.

PER COMINCIARE

L'incidente

STRUTTURA

Parlare di relazioni causali

    I. *Fare* + infinito

Permettere a qualcuno di fare qualcosa

    II. *Lasciare* + infinito

Osservare o percepire

    III. Verbi di percezione + infinito

Parlare di persone, cose o eventi in successione

    IV. Numeri ordinali

Relazioni di una parola con un'altra

    V. Preposizioni

LETTURA

Il servizio sanitario nazionale in Italia

PER COMUNICARE

Mostrare interesse

Rispondere a dimostrazioni d'interesse

Dimostrare sorpresa nel vedere qualcuno

Accomiatarsi

L'incidente. La signora Distefano sente parlare il marito al telefono e lo vede consultare la carta della città.

La macchina è dal meccanico. La signora si rende conto che suo marito ha intenzione di prendere il vecchio motorino del figlio e non è d'accordo. Il motorino ha i freni molto consumati, è pericoloso e la signora non vuole che lo prenda. Ma il marito non l'ascolta.

Dalla finestra la signora lo guarda partire. C'è un incrocio a pochi metri dal portone, il semaforo cambia, il signor Distefano cerca di frenare ma non ci riesce, la signora vede una macchina sopraggiungere e investire suo marito che cade in mezzo alla strada tra il traffico.

La signora si precipita sul luogo dell'incidente. Il marito non sembra grave, ma è probabile che si sia rotto una gamba. Vorrebbe tirarsi su da terra, ma la signora non lo lascia alzare. Poco dopo si sente arrivare l'ambulanza e l'infortunato finisce all'Instituto Ortopedico del Policlinico.

Diverse ore più tardi il signor Distefano torna a casa saltellando *(hopping)* sulle stampelle. Il medico gli ha fatto fare tante radiografie, gliene ha fatte fare cinque o sei, poi ha ordinato l'ingessatura. Veramente il paziente voleva l'apparecchio mobile, ma il dottore non glielo ha lasciato mettere; anche se si appoggia sulle stampelle, è bene che la gamba sia completamente immobilizzata. I risultati dipendono da sei settimane di ingessatura rigida.

I giovani, e i meno giovani, usano molto motorini e motociclette.

Vocabolario utile

I sintomi

avere i brividi   to shiver
avere le vertigini   to be dizzy
starnutire   to sneeze
*****svenire**   to faint

I rimedi

l'antibiotico   antibiotic
fare un'iniezione/una puntura
   to give a shot
le gocce   drops

la pastiglia   tablet
lo sciroppo   syrup
la vitamina   vitamin

L'ospedale

l'ambulanza   ambulance
la convalescenza   convalescence
l'emergenza   emergency
l'esame del sangue   blood test
la frattura   fracture
la guarigione   recovery

l'ingessatura   cast
l'ortopedia   orthopedics
il pronto soccorso   emergency room
la sala operatoria   surgery room
le stampelle   crutches

Espressioni

ammalarsi   to get sick
dare i punti   to give stitches
fare una radiografia   to get an x-ray
farsi male a   to hurt one's . . .
farsi operare   to undergo surgery

ferirsi   to injure oneself
*****guarire**   to recover
rompersi una gamba   to break one's leg
soffrire di   to suffer from

ESERCIZI

a.   *Rispondere alle domande seguenti.*

   1.   Perché la signora Distefano non vuole che il marito prenda il motorino del figlio?
   2.   Che cosa vede la signora dalla finestra?
   3.   Perché il signor Distefano è finito all'ospedale?
   4.   Quante radiografie gli ha fatto fare il dottore?
   5.   Per tenere ferma la gamba, gli lasciano mettere l'apparecchio mobile?
   6.   Da che cosa dipende la guarigione del paziente?

b.   *Inserire le parole che meglio completano le frasi.*

   1.   La nonna è caduta e si è rotta una gamba. Per portarla __________ abbiamo dovuto chiamare __________. L'hanno ingessata e ora cammina con __________.

2. Francesco ha l'appendicite ed è un po' preoccupato perché presto dovrà
   _____________.

3. Papà ha un solenne raffreddore, non fa che _____________.

4. Sono stata un mese a letto malata, ma per fortuna ora sono perfettamente
   _____________.

5. Mangi sempre troppo, troppo in fretta e male! È ovvio che non puoi fare a meno
   delle _____________ digestive.

6. Mentre preparava la cena, Giulio _____________ con il coltello dell'arrosto. Hanno
   dovuto dargli sei _____________.

7. Invece di comprare _____________ in farmacia, mangia la frutta fresca!

8. Nello scendere dall'autobus mi sono _____________ un piede. Che male!

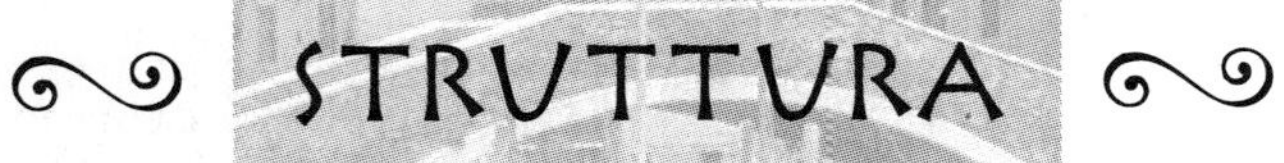

STRUTTURA

I. *Fare* + infinito

A. **Fare** (*to make, have, get*) followed immediately by the infinitive is used to form a causative
construction. In this construction the subject of the sentence does not perform the action;
instead, the subject causes something to be done or causes someone else to do something.

NON-CAUSATIVE CONSTRUCTION

(subject performs the action)

CAUSATIVE CONSTRUCTION

*(subject causes action to be performed by
someone else)*

Il professore **corregge** gli esami.
The teacher corrects the exams.

Il professore **fa correggere** gli esami.
The teacher has the exams corrected.

Fa correggere gli esami agli assistenti.
He has the assistants correct the exams.

1. In the causative construction:

   Noun objects follow the infinitive:

   Fai suonare **Marco.**
   Have Marco play.

   Pronoun objects normally precede the conjugated form of **fare.**

   Lo faccio suonare domani.
   I'll have him play tomorrow.

   Pronoun objects follow and are attached to **fare** only in the infinitive, gerund, past
   participle, and imperative (**tu, voi, noi** forms).

   Mi piace far**lo** suonare.
   I like to have him play.

   Facendo**lo** suonare gli hai fatto un piacere.
   By making him play, you did him a favor.

Fatto**lo** suonare, gli hanno dato un premio.   Fate**lo** suonare ancora.
Having made him play, they gave him a prize.   *Have him play again.*

2. If the infinitive following **fare** is reflexive, the reflexive pronoun is omitted.

   Su, bambini, non fate **arrabbiare** la mamma!
   Come on, children, don't make mother get mad!

   Perché non li fai **accomodare** in salotto?
   Why don't you have them come into the living room?

3. When the causative construction has one object (either a person or a thing), it is a direct object.

   La mamma fa mangiare **la bambina**; **la** fa mangiare.
   The mother makes the child eat; she makes her eat.

   Ho fatto tradurre **i verbi**; **li** ho fatti tradurre.
   I had the verbs translated; I had them translated.

   If there are two objects (usually a person performing the action and a thing receiving the action), the thing is the direct object and the person the indirect object.

   La mamma fa mangiare la minestra **alla bambina**; **le** fa mangiare la minestra.
   The mother makes the child eat the soup; she makes her eat the soup.

   Ho fatto tradurre i verbi **a Mario**; **gli** ho fatto tradurre i verbi.
   I had Mario translate the verbs; I had him translate the verbs.

4. Sometimes the use of the indirect object for the person may cause ambiguity: **Faccio scrivere una lettera a Stefano** could mean *I have Stefano write a letter* or *I have a letter written to Stefano.* To avoid ambiguity, **da** + *person* is used instead of **a** + *person.*

   Faccio scrivere una lettera **da** Stefano.
   I have Stefano write a letter.

B. **Farsi** + *infinitive* is used to express *to have or get something done for oneself by someone else,* usually involving parts of the body or clothing. When the person made to perform the action is expressed, **da** + *person* is used.

Mi faccio tagliare i capelli **da** un parrucchiere italiano. **Me** li **faccio tagliare** una volta al mese.
I have my hair cut by an Italian hairdresser. I have it cut once a month.

La signora **si è fatta fare** due vestiti da sera. **Se** ne **è fatti fare** due.
The lady had two evening gowns made. She had two made.

Farsi + *infinitive* is also used for expressions such as *to make or get oneself understood, heard, loved, arrested, invited,* where the action performed affects the subject of the sentence.

Per **farti capire** da tutti, devi parlare più adagio.
In order to make yourself understood by everyone, you've got to speak more slowly.

C. The causative constructions **fare** + *infinitive* and **farsi** + *infinitive* are used in many common expressions:

fare aspettare	*to keep waiting*	**fare saltare**	*to blow up (with explosives)*
fare costruire[1]	*to build*		
fare crescere	*to grow (something)*	**fare sapere**	*to inform, let someone know*
fare entrare (uscire)	*to let in (to let out)*	**(informare)**	
fare esplodere (scoppiare)	*to explode*	**fare vedere (mostrare)**	*to show*
fare impazzire	*to drive one insane*	**farsi imprestare**	*to borrow*
fare osservare	*to point out*	**farsi vedere**	*to show one's face*
fare pagare	*to charge*		

Notice the following cooking terms:

fare arrostire	*to roast*	**fare cuocere**	*to cook*
fare bollire	*to boil*	**fare friggere**	*to fry*

Perché mi **fai** sempre **aspettare?**
Why do you always keep me waiting?

Quanto ci vuole per **fare cuocere** un uovo?
How long does it take to cook an egg?

Si è fatto crescere i baffi.
He has grown a moustache.

Fammi sapere quando arrivi.
Let me know when you're coming.

ESERCIZI

a. **Alcune persone non fanno mai niente...** *Rispondere a ciascuna domanda usando* **fare** + infinito *come nell'esempio.*

> **ESEMPIO** Scrive lui le lettere?
> **—No, fa scrivere le lettere.**

1. Stira lei le camicie?
2. Lavano loro la macchina?
3. Tagliano loro l'erba?
4. Dipinge lei la casa?
5. Ripara lui il televisore?
6. Pesano loro le lettere?

b. *Formare nuove frasi con le parole tra parentesi facendo i cambiamenti necessari.*

> **ESEMPIO** La faccio mangiare. (le lasagne)
> **Le faccio mangiare le lasagne.**

1. La fanno studiare. (lettere)
2. Lo faremo pagare. (il debito)
3. Lo hanno fatto leggere. (la poesia)
4. La farei cantare. (una canzone folk)
5. Fatelo suonare. ("Santa Lucia")
6. Dobbiamo farlo firmare. (il nuovo contratto)

---

[1] Italian distinguishes between building something yourself, **costruire,** and having something built by someone else, **far costruire.**

c. **Quante cose devo far fare oggi...** *Formare frasi con il verbo dato tra parentesi usando un pronome invece del nome.*

    ESEMPIO   Il televisore è guasto. (riparare)
                  Devo farlo riparare.

1. Il passaporto è scaduto (*has expired*). (rinnovare)
2. Le scarpe sono bucate. (risuolare)
3. Il motore non funziona. (revisionare, *to overhaul*)
4. L'orologio è rotto. (aggiustare)
5. Non ci vedo con questi occhiali. (cambiare)
6. Luigi ha i capelli lunghi. (tagliare)

d. **L'ho già fatto fare...** *Formare frasi usando il passato prossimo di* **fare** + infinito *e un pronome invece del nome.*

    ESEMPIO   Dovresti far riparare la radio.
                  —L'ho già fatta riparare.

1. Dovresti far pitturare la casa.
2. Dovresti far allargare la gonna.
3. Dovresti far rinnovare il passaporto.
4. Dovresti far potare (*trim*) le piante.
5. Dovresti far cambiare l'olio.
6. Dovresti far mettere il telefono.

e. **Chi me l'ha fatto fare...** *Le persone nominate in quest'esercizio non si considerano responsabili delle proprie azioni. Se hanno fatto qualcosa, è perché qualcuno o qualcosa le ha obbligate a farlo. Trasformare le frasi come nell'esempio.*

    ESEMPIO   Ho perso la pazienza. (mio marito)
                  Mio marito mi ha fatto perdere la pazienza.

1. Ho riso. (le tue barzellette)
2. Abbiamo starnutito. (il pepe)
3. Siamo dimagriti. (le preoccupazioni)
4. Ho letto l'inserzione. (il destino)
5. Siamo arrivati in ritardo. (il traffico)
6. Hai gridato. (la paura)
7. Abbiamo pianto. (il dolore)
8. La bambina è arrossita. (l'imbarazzo)

f. *Conversazione.*

Quali cose o persone La fanno ridere? La fanno sognare? La fanno arrossire? La fanno applaudire? Le fanno perdere la pazienza? Le fanno amare la vita?

g. **Simpatie e antipatie personali...** *A Lei quali persone piacciono? Usare* **fare** + infinito.

1. A me piacciono le persone che...
    a. mi fanno divertire
    b. si fanno notare
    c. non fanno entrare i cani in casa
    d. fanno arrostire le castagne
    e. si fanno crescere la barba
    f. ...

2. A me non piacciono le persone che...
   a. mi fanno aspettare
   b. mi fanno perdere tempo
   c. non si fanno capire
   d. si fanno imprestare soldi
   e. mi fanno pagare troppo
   f. ...

h. *A Silvano non piace farsi le cose da solo, preferisce farsele fare dagli altri. Seguire gli esempi.*

ESEMPI   dal barista
          Dal barista si fa portare il cappuccino in ufficio.
          al figlio
          Al figlio fa lavare la macchina.

1. dal barbiere
2. al benzinaio
3. alla moglie
4. dal segretario
5. dagli amici
6. alla figlia
7. dal meccanico
8. dalla collaboratrice domestica
9. perfino dal cane

II. *Lasciare* + **infinito**

A. **Lasciare** (*to let, to allow, to permit*) followed immediately by the infinitive is used just like *let + infinitive* in English; in this construction the subject of the sentence gives permission to someone to do something or allows something to happen.

Lascio uscire la mia gatta.
I let my cat go out.

La **lascio uscire** tre volte al giorno.
I let her go out three times a day.

1. Noun objects follow the infinitive:

   Hanno lasciato scappare **il prigioniero.**
   They let the prisoner escape.

   Pronoun objects normally precede the conjugated form of **lasciare:**

   L'hanno lasciato scappare.
   They let him escape.

   Pronoun objects follow and are attached to **lasciare** only in the infinitive, gerund, past participle, and imperative (**tu, voi, noi** forms).

   Non dovevate lasciar**lo** scappare.
   You were not supposed to let him escape.

   Lasciando**lo** scappare, mi avete messo nei guai.
   By letting him escape, you got me in trouble.

   Lasciato**lo** scappare, sono disperato.
   Having let him escape, I am desperate.

   Lasciate**mi** in pace.
   Leave me alone.

2. If the infinitive following **lasciare** is reflexive, the reflexive pronoun is omitted.

Lui vuole **alzarsi,** ma il dottore non lo lascia **alzare.**
He wants to get up, but the doctor won't let him get up.

Signora, i bambini non devono assolutamente **bagnarsi;** non deve lasciarli **bagnare.**
Ma'am, the children must not get wet; you must not let them get wet.

3. As is the case with the causative construction, if the infinitive following **lasciare** takes an object, the object of **lasciare** becomes indirect.

Lascia**la** cantare!
Let her sing!

Lascia**le** cantare la canzone che vuole!
Let her sing the song she wants!

B. **Lasciare** + *infinitive* is the equivalent of **permettere di** + *infinitive*. Compare:

Lasciate**la** parlare.
Let her speak.
} **lasciare** + direct object + infinitive

Permettete**le di** parlare.
Allow her to speak.
} **permettere** + indirect object + **di** + infinitive

Lasciare and **permettere** may also be followed by **che** + subjunctive.

Lasciate che parli.
Let her speak.

Permettete che parli.
Allow her to speak.

—Lascia perdere: se quella pera non si stacca, vuol dire che è ancora acerba...

a. *Sostituire a* **che** + congiuntivo *la costruzione con l'infinito.*

> **ESEMPIO** Perché non lasciate che io compri una moto?
> **Perché non mi lasciate comprare una moto?**

1. Perché non lasciate che io dica quello che penso?
2. Non hanno lasciato che tu pagassi il pranzo.
3. Lasciamo che lui venga alla festa!
4. Lascerò che voi diate la mancia.
5. Lasciava che tutte le macchine passassero.
6. Lasciate che il cane s'avvicini!

b. *Cambiare secondo l'esempio. Il soggetto delle nuove frasi è* **loro.**

> **ESEMPIO** Cani e gatti entrano in casa.
> **—Lasciano entrare in casa cani e gatti.**
> **—Ma lascino che entrino!**

1. I figli dormono fino a mezzogiorno.
2. I figli litigano.
3. La figlia maggiore esce tutte le sere.
4. La bambina piange.
5. La minestra si raffredda *(gets cold)*.
6. I nipoti vanno in discoteca.

c. *Mettere* **permettere** *al posto di* **lasciare** *e fare i cambiamenti necessari.*

> **ESEMPIO** Papà non mi ha lasciato uscire.
> **Papà non mi ha permesso di uscire.**

1. Il professore non ci ha lasciato usare il dizionario.
2. Il giudice non lasciò parlare l'imputato *(defendant)*.
3. Signora, perché non mi lascia fumare?
4. Lasciatela passare!
5. Perché non mi lasci venire con te?
6. Se io La lasciassi scegliere, che cosa sceglierebbe?
7. Non lo lasciamo giocare con te.
8. Non avrei dovuto lasciarli fermare.

III. Verbi di percezione + infinito

A. The most common verbs of perception in Italian are:

vedere	to see	**sentire**	to hear
guardare	to look at, to watch	**udire**	to hear
osservare	to observe, to watch	**ascoltare**	to listen, listen to

Verbs of perception may be followed directly by the infinitive of another verb.

Guardo passare il treno.
I watch the train go by.

Non **senti muoversi** qualcosa?
Don't you hear something moving?

Ho visto piangere Anna.
I saw Anna cry (crying).

1. Noun objects follow the infinitive:

   Hai sentito piangere **i bambini**?
   Did you hear the children cry?

   Pronoun objects precede the conjugated form of the verb of perception:

   Sì, **li** ho sentiti piangere.
   Yes, I heard them cry.

   Pronoun objects follow and are attached to the verb of perception only when the verb is in the infinitive, gerund, past participle, or imperative (**tu, voi, noi** forms):

   Non mi piace sentir**li** piangere.
   I don't like to hear them cry.

   Sentendo**li** piangere, vado a consolarli.
   Hearing them cry, I go to console them.

   Sentito**li** piangere, ho chiamato la loro mamma.
   Having heard them cry, I called their mother.

   Senti**li** piangere! Perché non vai da loro?
   Hear them crying! Why don't you go to them?

2. If the infinitive following a verb of perception has an object of its own, the noun object is placed between the verb and the infinitive; the object of the infinitive follows it.

   Osserviamo i contadini lavorare la terra.
   We watch farmers till the soil.

   Ho sentito Luciano parlare di Susanna.
   I heard Luciano talk about Susan.

B. A relative clause with **che** + *indicative* or a clause with **mentre** + *indicative* may replace the infinitive after a verb of perception.

Ho sentito Luciano cantare una canzone (**che cantava** una canzone).
I heard Luciano sing a song.

Li vedo uscire di casa (**mentre escono** di casa) ogni mattina.
I see them leave the house every morning.

C. **Sentire,** in addition to *to hear,* can mean *to feel* or *to smell.*

Sento un dolore allo stomaco.
I feel a pain in my stomach.

Anche tu senti un cattivo odore?
Do you smell something bad too?

ESERCIZI

a. *Sostituire l'infinito a* **che** + verbo *come nell'esempio.*

> **ESEMPIO**   Sento il bambino che piange.
> **Sento piangere il bambino.**

1. Ho visto Gigi che correva.
2. Osserviamo la nave che si allontana.
3. Hai sentito Patrizia che rideva?
4. Guardava le macchine che passavano.
5. Vedono i camion che si fermano e uomini mascherati che scendono.
6. Sento mia sorella che suona il pianoforte.
7. L'avete sentita che sospirava?
8. Lo vidi che arrivava con la sua macchina sportiva bianca.

b. **Testimone oculare** (eyewitness). *Il testimone afferma di aver visto ogni azione dell'uomo coi suoi propri occhi.*

> **ESEMPIO**   È sceso da un tassì verso le due?
> **—Sì, l'ho visto scendere da un tassì verso le due.**

1. Ha attraversato la strada?
2. Si è fermato a parlare con un altro uomo?
3. È entrato nella casa dei Rossi?
4. È uscito di corsa poco dopo?
5. Ha urtato un bambino?
6. L'uomo ha fermato una macchina?
7. L'uomo è salito in macchina?
8. La macchina è partita a tutta velocità?

c. *Inserire in modo opportuno i verbi indicati e i pronomi necessari.*

ascoltare   guardare   permettere   vedere   fare   lasciare   sentire

La padrona di casa non _____________ in pace. La sera mi telefona per dirmi che
_____________ suonare la mia radio troppo forte e _____________ abbassare il volume.
Spesso mi aspetta alla finestra e, appena _____________ arrivare, scende per
_____________ fare qualche servizio, poi sta lì a _____________ lavorare e io devo
_____________ la mentre mi racconta la storia della sua vita. Abita in una vecchia casa che
_____________ costruire nel 1920. Nel giardino _____________ crescere la cicoria (*chicory*)
e non _____________ a nessuno di toccarla, neanche a me che vorrei _____________ci
l'insalata. Però in fondo è una brava persona. La settimana scorsa stavo poco bene; lei
mi _____________ tossire (*cough*) e si è preoccupata. Mi ha telefonato per chiedermi il
permesso di entrare nel mio appartamento (ha le chiavi) e dopo poco l'ho
_____________ arrivare con una minestrina e un bicchiere di Chianti.

IV. Numeri ordinali

The Italian ordinal numbers correspond to English *first, second, third, fourth,* etc.

NUMERI CARDINALI[1]		NUMERI ORDINALI	
1 uno	I	1°	primo
2 due	II	2°	secondo
3 tre	III	3°	terzo
4 quattro	IV	4°	quarto
5 cinque	V	5°	quinto
6 sei	VI	6°	sesto
7 sette	VII	7°	settimo
8 otto	VIII	8°	ottavo
9 nove	IX	9°	nono
10 dieci	X	10°	decimo
11 undici	XI	11°	undicesimo
12 dodici	XII	12°	dodicesimo
50 cinquanta	L	50°	cinquantesimo
100 cento	C	100°	centesimo
500 cinquecento	D	500°	cinquecentesimo
1000 mille	M	1000°	millesimo

1. From uno to **dieci,** ordinals have forms of their own. From **undici** on, ordinal numbers are formed by adding **-esimo** to the cardinal number. The last vowel is dropped except for cardinals ending in **-tré,** in which case the final **-e** is retained but without the accent.

   ventitré **ventitreesimo**   cinquantatré **cinquantatreesimo**

---

[1] For discussion of cardinal numbers, see pp. 39–40.

2. Unlike cardinal numbers, ordinal numbers agree in gender and number with the nouns they modify. They usually precede nouns but follow the names of popes and kings.

Le piace la **nona** sinfonia di Beethoven o preferisce la **quinta?**
Do you like Beethoven's ninth symphony or do you prefer the fifth?

Chi fu il Papa prima di **Paolo VI** (**sesto**)?   —**Giovanni XXIII** (**ventitreesimo**).
Who was the pope before Paul the sixth?   —John the twenty-third.

I miei cugini arrivarono **terzi.**   A che piano andate?   —All'**ottavo.**
My cousins came in third.   *What floor are you going to?   —To the eighth.*

3. Ordinal numbers can be written with Roman numerals or abbreviated using Arabic numerals with a superscript ° for the masculine and a superscript ᵃ for the feminine.

Sono stato in vacanza dal **1°** agosto al 30 settembre.
I was on vacation from August 1st to September 30th.

Questa è la **9ᵃ** settimana del semestre.
This is the ninth week of the semester.

ESERCIZI

a.   Compleanni e ricorrenze. *Completare con la forma corretta del numero ordinale.*

1. Oggi Roberto compie 20 anni; festeggia il suo _____________ compleanno.
2. I miei genitori celebrano le nozze d'argento; cioè il _____________ (25°) anniversario del loro matrimonio.
3. Conoscete qualcuno che abbia celebrato le nozze di diamante, cioè il _____________ (60°) anniversario del matrimonio?
4. Io compirò 33 anni il 6 novembre; sarà il mio _____________ compleanno.
5. L'Associazione dei Giovani Esploratori *(Boy Scouts)* sorse in Italia nel 1911; nell'anno 2011 si celebrerà il _____________ anniversario della sua fondazione.
6. Sono già passate quattro settimane dal rapimento *(kidnapping)* dell'ingegnere; ora siamo nella _____________ settimana.
7. Sono 40 anni che il grande maestro insegna; quest'anno festeggiamo il _____________ anniversario del suo insegnamento.

Frazioni

1. Cardinal and ordinal numbers are used together to indicate fractions. As in English, the cardinal expresses the numerator and the ordinal expresses the denominator.

1/4   **un quarto**   3/8   **tre ottavi**   7/23   **sette ventitreesimi**

2. There are two ways to express *half* as a noun: **mezzo** and **metà. Mezzo** is used for 1/2; **mezzi** is used for all other fractions whose denominator is 2.

1/2   **un mezzo**   15/2   **quindici mezzi**

When *half* is not expressed as a fraction, **metà** is used.

Il bambino ha mangiato solo **metà** della minestra.
The child ate only half of the soup.

Metà degli studenti non hanno capito.
Half of the students didn't get it.

3. **Mezzo** can also be used as an adjective, and as such it agrees with the noun it modifies.

   Porzione intera per il bambino o **mezza porzione**?
   A full portion for the child or half a portion?

   Ho lavorato **due mezze giornate.**
   I worked two half-days.

ᕼ Secoli

There are two ways of indicating centuries in Italian: the ordinal number + the word **secolo**, and, from the thirteenth century on, a cardinal number used with the article. The number is usually capitalized.

(701–800)	VIII secolo	l'ottavo secolo	—
(1101–1200)	XII secolo	il dodicesimo secolo	—
(1201–1300)	XIII secolo	il tredicesimo secolo	il Duecento
(1301–1400)	XIV secolo	il quattordicesimo secolo	il Trecento
(1401–1500)	XV secolo	il quindicesimo secolo	il Quattrocento
(1501–1600)	XVI secolo	il sedicesimo secolo	il Cinquecento
(1601–1700)	XVII secolo	il diciassettesimo secolo	il Seicento
(1701–1800)	XVIII secolo	il diciottesimo secolo	il Settecento
(1801–1900)	XIX secolo	il diciannovesimo secolo	l'Ottocento
(1901–2000)	XX secolo	il ventesimo secolo	il Novecento

Scusa, hai detto il **primo secolo** avanti Cristo o dopo Cristo?[1]
Excuse me, did you say the first century B.C. or A.D.?

Boccaccio visse nel **quattordicesimo secolo** (nel **Trecento**).
Boccaccio lived in the fourteenth century.

ESERCIZI

a. **Giochetti coi numeri...** *Completare con la forma corretta del numero ordinale.*

1. Tuo padre è ricco, guadagna 6000 euro al mese; mio padre ne guadagna 2000. Mio padre guadagna un ___________ del tuo.
2. Quattro è un ___________ di dodici.
3. Un minuto è la ___________ parte di un'ora.
4. Un metro è la ___________ parte di un chilometro.

---

[1] B.C. and A.D. are expressed in Italian as **avanti Cristo** (abbreviated as **a.C.**) and **dopo Cristo** (abbreviated as **d.C.**).

5. Novembre è l'_____________ mese dell'anno.
6. Un giorno è la _____________ parte di un anno.
7. Il secolo _____________ (15°) e _____________ (16°) sono i secoli più gloriosi dell'arte italiana.
8. Giacomo Leopardi fu uno dei più grandi poeti del secolo _____________ (19°).
9. L'ascensore si è fermato al diciassettesimo piano; quattro piani più in su, cioè al _____________ piano, c'era un guasto.
10. Questa è la _____________ lezione del libro.

V. Preposizioni

Following are the most frequent cases in which English and Italian differ in the use of prepositions after verbs or verbal expressions:

A

appoggiarsi a
to lean on

credere a
to believe in

nascondere a
to hide from, to conceal from

pensare a
to think of, about

rubare a
to steal from

DA

dipendere da
to depend on

guardarsi da
to beware of

DI

chiedere di
to ask for a person

essere carico di
to be loaded with

essere contento (soddisfatto) di
to be pleased with

essere coperto di
to be covered with

fare a meno di
to do without

innamorarsi di
to fall in love with

interessarsi di (a)
to be interested in

meravigliarsi di
to be surprised at

piangere di (per)
to cry about (for)

ridere di
to laugh at

riempire di
to fill with

ringraziare di (per)
to thank for

saltare di (per)
to jump with (for)

soffrire di
to suffer from

trattare di
to deal with

vivere di
to live on, to subsist on

ALTRE PREPOSIZIONI

essere gentile con
to be kind to

congratularsi con qualcuno per qualcosa
to congratulate someone on something

sperare in
to hope for

Non puoi **nascondere** la verità **a** tutti.
You can't hide the truth from everyone.

Hanno **rubato** tutto **allo** zio di Romeo.
They stole everything from Romeo's uncle.

Tutto **dipende da** te.
It all depends on you.

Chiedono del dottore, signora.
They are asking for the doctor, Ma'am.

Tutti **si meravigliavano della** nostra scelta.
Everybody was surprised at our choice.

Bisogna **essere gentili con** tutti.
One must be kind to everyone.

Vorrei **congratularmi con** voi **per** il vostro successo.
I would like to congratulate you on your success.

Le sue parole mi hanno **riempito di** gioia.
His words filled me with joy.

ESERCIZI

a. *Completare con la preposizione corretta (semplice o articolata).*

1. L'uomo non vive ____________ solo pane.
2. La situazione era disperata ma noi speravamo ancora ____________ un miracolo.
3. ____________ che cosa tratta il film che ha vinto l'Oscar quest'anno?
4. Da quando si sono trasferiti in campagna, soffrono ____________ solitudine.
5. Cerca di non appoggiarti ____________ muro: la pittura è ancora fresca.
6. C'è qualcuno ____________ cui pensi quando senti questa musica?
7. Non so se potremo fare a meno ____________ tuo aiuto.
8. Il nostro amico ha moltissima esperienza e non si meraviglia più ____________ niente.
9. Sarebbe stato molto meglio se avessimo imparato a interessarci solo ____________ i fatti nostri.
10. Carmela sognava un uomo biondo e con gli occhi azzurri, e sai ____________ chi si è innamorata? ____________ mio cugino che è castano e ha gli occhi verdi.

La dottoressa è nel suo studio medico con un paziente.

Vocabolario utile

il chirurgo   surgeon
il commensale   dinner guest, companion
il congresso   conference
la corsia   (hospital) ward
l'elenco   list
il/la luminare   famous professional
il medico   physician
la parcella   professional fee
il/la pediatra   pediatrician
la prestazione   service
  diagnostica   diagnostic service
  farmaceutica   prescription of drugs
  medica   medical care
  ospedaliera   hospital care

il pronto soccorso   emergency room
il reddito   income
la ricetta (medica)   prescription
la spesa   expense

aggirarsi   to be about
ricoverare   to hospitalize

a seconda di   according to
altrimenti   otherwise
gratis *(adv)*   free
gratuito *(adj)*   free
per quanto possibile   as much as possible
potersi permettere   to be able to afford

Prima di leggere

Nella lettura che segue Anna, durante un pranzo al quale ha invitato degli amici italiani, descrive la sua esperienza di paziente ricoverata in un ospedale americano. Gli amici, a loro volta, spiegano come funziona in Italia la «medicina di stato», cioè il servizio sanitario esteso a tutti i cittadini.

1. Come giudicherà Anna la sua esperienza in ospedale? Sarà soddisfatta del trattamento, delle cure, dei medici? Oppure no?
2. L'ospedale costa caro. Come l'avrà pagato Anna?
3. In molti paesi esistono forme di «medicina di stato». Sapete, per esempio, come funziona il servizio sanitario in Canada? Come si saranno organizzati i vari paesi? Come si pagheranno le spese?
4. Quali forme di assicurazoni contro le malattie esistono nel vostro paese?
5. I ricchi sono sempre in condizione di privilegio. Quali vantaggi pensate che i soldi possano comprare nel caso delle cure mediche?

Il servizio sanitario nazionale in Italia

I commensali sono a tavola; è un pranzo all'italiana negli Stati Uniti. Anna e Luca hanno invitato degli amici italiani venuti per un congresso che ha luogo presso la loro università.

ANNA: Così, dopo venticinque anni, ho fatto l'esperienza dell'ospedale ameri-
5   cano. Un grand'albergo. Camere a due letti, un armamentario° di   *array*

bottoni per cambiare la posizione del letto e chiamare l'infermiera, menù
calibrato per te in cui scegliere, medici che ti spiegano per filo e per
segno° che cosa intendono fare e che cosa hanno trovato. Il personale ti
rende la vita facile° per quanto possibile; pensa che la sera mi facevano
perfino il massaggio rilassante sulla schiena!

PIETRO: Ne parli come se fossi stata in crociera° invece che all'ospedale. Ma,
dimmi, chi paga?

LUCA: La nostra assicurazione per l'ottanta per cento. A proposito, come
funzionano le cose in Italia?

LUCIA: Al principio degli anni Ottanta è stata varata° la Legge sul Servizio
Sanitario Nazionale, secondo la quale tutti i cittadini, e alcuni residenti,
sono assicurati per le prestazioni mediche, diagnostiche, ospedaliere e
farmaceutiche purché le richiedano attraverso le ASL.

ANNA: Le ASL?

LUCIA: Sì, le Aziende Sanitarie Locali che amministrano la salute pubblica. Sono
divise per territorio e i residenti vi sono iscritti.

LUCA: E se t'ammali, che fai?

PIETRO: Incominciamo dal principio. Nell'elenco ASL del territorio in cui abiti, ti
scegli un medico di famiglia e, se hai figli piccoli, un pediatra. Quando
stai male, telefoni al tuo medico, vai al suo studio° se puoi, o viene lui in
visita domiciliare°. Inizialmente è lui che stabilisce di che cosa hai bisog-
no: medicine, analisi cliniche, esami diagnostici, ricovero in ospedale.

ANNA: E non lo paghi?

LUCIA: No, le visite sono gratuite.

ANNA: E le medicine?

LUCIA: Anche le medicine te le danno gratis con la ricetta medica, purché siano
comprese nell'elenco dei farmaci previsti dall'ASL. Altrimenti devi pagare
una percentuale del costo.

ANNA: E se hai bisogno di esami di laboratorio o radiologici?

PIETRO: Vai prima alla ASL per le necessarie pratiche burocratiche°. Se i tempi di
attesa dei servizi pubblici sono superiori a quattro giorni, ti autorizzano a
rivolgerti a strutture° private «convenzionate», cioè che hanno un accor-
do con lo stato per quanto riguarda i costi. In certi casi una percentuale
del costo degli esami diagnostici è a carico del paziente; invece la
degenza° in ospedale è gratuita.

LUCA: Puoi andare all'ospedale gratis?

PIETRO: Sì, l'ospedale pubblico. Naturalmente se il tuo medico ASL prescrive il
ricovero in ospedale e tu richiedi trattamenti speciali, li devi pagare.

ANNA: Per esempio?

PIETRO: Per esempio se vuoi il trattamento che definiscono «alberghiero», tipo
camera singola e altri privilegi extra. Ora poi, con la nuova legge che
regola le attività dei medici ospedalieri, se ti scegli l'ospedale dove opera
il tuo chirurgo o ginecologo di fiducia e vuoi i suoi servizi, è a tuo carico
circa la metà della spesa.

LUCA: Mi sembra una scelta costosa.

PIETRO: Lo è, ma in certi casi l'ospedale, specialmente se ospedale universitario, ti
dà maggiori garanzie.

ANNA: Se ricordo bene, ci sono altre scelte.

LUCIA: Sì, certo. I nostri figli sono nati tutti a Villa Linda, che è una clinica
55   convenzionata.

ANNA: E se il medico della ASL non ti convince e vuoi consultarne uno privato?

LUCIA: Padronissima° di andare da lui, basta che lo paghi.   *free to decide*

ANNA: Quanto?

LUCIA: In media la parcella si aggira sui cento euro per visita. Se poi ti rivolgi a
60   un luminare, arrivi a duecento euro e anche di più. Quanto a ricovero e
         prestazioni in cliniche private di tua scelta e a tue spese, non te lo
         consiglio proprio. Scusami, ma direi che non te lo puoi permettere,
         anche se la ASL ti rimborsa quello che avrebbe dato alla clinica conven-
         zionata.

65 ANNA: Ho capito, grazie del consiglio. Ma senti, se come è successo a me, devi
         andare d'urgenza al pronto soccorso?

LUCIA: Non c'è problema; ci vai, ti curano e non paghi, purché ti rimandino
         subito a casa.

LUCA: E i soldi per pagare i medici degli enti pubblici, da dove vengono?

70 PIETRO: Dalle imposte sul reddito e le altre tasse che paghiamo tutti.

ANNA: Insomma, il sistema funziona?

LUCIA: In generale sì. Meglio nelle città piccole che nelle grandi, al nord che al
         sud, in alcune regioni che in altre.

PIETRO: Ovviamente la perfezione non esiste e ci sono inconvenienti: puoi non
75   ottenere il medico ASL di tua scelta perché ha già raggiunto il «tetto»°,   *cap*
         cioè il numero previsto, dei suoi pazienti; spesso i tempi di attesa per gli
         accertamenti diagnostici e il ricovero in ospedale sono lunghi; gli
         ospedali sono bene attrezzati° ma sono lontani dal grand'albergo di cui   *equipped*
         parlava Anna; il cibo è così così e puoi capitare in una corsia con sei
80   letti…

LUCIA: Le infermiere—uso il femminile perché per il 90% sono donne—sono in
         numero insufficiente, hanno turni massacranti° e si lamentano di   *exhausting*
         guadagnare troppo poco. Forse per queste ragioni non sono sempre
         pazienti e gentili con i malati.

85 LUCA: Quindi hai preferito Villa Linda.

PIETRO: Sì, ma non si prevedevano complicazioni. Tieni conto, poi, che se avesse
         avuto bisogno della TAC° o della RMN°, le avrebbe ottenute con relativa- *CAT scan / MRI*
         mente poca spesa soltanto in un ospedale pubblico; invece, fatte privata-
         mente, sono molto costose e il rimborso è piccolo.

90 LUCIA: Ti dirò di più. Per certe malattie gravi o di difficile diagnosi, è consiglia-
         bile andare in un ospedale universitario, sia pure in corsia, perché ci sono
         le migliori attrezzature e medici che fanno ricerca ad alto livello.

ANNA: È vero anche qui. Anch'io ero all'ospedale universitario. A proposito, una
         seccatura° c'era: alla cinque di mattina arrivavano i dottorini che face-   *nuisance*
95   vano l'internato° con il mio chirurgo a chiedermi molto rispettosamente   *intership*
         il permesso di palparmi la pancia°. Giusto! Anche loro devono imparare,   *belly*
         ma non potevano lasciarmi dormire un'altra oretta?

Comprensione

1. Dove ha luogo la conversazione sul servizio sanitario italiano?
2. Qual è stata l'esperienza di Anna all'ospedale americano?
3. Chi pagherà le spese di Anna e in che misura?
4. Chi è assicurato in Italia?
5. Che cosa sono le ASL?
6. Cosa deve fare prima di tutto l'italiano che si ammala?
7. Si pagano in Italia il medico e le medicine?
8. Perché Lucia è andata a Villa Linda?
9. Quanto costa una visita da un medico privato in Italia?
10. Come viene pagato il servizio sanitario italiano?
11. Secondo Pietro e Lucia il sistema italiano funziona?

Studio di parole

sympathy

compassione (*f*)
sympathy

Non ho nessuna compassione per i
   deboli.
I have no sympathy for the weak.

condoglianze (*f pl*)
sympathy, condolences

Quando è morto il nonno, ho scritto
una lettera di condoglianze alla nonna.
*When Grandpa died, I wrote a letter of
sympathy to Grandma.*

simpatia (the opposite is **antipatia**)
liking, attraction

Ho una grande simpatia per quell'attore.
I have a great liking for that actor.

sympathetic

compassionevole or **comprensivo**
sympathetic, understanding

Chi non ha bisogno di una persona compas-
   sionevole nei momenti di sconforto?
*Who doesn't need a sympathetic person in periods
   of distress?*

simpatico (the opposite is **antipatico**)
likeable, congenial, nice

Una persona bella non è sempre simpatica.
A good-looking person isn't always congenial.

Essere simpatico (antipatico) a qualcuno
   means the same as **piacere (non piacere)
   a qualcuno.**

Mario mi era molto simpatico.
I liked Mario a lot.

to make + adjective

When the verb *to make* is followed by an adjective (*You make me happy when skies are grey*), the verb **rendere** (*pp* **reso;** *pr* **resi**) is usually preferred to **fare.** The adjective follows the verb directly.

Il tuo amore mi rende felice.
Your love makes me happy.

Rendevi felici i bambini quando giocavi con loro.
You made the children happy when you played with them.

Il personale ospedaliero rende la vita facile ai pazienti.
The hospital staff makes life easy for patients.

Pratica

a. *Scegliere la parola o le parole che completano meglio la frase.*

1. Quel ragazzo ha un così bel carattere; per questo è _____________ a tutti.
2. Dobbiamo insegnare ai bambini a provare _____________ per i poveri, i vecchi e i malati.
3. Ci sono persone che Lei non può sopportare, persone che Lei trova veramente _____________?
4. Vi prego di accettare le mie più sentite _____________ in occasione della tragica perdita.
5. Gli ho raccontato tutte le mie sventure e lui mi è stato a sentire, ma non mi è sembrato molto _____________.
6. Quando vivevo a Chicago, il vento mi _____________ nervosa.
7. Non possiamo ancora parlare di amore tra i due, solo di una grande _____________.

b. *Inserire la parola o le parole che completano meglio il brano.*

La signora Beltrami è una persona meravigliosa. Non solo è una persona _____________ ma è anche estremamente _____________. È sempre pronta ad aiutare chiunque ne abbia bisogno ed è sempre piena di _____________ per i poveri e i bisognosi. Se hai delle difficoltà e gliene parli, lei ti ascolta con animo _____________; il solo parlarne con lei ti _____________ più sereno. Che bello sarebbe se fossero tutti come la signora Beltrami, invece al mondo ci sono tante persone _____________!

c. *Domande per Lei.*

1. Se Lei si ammala, che cosa deve fare per ottenere le cure necessarie? Chi paga le spese?
2. Lei è mai stato/a ricoverato/a in ospedale? O forse è capitato a qualcuno dei Suoi parenti o amici? Racconti l'esperienza.
3. Lei ha un medico di famiglia? È assicurato/a contro le malattie? È contento/a della Sua assicurazione? Sì, no, perché?
4. Secondo Lei i medici, in generale, rassicurano i loro pazienti, li rendono tranquilli?

5. Le è mai capitato, in quanto paziente, di trattare con un medico particolarmente simpatico/antipatico, comprensivo/indifferente? Racconti.
6. Che cosa pensa del servizio sanitario italiano?
7. Al posto di Pietro, Lei avrebbe scelto la clinica privata e pagato la differenza? Perché?
8. Come fa nel Suo paese una persona non assicurata che abbia bisogno di cure mediche o di ricovero in ospedale?

Temi per componimento o discussione

1. Una famiglia italiana sta per emigrare nel Suo paese. Spiegare, in termini generali, come funzionano le assicurazioni private e i servizi sociali pubblici a disposizione dei poveri e degli anziani.
2. In vari paesi del mondo esiste la cosiddetta «medicina di stato», cioè un servizio sanitario esteso a tutti i cittadini e pagato essenzialmente con i soldi delle tasse. Le piacerebbe un sistema analogo nel Suo paese? Perché sì, perché no?
3. Se la medicina di stato venisse adottata nel Suo paese, prevede conseguenze negative? Quali? Perché?
4. La clinica privata italiana è un luogo molto confortevole, ma anche molto costoso. Esistono strutture simili nel Suo paese? Come funzionano?
5. Secondo Lucia le infermiere italiane hanno vita difficile. Qual è la situazione di medici e infermiere nel Suo paese?
6. Spieghi quali sono, secondo Lei, i diritti degli assicurati per quanto riguarda la prevenzione e la cura delle malattie, le prestazioni a lunga scadenza e gli interventi straordinari. Chi paga? È il caso di stabilire dei limiti alle spese?

Filippo Brunelleschi, Loggia dello *Spedale degli Innocenti,* Firenze. Costruito nel XV secolo per accogliere i bambini abbandonati, ora è un museo.

RICERCA WEB

L'ospedale non è sempre stato il luogo destinato al ricovero ed alla cura dei malati. Inizialmente era una istituzione che forniva «ospitalità» e aiuto ai pellegrini, ai poveri, ai bambini abbandonati oltre che, naturalmente, ai malati.

a. L'ospedale antico / storia / ospedali e infirmari
b. Lo «Spedale» degli Innocenti a Firenze
c. L'Ospedale di San Giovanni di Gerusalemme (Monaci Ospitalieri / Cavalieri di Malta)

Salutare e accomiatarsi (*to take one's leave*). In ogni società esistono dei modi di comportarsi, delle convenzioni sociali che si riflettono nell'uso della lingua. Prendiamo per esempio il semplice modo di dire *"How are you?"* Contrariamente all'inglese, l'italiano «Come sta/stai?» è una vera e propria domanda che si aspetta una risposta, se non sincera almeno formale. Trattandosi di una richiesta di notizie, non è usata senza una buona ragione, per esempio con compagni di scuola o colleghi di lavoro che vediamo ogni giorno, né tanto meno con le persone con cui non siamo in rapporti di familiarità e alle quali non sarebbe opportuno chiedere o dare informazioni di carattere personale.

Notate inoltre che normalmente, nel rispondere a dimostrazioni di interesse, l'italiano evita forme di eccessivo entusiasmo quando si tratta di dare informazioni su se stessi o sullo stato della propria salute.

Mostrare interesse

Come sta la famiglia/stanno i tuoi?	*How is your family?*
La signora sta bene?[1]	*How is your wife?*
Come va la vita?	*How are things?*
Come vanno le cose?	
Cosa c'è di nuovo?	*What's new?*
Che cosa fai di bello adesso?	*What are you up to now?*
Cosa mi racconti?	*What's up?*

Rispondere a dimostrazioni d'interesse

Non c'è male.	*It's going O.K.*
Non mi posso lamentare.	*I can't complain.*
Si tira avanti.	*It's going!*
(Va) così, così.	*So so.*
(Va) abbastanza bene.	*I am doing O.K.*
Non potrebbe andare meglio.	*It couldn't be any better.*

---

[1] Per domandare come sta la moglie di una persona che non conosciamo intimamente. Per richiedere notizie del marito, usiamo «Suo marito» invece di «signore».

Dimostrare sorpresa nel vedere qualcuno

Che sorpresa!	*What a surprise!*
Ma guarda chi si vede!	*Look who's here!*
Dopo tanto tempo che non ci vedevamo!	*It's been a long time since I saw you!*
Che piacere rivederti/rivederLa!	*What a pleasure to see you again!*

Accomiatarsi

Ci vediamo dopo.	
A più tardi.	*See you later.*
A presto. Ciao!	*See you soon.*
Chiamami tu.	*Call me.*
Ti chiamo io.	*I'll call you.*
Fatti sentire.	*Let me hear from you.*
Allora ci sentiamo.	
Le telefono la prossima settimana.	*We'll talk (next week).*
Tante belle cose.	*Take care.*
Salutami tutti a casa.	
Saluti alla famiglia.	*Say hello to your family.*
Mi saluti la signora.	*My regards to your wife.*
Fammi sapere com'è andata.	*Let me know how it turned out.*

Che cosa dice?

1. Lei incontra le seguenti persone e le saluta:
   a. un Suo ex collega d'ufficio che ha cambiato lavoro
   b. la Sua vicina di casa che ha il marito malato
   c. Cristina Mattarella, una Sua vecchia compagna di scuola, che da sei anni insegna italiano in Australia
   d. il Suo professore di diritto (*law*) di cui Lei conosce anche la moglie
   e. un'amica di Sua madre che Lei non vede da tanto tempo

2. Lei si accomiata dalle seguenti persone:
   a. il professore di radiologia che Le ha dato degli articoli da leggere e vuole riparlarne con Lei
   b. degli amici con cui ha in programma di fare una gita il prossimo fine settimana
   c. una vecchia signora amica di famiglia che ha tanti figli e nipoti
   d. Sua cugina che non Le telefona mai
   e. il Suo amico Antonio che si sta separando dalla moglie

1. Lei ha trent'anni, è sposato/a e ha un bambino. In una libreria del centro, dopo tanti anni, rivede con grande piacere la Sua professoressa di lettere della scuola media a cui era molto affezionato/a. Come si svolge la conversazione?

2. Sabato scorso, a una festa, la Sua amica Simona le ha detto che il lunedì successivo sarebbe andata dal professor Bizzarri a chiedergli la tesi. È passata una settimana e Lei incontra Simona allo snack-bar dell'università.

3. Gabriele Settepassi, un tale *(person)* con cui Lei andava in montagna anni fa, ha una casa all'Elba e ha appena comprato una grossa barca a vela. Lei incontra per caso Gabriele all'ufficio postale. Vi scambiate notizie, Gabriele La invita a fare una gita in barca, Lei promette di telefonargli per fare programmi più precisi.

4. Lei deve risolvere una difficoltà legale e si porta dall'avvocato di famiglia che La conosce da quando era bambino/a. L'avvocato La riceve molto cordialmente e Le chiede notizie di tutta la famiglia.

5. Lei è insegnante. Il Suo allievo Massimo Conti, dopo una lunga assenza, torna a scuola con il braccio sinistro ingessato. Cosa dice Lei? Cosa dicono gli studenti? Cosa risponde Massimo?

PER COMINCIARE

Monumenti ed edifici

STRUTTURA

Il soggetto subisce l'azione

I. Forma passiva

Esprimere un'azione in termini generali

II. *Si* passivante

III. *Si* impersonale

Mettere in relazione parole o frasi fra di loro

IV. Preposizioni e congiunzioni

Riferire parole dette da altri

V. Discorso diretto e indiretto

LETTURA

Non è mai finita

PER COMUNICARE

Esprimere insoddisfazione

Contraddire

Riferire qualcosa senza citarne la fonte

Monumenti ed edifici. I turisti hanno appena visitato l'antica chiesa romana di Santa Maria in Cosmedin. Alcuni protestano perché si riprende il percorso turistico, e non è stato concesso loro il tempo di mettere una mano nella Bocca della Verità. Si tratta di un disco di pietra con scolpita una maschera con la bocca aperta. Secondo la credenza popolare, la bocca si chiudeva a imprigionare la mano degli impostori.

GUIDA: Abbiate pazienza! Non si può fare tutto! Da qui, in pochi minuti si raggiunge il Circo Massimo, poi visiteremo il Colosseo. Questa parte del programma è dedicata ai luoghi delle manifestazioni ludiche° *(of the games)* dei Romani.

Il Circo Massimo è tra i monumenti più antichi, lo si fa risalire° *(dates back)* ai leggendari re Tarquini, e si sa per certo che alcune parti sono state costruite intorno al II secolo avanti Cristo. Il circo era dedicato al divertimento del popolo. Lungo 600 m. e largo 140 m., poteva contenere 250.000 persone. La corsa delle bighe° *(chariots)* era, insieme alla lotta dei gladiatori, lo spettacolo più amato dalla plebe° *(populace)*.

Il Colosseo è stato iniziato nel 72 dopo Cristo dall'Imperatore Vespasiano e terminato otto anni dopo dall'Imperatore Tito. Il nome esatto del monumento è Anfiteatro Flavio, in onore della famiglia Flavia alla quale appartenevano gli imperatori che l'hanno fatto erigere. Quanto al nome Colosseo, sembra che derivi da una statua colossale di Nerone che si trovava lì vicino. Nel Colosseo avevano luogo i «ludi circensi», cioè i giochi del circo: lotte tra gladiatori e tra gladiatori e fiere° *(wild animals)*. Si sa che era concesso a tutti l'ingresso gratuito, infatti i governanti dicevano che era bene distribuire gratis ai cittadini «pane e giochi». Ai giochi si andava di mattina e ci si restava per molte ore. Perché gli spettatori fossero protetti dal sole e dalla pioggia, un «velario», cioè una sorta di grande tenda, si stendeva a cupola sopra l'anfiteatro; del velario era incaricato un nucleo speciale di marinai° *(sailors)* della flotta° *(fleet)* di Capo Miseno. L'anfiteatro poteva contenere fino a 50.000 spettatori e, come sempre succede, i ricchi si dividevano i posti migliori.

Vocabolario utile

l'abbazia abbey
l'anfiteatro (romano) amphitheater (Roman)
l'arena arena
la basilica basilica
la cattedrale / il duomo cathedral
la cupola dome
l'ingresso entrance, admission
la lotta fight, struggle
il monastero / la certosa monastery
il percorso route
la sinagoga synagogue
il tempio temple
il tragitto way

concedere to grant, to allow
costruire to build
demolire to demolish
distruggere (*pp* **distrutto**; *pr* **distrussi**) to destroy
erigere (*pp* **eretto**, *pr* **eressi**) to build, to erect
iniziare to start, to begin
***risalire** to date back / to date from
stendere to spread

Roma, Foro Romano: le tre colonne del tiempio dei Dioscurie il tempio di Antonio e Faustina.

ESERCIZI

a. *Rispondere alle domande seguenti.*

1. Che cos'è la Bocca della Verità?
2. Quando si hanno notizie precise del Circo Massimo?
3. Quali spettacoli avevano luogo nel Circo Massimo?
4. Quando fu costruito il Colosseo?
5. Da chi fu fatto costruire?
6. Durante i giochi pubblici, in che periodo della giornata si andava agli spettacoli? Ci si restava a lungo?
7. In che modo gli spettatori erano protetti dal sole e dalla pioggia?
8. Si spendeva molto per comprare il biglietto d'ingresso?

b. *Inserire le parole che meglio completano le frasi.*

1. Cesare è in crisi esistenziale e ha deciso di passare una settimana di meditazione in un ___________ benedettino.
2. La terza tappa *(leg)* del Giro d'Italia ha attraversato paesi di montagna. È stato un ___________ lungo e faticoso.
3. La moderna sinagoga romana fu ___________ vicino al Tevere nel 1904.
4. Il Colosseo era un ___________ riservato agli spettacoli pubblici.
5. In Italia l'___________ ai musei è spesso gratuito per le persone anziane.
6. Maria Grazia è incredibile, riesce sempre ad andare ai concerti (senza pagare) ___________ .
7. In Italia l'assistenza sanitaria è ___________ .

I. Forma passiva

A. Like English verbs, Italian verbs have an active and passive voice. A verb is in the active voice when the subject of the verb performs the action of the verb. A verb is in the passive voice when the subject of the verb is acted upon. In the passive voice the person or thing that performs the action on the subject is called the *agent.*

Active	Il gatto	mangia	il topo.
	(subject)	*(active verb)*	*(object)*
Passive	Il topo	è mangiato	dal gatto.
	(subject)	*(passive verb)*	*(agent)*

Note that when an active sentence is changed to a passive sentence, the object becomes the subject and the subject, if expressed, becomes the agent.

B. The passive can be used in all tenses and all moods and is formed with the desired tense of **essere** + *past participle.* The agent, if expressed, is preceded by **da.** Compare the conjugation of the verb **lodare** (*to praise*).

INDICATIVO

Presente	**Passato prossimo**
sono lodato/a	sono stato/a lodato/a
sei lodato/a	sei stato/a lodato/a
è lodato/a	è stato/a lodato/a
siamo lodati/e	siamo stati/e lodati/e
siete lodati/e	siete stati/e lodati/e
sono lodati/e	sono stati/e lodati/e

Imperfetto	**Trapassato prossimo**
ero lodato/a	ero stato/a lodato/a

Passato remoto	**Trapassato remoto**
fui lodato/a	fui stato/a lodato/a

Futuro semplice	**Futuro anteriore**
sarò lodato/a	sarò stato/a lodato/a

CONGIUNTIVO

Presente	**Passato**
che io sia lodato/a	che io sia stato/a lodato/a

Imperfetto	**Trapassato**
che io fossi lodato/a	che io fossi stato/a lodato/a

<table>
<tr><td colspan="2" align="center">CONDIZIONALE</td></tr>
<tr><td>Presente
sarei lodato/a</td><td>Passato
sarei stato/a lodato/a</td></tr>
</table>

<table>
<tr><td align="center">IMPERATIVO</td></tr>
<tr><td>sii lodato/a</td></tr>
</table>

<table>
<tr><td colspan="2" align="center">INFINITO</td></tr>
<tr><td>Presente
essere lodato/a/i/e</td><td>Passato
essere stato/a/i/e lodato/a/i/e</td></tr>
</table>

<table>
<tr><td colspan="2" align="center">GERUNDIO</td></tr>
<tr><td>Presente
essendo lodato/a/i/e</td><td>Passato
essendo stato/a/i/e lodato/a/i/e</td></tr>
</table>

La virtù **è lodata** da tutti.
Virtue is praised by everyone.

Il campanile **è stato colpito** dal fulmine.
The bell tower was struck by lightning.

Quando **saremo ricevuti** da voi?
When will we be received by you?

Le operaie vogliono **essere pagate** subito.
The workers want to be paid right away.

I cantanti **furono applauditi** a lungo.
The singers were applauded a long time.

Non credevo che la tesi **sarebbe stata discussa** così presto.
I didn't think the thesis would be discussed so early.

Pretendevano che il lavoro **fosse finito** in un'ora.
They expected the work to be completed in an hour.

1. Note that *all* past participles agree with the subject in gender and number (which is always the case when the auxiliary verb is **essere**).

2. Remember that in both passive and active voices the **imperfetto** is used with verbs of description and feelings, or to indicate a habitual action; the **passato prossimo** (or **remoto**) is used to express specific actions.

Gino **era amato** da tutti.
Gino was loved by everyone.

Gino **è stato invitato** dai miei per il weekend.
Gino was invited by my family for the weekend.

Gino **era invitato** dai nonni ogni estate.
Gino was invited by his grandparents every summer.

ESERCIZI

a. *Rispondere alle domande usando la forma passiva. Seguire l'esempio.*

ESEMPIO —Firma lui le lettere?
—Certo! Tutte le lettere sono firmate da lui.

1. Scrive lui i discorsi?
2. Aprono loro le valige?
3. Controlla lei i passaporti?
4. Annunciano loro i voli?
5. Fa lei i dolci?
6. Prendono loro la frutta?
7. Informa lui i parenti?
8. Chiude lui le finestre?

b. **Il preside dell'Istituto Alessandro Volta è oppresso dagli impegni di lavoro.** *Seguire l'esempio mettendo ogni frase al futuro e utilizzando le seguenti espressioni temporali: domani, giovedì, la settimana prossima, in primavera, il mese prossimo, durante le vacanze.*

ESEMPIO Pagare la bolletta della luce
La bolletta della luce sarà pagata lunedì.

1. intervistare il nuovo professore di matematica e fisica
2. informare i genitori di Renzo Macchi della sospensione
3. firmare le pagelle del primo semestre
4. acquistare altri quattro microscopi
5. far pulire le finestre
6. convocare il consiglio dei professori
7. far aggiustare il tetto della scuola
8. proibire l'ingresso a motorini e biciclette
9. scrivere gli inviti per la festa della scuola
10. organizzare l'Operazione Riciclaggio

c. **È vero che...** *Rispondere affermativamente usando la forma passiva. Proseguire a catena: lo studente che risponde formula la domanda successiva.*

ESEMPIO —È vero che Cristoforo Colombo ha scoperto l'America?
—Sì, l'America è stata scoperta da Cristoforo Colombo.

1. È vero che Raffaello ha dipinto questo quadro?
2. È vero che le sorelle Fendi hanno disegnato queste pellicce?

3. È vero che Caino ha ucciso Abele?
4. È vero che Romolo e Remo hanno fondato Roma?
5. È vero che Shakespeare ha scritto l'*Otello*?
6. È vero che un italiano ha inventato la radio?
7. È vero che uno straniero ha vinto la corsa?
8. È vero che Marco Polo ha introdotto gli spaghetti in Italia?

d. *Cambiare dalla forma attiva alla forma passiva quando possibile.*

1. Visitate le Alpi. La bellezza del paesaggio vi colpirà.
2. Hanno rubato una celebre Madonna con Bambino. Una guardia notturna ha riconosciuto i ladri e ha fatto regolare denuncia alla polizia.
3. Non sapevo che avrebbero trasferito il signor Saletti. Mi dispiace moltissimo. I figli gli avevano appena comprato un bell'appartamentino e il pover'uomo sembrava finalmente tranquillo.
4. Niente eredità per noi. Nel 1999 il nonno perse tutto il patrimonio della famiglia.
5. Credevi che Moravia avesse scritto *Il Pendolo di Foucault*?—Ma no, l'ha scritto Umberto Eco.
6. Pensi che abbiano fatto le congratulazioni al presidente eletto?—Sì, ma temo che abbiano mandato i telegrammi all'indirizzo sbagliato.

e. *Cambiare dalla forma passiva alla forma attiva.*

ESEMPIO Carlo è ammirato da tutti.
Tutti ammirano Carlo.

1. Gli scaffali della biblioteca erano occupati da migliaia di libri.
2. La festa di San Guido sarà celebrata da tutto il paese.
3. L'attore è stato riconosciuto da molte persone.
4. Da chi è stata dipinta questa Madonna?
5. Come mai il tenore non fu applaudito dal pubblico?
6. Le sue parole potevano essere ascoltate da molti.
7. Credo che il ministro sia stato ricevuto dalle autorità.
8. Le ultime rose potrebbero essere bruciate dal gelo.

f. **Ieri c'è stato un grave incidente...** *Descrivere un incidente utilizzando i vocaboli elencati e usando molti verbi al passivo.*

1. una macchina sportiva / un grande camion / la nebbia
2. scontrarsi / demolire
3. chiamare / un'ambulanza / i feriti / trasportare all'ospedale
4. la polizia / interrogare / il conducente del camion
5. togliere la patente / arrestare / processare / condannare a sette mesi di reclusione
6. la compagnia d'assicurazioni / informare

g. *Conversazione.*

1. È mai stato/a derubato/a? bocciato/a? premiato/a? insultato/a? picchiato/a? ingannato/a *(cheated)*? (Quando la risposta è affermativa, dare particolari.)
2. Lei sa da chi è stato diretto il film *8 ½*? da chi è stata scritta la *Divina Commedia*? da chi è stata scoperta la penicillina? da chi è stata fondata la Fiat? da chi è stato scritto il romanzo *I promessi sposi*?

✎ Osservazioni supplementari sulla forma passiva

A. Verbs other than **essere** can be used with past participles to express the passive voice in Italian. The past participles agree with the subject in gender and number.

1. **Venire** (in simple tenses only)

   Le leggi **vengono** (sono) **discusse** in parlamento.
   Laws are discussed in parliament.

   Io **verrei** (sarei) **licenziato** subito **se** dicessi questo!
   I would be fired immediately if I said this!

2. **Andare** (in all tenses)
   With verbs that indicate the loss of something: **perdere, distruggere, sprecare,** and **smarrire.**

   Molto cibo **va** (è) **sprecato** nei ristoranti.
   A lot of food is wasted in restaurants.

   Alcuni documenti importanti **erano andati** (erano stati) **distrutti** nell'incendio.
   Some important documents were destroyed in the fire.

3. **Andare** + *past participle* (in simple tenses only)

   To express necessity or obligation. In this sense, it corresponds to **dover essere** + *past participle.*

   Il vino bianco **va servito** (deve essere servito) freddo.
   White wine must be served cold.

   Quell'esercizio **andava fatto** (doveva essere fatto) per oggi.
   That exercise was supposed to be done for today.

   Common expressions that illustrate this usage are:

va considerato	*it must be considered*	**va ricordato**	*it must be remembered*
va detto	*it must be said*	**va ripetuto**	*it must be repeated*
va notato	*it must be noticed*	**non va dimenticato**	*it mustn't be forgotten*

B. Only transitive verbs (those that take a direct object) can be made passive. In Italian, only the direct object of an active sentence can be made the subject of a passive sentence. The indirect object remains indirect in both the active and passive voices; it can *never* be the subject of a passive sentence. Compare:

ENGLISH	ITALIAN
The director gave Carlo a raise.	**Il direttore ha dato un aumento a Carlo.**
A raise was given to Carlo by the director.	**Un aumento è stato dato a Carlo dal direttore.**
Carlo was given a raise by the director.	(impossible in the passive)
The waitress will serve us coffee and tea.	**La cameriera ci servirà caffè e tè.**
Coffee and tea will be served to us by the waitress.	**Caffè e tè ci saranno serviti dalla cameriera.**
We will be served coffee and tea by the waitress.	(impossible in the passive)

To express sentences similar to the two labeled "impossible," an active construction must be used. If the agent is not known, an impersonal **loro** is the subject of the active verb.

Hanno dato un aumento a Carlo.
Carlo was given a raise. or *They gave Carlo a raise.*

Ci serviranno caffè e tè.
We'll be served coffee and tea.

Mi **chiederanno** di rimanere.
I'll be asked to stay.

Non **permettono** ai bambini di venire.
Children are not allowed to come.

Le **hanno promesso** un premio.
She was promised a prize.

Mi **dicono** che lo sciopero è inevitabile.
I'm told the strike is unavoidable.

ESERCIZI

a. *Completare ogni frase inserendo la forma corretta di* **andare** *or* **venire.**

1. Molte macchine straniere _______________ comprate dagli italiani.
2. Mi dispiace, signorina, ma questa lettera _______________ rifatta.
3. Questi prodotti _______________ conservati in un luogo fresco se non vuoi che vadano a male.
4. In quante università americane _______________ insegnato l'italiano?
5. Ogni volta che rispondevano bene, gli studenti _______________ lodati dal professore.
6. State attenti! Queste espressioni non _______________ prese alla lettera!
7. Per essere apprezzata, la musica classica _______________ ascoltata in silenzio.
8. L'anno scorso, Mario _______________ spesso invitato a pranzo dagli amici.

II. *Si* passivante

The passive voice can also be expressed by **si**[1] + *active form* of the verb, particularly when the agent is not indicated. The verb is in the third person singular or plural, depending on whether the subject is singular or plural. The subject usually follows the verb. In compound tenses **essere** is used (with the past participle agreeing in gender and number with the subject).

Non **si studia** abbastanza l'italiano.
Italian isn't studied enough.

Si è scritto molto sull'energia solare.
A lot has been written on solar energy.

Non **si studiano** abbastanza le lingue straniere.
Foreign languages aren't studied enough.

Si sono scritti molti libri e molti articoli.
Many books and many articles have been written.

---

[1] In want ads, advertisements, telegrams, and commercial messages, where brevity is essential, **si** is attached to the end of the verb: **Cercasi** (= **si cerca**) **autista,** *Chauffeur wanted;* **Offronsi strumenti di misura,** *Measurement instruments for sale;* **Affittasi camera ammobiliata,** *Furnished room for rent.*

ESERCIZI

a. *Cambiare le seguenti frasi usando il* **si** *passivante. Cominciare ciascuna frase con* **si.**

    ESEMPIO   Quest'articolo è venduto nei migliori negozi.
                  Si vende quest'articolo nei migliori negozi.

    1. È richiesta la conoscenza di due lingue straniere.
    2. Sono stati fatti molti errori.
    3. Alcune parole potrebbero essere tolte.
    4. L'autostrada verrà inaugurata domenica prossima.
    5. Tutte le partite saranno trasmesse in diretta (*live*).
    6. I responsabili dovrebbero essere puniti.
    7. Queste condizioni non possono essere accettate.
    8. Una decisione è stata presa.

b. *Inserire i verbi che seguono secondo il senso e usare il* **si** *passivante.*

mangiare   poter fare   avere   scrivere e parlare   trovare   contaminare   verificare ripetere   vedere   perdere

Una volta i frutti di mare __________ crudi (*raw*) con una goccia di limone, ma è una cosa che non __________ più, almeno finché non __________ dati rassicuranti sull'eliminazione dello scarico dei rifiuti nel mare. __________ __________ a lungo dei problemi ecologici, ma fino ad ora, come dice il presidente del Touring Club Italiano, non __________ una soluzione. Di giorno in giorno gli ambienti naturali __________ per colpa dell'incuria (*carelessness*) e della mancanza di responsabilità collettiva dei cittadini. Ogni inverno nelle città __________ l'allarme inquinamento, e __________ cittadini con la mascherina bianca che copre il naso e la bocca. Così le speranze di un ambiente pulito e sano __________ in un ipotetico futuro.

III. *Si* impersonale

A. **Si** + *third person singular* of the verb corresponds to the English impersonal construction *one (you, we, they, people)* + *verb.*

Si mangia tardi.
One eats late.

Si partì senza una meta precisa.
We left without a precise destination.

Se si potesse fare quello che **si vuole!**
If only people could do what they want!

Though the verb is singular in this impersonal construction, adjectives or nouns referring to the subject have a plural ending.[1]

---

[1] The same rule applies to all impersonal constructions: if an adjective follows an impersonal verb or expression, the plural form is used: **Bisogna stare molto attenti quando si guida.** *You must be very careful when you drive.* **Non è bello essere gelosi.** *It's not nice to be jealous.*

Quando si è **stanchi,** non si ragiona
   bene.
When one is tired, one doesn't reason well.

Quando si è **giornalisti,** si lavora anche di
   notte.
When you're a journalist, you also work at night.

B. In the **si impersonale** construction, compound tenses are always formed with **essere.** If
the verb normally requires **avere** as its auxiliary, the past participle takes the masculine
singular ending **-o.**

Si è ris**o** molto alla festa. (La gente **ha**
   riso...)
People laughed at lot at the party.

Si è det**to** che si sarebbe lavorat**o** tutta la
   notte. (**Abbiamo** detto... **avremmo**
   lavorato...)
We said we'd work all night.

If, however, the verb normally requires **essere** as its auxiliary, the past participle takes a
plural ending.

Si è nat**i** per soffrire. (Uno **è** nato...)
We were born to suffer.

Si è rimast**i** più a lungo di quanto si volesse.
   (**Siamo** rimasti...)
We stayed longer than we wanted to.

C. When a reflexive verb is used in the impersonal construction, **ci si** replaces **si si** (that is,
the impersonal **si** and the reflexive **si**).

Ci si alza presto d'estate.
People get up early in the summer.

Ci si è divertiti tanto ieri sera.
We had such a good time last night.

D. Object pronouns precede **si.** Only **ne** can follow, and then **si** becomes **se: se ne...**

Come si parla al nonno? **Gli si** parla con rispetto.
How does one talk to Grandpa? One talks to him with respect.

Si può fare a meno dello zucchero? —Si, **se ne** può fare a meno.
Can people do without sugar? —Yes, people can do without it.

E. Other ways of expressing the impersonal construction in Italian are to use **uno** + *third
person singular* of the verb; **la gente** + *third person singular* of the verb; or the impersonal
noi, voi, and **loro.**

Quando **uno viaggia, spende** molti soldi.
When one travels, one spends a lot of money.

Che cosa **dirà la gente?**
What will people say?

‿ Ricapitolazione

A. Compare the four different Italian constructions using the pronoun **si:**

Reflexive

Luigi **si** vestì.
Louis got dressed.

Si credono molto intelligenti.
They think themselves very intelligent.

Reciprocal

Si sono incontrati al bar.
They met one another at the café.

Non **si** sono salutati.
They didn't greet one another.

Passive

Si richiede la laurea.
A university degree is required.

Si offrono ottime condizioni di lavoro.
Excellent working conditions are offered.

Impersonal

Si dice che nevicherà.
They say it will snow.

In Italia **si** mangia bene.
In Italy one eats well.

B. Note the differences between the personal and impersonal constructions in the various cases.[1]

Anna è triste quando è sola.
Anna is sad when she is alone.

Uno è triste quando è solo.
One is sad when one is alone.

Si è tristi quando **si** è soli.
People (they) are sad when they are alone.

Giancarlo si è alzato presto e ha studiato.
Giancarlo got up early and studied.

Tutti si sono alzati presto e hanno studiato.
Everyone got up early and studied.

Ci si è alzati presto e **si** è studiato.
We got up early and studied.

ESERCIZI

a. *Mettere le frasi alla forma impersonale come nell'esempio.*

ESEMPIO   Non beviamo caffè.
   Non si beve caffè.

1. Dobbiamo aver pazienza.
2. Abbiamo speso poco e siamo stati bene.
3. Non sappiamo dov'è nascosto.
4. Quando andiamo in montagna, ci divertiamo molto.
5. Se non ci sbrighiamo, arriveremo tardi.
6. Avevamo camminato molto ed eravamo stanchi.
7. Quando vediamo le finestre chiuse, pensiamo che la casa sia disabitata.
8. In questo paese viviamo come se fossimo in una grande città.
9. Non avevamo sentito nessun rumore.
10. Come possiamo finire il lavoro in quindici minuti?

---

[1] Note that **si** is always expressed, whereas **uno** and other pronouns can be omitted once the subject is indicated.

b. **Le marachelle** (pranks). *Pierino fa sempre le cose sbagliate. Bisogna dirgli che certe cose non si fanno. Completare ogni frase seguendo l'esempio.*

ESEMPIO   Pierino ha dato un calcio al tavolo.
          Pierino, non si danno calci ai mobili!

1. Pierino ha fumato una sigaretta.
   Pierino, non _______________ sigarette alla tua età!
2. Pierino ha bevuto un whisky.
   Pierino, non _______________ liquori quando si è piccoli!
3. Pierino ha dato del tu al dottore.
   Pierino, non _______________ del tu al dottore!
4. Pierino ha detto che Orietta è stupida.
   Pierino, non _______________ queste cose!
5. Pierino ha sbattuto (*slammed*) la porta.
   Pierino, non _______________ le porte!
6. Pierino ha domandato l'età all'amica della mamma.
   Pierino, non _______________ queste cose!

c. **Conversazione.** *Rispondere ad ogni domanda indicando se le cose elencate sono possibili alla Sua università.*

1. Si può bere birra alla mensa?
2. Si può fumare in classe?
3. Si possono portare i pantaloncini corti?
4. Si possono fare entrare i cani in aula?
5. Si può camminare scalzi?
6. Si può circolare in bicicletta?

d. **Una gita.** *Cambiare i verbi in parentesi alla forma impersonale.*

PIERO: Come (facciamo) _______________ ad andare a Fregene?
MARIO: (Possiamo) _______________ andare in macchina, è la cosa più semplice, non (dobbiamo) _______________ guidare tanto e (arriviamo) _______________ in un'ora.
PIERO: Ottima idea, ma io non ho la macchina.
MARIO: Neanche io, ma se (invitiamo) _______________ Gianni e Marcella (andiamo) _______________ in compagnia, (ci divertiamo) _______________ e loro hanno una bellissima Alfa Romeo azzurra.
PIERO: Magnifico! Anna dice che se (ci fermiamo) _______________ in quel ristorantino dove (abbiamo mangiato) _______________ l'estate scorsa, (staremo) _______________ benissimo. Servono sempre dell'ottimo pesce fresco.
MARIO: Purché non sia troppo caro!
PIERO: Stai tranquillo! È un ristorantino modesto dove (mangeremo) _______________ bene e (spenderemo) _______________ poco.
MARIO: Che bella cosa gli amici!

IV. Preposizioni e congiunzioni

Some common English words may be used as both prepositions (with a noun or pronoun) and as conjunctions (to introduce a clause with its own subject and verb). In Italian the equivalent words usually have slightly different forms; one for the preposition and one for the conjunction.

<table>
<tr><td align="center">PREPOSITIONS
(followed by a noun or pronoun)</td><td align="center">CONJUNCTIONS
(followed by a clause)</td></tr>
</table>

after

dopo
dopo di (+ *personal pronoun*)

Ci vedremo **dopo** il concerto.
We'll meet after the concert.

Scusi, ma Lei è arrivata **dopo di** me.
Excuse me, but you came after me.

dopo che (+ *indicative*)

Non l'ho più vista **dopo che** si è sposata.
I didn't see her anymore after she got married.

before

prima di

Preparerò la tavola **prima di** mezzogiorno.
I'll set the table before noon.

prima che (+ *subjunctive*)

Preparerò la tavola **prima che** arrivino gli invitati.
I'll set the table before the guests arrive.

because (of)

a causa di

Non sono uscita **a causa della** neve.
I didn't go out because of the snow.

perché (+ *indicative*)

Non sono uscita **perché** nevicava.
I didn't go out because it was snowing.

since (indicating time)

da

Siamo senz'acqua **da** domenica.
We've been without water since Sunday.

da quando (+ *indicative*)

Siamo senz'acqua **da quando** sei partito tu.
We've been without water since you left.

since (indicating cause)

dato che, poiché (+ *indicative*)

Non posso comprarlo **dato che** non ho soldi.
I can't buy it since I don't have any money.

until

fino a

Aspettate a uscire **fino al** mio ritorno.
Wait until my return before going out.

finché (+ *indicative or subjunctive*) [1]

Aspettate a uscire **finché** io **non** torni.
Wait until I return before going out.

---

[1] **Finché non** (the **non** is optional) requires the subjunctive only if it refers to future time.

Aspettarono **fino alle** dieci.
They waited until ten o'clock.

Aspettarono **finché non** tornò papà.
They waited until Daddy returned.

without

senza
senza di (+ *personal pronoun*)

senza che (+ *subjunctive*)

Siamo rimasti **senza** soldi.
We remained without money.

Partirono **senza che** io lo sapessi.
They left without my knowing it.

Che cosa fareste **senza di** me?
What would you do without me?

ESERCIZI

a. *Tradurre.*

1. Since you like Italian movies, why don't you go see *Roma?*
2. I was bored before your arrival. After you arrived, I had a very good time.
3. Roberto has been with us since September; he has been with us since his mother left for Italy.
4. We'll wait until he comes back. —You don't know what you're saying. He usually doesn't come back until two or three in the morning!
5. They started eating without their daughter; she had gone out of the house without anyone seeing her.
6. I need to talk to you. Can you come to my office after your Italian class?
7. They stayed home because it was raining. Nobody should stay home because of the rain!
8. What would you do without me—without my help, without my advice?

V. Discorso diretto e indiretto

With the exception of plays and dialogue in short stories and novels, speech is seldom reported word by word, as spoken (*direct discourse*). Usually speech is reported indirectly, introduced by such verbs as **dire, affermare, dichiarare, esclamare, chiedere,** and **rispondere** (*indirect discourse*), followed by **che.**

A. In converting from direct to indirect discourse, no change of tense occurs if the verb introducing the direct discourse is in the present or future.

DIRECT DISCOURSE

Fausto dice: «Anna è simpatica».
Fausto says, "Anna is likeable."

INDIRECT DISCOURSE

Fausto dice **che** Anna è simpatica.
Fausto says that Anna is likeable.

B. Many tenses and moods change in indirect discourse if the verb introducing the direct discourse is in the past (**passato prossimo, passato remoto, imperfetto,** or **trapassato**).

<table>
<tr><td>DIRECT DISCOURSE</td><td>INDIRECT DISCOURSE</td></tr>
</table>

Presente

Carlo diceva sempre: «Io **so** nuotare molto bene».
Charles always said, "I know how to (can) swim very well."

Imperfetto

Carlo diceva sempre che lui **sapeva** nuotare molto bene.
Charles always said that he knew how to (could) swim very well.

Passato prossimo/remoto

Carlo ha detto: «**Ho** sempre **amato** i miei genitori».
Charles said, "I've always loved my parents."

Trapassato prossimo

Carlo ha detto che **aveva** sempre **amato** i suoi genitori.
Charles said that he had always loved his parents.

Futuro

Carlo ha detto: «**Verrò** alle otto».
Charles said, "I'll come at eight."

Condizionale passato

Carlo ha detto che **sarebbe venuto**[1] alle otto.
Charles said that he would come at eight.

Imperativo

Carlo mi ha detto: «**Fammi** un favore».
Charles said to me, "Do me a favor."

Congiuntivo imperfetto *or* **di** + infinito

Carlo mi ha detto che gli **facessi** (**di fargli**) un favore.
Charles told me to do him a favor.

Congiuntivo presente

Carlo disse: «Penso che lei **si sbagli**».
Charles said, "I think she's mistaken."

Congiuntivo imperfetto

Carlo disse che pensava che lei **si sbagliasse.**
Charles said that he thought she was mistaken.

Congiuntivo passato

Carlo disse: «Temo che **abbiano avuto** un incidente».
Charles said, "I'm afraid they've had an accident."

Congiuntivo trapassato

Carlo disse che temeva che **avessero avuto** un incidente.
Charles said that he was afraid they had had an accident.

C. Other words also change when direct discourse is converted to indirect discourse.

1. First and second person pronouns and possessives become third person pronouns and possessives.

   io, tu → lui   noi, voi → loro
   mio, tuo → suo   nostro, vostro → loro
   a me, a te → a lui   a noi, a voi → a loro

2. **Questo** becomes **quello.**

---

[1] For this special use of the **condizionale passato,** see pp. 171–172.

3. Expressions of time and place change as follows:

qui (qua) → lì (là)
ora → allora
oggi → in quel giorno *that same day*
domani → il giorno dopo (l'indomani) *the following day*
ieri → il giorno prima *the day before*
la settimana scorsa → la settimana precedente *the previous week*
le settimana prossima → la settimana seguente *the following week*

Ha detto: «La lettera è arrivata **ieri**».
He said, "The letter arrived yesterday."

Ha detto che la lettera era arrivata **il giorno prima.**
He said that the letter had arrived the day before.

Ha confessato: «Non **mi** piace partire, ma partirò».
He confessed, "I don't like leaving, but I'll leave."

Ha confessato che non **gli** piaceva partire ma che sarebbe partito.
He confessed that he didn't like leaving, but that he would leave.

Ha annunciato: «Partirò **la settimana prossima** con tutta la **mia** famiglia».
He announced, "I will leave next week with my entire family."

Ha annunciato che sarebbe partito **la settimana seguente** con tutta la **sua** famiglia.
He announced that he would leave the following week with his entire family.

ESERCIZI

a. *Mettere le frasi al discorso indiretto, usando prima* **di** + *infinito,* poi **che** + *congiuntivo.*

ESEMPIO   Ha detto al tabaccaio: «Mi dia dieci francobolli da cento!».
Ha detto al tabaccaio di dargli dieci francobolli da cento.
Ha detto al tabaccaio che gli desse dieci francobolli da cento.

1. Ha detto al cameriere: «Tenga il resto!»
2. Ha pregato la signora: «Mi dia degli spiccioli!»
3. Ha detto alla cassiera: «Mi cambi venti dollari!»
4. Ha detto all'autista: «Mi porti in via XX Settembre!»
5. Ha detto al gioielliere: «Mi ripari anche quest'orologio!»
6. Ha ripetuto alla signorina: «Venga a trovarmi!»

b. *Mettere le frasi al discorso indiretto usando i verbi fra parentesi.*

ESEMPIO   Non posso venire in questo momento. (disse)
Disse che non poteva venire in quel momento.

1. Non sto bene. Ho frequenti mal di testa e ho perso l'appetito. (ha ammesso)
2. Questo quadro è mio! (dichiarò)
3. Devo essere a casa prima di mezzanotte. (diceva)
4. Stiamo guardando la televisione. (hanno risposto)
5. Mia sorella parla bene il francese. (Pierino dice)
6. Non abbiamo finito gli esercizi. (hanno confessato)
7. Traslocheremo presto. (hanno annunciato)

c. **Le ultime parole famose.** *Scrivere delle frasi cominciando con* **Ha detto che…**, *facendo tutti i cambiamenti necessari.*

1. «Andrò a dormire presto ogni sera».
2. «Giuro, non lo farò mai più».
3. «Avremmo dovuto incontrarci qualche anno prima».
4. «Dobbiamo vederci qualche volta».
5. «La colpa è solo mia. Possiamo restare buoni amici».
6. «Questa è l'ultima sigaretta che fumo. Ho deciso di smettere di fumare».

d. *Mettere al discorso diretto.*

1. Il professore ha annunciato agli studenti che non avrebbe fatto lezione la settimana dopo. Ha spiegato che andava a una riunione di professori di lingua e che sarebbe stato via cinque giorni. Ha detto agli studenti di fare tutti gli esercizi e di finire il capitolo.
2. Attilio disse all'amico che era inutile correre: loro non avevano nessuna premura *(hurry)* e dovevano considerare quel viaggio come una gita. Cinque minuti dopo disse che sentiva odore di benzina e che sarebbe stato meglio fermarsi alla prima officina.
3. Stefanini disse che conosceva un avvocato e che quell'avvocato era proprio la persona che ci voleva per il loro «colpo»: si trattava di una persona molto sensibile alla quale era morta la mamma da circa un anno. La perdita l'aveva affranto *(devastated)*, e lui si era dato a fare del bene, aiutando ogni volta che poteva la povera gente.

e. **Ricapitolando.** *Mettere le frasi al discorso indiretto.*

1. Miss Parker diceva ai bambini. «Non correte! Un giorno vi farete male e la colpa sarà soltanto vostra».
2. Elena disse: «L'anno scorso stavo dagli zii, ma non ci voglio più stare dagli zii perché c'è rumore».
3. Elisa rispose: «Per il vitto vado al supermercato. I prezzi sono più bassi che in Italia, ma non c'è paragone con il macellaio o il negozio di frutta e verdura sotto casa a Milano».
4. Elena confessò: «È questo che non posso sopportare. Questa sorveglianza. Anche quando sono fuori Roma, ho l'impressione che tu mi stia sempre con gli occhi addosso».
5. Attilio disse: «Ci sono molti fili e non riesco a capire dove manca una vite; deve essere una vite poco importante perché vedo che la macchina va lo stesso».
6. Il dottor Verucci disse al bandito: «Si accomodi, faccia come se fosse a casa sua. Ormai ho capito che io qua non sono nessuno. È casa mia, ma non comando niente. La porta è chiusa, le finestre sono sbarrate, ma la gente va e viene e fa i suoi comodi…».
7. Gli studiosi hanno precisato: «Fino a Colombo non sarà stato possibile cucinare gli spaghetti al pomodoro né si sarà potuta preparare la parmigiana di melanzane.»
8. La maestra disse: «Se non è iscritto nei balilla e non gli procurate la divisa, non posso tenerlo a scuola».
9. Il padre rispose: «Se i balilla sono i piccoli fascisti del Duce, la divisa la dovrebbero mettere i figli dei fascisti, non il mio».
10. Amelia confessò: «La sera, dalla mia stanza, guardo la città sul mare. Certe volte, ho l'impressione di essere ancora quella di una volta, e che gli anni non siano mai passati».

Vocabolario utile

il lume   light
l'ospite   houseguest
il personaggio   important person
il pettegolezzo   gossip
  fare pettegolezzi   to gossip

affascinante   charming
  il fascino   charm
cosmopolita   cosmopolitan

avere a noia   not to like
  prendere a noia   to take a dislike to
avviarsi   to set out
fantasticare (**di** + *inf* or **che** + *subjunctive*)
  to imagine

i quattrini   money
la razza   kind, race
la villeggiatura   vacation
  posto di villeggiatura   vacation resort

macché   not on your life
raffinato   refined
sul serio   seriously

illudersi (*pp* **illuso;** *pr* **illusi**) (**di** + *inf* or
  che + *subjunctive*)   to delude oneself
***impazzire**   to go crazy
respirare   to breathe
sognare   to dream, to dream of or about
sorvolare   to skip, to fly over

Ad alcuni piace abitare in un paesello solitario e tranquillo.

Dino Buzzati, l'autore del brano che segue, è famoso come scrittore di romanzi e racconti e come giornalista del *Corriere della Sera*. La sua ampia produzione letteraria presenta i motivi fondamentali della sua concezione della vita: la dignità della solitudine, le speranze e i sogni che non si avverano°, una sorta di angoscia per il destino. Il suo stile ricerca un effetto minimo, di cronaca personale della vita di tutti i giorni.

La storia che segue è «leggera». Si tratta di una piccolo-borghese arrampicatrice sociale° che segue la moda del trend-set internazionale per ritrovarsi da dove era partita. C'è sotto un po' di pessimismo, forse, in questa sorta di cronaca sociale compensata da una vena satirico-umoristica.

La signora Amelia Briz è riuscita con successo a migliorare la sua posizione sociale. Da un «povero paesello» siciliano è arrivata ad abitare «nelle vere grandi capitali della terra» sulla scia° dell'alta società internazionale.

Pochi al mondo sono perfettamente contenti delle loro condizioni di vita e non hanno nessun desiderio di migliorarle. Discutete quali sono gli obiettivi che la nostra società desidera raggiungere. Ecco alcuni possibili spunti di discussione.

1. Quanto sono importanti i soldi, come si ottengono e per quali scopi si usano?
2. Quale valore attribuiamo al potere che ciascuno di noi ha sulle persone, sulle organizzazioni, in politica? Come lo usiamo?
3. Secondo voi è rilevante il prestigio culturale? Chi sono le persone colte? Sono utili alla società? In che modo?
4. Di che cosa abbiamo bisogno nella vita per considerarci soddisfatti? Come cerchiamo di ottenere le condizioni necessarie?

Non è mai finita

A questo mondo non è mai finita, disse la signora Amelia Briz. Stia un po' a sentire. Io sono siciliana, nata in un povero paesello sospeso tra le rupi°, in cima a una montagna. Di lassù si vede il mare e il paesaggio è un paradiso, ma per il resto si è rimasti indietro di due secoli°. Il nome?... lasci perdere! I miei compae-
5 sani° sono gente così ombrosa°... è forse meglio sorvolare. Lo chiamerò convenzionalmente Castellizzo.

Bene. Dalla stanza dove sono nata si vedeva, lontana, una città, stesa lungo il mare. Di notte era tutto uno sfavillare° di lumini. E i fari°. E i piroscafi°. E i treni coi finestrini accesi. Trapani, lei dice? Beh, facciamo pure conto° fosse Trapani. Al
10 calar della sera°, appoggiata al davanzale, io rimiravo° quelle luci. Laggiù era la vita, il mondo, il sogno!

Quando ebbi compiuto i dodici anni, tanto feci che i miei si persuasero a mandarmi a vivere in città, ospite di una zia. Così potevo continuar gli studi.

Credetti di impazzire dalla gioia. Ma dopo un mese che ero a Trapani già
ascoltavo rapita° ciò che raccontavano i forestieri giunti da città molto più gran-
di. Mi sembravano di razza diversa. Ah, povera Trapani, come eri piccola e squall-
ida al confronto°. Palermo! Messina! Quella sì era civiltà sul serio.

Mi aiutò la fortuna. Fui chiesta in moglie° dal barone Cristolera, un perfetto
gentiluomo. Aveva un palazzo magnifico a Messina. Accettai, gli volli bene, mi
illusi di non essere più la piccola provinciale di una volta.

Certo, a Messina conobbi della gran bella gente, autentici signori. Ma da
Roma venivano, ogni tanto, certi tipi affascinanti; parlavano con l'«erre»°,
raccontavano cose nuove e strane, pettegolezzi enormi, ci guardavano un po'
dall'alto in basso°.

Per farla breve, cominciai a sognare Roma. Messina ormai mi sembrava un
buco, da non poterci respirare più. Dai e dai°, mio marito si decise; tanto, non gli
mancavano i quattrini. Traslocammo nella capitale.

Dovevo essere contenta, no? Roma non è mica un paesello. Grandi nomi,
società internazionale, caccia alla volpe, scandali, cardinali, ambasciatori. Eppure,
cosa vuole? quei grandi personaggi che dall'estero venivano volentieri ad abitar-
ci, ci venivano per far la bella vita, non per altro, come quando si è in vacanza,
come se Roma non fosse che un famoso posto di villeggiatura: ma in fondo non
la prendevano sul serio. Il loro mondo vero era lontano, le vere grandi capitali
della terra erano altre. Parigi, Londra, mi capisce? E io invidiavo.

Roma cominciò a scottarmi° sotto i piedi. Sospirai° l'Etoile, Piccadilly.[1] Per
caso in quel periodo Cristolera e io ci separammo. Seguì un regolare annullamen-
to. Ero ancora una bella donna. Conobbi Briz, il grande finanziere. Quando si
nasce fortunate!

Sempre più cosmopolita, sempre più in alto nella scala delle residenze
umane. Era una mania balorda°, però soltanto oggi lo capisco. Divenuta ufficial-
mente Mrs. Briz, grazie ai miliardi del marito, non avevo più che l'imbarazzo della
scelta.

Mi stabilii a Parigi, poi Parigi mi sembrò piena di polvere. Londra, per due
anni. Ma anche Londra era un poco sorpassata°. Nuova York, finalmente, ecco
l'ultimo traguardo°. La piccola provinciale siciliana aveva fatto la sua strada.

Ma non era così come pensavo. Per la gente «molto su», Nuova York era una
cafonata[2] insopportabile°. I veri aristocratici ci stavano solo lo strettamente neces-
sario. Preferivano Boston, Washington, Charleston, città più vecchie, quiete, riser-
vate. E potevo io essere da meno? Tuttavia anche di là i raffinatissimi emigravano.
Chi nei deserti, chi nelle isolette del Pacifico. Anch'io mi avviai per quei pazzi
itinerari.

Ahimè, la società più filtrata ed esigente ebbe a noia il Pacifico e i deserti.
Prese l'aereo verso est, ritornò alla vecchia stanca Europa. Non già per infognarsi°
nella volgarità di Londra o di Parigi. Macché. Andava in cerca di eremi ed esilii, di
conventi, di ruderi e rovine. E io dietro.

---

[1] The Etoile and Piccadilly Circus are well-known landmarks in Paris and London respectively.

[2] The term **cafone** originally meant **contadino,** but it has acquired a derogatory connotation,
meaning **persona zotica, maleducata** (*uncouth, ill-bred, a clod*).

Proprio sopra il mio paesello siciliano sorgeva un castello diroccato°. La
moda! L'eleganza del saper vivere moderno! Un grande poeta peruviano° ha
fatto restaurare la bicocca°, in breve il posto è diventato celebre. Oggi al mondo
non c'è niente di più *chic* che possedere una casetta a Castellizzo.

60   E così: gira e gira, ho finito per ritornare al mio paesello, proprio là donde°
sono partita. E la sera, dalla mia stanza di bambina, guardo i lumi della città sul
mare. E certe volte ho l'impressione di essere ancora quella di una volta, e che gli
anni non siano mai passati. E penso: laggiù è la vera vita, laggiù il mondo,
l'avventura, il sogno! E fantastico un giorno o l'altro di partire.

65   Lo vede dunque che non è mai finita?

Dino Buzzati, *Non è mai finita*

Comprensione

1. Che cosa dice di Castellizzo la signora Amelia?
2. Che cosa vedeva Amelia dalla sua stanza di bambina?
3. All'età di dodici anni, dove andò Amelia?
4. In che modo fu aiutata dalla fortuna Amelia?
5. Come si comportavano i signori che venivano in Sicilia da Roma?
6. Quale fu il secondo colpo di fortuna per Amelia?
7. Secondo Amelia, dove preferiscono vivere i veri aristocratici americani?
8. Di che cosa va in cerca la società esigente oggi (una cosa molto *chic!*)?
9. Come mai il paese di Castellizzo è diventato celebre?
10. Dove abita oggi Amelia?

✎ Temi per componimento o discussione

1. *Non è mai finita* è la storia di una piccola provinciale italiana. Sarebbe molto diversa la storia di una piccola provinciale americana? Provate a raccontarla!
2. Nella vita (non) è possibile trovare quello che si cerca.
3. Esaminare il personaggio di Amelia Briz spiegando i motivi delle sue decisioni. Che senso hanno? Perché? Conoscete altre Amelie Briz?
4. Qual è la vostra reazione personale a *Non è mai finita*?
   a. Pensate che la storia voglia suggerire qualcosa di più che le vicende personali della signora Briz? Che cosa?
   b. Vi sembra che l'autore si dilunghi in descrizioni verbose e particolareggiate o che si limiti agli elementi indispensabili espressi con il minor numero di parole? Spiegate.
   c. Trovate che l'autore faccia uso di una lingua elegante e ricercata o piuttosto di uno stile semplice, ottenuto con parole comuni e tono informale? Fornite esempi.

RICERCA WEB

L'Italia è ricca di tesori storici e culturali, alcuni famosi, altri da scoprire.

a. Scegliere a caso sulla carta geografica dell'Italia città poco conosciute e ricercarne la storia e i tesori nascosti.
b. La necropoli di Cerveteri
c. I «trulli di Alberobello»
d. «Italia da scoprire»

PER COMUNICARE

Che noia! Le vacanze in crociera non sono per tutti. Stefania, per esempio, si annoia a morte e continua a lamentarsi con il marito.

STEFANIA: Che noia! È sempre coperto e tira un gran vento. Non si può neanche stare sul ponte° a prendere il sole. Non mi aspettavo di passare le giornate così!   *deck*

FLAVIO: Non è tanto male, è sempre meglio che stare in città! E poi la visita delle isole è interessante.

STEFANIA: Ma dai! Son tutte uguali! Una vera delusione!

FLAVIO: Tu ti stanchi subito di tutto, non sei mai contenta! Io ho conosciuto della gente simpatica.

STEFANIA: Compresa la signora che non perde l'occasione di starti vicino e di attaccare discorso°.   **attaccare:** *to strike up a conversation*

FLAVIO: Quella sì che è una seccatura. Quando comincia a parlare non finisce più. Comunque anche tu hai un ammiratore.

STEFANIA: Già, pare che sia un rubacuori di professione. Corre voce che sia venuto con la moglie e un'altra signora... A quanto pare fa la corte a tutte, perfino a me.

Esprimere insoddisfazione

Com'è monotono! Che noia!	*How boring!*
Che delusione!	*How disappointing!*
Che seccatura!	*What a nuisance!*
Che strazio! Che scocciatura!	*What a pain in the neck!*
Mi aspettavo qualcosa di diverso.	*I expected something different.*
Ci si annoia facilmente qui.	*It's easy to get bored here.*
Mi sono stancato/a di...	*I am tired of . . .*
Sarebbe stato meglio se fossimo andati a...	*It would have been better if we had gone . . .*

Contraddire

Non è come dici tu.	*It's not as you say.*
Non è poi così brutto/noioso.	*It's not all that bad/boring!*
È meglio di niente.	*It's better than nothing.*
Stai esagerando.	
Che esagerazione!	*You're exaggerating.*
Lascia perdere, per favore.	*Let's not talk about it, please.*
Ma non sei mai contento/a!	
Sei un/a eterno/a insoddisfatto/a!	*You're never happy/satisfied.*

Riferire qualcosa senza citarne la fonte

Ho sentito dire che...	
Mi hanno riferito che...	*They told me/her that . . .*
Le hanno detto che...	
Dicono che...	*They say that . . .*
A quanto pare...	*The way it looks/sounds . . .*
(In giro) si dice che...	
C'è in giro la voce che...	*There is a rumor that . . .*
Corre voce che...	

Che cosa dice?

1. All'università qualcuno Le ha detto che il professore con cui Lei sta facendo la tesi sta per andare in congedo per un anno. Riferisca la notizia a un Suo compagno/una Sua compagna di corso.
2. Non è soddisfatto della casa che ha appena comprato. Ne parla con il Suo agente immobiliare.
3. Suo figlio si lamenta sempre che Lei non gli dà abbastanza soldi. Lei non ne può più (*can't take it any longer*).
4. Va in viaggio di nozze in un'isola tropicale, ma quando arriva all'hotel si rende conto che la stanza non ha né bagno né aria condizionata.
5. Dove lavora Lei, si parla di prossimi licenziamenti (*layoffs*) e di tagli alla produzione. Lo dice al Suo ragazzo/alla Sua ragazza.
6. Il vicino della casa accanto non lavora da più di due anni ed ha appena comprato una Maserati nuova. Le gente del quartiere pensa che traffichi (*deals*) in droga.

1. Il signore che abita nell'appartamento accanto al Suo è proprio strano. Vive solo, non ha l'automobile, va e viene senza orari precisi, ogni tanto in casa si sente la voce di un bambino... Ne parli con il Suo compagno/la Sua compagna.
2. Lei vuole fare l'astronauta e si è iscritto/a a ingegneria aerospaziale, ma le cose non vanno bene. Deve studiare tanta matematica, in laboratorio si fanno sempre le stesse cose, gli esami sono difficili e Lei non riesce a prendere buoni voti. Lei è demoralizzato/a e decide di parlarne con il Suo medico.
3. Secondo Lei, Suo fratello/Sua sorella è affetto/a da mania di persecuzione. Continua a dire che lo stipendio è miserevole, che non avrà mai occasione di fare carriera, che il direttore promuove solo gli amici; è convinto/a che nessuno gli/le vuole bene e che non riuscirà mai a dimostrare le sue buone qualità. Lei invece è ottimista e vede sempre i lati positivi. Ha invitato Suo fratello/Sua sorella a cena e si finisce col parlare dei suoi problemi.

I. Verbi coniugati con *essere* nei tempi composti

accadere	*to happen*	nascere	*to be born*
andare	*to go*	parere	*to seem*
arrivare	*to arrive*	partire (ripartire)	*to leave, depart (to leave again)*
arrossire	*to blush*		
avvenire	*to happen*	passare (ripassare)	*to stop by (to stop by again)*
bastare	*to be enough*		
cadere	*to fall*	piacere	*to be pleasing*
cambiare	*to become different*	restare	*to stay*
capitare	*to happen*	ricorrere	*to recur, occur*
comparire	*to appear*	rimanere	*to remain*
costare	*to cost*	risultare	*to be known*
crescere	*to grow*	ritornare (tornare)	*to return*
dimagrire	*to lose weight*	riuscire	*to succeed*
dipendere	*to depend*	salire (risalire)	*to go up (to go up again)*
dispiacere (spiacere)	*to be sorry, to mind*	saltare (in aria)	*to explode*
divenire (diventare)	*to become*	scappare	*to run away*
durare	*to last*	scattare	*to click*
entrare	*to go in, enter*	scendere	*to descend*
esplodere	*to explode*	scivolare	*to slide*
essere	*to be*	scomparire	*to disappear*
evadere	*to escape*	scoppiare	*to explode*
fuggire	*to flee*	sembrare	*to seem*
giungere	*to arrive*	servire	*to be of use*
guarire	*to get well*	sparire	*to disappear*
impazzire	*to go mad*	sprizzare	*to spray*
importare	*to matter*	stare	*to stay*
ingrassare	*to get fat, put on weight*	succedere	*to happen*
mancare	*to lack, be lacking*	uscire	*to go out*
morire	*to die*	venire	*to come*

\+ all verbs used reflexively

II. Verbi ed espressioni seguiti dalla preposizione *a*

A. davanti a un nome o a un pronome

abituarsi a	*to get used to*	giocare a	*to play (a game or a sport)*
assistere a	*to attend*		
assomigliare (somigliare) a	*to resemble*	interessarsi a	*to be interested in*
badare a	*to pay attention to*	mescolarsi a	*to get mixed with*
contravvenire a	*to go against*	partecipare a	*to participate in*
credere a	*to believe in*	pensare a	*to think about*
dare noia a	*to bother*	raccomandarsi a	*to ask favors of*
da mangiare a	*to feed*	ricordare a	*to remind*
fastidio a	*to bother*	rinunciare a	*to give up*
retta a	*to listen to*	servire a	*to be good for*
torto a	*to blame*	stare bene a	*to look good on*
la caccia a	*to chase*	stringere la mano a	*to shake hands with*
un calcio a	*to kick*	tenere a	*to value, to care about*
un pugno a	*to punch*		
fare attenzione (caso) a	*to pay attention to*		
bene (male) a	*to be good (bad) for*		
piacere a	*to please*		
vedere a	*to show*		
visita a	*to visit*		
un regalo a	*to give a present to*		

B. davanti a un infinito

abituarsi a	*to get used to*	invitare a	*to invite*
affrettarsi a	*to hurry*	mandare a	*to send*
aiutare a	*to help*	mettersi a	*to start*
cominciare (incominciare) a	*to begin*	obbligare a	*to oblige*
condannare a	*to condemn*	pensare a	*to think about*
continuare a	*to continue*	persuadere a	*to convince*
convincere a	*to convince*	preparare a	*to prepare*
costringere a	*to compel*	provare a	*to try*
decidersi a	*to make up one's mind*	rinunciare a	*to give up*
divertirsi a	*to have a good time*	servire a	*to be good for*
fare meglio a	*to be better off*	volerci a (per)	*to take, require*
fare presto a	*to do (something) quickly*		
imparare a	*to learn*	+ verbs of movement:	
incoraggiare a	*to encourage*	andare a	*to go*
insegnare a	*to teach*	correre a	*to run*
		fermarsi a	*to stop*
		passare a	*to stop by*

riprendere a	to start again, to resume	stare a	to stay
riuscire a	to succeed	tornare a	to return
sbrigarsi a	to hurry	venire a	to come

III. Verbi ed espressioni seguiti dalla preposizione *di*

A. davanti a un nome o a un pronome

accorgersi di	to notice	occuparsi di	to take care of, attend to
avere bisogno di	to need		
avere paura di	to be afraid	pensare di	to have in mind, plan
beffarsi di	to make fun		
coprire di	to cover with	pentirsi di	to be sorry about
dimenticarsi di	to forget	non poterne più di	not to be able to take
fare a meno di	to do without	preoccuparsi di	
fidarsi di	to trust	(per)	to worry about
innamorarsi di	to fall in love with	rendersi conto di	to realize
infischiarsi di	not to care about	ricordarsi di	to remember
intendersi di	to be knowledgeable about	ridere di	to laugh at
		riempire di	to fill with
interessarsi di	to be interested in	ringraziare di (per)	to thank for
lamentarsi di	to complain about	soffrire di	to suffer from
meravigliarsi di		stupirsi di	to be astonished at
(per)	to be surprised about	trattare di	to deal with
nutrirsi di	to feed on, nourish oneself with	vergognarsi di	to be ashamed about
		vivere di	to live on

B. davanti a un infinito

accettare di	to accept	avere voglia di	to feel like
accorgersi di	to notice	cercare di	to try
ammettere di	to admit	cessare di	to stop
aspettare di	to wait for	chiedere di	to ask
aspettarsi di	to expect	comandare di	to order
augurare di	to wish	confessare di	to confess
augurarsi di	to hope	consigliare di	to advise
avere bisogno di	to need	contare di	to plan
avere il diritto di	to have the right	credere di	to believe
avere fretta di	to be in a hurry	decidere di	to decide
avere l'impressione di	to have the feeling	dimenticare (dimenticarsi) di	to forget
avere intenzione di	to intend	dire di	to say, tell
avere paura di	to be afraid	dispiacere di	to be sorry
avere ragione di	to be right	domandare di	to ask
avere torto di	to be wrong	dubitare di	to doubt
avere vergogna di	to be ashamed	essere in grado di	to be in a position to

fantasticare di	*to imagine*	rendersi conto di	*to realize*
fare a meno di	*to do without*	ricordare	
fare segno di	*to motion*	(ricordarsi) di	*to remember*
fingere di	*to pretend*	rifiutare (rifiutarsi)	
finire di	*to finish*	di	*to refuse*
illudersi di	*to delude oneself*	ringraziare di	*to thank*
impedire di	*to prevent*	sapere di	*to know*
infischiarsi di	*not to care about*	sentirsela di	*to feel up to*
lamentarsi di	*to complain about*	sforzarsi di	*to make an effort*
meravigliarsi di	*to be surprised*	smettere di	*to stop*
minacciare di	*to threaten*	sognare (sognarsi)	
offrire di	*to offer*	di	*to dream, to imagine*
ordinare di	*to order*	sperare di	*to hope*
pensare di	*to plan*	stancarsi di	*to get tired*
pentirsi di	*to repent*	suggerire di	*to suggest*
permettere di	*to permit*	temere di	*to fear*
pregare di	*to beg*	tentare di	*to attempt*
preoccuparsi di	*to fret*	non vedere l'ora di	*to look forward to*
proibire di	*to prohibit*	vergognarsi di	*to be ashamed about*
promettere di	*to promise*	vietare di	*to forbid*
proporre di	*to propose*		

IV. Verbi seguiti dalla preposizione *su*

contare su	*to count on*	riflettere su	*to ponder on*
giurare su	*to swear on*	scommettere su	*to bet on*

V. Verbi ed espressioni seguiti direttamente dall'infinito

dovere	*to have to*	fare	*to make*
potere	*to be able*	gradire	*to appreciate*
sapere	*to know how*	lasciare	*to let, allow*
solere (essere solito)	*to be accustomed to*	osare	*to dare*
volere	*to want*	piacere	*to like*
amare	*to love*	preferire	*to prefer*
desiderare	*to wish*		

VERBI IMPERSONALI

basta	*it is enough*	pare (sembra)	*it seems*
bisogna (occorre)	*it is necessary*		

VERBI DI PERCEZIONE

ascoltare	*to listen*	sentire	*to hear*
guardare	*to look at*	udire	*to hear*
osservare	*to observe*	vedere	*to see*

VI. Aggettivi seguiti da preposizioni + infinito

A. aggettivi seguiti da **a** + infinito

abituato	*accustomed*	solo	*only*
attento	*attentive, careful*	<u>u</u>ltimo	*last*
disposto	*willing*	<u>u</u>nico	*only*
pronto	*ready*		

B. aggettivi seguiti da **di** + infinito

capace (incapace)	*capable (incapable)*	sicuro	*sure*
contento	*contented*	soddisfatto	*satisfied*
(scontento)	*(discontented)*	spiacente	*sorry*
curioso	*curious*	stanco	*tired*
desideroso	*wishing*	triste	*sad*
felice	*happy*		

VII. Verbi ed espressioni che reggono il congiuntivo

A. Verbi che esprimono

SENTIMENTI

augurarsi (sperare)	*to hope*	piacere	*to like*
non vedere l'ora	*to look forward*	dispiacere	*to be sorry*
avere bisogno	*to need*	preferire	*to prefer*
avere paura	*to be afraid*	temere	*to fear*
<u>e</u>ssere contento	*to be glad*	tenerci	*to value*
<u>e</u>ssere felice	*to be happy*		

DESIDERIO, VOLONTÀ, ORDINE

comandare	*to order*	pregare	*to beg*
desiderare	*to wish*	pret<u>e</u>ndere	*to demand*
es<u>i</u>gere	*to demand*	proibire	*to prohibit*
impedire	*to prevent*	proporre	*to propose*
ins<u>i</u>stere	*to insist*	suggerire	*to suggest*
lasciare	*to let, allow*	vietare	*to forbid*
ordinare	*to order*	volere	*to want*
perm<u>e</u>ttere	*to permit*		

OPINIONE

avere l'impressione	*to have the feeling*	negare	*to deny*
cr<u>e</u>dere	*to believe*	pensare	*to think*
immaginare		supporre	*to suppose*
(immaginarsi)	*to wonder*		

non capire	*not to understand*	dubitare	*to doubt*
chiedersi		non sapere	*not to know*
(domandarsi)	*to wonder*		

aspettare	*to wait*	aspettarsi	*to expect*

B. Espressioni impersonali

è bene (male)	*it is good (bad)*	è possibile	*it is possible*
è essenziale	*it is essential*	(impossibile)	*(impossible)*
è facile (= è		è probabile	*it is probable*
probabile)	*it is probable*	(improbabile)	*(improbable)*
è difficile (= è		è raro	*it is rare*
improbabile)	*it is improbable*	è strano	*it is strange*
è giusto	*it is right*	è utile (inutile)	*it is useful (useless)*
è importante	*it is important*	è una vergogna	*it is a shame*
è incredibile	*it is incredible*	basta	*it suffices*
è indispensabile	*it is indispensable*	bisogna	*it is necessary*
è meglio	*it is better*	importa	*it matters*
è naturale	*it is natural*	occorre	*it is necessary*
è necessario	*it is necessary*	pare	*it seems*
è normale	*it is normal*	può darsi	*it is possible*
è ora	*it is time*	sembra	*it seems*
[è un] peccato	*it is a pity*		

Avere ed *essere*

Coniugazione del verbo avere

INDICATIVO			
Presente	**Passato prossimo**	**Imperfetto**	**Trapassato prossimo**
io ho	ho avuto	avevo	avevo avuto
tu hai	hai avuto	avevi	avevi avuto
lui ha	ha avuto	aveva	aveva avuto
noi abbiamo	abbiamo avuto	avevamo	avevamo avuto
voi avete	avete avuto	avevate	avevate avuto
loro hanno	hanno avuto	avevano	avevano avuto
Passato remoto	**Trapassato remoto**	**Futuro**	**Futuro anteriore**
io ebbi	ebbi avuto	avrò	avrò avuto
tu avesti	avesti avuto	avrai	avrai avuto
lui ebbe	ebbe avuto	avrà	avrà avuto
noi avemmo	avemmo avuto	avremo	avremo avuto
voi aveste	aveste avuto	avrete	avrete avuto
loro ebbero	ebbero avuto	avranno	avranno avuto

CONGIUNTIVO			
Presente	**Passato**	**Imperfetto**	**Trapassato**
io abbia	abbia avuto	avessi	avessi avuto
tu abbia	abbia avuto	avessi	avessi avuto
lui abbia	abbia avuto	avesse	avesse avuto
noi abbiamo	abbiamo avuto	avessimo	avessimo avuto
voi abbiate	abbiate avuto	aveste	aveste avuto
loro abbiano	abbiano avuto	avessero	avessero avuto

CONDIZIONALE		IMPERATIVO	
Presente	**Passato**		
io avrei	avrei avuto	(tu)	abbi! (*neg* non avere!)
tu avresti	avresti avuto	(Lei)	abbia!
lui avrebbe	avrebbe avuto	(noi)	abbiamo!
noi avremmo	avremmo avuto	(voi)	abbiate!
voi avreste	avreste avuto	(Loro)	abbiano!
loro avrebbero	avrebbero avuto		

INFINITO		PARTICIPIO		GERUNDIO	
Presente	**Passato**	**Presente**	**Passato**	**Presente**	**Passato**
avere	avere avuto	avente (*raro*)	avuto	avendo	avendo avuto

Coniugazione del verbo *essere*

INDICATIVO			
Presente	**Passato prossimo**	**Imperfetto**	**Trapassato prossimo**
io sono	sono stato/a	ero	ero stato/a
tu sei	sei stato/a	eri	eri stato/a
lui è	è stato/a	era	era stato/a
noi siamo	siamo stati/e	eravamo	eravamo stati/e
voi siete	siete stati/e	eravate	eravate stati/e
loro sono	sono stati/e	erano	erano stati/e
Passato remoto	**Trapassato remoto**	**Futuro**	**Futuro anteriore**
io fui	fui stato/a	sarò	sarò stato/a
tu fosti	fosti stato/a	sarai	sarai stato/a
lui fu	fu stato/a	sarà	sarà stato/a
noi fummo	fummo stati/e	saremo	saremo stati/e
voi foste	foste stati/e	sarete	sarete stati/e
loro furono	furono stati/e	saranno	saranno stati/e

CONGIUNTIVO			
Presente	**Passato**	**Imperfetto**	**Trapassato**
io sia	sia stato/a	fossi	fossi stato/a
tu sia	sia stato/a	fossi	fossi stato/a
lui sia	sia stato/a	fosse	fosse stato/a
noi siamo	siamo stati/e	fossimo	fossimo stati/e
voi siate	siate stati/e	foste	foste stati/e
loro siano	siano stati/e	fossero	fossero stati/e

CONDIZIONALE		IMPERATIVO	
Presente	**Passato**		
io sarei	sarei stato/a	(tu)	sii! (*neg* non essere!)
tu saresti	saresti stato/a	(Lei)	sia!
lui sarebbe	sarebbe stato/a	(noi)	siamo!
noi saremmo	saremmo stati/e	(voi)	siate!
voi sareste	sareste stati/e	(Loro)	siano!
loro sarebbero	sarebbero stati/e		

INFINITO		PARTICIPIO		GERUNDIO	
Presente	**Passato**	**Presente**	**Passato**	**Presente**	**Passato**
essere	essere stato/a/i/e	—	stato/a/i/e	essendo	essendo stato/a/i/e

Verbi regolari

Prima coniugazione: *amare*

INDICATIVO			
Presente	**Passato prossimo**	**Imperfetto**	**Trapassato prossimo**
amo	ho amato	amavo	avevo amato
ami	hai amato	amavi	avevi amato
ama	ha amato	amava	aveva amato
amiamo	abbiamo amato	amavamo	avevamo amato
amate	avete amato	amavate	avevate amato
amano	hanno amato	amavano	avevano amato
Passato remoto	**Trapassato remoto**	**Futuro semplice**	**Futuro anteriore**
amai	ebbi amato	amerò	avrò amato
amasti	avesti amato	amerai	avrai amato
amò	ebbe amato	amerà	avrà amato
amammo	avemmo amato	ameremo	avremo amato
amaste	aveste amato	amerete	avrete amato
amarono	ebbero amato	ameranno	avranno amato

CONGIUNTIVO			
Presente	**Passato**	**Imperfetto**	**Trapassato**
ami	abbia amato	amassi	avessi amato
ami	abbia amato	amassi	avessi amato
ami	abbia amato	amasse	avesse amato
amiamo	abbiamo amato	amassimo	avessimo amato
amiate	abbiate amato	amaste	aveste amato
amino	abbiano amato	amassero	avessero amato

CONDIZIONALE		IMPERATIVO
Presente	**Passato**	
amerei	avrei amato	
ameresti	avresti amato	ama! (*neg* non amare!)
amerebbe	avrebbe amato	ami!
ameremmo	avremmo amato	amiamo!
amereste	avreste amato	amate!
amerebbero	avrebbero amato	amino!

INFINITO		PARTICIPIO		GERUNDIO	
Presente	**Passato**	**Presente**	**Passato**	**Presente**	**Passato**
amare	aver amato	amante	amato	amando	avendo amato

Seconda coniugazione: *credere*

INDICATIVO			
Presente	**Passato prossimo**	**Imperfetto**	**Trapassato prossimo**
credo	ho creduto	credevo	avevo creduto
credi	hai creduto	credevi	avevi creduto
crede	ha creduto	credeva	aveva creduto
crediamo	abbiamo creduto	credevamo	avevamo creduto
credete	avete creduto	credevate	avevate creduto
credono	hanno creduto	credevano	avevano creduto
Passato remoto	**Trapassato remoto**	**Futuro semplice**	**Futuro anteriore**
credei (credetti)	ebbi creduto	crederò	avrò creduto
credesti	avesti creduto	crederai	avrai creduto
credè (credette)	ebbe creduto	crederà	avrà creduto
credemmo	avemmo creduto	crederemo	avremo creduto
credeste	aveste creduto	crederete	avrete creduto
crederono (credettero)	ebbero creduto	crederanno	avranno creduto

CONGIUNTIVO			
Presente	**Passato**	**Imperfetto**	**Trapassato**
creda	abbia creduto	credessi	avessi creduto
creda	abbia creduto	credessi	avessi creduto
creda	abbia creduto	credesse	avesse creduto
crediamo	abbiamo creduto	credessimo	avessimo creduto
crediate	abbiate creduto	credeste	aveste creduto
credano	abbiano creduto	credessero	avessero creduto

CONDIZIONALE		IMPERATIVO
Presente	**Passato**	
crederei	avrei creduto	
crederesti	avresti creduto	credi! (*neg* non credere!)
crederebbe	avrebbe creduto	creda!
crederemmo	avremmo creduto	crediamo!
credereste	avreste creduto	credete!
crederebbero	avrebbero creduto	credano!

INFINITO		PARTICIPIO		GERUNDIO	
Presente	**Passato**	**Presente**	**Passato**	**Presente**	**Passato**
credere	aver creduto	credente	creduto	credendo	avendo creduto

Terza coniugazione: *finire (-isc)*

INDICATIVO			
Presente	**Passato prossimo**	**Imperfetto**	**Trapassato prossimo**
finisco	ho finito	finivo	avevo finito
finisci	hai finito	finivi	avevi finito
finisce	ha finito	finiva	aveva finito
finiamo	abbiamo finito	finivamo	avevamo finito
finite	avete finito	finivate	avevate finito
finiscono	hanno finito	finivano	avevano finito
Passato remoto	**Trapassato remoto**	**Futuro semplice**	**Futuro anteriore**
finii	ebbi finito	finirò	avrò finito
finisti	avesti finito	finirai	avrai finito
finì	ebbe finito	finirà	avrà finito
finimmo	avemmo finito	finiremo	avremo finito
finiste	aveste finito	finirete	avrete finito
finirono	ebbero finito	finiranno	avranno finito

CONGIUNTIVO			
Presente	**Passato**	**Imperfetto**	**Trapassato**
finisca	abbia finito	finissi	avessi finito
finisca	abbia finito	finissi	avessi finito
finisca	abbia finito	finisse	avesse finito
finiamo	abbiamo finito	finissimo	avessimo finito
finiate	abbiate finito	finiste	aveste finito
finiscano	abbiano finito	finissero	avessero finito

CONDIZIONALE		IMPERATIVO
Presente	**Passato**	
finirei	avrei finito	
finiresti	avresti finito	finisci! (*neg* non finire!)
finirebbe	avrebbe finito	finisca!
finiremmo	avremmo finito	finiamo!
finireste	avreste finito	finite!
finirebbero	avrebbero finito	finiscano!

INFINITO		PARTICIPIO		GERUNDIO	
Presente	**Passato**	**Presente**	**Passato**	**Presente**	**Passato**
finire	aver finito	finente	finito	finendo	avendo finito

Terza coniugazione: *partire**

The conjugations of verbs like **partire** differ from the conjugation of **finire** only in the following cases:

Indicativo presente	Congiuntivo presente	Imperativo
parto	parta	
parti	parta	parti! (*neg* non partire!)
parte	parta	parta!
partiamo	partiamo	partiamo!
partite	partiate	partite!
partono	partano	partano!

Verbi irregolari

Gruppo A

Verbs that are irregular in different tenses and persons. Only the irregular forms are given.

accadere   *to happen* (see **cadere**)

---

accogliere   *to welcome* (see **cogliere**)

---

andare   *to go*
Indicativo presente: vado, vai, va, andiamo, andate, vanno
Futuro: andrò, andrai, andrà, andremo, andrete, andranno
Condizionale: andrei, andresti, andrebbe, andremmo, andreste, andrebbero
Imperativo: va' (vai), vada, andiamo, andate, vadano
Congiuntivo presente: vada, vada, vada, andiamo, andiate, vadano

---

avvenire   *to happen* (see **venire**)

---

bere   *to drink*
Passato remoto: bevvi, bevesti, bevve, bevemmo, beveste, bevvero
Futuro: berrò, berrai, berrà, berremo, berrete, berranno
Condizionale: berrei, berresti, berrebbe, berremmo, berreste, berrebbero
*The Latin stem **bev-** is used in all other forms with regular endings.*

---

cadere   *to fall*
Passato remoto: caddi, cadesti, cadde, cademmo, cadeste, caddero
Futuro: cadrò, cadrai, cadrà, cadremo, cadrete, cadranno
Condizionale: cadrei, cadresti, cadrebbe, cadremmo, cadreste, cadrebbero

---

cogliere   *to pick*
Indicativo presente: colgo, cogli, coglie, cogliamo, cogliete, colgono
Passato remoto: colsi, cogliesti, colse, cogliemmo, coglieste, colsero
Congiuntivo presente: colga, colga, colga, cogliamo, cogliate, colgano
Imperativo: cogli, colga, cogliamo, cogliete, colgano
Participio passato: colto

---

comparire   *to appear*
Indicativo presente: compaio, compari, compare, compariamo, comparite, compaiono
Passato remoto: comparvi, comparisti, comparve, comparimmo, compariste, comparvero
Congiuntivo presente: compaia, compaia, compaia, compariamo, compariate, compaiano
Imperativo: compari, compaia, compariamo, comparite, compaiano
Participio passato: comparso

---

compire (compiere)   *to complete*
Indicativo presente: compio, compi, compie, compiamo, compite, compiono
Congiuntivo presente: compia, compia, compia, compiamo, compiate, compiano
Imperativo: compi, compia, compiamo, compite, compiano
Participio passato: compiuto
Gerundio: compiendo

---

comprendere   *to understand* (see **prendere**)

---

contenere   *to contain* (see **tenere**)

---

dare   *to give*
Indicativo presente: do, dai, dà, diamo, date, danno
Passato remoto: diedi (detti), desti, diede (dette), demmo, deste, diedero (dettero)
Futuro: darò, darai, darà, daremo, darete, daranno
Condizionale: darei, daresti, darebbe, daremmo, dareste, darebbero
Congiuntivo presente: dia, dia, dia, diamo, diate, diano
Congiuntivo imperfetto: dessi, dessi, desse, dessimo, deste, dessero
Imperativo: da' (dai), dia, diamo, date, diano

---

dire   *to say*
Indicativo presente: dico, dici, dice, diciamo, dite, dicono
Imperfetto: dicevo, dicevi, diceva, dicevamo, dicevate, dicevano
Passato remoto: dissi, dicesti, disse, dicemmo, diceste, dissero
Congiuntivo presente: dica, dica, dica, diciamo, diciate, dicano
Congiuntivo imperfetto: dicessi, dicessi, dicesse, dicessimo, diceste, dicessero
Imperativo: di', dica, diciamo, dite, dicano
Participio passato: detto
Gerundio: dicendo

---

dispiacere   *to be sorry, to mind* (see **piacere**)

---

distrarre   *to distract* (see **trarre**)

---

divenire   *to become* (see **venire**)

---

dovere   *to have to, must*
Indicativo presente: devo (debbo), devi, deve, dobbiamo, dovete, d<u>e</u>vono (d<u>e</u>bbono)
Futuro: dovrò, dovrai, dovrà, dovremo, dovrete, dovranno
Condizionale: dovrei, dovresti, dovrebbe, dovremmo, dovreste, dovr<u>e</u>bbero
Congiuntivo presente: debba, debba, debba, dobbiamo, dobbiate, d<u>e</u>bbano

---

fare   *to do, to make*
Indicativo presente: faccio, fai, fa, facciamo, fate, fanno
Imperfetto: facevo, facevi, faceva, facevamo, facevate, fac<u>e</u>vano
Passato remoto: feci, facesti, fece, facemmo, faceste, f<u>e</u>cero
Futuro: farò, farai, farà, faremo, farete, faranno
Condizionale: farei, faresti, farebbe, faremmo, fareste, far<u>e</u>bbero
Congiuntivo presente: faccia, faccia, faccia, facciamo, facciate, f<u>a</u>cciano
Congiuntivo imperfetto: facessi, facessi, facesse, fac<u>e</u>ssimo, faceste, fac<u>e</u>ssero
Imperativo: fa' (fai), faccia, facciamo, fate, f<u>a</u>cciano
Participio passato: fatto
Gerundio: facendo

---

godere   *to enjoy*
Futuro: godrò, godrai, godrà, godremo, godrete, godranno
Condizionale: godrei, godresti, godrebbe, godremmo, godreste, godr<u>e</u>bbero

---

imporre   *to impose* (see **porre**)

---

intervenire   *to intervene* (see **venire**)

---

introdurre   *to introduce* (see **tradurre**)

---

mantenere   *to maintain* (see **tenere**)

---

morire   *to die*
Indicativo presente: muoio, muori, muore, moriamo, morite, mu<u>o</u>iono
Congiuntivo presente: muoia, muoia, muoia, moriamo, moriate, mu<u>o</u>iano
Imperativo: muori, muoia, moriamo, morite, mu<u>o</u>iano
Participio passato: morto

---

opporre   *to oppose* (see **porre**)

---

parere   *to appear*
Indicativo presente: paio, pari, pare, paiamo, parete, p<u>a</u>iono
Passato remoto: parvi, paresti, parve, paremmo, pareste, p<u>a</u>rvero
Futuro: parrò, parrai, parrà, parremo, parrete, parranno
Condizionale: parrei, parresti, parrebbe, parremmo, parreste, parr<u>e</u>bbero
Congiuntivo presente: paia, paia, paia, paiamo (pariamo), paiate, p<u>a</u>iano
Imperativo: pari, paia, paiamo, parete, p<u>a</u>iano
Participio passato: parso

---

piacere   *to please*
Indicativo presente: piaccio, piaci, piace, piacciamo, piacete, piacciono
Passato remoto: piacqui, piacesti, piacque, piacemmo, piaceste, piacquero
Congiuntivo presente: piaccia, piaccia, piaccia, piacciamo, piacciate, piacciano
Imperativo: piaci, piaccia, piacciamo, piacete, piacciano
Participio passato: piaciuto

---

porre   *to put*
Indicativo presente: pongo, poni, pone, poniamo, ponete, pongono
Passato remoto: posi, ponesti, pose, ponemmo, poneste, posero
Congiuntivo presente: ponga, ponga, ponga, poniamo, poniate, pongano
Imperativo: poni, ponga, poniamo, ponete, pongano
Participio passato: posto
Gerundio: ponendo

---

possedere   *to own, to possess* (see **sedere**)

---

potere   *to be able to, can*
Indicativo presente: posso, puoi, può, possiamo, potete, possono
Futuro: potrò, potrai, potrà, potremo, potrete, potranno
Condizionale: potrei, potresti, potrebbe, potremmo, potreste, potrebbero
Congiuntivo presente: possa, possa, possa, possiamo, possiate, possano

---

prevedere   *to foresee* (see **vedere**)

---

ridurre   *to change* (see **tradurre**)

---

riempire   *to fill*
Indicativo presente: riempio, riempi, riempie, riempiamo, riempite, riempiono
Congiuntivo presente: riempia, riempia, riempia, riempiamo, riempiate, riempiano
Imperativo: riempi, riempia, riempiamo, riempite, riempiano

---

rifare   *to redo* (see **fare**)

---

rimanere   *to remain*
Indicativo presente: rimango, rimani, rimane, rimaniamo, rimanete, rimangono
Passato remoto: rimasi, rimanesti, rimase, rimanemmo, rimaneste, rimasero
Futuro: rimarrò, rimarrai, rimarrà, rimarremo, rimarrete, rimarranno
Condizionale: rimarrei, rimarresti, rimarrebbe, rimarremmo, rimarreste, rimarrebbero
Congiuntivo presente: rimanga, rimanga, rimanga, rimaniamo, rimaniate, rimangano
Imperativo: rimani, rimanga, rimaniamo, rimanete, rimangano
Participio passato: rimasto

---

riuscire   *to succeed* (see **uscire**)

---

rivedere   *to see again* (see **vedere**)

---

salire   *to go up*
Indicativo presente: salgo, sali, sale, saliamo, salite, salgono
Congiuntivo presente: salga, salga, salga, saliamo, saliate, salgano
Imperativo: sali, salga, saliamo, salite, salgano

---

sapere   *to know*
Indicativo presente: so, sai, sa, sappiamo, sapete, sanno
Passato remoto: seppi, sapesti, seppe, sapemmo, sapeste, seppero
Futuro: saprò, saprai, saprà, sapremo, saprete, sapranno
Condizionale: saprei, sapresti, saprebbe, sapremmo, sapreste, saprebbero
Congiuntivo presente: sappia, sappia, sappia, sappiamo, sappiate, sappiano
Imperativo: sappi, sappia, sappiamo, sappiate, sappiano

---

scegliere   *to choose*
Indicativo presente: scelgo, scegli, sceglie, scegliamo, scegliete, scelgono
Passato remoto: scelsi, scegliesti, scelse, scegliemmo, sceglieste, scelsero
Congiuntivo presente: scelga, scelga, scelga, scegliamo, scegliate, scelgano
Imperativo: scegli, scelga, scegliamo, scegliete, scelgano
Participio passato: scelto

---

sciogliere   *to dissolve*
Indicativo presente: sciolgo, sciogli, scioglie, sciogliamo, sciogliete, sciolgono
Passato remoto: sciolsi, sciogliesti, sciolse, sciogliemmo, scioglieste, sciolsero
Congiuntivo presente: sciolga, sciolga, sciolga, sciogliamo, sciogliate, sciolgano
Imperativo: sciogli, sciolga, sciogliamo, sciogliete, sciolgano
Participio passato: sciolto

---

scomparire   *to disappear*
Indicativo presente: scompaio, scompari, scompare, scompariamo, scomparite, scompaiono
Passato remoto: scomparvi, scomparisti, scomparve, scomparimmo, scompariste, scomparvero
Congiuntivo presente: scompaia, scompaia, scompaia, scompariamo, scompariate, scompaiano
Imperativo: scompari, scompaia, scompariamo, scomparite, scompaiano
Participio passato: scomparso

---

scomporsi   *to lose one's calm* (see **porre**)

---

sedere   *to sit*
Indicativo presente: siedo (seggo), siedi, siede, sediamo, sedete, siedono (seggono)
Congiuntivo presente: sieda, sieda, sieda (segga), sediamo, sediate, siedano (seggano)
Imperativo: siedi, sieda (segga), sediamo, sedete, siedano (seggano)

---

sostenere   *to support, to maintain* (see **tenere**)

---

stare   *to stay*
Indicativo presente: sto, stai, sta, stiamo, state, stanno
Passato remoto: stetti, stesti, stette, stemmo, steste, stettero

Futuro: starò, starai, starà, staremo, starete, staranno
Condizionale: starei, staresti, starebbe, staremmo, stareste, starebbero
Congiuntivo presente: stia, stia, stia, stiamo, stiate, stiano
Congiuntivo imperfetto: stessi, stessi, stesse, stessimo, steste, stessero
Imperativo: sta' (stai), stia, stiamo, state, stiano

---

supporre   *to suppose* (see **porre**)

---

tacere   *to be silent*
Indicativo presente: taccio, taci, tace, taciamo, tacete, tacciono
Passato remoto: tacqui, tacesti, tacque, tacemmo, taceste, tacquero
Congiuntivo presente: taccia, taccia, taccia, tacciamo, tacciate, tacciano
Imperativo: taci, taccia, taciamo, tacete, tacciano
Participio passato: taciuto

---

tenere   *to keep*
Indicativo presente: tengo, tieni, tiene, teniamo, tenete, tengono
Passato remoto: tenni, tenesti, tenne, tenemmo, teneste, tennero
Futuro: terrò, terrai, terrà, terremo, terrete, terranno
Condizionale: terrei, terresti, terrebbe, terremmo, terreste, terrebbero
Congiuntivo presente: tenga, tenga, tenga, teniamo, teniate, tengano
Imperativo: tieni, tenga, teniamo, tenete, tengano

---

togliere   *to remove* (see **cogliere**)

---

tradurre   *to translate*
Indicativo presente: traduco, traduci, traduce, traduciamo, traducete, traducono
Imperfetto: traducevo, traducevi, traduceva, traducevamo, traducevate, traducevano
Passato remoto: tradussi, traducesti, tradusse, traducemmo, traduceste, tradussero
Congiuntivo presente: traduca, traduca, traduca, traduciamo, traduciate, traducano
Congiuntivo imperfetto: traducessi, traducessi, traducesse, traducessimo, traduceste, traducessero
Imperativo: traduci, traduca, traduciamo, traducete, traducano
Participio passato: tradotto
Gerundio: traducendo

---

trarre   *to take out*
Indicativo presente: traggo, trai, trae, traiamo, traete, traggono
Imperfetto: traevo, traevi, traeva, traevamo, traevate, traevano
Passato remoto: trassi, traesti, trasse, traemmo, traeste, trassero
Futuro: trarrò, trarrai, trarrà, trarremo, trarrete, trarranno
Condizionale: trarrei, trarresti, trarrebbe, trarremmo, trarreste, trarrebbero
Congiuntivo presente: tragga, tragga, tragga, traiamo, traiate, traggano
Congiuntivo imperfetto: traessi, traessi, traesse, traessimo, traeste, traessero
Imperativo: trai, tragga, traiamo, traete, traggano
Participio passato: tratto
Gerundio: traendo

---

trattenere   *to hold back* (see **tenere**)

---

udire   *to hear*
Indicativo presente: odo, odi, ode, udiamo, udite, odono
Congiuntivo presente: oda, oda, oda, udiamo, udiate, odano
Imperativo: odi, oda, udiamo, udite, odano

---

uscire   *to go out*
Indicativo presente: esco, esci, esce, usciamo, uscite, escono
Congiuntivo presente: esca, esca, esca, usciamo, usciate, escano
Imperativo: esci, esca, usciamo, uscite, escano

---

vedere   *to see*
Passato remoto: vidi, vedesti, vide, vedemmo, vedeste, videro
Futuro: vedrò, vedrai, vedrà, vedremo, vedrete, vedranno
Condizionale: vedrei, vedresti, vedrebbe, vedremmo, vedreste, vedrebbero
Participio passato: visto (veduto)

---

venire   *to come*
Indicativo presente: vengo, vieni, viene, veniamo, venite, vengono
Passato remoto: venni, venisti, venne, venimmo, veniste, vennero
Futuro: verrò, verrai, verrà, verremo, verrete, verranno
Condizionale: verrei, verresti, verrebbe, verremmo, verreste, verrebbero
Congiuntivo presente: venga, venga, venga, veniamo, veniate, vengano
Imperativo: vieni, venga, veniamo, venite, vengano
Participio passato: venuto

---

vivere   *to live*
Passato remoto: vissi, vivesti, visse, vivemmo, viveste, vissero
Futuro: vivrò, vivrai, vivrà, vivremo, vivrete, vivranno
Condizionale: vivrei, vivresti, vivrebbe, vivremmo, vivreste, vivrebbero
Participio passato: vissuto

---

volere   *to want*
Indicativo presente: voglio, vuoi, vuole, vogliamo, volete, vogliono
Passato remoto: volli, volesti, volle, volemmo, voleste, vollero
Futuro: vorrò, vorrai, vorrà, vorremo, vorrete, vorranno
Condizionale: vorrei, vorresti, vorrebbe, vorremmo, vorreste, vorrebbero
Congiuntivo presente: voglia, voglia, voglia, vogliamo, vogliate, vogliano
Imperativo: vogli, voglia, vogliamo, vogliate, vogliano

Gruppo B

These verbs are irregular only in the **passato remoto** and/or the **participio passato**. Regular forms are given in parentheses.

		Passato remoto	Participio passato
accendere	*to light*	accesi	acceso
accorgersi	*to notice*	accorsi	accorto
appendere	*to hang*	appesi	appeso
aprire	*to open*	(aprii)	aperto
assistere	*to help*	(assistei)	assistito

		Passato remoto	Participio passato
attendere	*to wait*	attesi	atteso
chiedere	*to ask*	chiesi	chiesto
chiudere	*to close*	chiusi	chiuso
concludere	*to conclude*	conclusi	concluso
confondere	*to confuse*	confusi	confuso
conoscere	*to know*	conobbi	(conosciuto)
coprire	*to cover*	(coprii)	coperto
correggere	*to correct*	corressi	corretto
correre	*to run*	corsi	corso
crescere	*to grow*	crebbi	(cresciuto)
decidere	*to decide*	decisi	deciso
difendere	*to defend*	difesi	difeso
dipendere	*to depend*	dipesi	dipeso
dipingere	*to paint*	dipinsi	dipinto
discutere	*to discuss*	discussi	discusso
distruggere	*to destroy*	distrussi	distrutto
dividere	*to divide*	divisi	diviso
esplodere	*to explode*	esplosi	esploso
esprimere	*to express*	espressi	espresso
evadere	*to escape*	evasi	evaso
fingere	*to pretend*	finsi	finto
giungere	*to arrive*	giunsi	giunto
illudersi	*to delude oneself*	illusi	illuso
insistere	*to insist*	(insistei)	insistito
leggere	*to read*	lessi	letto
mettere	*to put*	misi	messo
muovere	*to move*	mossi	mosso
nascere	*to be born*	nacqui	nato
nascondere	*to hide*	nascosi	nascosto
offendere	*to offend*	offesi	offeso
offrire	*to offer*	(offrii)	offerto
perdere	*to lose*	persi (perdei) (perdetti)	perso (perduto)
persuadere	*to persuade*	persuasi	persuaso
piangere	*to cry*	piansi	pianto
piovere	*to rain*	piovve	(piovuto)
porgere	*to hand*	porsi	porto
prendere	*to take*	presi	preso
reggere	*to govern*	ressi	retto
rendere	*to give back*	resi	reso
resistere	*to resist*	(resistei)	resistito

		Passato remoto	**Participio passato**
ridere	*to laugh*	risi	riso
risolvere	*to solve*	risolsi (risolvei) (risolvetti)	risolto
rispondere	*to answer*	risposi	risposto
rompere	*to break*	ruppi	rotto
scendere	*to descend*	scesi	sceso
scoprire	*to discover*	(scoprii)	scoperto
scrivere	*to write*	scrissi	scritto
scuotere	*to shake*	scossi	scosso
soffrire	*to suffer*	(soffrii)	sofferto
sorgere	*to rise*	sorsi	sorto
sospendere	*to suspend*	sospesi	sospeso
spegnere	*to turn off*	spensi	spento
spendere	*to spend (money)*	spesi	speso
spingere	*to push*	spinsi	spinto
stendere	*to stretch out*	stesi	steso
succedere	*to happen*	successi	successo
tendere	*to hold out*	tesi	teso
trascorrere	*to spend (time)*	trascorsi	trascorso
uccidere	*to kill*	uccisi	ucciso
vincere	*to win*	vinsi	vinto

This vocabulary contains all the Italian words and expressions that appear in the text, with the exception of the most obvious cognates and the expressions that are glossed in the text itself. Only those meanings that correspond to the text use have been given.

An asterisk * before a verb indicates that the verb requires **essere** in compound tenses. **(isc)** after an **-ire** verb indicates that the verb is conjugated with **-isc-** in the present indicative, present subjunctive, and imperative.

A dash (—) in a phrase indicates that the Italian word appears therein in its basic form, with no article. Articles and changes in form are indicated.

In Italian words of two or more syllables, the stress usually falls on the next-to-last syllable. Exceptions to this rule are indicated by a line below the vowel of the syllable to be stressed.

ABBREVIATIONS

adj	adjective	*inf*	infinitive	*pp*	past participle
adv	adverb	*interj*	interjection	*pr*	passato remoto
conj	conjunction	*inv*	invariable	*prep*	preposition
def art	definite article	*m*	masculine	*subj*	subjunctive
f	feminine	*pl*	plural		

A

abbandonare   to abandon
abbasso   down with
abbastanza   enough
l'abbazia   abbey
l'abbigliamento   clothing
abbracciare   to embrace
l'abbraccio   embrace
abile   able
l'abilità   ability
abitare   to live, reside
abituarsi (a)   to get used (to); **abituato a** used to, in the habit of
l'abitudine   habit
abusivo   unauthorized
*****accadere** (*pr* **accaddi**)   to happen
accanto   nearby; **— a** (*prep*) near
accelerare   to accelerate
accendere (*pp* **acceso**; *pr* **accesi**)   to light; to turn on
l'accendino (**l'accendisigari**)   lighter
accennare   to nod

acceso   turned on
l'accesso   access
l'accessorio   accessory
accettare (**di** + *inf*)   to accept
accidenti!   darn it!
accogliere (*pp* **accolto**; *pr* **accolsi**)   to receive
accomodarsi   to make oneself comfortable
accompagnare   to accompany
accontentarsi   to be content with
accordo   agreement; **d'—!** agreed! **essere d'—** to be in agreement; **andare d'—** to get along; **mettersi d'—** to come to an agreement
accorgersi (di) (*pp* **accorto**; *pr* **accorsi**)   to notice
accusare   to accuse
acerbo   green, unripe
l'acquario   aquarium
l'acquisto   purchase
adagio   slowly
adattarsi   to adapt oneself

adatto   appropriate
addio   farewell
addirittura   simply
addormentarsi   to fall asleep
adeguarsi   to adapt oneself
adesso   now
adolescente   adolescent
adoperare   to use
adulare   to flatter
adulto   adult
l'aeroplano (**l'aereo**)   airplane, plane
l'afa   mugginess
l'affamato   hungry person
l'affare (*m*)   business, bargain
affascinante   fascinating
affermare   to state
l'affermazione (*f*)   statement
affezionato (a)   fond (of)
affidabile   reliable
affittare   to rent
l'affitto   rent; **prendere in —** to rent (as renter)
affollarsi   to gather

affrettarsi to hasten
affrettato hurried
affrontare to face, to confront
l'agenzia agency
aggirarsi to be about
aggiungere (*pp* **aggiunto;** *pr* **aggiunsi**) to add
aggiustare to fix, repair
ahimé alas
aiutare (**a** + *inf*) to help
l'aiuto help
l'albergo hotel
l'albero tree
l'alcolico alcoholic drink
alfine finally
l'alibi (*m*) alibi
allarmato alarmed
allarmarsi to become alarmed
allegro cheerful
l'allenamento training
l'allenatore (*m*) coach
allestire to prepare
allontanarsi to go away, walk away
allora then
allungare to extend
almeno at least
alto tall, high; **in —** high up
l'alto high point
altrimenti otherwise
alzare to raise; **alzarsi** to get up, stand up; **essere alzato** to be up; **stare alzato** to stay up
l'amante (*m or f*) lover
l'amarezza bitterness
l'ambasciatore (*m*) ambassador
l'ambiente (*m*) environment
l'ambulanza ambulance
a meno che unless
l'amica (*f*) friend
l'amicizia friendship; **fare —** to make friends
l'amico (*m*) (*pl* gli **amici**) friend
ammazzare to kill
ammalarsi to get sick
ammettere (*pp* **ammesso;** *pr* **ammisi**) to admit
ammirare to admire
ammobiliare to furnish
l'amore (*m*) love; **per l'— del cielo!** for heaven's sake!; **— proprio** pride
l'anatra duck
anche also, too; even; **— se** even if
ancora still, yet, again
*****andare** to go; **andarsene** to leave, go away
l'andata going; **— e ritorno** round trip
l'anello ring
l'anfiteatro amphitheater
l'angolo corner
l'anima (**l'animo**) soul
l'anno year

annoiarsi to get bored
annoiato bored
annunciare to announce
l'annunciatore (*m*), **l'annunciatrice** (*f*) announcer, speaker
l'annuncio announcement; want ad
annusare to sniff
ansimante panting
l'antibiotico antibiotic
l'anticipo advance; **in —** in advance
antico ancient, antique
l'anticoncezionale (*m*) contraceptive
l'antipatia dislike
antipatico disagreeable, unpleasant, not likeable; **essere — a** not to please
anzi rather; on the contrary
aperto open
l'apice peak
l'apparecchio device
*****apparire** (*pp* **apparso;** *pr* **apparvi**) to appear
l'appartamento apartment
appartenere (*pr* **appartenni**) to belong
appena just, just barely; as soon as
appendere (*pp* **appeso;** *pr* **appesi**) to hang
l'appetito appetite
applaudire (**isc**) to applaud
applicare to fit
l'appoggio support
apposta on purpose
apprendere (*pp* **appreso;** *pr* **appresi**) to learn
apprezzare to appreciate
approfittare to take advantage
l'appuntamento appointment, date
appunto precisely; **per l'appunto** precisely
l'appunto note
aprire (*pp* **aperto**) to open
l'arancia orange
l'arena arena
l'argento silver
l'argomento subject, topic; proof, reasoning
l'aria air
l'arma (*pl* **le armi**) arm, weapon
l'armadio wardrobe
armato armed
arrabbiarsi to get angry
arrampicarsi to climb
l'arredamento home furnishing
arrestare to arrest
arricciare to curl; **— il naso** to turn up one's nose

arrischiare to risk
*****arrivare** to arrive
l'arrivo arrival
*****arrossire** (**isc**) to blush
l'arte (*f*) art
l'articolo article; item; **articoli sportivi** sporting goods
artificiale artificial
l'artigianato craftsmanship
artistico artistic
l'ascensore (*m*) elevator
l'asciugamano towel
asciutto dry
a seconda di according to
l'asilo kindergarten; **— infantile** nursery school
ascoltare to listen, listen to
aspettare to wait (for), expect; **aspettarsi** to expect; **l'aspettativa** expectation
l'aspetto aspect, appearance
l'aspirina aspirin
assassinare to assassinate
l'assegno check
assicurare to assure; **assicurarsi che** (+ *subj*) to make sure
le assicurazioni insurance
assistere (**a**) (*pp* **assistito**) to attend
assoluto absolute
l'assoluzione (*f*) absolution
assomigliare (**a**) to resemble
assumere (*pp* **assunto;** *pr* **assunsi**) to hire, to take on
assurdo absurd
l'atleta (*m or f*) athlete
attaccare to attack; **— discorso** to strike up a conversation
attendere (*pp* **atteso;** *pr* **attesi**) to wait (for)
attento attentive; **stare —** to pay attention
l'attenzione (*f*) attention; **fare —** to pay attention; **—!** watch it!
l'attesa wait
attingere (*pp* **attinto,** *pr* **attinsi**) to draw from
l'atto act, action
l'attore actor
attorno around; **— a** (*prep*) around
attraversare to cross
attraverso across
l'attrice (*f*) actress
attuale contemporary, present
augurare to wish; **augurarsi** to hope
l'augurio good wish
l'aula classroom
aumentare to raise, increase
l'aumento raise
autentico authentic
l'autista (*m or f*) driver
l'autobus (**il bus**) bus

l'automobile (*f*) (**l'auto** *f*) car
l'automobilista (*m or f*) motorist
l'autopubblica taxi
l'autore author
l'autostrada highway
avanti forward; come on; —!
  come in!; **andare —** to go on,
  go ahead
avere (*pr* **ebbi**) to have; **— a noia**
  not to like; **avercela con** to be
  angry at, bear a grudge against
*__avvenire__ (*pp* **avvenuto**; *pr* **avvenni**)
  to happen
l'avvenire (*m*) future
l'avventura adventure
avverarsi to come true
avvertire to inform, warn
avviarsi to start out, set out
avvicinarsi (**a**) to approach,
  go near
l'avvocato lawyer

B

il babbo father, dad
baciare to kiss
il bacio kiss
il baffo moustache
il bagagliaio trunk
bagnarsi to get wet, soaked
bagnato wet
il bagno bath; bathroom; **fare**
  il — to take a bath
balbettare to stammer, stutter
ballare to dance
il ballo dance
il bambino, la bambina child
la bambola doll
la banca bank
la bancarella market stall
il banco school desk
la banda band, gang
il bandito bandit
il bar café
la barba beard
la barca boat; **— a vela** sailboat
barocco Baroque
la barzelletta joke
la basilica basilica
basso low, short
il basso low point
basta enough
*__bastare__ to suffice, last, be enough
il bastimento ship
bastonare to beat with a stick
il bastone stick
battere to beat; **battersi per** to
  fight for
il bebé baby
beffarsi di to make fun of
la bellezza beauty; **che —!** how
  nice!
bello beautiful, fine; **fa —** the
  weather is nice

bene well
il bene good; **fare del —** to do
  good
il benefattore benefactor
la benzina gasoline
bere (*pp* **bevuto**; *pr* **bevvi**) to
  drink
il berretto beret
la biancheria laundry; **— intima**
  lingerie
bianco white
la biblioteca library
il bicchiere glass
la bicicletta bicycle
il biglietto ticket
il bilancio budget
il bimbo, la bimba child
biondo blond
la birra beer
il bisogno need; **avere — di** to
  need
la bistecca beefsteak
bloccare to stop
bloccarsi to get stuck
blu (*inv*) blue
la bocca mouth
bocciare to flunk
bollito boiled
la bomba bomb
il bombardamento bombing
la borsa purse; **— di studio** schol-
  arship; **o la — o la vita!** either
  your money or your life!
il bosco woods, forest
la bottiglieria liquor store
il braccio (*pl* **le braccia**) arm
il brano passage, selection
bravo good, clever, skillful; **fare il**
  — (**la brava**) to be a good boy
  (good girl)
breve short, brief; **in —** in a
  short time
il brigante bandit
brillante shiny
britannico British
il brivido shiver; **avere i brividi** to
  shiver
il bronzo bronze
bruciare to burn
bruno dark-haired; dark
brusco abrupt; brusque
brutto ugly; **fa —** the weather
  is bad
bucato with holes
il buco hole
il bue ox
buffo funny
la bugia lie
bugiardo insincere
il bugiardo liar
buio dark
il buio dark, darkness; **al —** in
  the dark

il burro butter
bussare to knock
la busta envelope
buttare to throw; **— giù** to jot
  down

C

il cacao cocoa
la caccia hunting, hunt; chase;
  andare a — to go hunting; **dare**
  la — a to chase
cacciare to throw out
il cacciatore hunter
*__cadere__ (*pr* **caddi**) to fall
il caffè coffee; café
la caffeina caffeine
il calcio kick; soccer; **dare un — a**
  to kick
caldo hot, warm
il caldo heat; **avere —** to be hot;
  fa — it is hot (weather)
la calligrafia handwriting
la calma calm
il calore warmth
calvo bald
la calza sock, stocking
la calzoleria shoe store
i calzoni pants, trousers
cambiare to change, alter some-
  thing; to exchange; to become
  different; **— casa** to move; **cam-**
  biarsi to change one's clothes
il cambiamento change, alter-
  ation
il cambio change, exchange rate,
  financial transaction; **in —** in
  return
la camera room; **— da bagno**
  bathroom; **— da gioco** play-
  room; **— da letto** bedroom
la cameriera waitress, maid
il cameriere waiter
la camicetta blouse
la camicia shirt
il camion truck
camminare to walk
la campagna country; **in —**
  in(to) the country
la campana bell
il campanello doorbell
il campionato championship
il campione champion
il campo field
il cane dog
il/la cantante singer
il canto singing
la canzone song
capace (**di** + *inf*) capable
i capelli hair
capire (**isc**) to understand
la capitale capital (city)
il capitano captain
*__capitare__ to happen

il capo   head; chief, boss; **da —** from the beginning; **dolore di —** headache

il capolavoro   masterpiece

il cappello   hat

il cappotto   winter coat

la capra   goat

il carabiniere   policeman

la caramella   candy

il carattere   disposition

il carcere   prison

il cardinale   cardinal

carico (*pl* **carichi**)   loaded, burdened

la carità   charity; **per —!** for goodness' sake!

la carne   meat; flesh; **di — e ossa** real

caro   dear; expensive

la carriera   career

la carrozzeria   body (of a car)

la carta   paper; card; **— di credito** credit card; **giocare a carte** to play cards

il cartello   sign (written or printed)

il cartellone   billboard

la cartolina   postcard

il/la cartomante   fortune teller

i cartoni animati   cartoons

la casa   house, home; **a (in) —** at home; **a — di** at, to the house of

la casalinga   housewife

il caso   case; chance; event; **a —** at random; **fare — a** to pay attention to; **per —** by chance

la cassa   case

la cassaforte   safe

la cassetta   tape

la cassiera   woman cashier

il castello   castle

il catalogo   catalogue

la categoria   category

la catena   chain

la cattedra   teacher's desk

la cattedrale   cathedral

la causa   cause, reason; **a — di** because of

il cavallo   horse; **andare a —** to ride a horse

cavare   to take out; **cavarsela** to get by, to manage

il cavolo   cabbage

celebrare   to celebrate

celebre   famous

celibe   single (man)

la cena   supper

cenare   to have supper

la cenere   ash; **ridurre in —** to destroy

il centesimo   cent

il centro   center; **in —** downtown

la cerca   search; **in — di** looking for

cercare   to look for; **— di +** *inf* to try

cerebrale   cerebral, mental

il cerino   waxed match

certo   certain; certainly

la certosa   monastery

cessare (**di +** *inf*)   to stop, cease

il cetriolo   cucumber

chiacchierare   to chat

chiamare   to call; **chiamarsi** to be named

chiaro   light, clear

chiassoso   noisy

la chiave   key; **chiudere a —** to lock

chiedere (*pp* **chiesto;** *pr* **chiesi**)   to ask, ask for; **chiedersi** to wonder

la chiesa   church

chinarsi   to bend down

il chirurgo   surgeon

chissà (**chi sa**)?   who knows?

chiudere (*pp* **chiuso;** *pr* **chiusi**)   to close; to turn off; **— a chiave** to lock

chiuso   closed

il cibo   food

il cielo   sky, heaven; **per l'amor del —!** for heaven's sake!

il ciglio (*pl* **le ciglia**)   eyelash

la ciliegia   cherry

la cima   top, summit; **in — a** at the top of

il cinema (**cinematografo**)   movie theater

la cinepresa   movie camera

il cioccolato   chocolate; **il cioccolatino** chocolate candy

cioè   that is

la cipolla   onion

circa   about, approximately

il circo   circus

il circolo   club

la citazione   quotation

la città   city, town

la civetta   owl

la civiltà   civilization

la classe   students in a course, classroom

il/la cliente   client

la clinica   public hospital

la coda   tail

il cofano   hood (of a car)

cogliere (*pp* **colto;** *pr* **colsi**)   to pick

il cognato   brother-in-law

la colazione   breakfast, lunch; **fare —** to have breakfast/lunch

collaborare   to collaborate

la collana   necklace

il/la collega   colleague

il collettivo   group

il colletto   collar

collezionare   to collect

la collina   hill

il collo   neck

il colloquio   interview

la colonia   camp

la colonna   column

colorato   colored

il colore   color

il colorito   coloring

il colpo   banging; blow; **di —** suddenly

colpire (**isc**)   to strike, hit

il coltello   knife

il comandante   chief

comandare   to order, command

combattere   to fight

come   like, how; as; **— se** as if; **— mai** how come

cominciare   to begin

il/la commensale   dinner guest/companion

commentare   to comment (on)

commerciare   to deal, trade

il commesso   sales clerk

commettere (*pp* **commesso;** *pr* **commisi**)   to commit

il commissario   inspector

commissione d'esame   examining committee

commosso   moved

commovente   moving

commuovere (*pp* **commosso;** *pr* **commossi**)   to move, touch; **commuoversi** to be moved, touched

comodo   comfortable

il comodo   convenience, comfort; **fare i propri comodi** to do as one pleases

la compagnia   company, companionship; **fare —** to keep company

il compagno   companion, friend

***comparire** (*pp* **comparso;** *pr* **comparvi**)   to appear

la compassione   sympathy

compassionevole   sympathetic, understanding

(in) compenso   in return

comperare (**comprare**)   to buy

compiere (**compire**)   to complete

il compito   homework, task; **— in classe** written test

il compleanno   birthday

la complicazione   complication

il complimento   compliment; **fare un —** to pay a compliment

il comportamento   behavior

il componimento   composition

comportarsi   to behave

comprendere (*pp* **compreso;** *pr* **compresi**)   to understand
la comprensione   understanding
comprensivo   understanding, sympathetic
comune   common
comunicare   to communicate
la comunicazione   communication
comunista   communist
concedere (*pp* **concesso,** *pr* **concessi**)   to grant, to allow
concentrare   to concentrate; **concentrarsi** to concentrate one's thoughts
il concessionario   dealer
il concittadino   fellow citizen
concludere (*pp* **concluso;** *pr* **conclusi**)   to conclude
condannare   to condemn
condire (**isc**)   to season
la condizione   condition; **a — che** on condition that
le condoglianze   condolences
la condotta   behavior
il condotto   pipe
il/la conducente   driver
la conferenza   lecture; conference
confessare   to confess; to admit; **confessarsi** to confess to oneself
la confidenza   confidence, secret
confondere (*pp* **confuso;** *pr* **confusi**)   to confuse; **confondersi** to get confused
il confronto   comparison
la confusione   confusion
il congedo   leave of absence
il congresso   conference
coniugato   married
il/la coniuge   spouse
il/la connazionale   compatriot
il/la conoscente   acquaintance
conoscere (*pp* **conosciuto;** *pr* **conobbi**)   to know; to meet
consegnare   to hand over
la conseguenza   consequence
conservare   to keep
il conservatorio   music school
considerare   to consider, examine
la considerazione   consideration, comment
consigliare (**di** + *inf*)   to advise; **— bene/male** to give good/bad advice
il consiglio   advice
la consolazione   consolation
il consultorio   public clinic
consumare   to use; to consume
il consumismo   consumerism
il contadino   farmer, peasant
(in) contanti   cash

contare   to count; **— (di** + *inf*) to plan
contemporaneamente   at the same time
contenere   to contain
contento   glad, content
il contenuto   content
continuare (**a** + *inf*)   to continue
il conto   account; check, bill; **per — suo** by himself/herself
il contorno   side dish
contrario   opposite
contravvenire a   to go against
la contravvenzione   fine, ticket
contro   against
controllare   to check
la contropartita   compensation
la convalescenza   convalescence
conversare   to converse, chat
convincente   convincing
convincere (*pp* **convinto;** *pr* **convinsi**)   to convince
convinto   convinced
coperto   cloudy
la coppia   couple
coprire (**di**) (*pp* **coperto**)   to cover (with)
il coraggio   courage
il corpo   body
correggere (*pp* **corretto;** *pr* **corressi**)   to correct
correre (*pp* **corso;** *pr* **corsi**) to run
il corridoio   corridor
la corsa   race; **di —** running
la corsia   lane; hospital ward
il corsivo   italics
il corso   course; (main) street
cortese   kind, courteous
il cortile   courtyard
corto   short
il corvo   raven
la coscienza   conscience; **avere la — tranquilla** to have a clear conscience
così   so, thus; like this
cosiddetto   so-called
cosmopolita   cosmopolitan
***costare**   to cost
costoso   expensive
costretto   compelled
costringere (**a** + *inf*) (*pp* **costretto;** *pr* **costrinsi**)   to compel
costruire (**isc**)   to build
cotto   cooked
la cravatta   tie
credere   to think, believe
la crema   custard
***crescere** (*pp* **cresciuto;** *pr* **crebbi**)   to grow, grow up
il cristallo   crystal
criticare   to criticize

la crociera   cruise
crudo   raw
il cruscotto   dashboard
il cucchiaio   spoon
la cucina   kitchen
cucinare   to cook
cucire   to sew
il cugino, la cugina   cousin
cuocere (*pp* **cotto;** *pr* **cossi**)   to cook; **— al forno** to bake; **— alla griglia** on the grill; **— a vapore** to steam
il cuoio   leather
il cuore   heart
la cupola   dome
curare   to take care of, treat
la curiosità   curiosity
curioso   curious

D

da   from, by; at (to) the place of; with; since
dannato   darned
il danno   damage
dappertutto   everywhere
dare (*pp* **dato;** *pr* **diedi**)   to give; **— le dimissioni** to resign, to retire; **— un dispiacere** to worry, to trouble (someone); **— un esame** to take an exam; **— retta (a)** to listen to, heed, mark someone's words
dato che   since
il datore di lavoro   employer
davanti   in front; **— a** (*prep*) in front of
davvero   really, indeed
il debito   debt
decidere (**di** + *inf*) (*pp* **deciso;** *pr* **decisi**)   to decide; **decidersi** (**a** + *inf*)   to make up one's mind
decisamente   decidedly
la decisione   decision; **prendere una —** to make a decision
deciso   firm, decided
dedicarsi   to devote oneself
la deduzione   deduction
il delitto   crime
demolire (**isc**)   to demolish
il dente   tooth
il/la dentista   dentist
dentro   inside; **— a** (*prep*) inside
la denuncia (**denunzia**)   turning in, indictment
denunciare (**denunziare**)   to turn in, report
il dépliant   brochure
derubare   to rob (a person)
descrivere (*pp* **descritto;** *pr* **descrissi**)   to describe
il deserto   desert
desiderare   to wish

il desiderio wish, desire
desideroso (**di** + *inf*) desirous, eager
il destino destiny
destro right; **a destra** to the right
di of; — **là** (**lì**) from there
il dialogo dialogue
il diamante diamond
il diario diary
il diavolo devil; **al** — to hell with
dichiarare to state, declare
la dichiarazione statement, declaration
la dieta diet
dietro behind; — **a** (*prep*) behind
difendere (*pp* **difeso**; *pr* **difesi**) to defend
la differenza difference
difficile difficult; improbable
diffondere (*pp* **diffuso**, *pr* **diffusi**) to spread
digerire (**isc**) to digest
digiunare to fast
il digiuno fast
la dignità dignity
dignitoso dignified
****dimagrire** (**isc**) to lose weight
dimenticare (**dimenticarsi**) (**di** + *inf*) to forget
dimostrare to show
i dintorni surroundings
il dio (*pl* **gli dei**) god
il/la dipendente employee
****dipendere** (**da**) (*pp* **dipeso**; *pr* **dipesi**) to depend (on)
dipingere (*pp* **dipinto**; *pr* **dipinsi**) to paint
il diploma secondary school diploma
dire (*pp* **detto**; *pr* **dissi**) to say, tell
diretto bound
dirigere (*pp* **diretto**; *pr* **diressi**) to direct
dirigente executive
diritto, dritto straight
la direzione direction
il diritto right; law; **avere** — **a** to be entitled to
disabitato uninhabited
il disagio discomfort, uneasiness
il disastro disaster
il/la discendente descendant
il disco record
discorrere (*pp* **discorso**; *pr* **discorsi**) to talk; — **del più e del meno** to talk of this and that
il discorso speech, talk
la discoteca discotheque
discreto discreet
la discussione argument; discussion; **avere** (**fare**) **una** — to have an argument

discutere (*pp* **discusso**; *pr* **discussi**) to discuss, argue
disegnare to design, draw
disgraziatamente unfortunately
disgraziato wretched
disgustoso disgusting
disoccupato unemployed
la disoccupazione unemployment
disordinato messy
il disordine disorder, mess
dispendioso expensive
disperato desperate
****dispiacere** to be sorry, to mind
disposto willing, disposed; placed
il disprezzo contempt
dissuadere (*pp* **dissuaso**; *pr* **dissuasi**) to dissuade, to deter
distante (*adv*) far away
distintamente distinctly
distrarre (*pp* **distratto**; *pr* **distrassi**) to distract; **distrarsi** to let one's mind wander
distruggere (*pp* **distrutto**; *pr* **distrussi**) to destroy
disturbare to bother
disubbidire (**isc**) to disobey
la ditta business, firm
la dittatura dictatorship
il dito (*pl* **le dita**) finger
il divano sofa, davenport
****divenire** (*pp* **divenuto**; *pr* **divenni**) to become
****diventare** to become
diverso different; *pl* different, several
divertente amusing
divertire to amuse; **divertirsi** to have a good time
dividere (*pp* **diviso**; *pr* **divisi**) to share; to divide
la divisa uniform
il divieto prohibition
divorziare to divorce
divorziato divorced
la doccia shower; **fare la** — to take a shower
il/la docente teacher
il documento document
dolce sweet
il dolce dessert; **i dolci** sweets
il dollaro dollar
il dolore pain, sorrow; — **di capo** headache
doloroso painful
la domanda question; — **di assunzione** job application; **fare una** — to ask a question
domandare to ask; **domandarsi** to wonder

domani tomorrow
la domenica Sunday
la domestica maid
il domicilio residence; **consegnare a** — to deliver to a customer's house
dominare to control
donare to give (as a present)
la donna woman
dopo after, afterwards
dorato gilt, gold-plated
dormire to sleep
il dormitorio dormitory
il dovere duty
la dozzina dozen
il dubbio doubt
dubitare to doubt; to fear
dunque well then, therefore
durante during
****durare** to last
la durata duration

E

ebbene (*interj*) well
ebreo Jewish
eccellente excellent
eccellere to excel
eccetera (**ecc.**) etcetera (etc.)
l'eccezione (*f*) exception
economico economical
ecco here is, here are; here you are; — **tutto** that's all
l'edificio building
educato well-mannered, polite
l'educazione (*f*) upbringing
effettivamente actually
efficace effective
efficiente efficient
egoista selfish
elastico elastic
l'eleganza elegance
elencare to list
l'elenco list
l'elettrauto electrical parts repair shop
l'elettrodomestico appliance
emarginato excluded
l'emergenza emergency
emigrare to emigrate
energico energetic
enorme enormous
entrambe/i both
****entrare** to go in, come in; — **in vigore** to go into effect (of law)
l'entrata entrance
eppure and yet
l'erba grass
ereditare to inherit
l'eremo hermitage
erigere (*pp* **eretto**; *pr* **eressi**) to build, to erect
l'eroina heroine
l'errore (*m*) mistake

esagerare to exaggerate

l'esame (*m*) exam; **dare (fare) un — to take an exam; — del sangue** blood test; **— di riparazione** make-up exam

esasperante exasperating

esatto correct

esclamare to exclaim

l'esclamazione (*f*) exclamation

l'esempio example

l'esercito army

esibirsi (**isc**) to perform

esigente demanding

esigere (*pp* **esatto**) to demand, insist

l'esigenza demand

l'esilio exile

esitare to hesitate

l'espediente (*m*) expedient, resource, device; **vivere di espedienti** to live by one's wits

l'esperimento experiment

*****esplodere** (*pp* **esploso**; *pr* **esplosi**) to explode

l'esplosione (*f*) explosion

esprimere (*pp* **espresso**; *pr* **espressi**) to express

essenziale essential

*****essere** (*pp* **stato**; *pr* **fui**) to be

l'est (*m*) east

l'estate (*f*) summer

estero foreign; **all'—** abroad; **dall'—** from abroad

l'età age

eterno eternal

*****evadere** (*pp* **evaso**; *pr* **evasi**) to escape

evidente evident

eventuale possible

l'evidenza evidence

evitare to avoid

evolutivo developmental

F

fa ago

la fabbrica factory

la faccenda matter; **le faccende di casa** household chores

la faccia face

facile easy; likely

la facoltà college, school

il fagiolino string bean

il fagiolo bean

fallire (**isc**) to fail, be unsuccessful, go bankrupt

il fallo fault; **senza —** undoubtedly

falso false

la fame hunger; **avere —** to be hungry

famoso famous

il fango mud

la fantascienza science fiction

la fantasia imagination, fantasy

fantasticare (**di** + *inf*) to imagine

fare (*pp* **fatto**; *pr* **feci**) to do, make; **— arrabbiare** to make someone angry; **— bene (male) a** to be good (bad) for; **— sì che** + *subj* to cause; **— tardi** to be late; **— + ** *def art* **+ ** *noun* to be a (+ *profession*); **farcela** to make it, to manage; **non farcela** not to cope, to be unable to go on; **farcela a** + *inf* to manage to do something; **farsi capire** to make oneself understood; **— male** to get hurt; **— farsi operare** to undergo surgery

i fari headlights

la farina flour

il fascino charm

il fascismo fascism

il fastidio nuisance, bother; **dare — (a)** to bother

il fatto fact, matter

la fava broad bean

la favola fable, fairy tale

favoloso fabulous

la febbre fever; **avere la —** to have a fever

felice happy

femminile feminine

il femminismo feminism

le ferie holidays, vacation

ferirsi to injure oneself

il ferito, la ferita wounded, injured person

fermare to stop; **fermarsi** to stop, come to a halt

la fermata stop (bus, streetcar, train)

fermo stopped; **fermi tutti!** no one move!

ferreo of iron

il ferro iron

la festa party, holiday

festeggiare to celebrate

fiaba fairy tale

la fiamma flame

il fiammifero match

il fidanzato, la fidanzata fiancé, fiancée

fidarsi (di) to trust

la fiducia confidence, trust; **avere — in** to trust

la fiera fair

la figura figure; **fare bella —** to look smart, elegant

la figurina trade card

la fila row

il film movie, film

filtrato filtered

il finale ending

finalmente at last

il finanziere financier

finché (non) (*conj*) till, until

la fine end

la finestra window; **il finestrino** train window

fingere (**di** + *inf*) (*pp* **finto**; *pr* **finsi**) to pretend

finire (**isc**) to finish, end

fino a (*prep*) till, until; as far as

finora until now

la finta pretense; **fare — di** (+ *inf*) to pretend

finto fake, false

il fiocco tassel; **con i fiocchi** excellent

il fiore flower; **in —** in bloom

fiorentino Florentine

firmare to sign

fischiare to whistle (5 to boo, in U.S.A.)

fissare to establish; **— un appuntamento** to make an appointment

fitto thick

la flanella flannel

la foca seal

la foglia leaf

il foglio sheet (of paper)

la folla crowd

fondare to found

il fondatore founder

il fondo background; bottom; end; **in —** in the background; in reality; **in — a** at the bottom of, at the end of

la forchetta fork

la foresta forest

il forestiero stranger

la forma shape; **essere in —** to be in good shape

il formaggio cheese

la formica ant

forse perhaps, maybe

forte strong; fast; *adv* loudly, fast

la fortuna luck, fortune; **per —** luckily, fortunately

fortunato lucky, fortunate

la forza strength; **—!** come on!

la foschia haze

la fotografia (la foto) photograph; **fare una —** to take a picture

il fotoromanzo romance magazine that uses photos

fra between; in

il fragore roar

il francobollo stamp

la frase sentence; phrase

il fratello brother

la frattura fracture

freddo cold

il freddo cold; **avere —** to be cold; **fa —** it is cold (weather)

frenare to brake
il freno brake
frequentare to attend (school)
frequente frequent
fresco fresh, cool
la fretta haste, hurry; **in —** in a hurry; **avere —** to be in a hurry
il frigorifero (il frigo) refrigerator
fritto fried
il frumento wheat
la frutta fruit
il fucile gun
*__*fuggire__** to flee, run away
fumare to smoke
il fumetto comic strip
il fumo smoke, smoking
funzionare to work, function
fuori out, outside; **— di** (*prep*) outside
il furto robbery

G

la gamba leg
garantire (**isc**) to guarantee
il gatto cat
gelato frozen
il gelato ice cream
il gelo frost
geloso jealous
il gemello twin
il generale general
la generazione generation
il genere kind
i generi alimentari food items
il genero brother-in-law
generoso generous
il genitore parent
la gente people
gentile kind
il gentiluomo gentleman
il gesto gesture
gettare to throw
già already, yet; sure, of course; **non —** certainly not
la giacca jacket, short coat
giallo yellow
il giallo thriller (movie or book), detective story
il giardiniere gardener
il giardino garden
il ginocchio (*pl* **le ginocchia**) knee
giocare to play; **— a** to play (a game, sport)
il giocattolo toy
il gioco game
la gioia joy
il gioielliere jeweler
il gioiello jewel
il giornale newspaper
il/la giornalista journalist

la giornata day; **— feriale** weekday; **— festiva** holiday; **— lavorativa** working day
il giorno day; **al — d'oggi** nowadays; **di —** during the day
la giostra merry-go-round
il/la giovane young person
il giovanotto young man
la giovinezza youth
girare to turn; to go around; to visit; **girarsi** to turn around
il giro tour; **fare un —** to take a tour
la gita short trip; **fare una —** to take a short trip
giù down
giudicare to judge
il giudice judge
il giudizio judgment
*__*giungere__** (*pp* **giunto**; *pr* **giunsi**) to arrive
giurare to swear, promise
giusto right, correct
godere to enjoy
la goccia drop
il golf sweater
il golfo gulf
gonfio swollen
la governante governess
gradire (**isc**) to enjoy, appreciate, welcome
il grado state, condition; rank; **essere in —** (**di** + *inf*) to be in a position to
grande big, great
grandinare to hail
la grandine hail
il grano wheat
il granturco corn
grasso fat, greasy
gratis (*adv*) free
la gratitudine gratitude
gratuitamente free
gratuito (*adj*) free
grave serious
la gravidanza pregnancy
grazie thanks, thank you
greco (*pl* **greci**) Greek
gridare to shout, scream
grigio grey
la griglia grill
grosso big
guadagnare to earn
il guaio trouble, predicament
il guanto glove
guardare to look (at)
la guarigione recovery
*__*guarire__** (**isc**) to get well
il guasto trouble, breakdown
la guerra war
guidare to drive
gustare to enjoy, savor, appreciate
il gusto taste

gustoso tasty

I

l'idea idea
identico identical
idiota idiotic, stupid
ieri yesterday
illudersi (*pp* **illuso**; *pr* **illusi**) to delude oneself
illuminare to light something up; **illuminarsi** to light up
l'illusione (*f*) illusion, delusion
illustrare to illustrate
imbarazzato embarrassed
l'imbarazzo embarrassment
imbattibile unbeatable
imbucare to mail
immaginare, immaginarsi to imagine
immaturo immature
imparare (**a** + *inf*) to learn
*__*impazzire__** (**isc**) to go crazy
impedire (**isc**) (**di** + *inf*) to prevent
l'impegno obligation, commitment
impersonale impersonal
l'impiegato clerk; **— statale** public servant
l'impiego employment, job
imporre (*pp* **imposto**; *pr* **imposi**) to impose, to require
importante important
*__*importare__** to matter
impossibile impossible
impostare to mail
imprecisato undetermined, undefined
impressionare to scare
l'impressione (*f*) impression
imprestare to lend; **farsi —** to borrow
imprevisto unforseen, unexpected
improvviso sudden; **all'—** suddenly
inaugurare to open
l'incantesimo spell
incapace incapable
l'incendio fire
incerto uncertain
l'inchiesta inquiry
l'incidente (*m*) accident
incominciare to begin
l'incomunicabilità inability to communicate
incontrare to meet
l'incontro meeting
incoraggiare (**a** + *inf*) to encourage
l'incubo nightmare
incuriosire (**isc**) to make curious

l'indiano Indian
indiavolato infernal
indicare to point at, indicate
indietro back
indirizzarsi to address oneself
l'indirizzo address
indistinto unclear
indisturbato undisturbed
indovinare to guess
indotto induced
l'industriale (*m or f*) industrialist
l'infanzia childhood
infastidito annoyed
infelice unhappy
l'inferno hell
l'infezione (*f*) infection
infischiarsi di not to care about
l'inflazione (*f*) inflation
informarsi to inquire
ingannare to swindle, deceive
l'ingegnere (*m*) engineer
l'ingegneria engineering
l'ingessatura cast
l'ingiustizia injustice
ingiusto unjust
l'ingresso entrance, admission
***ingrassare** to get fat, put on weight
iniziare to start, to begin
l'inizio beginning
l'iniezione shot; **fare un'—** to give a shot
innamorarsi (di) to fall in love (with)
innamorato in love; **essere — (di)** to be in love (with)
innestare to engage; **— la marcia** to engage the clutch
inoltre also, moreover
l'insegna sign (over stores or public places)
l'insegnamento teaching
l'insegnante (*m or f*) teacher
insegnare to teach
inserire (isc) to insert
l'inserzione (*f*) want ad
insicuro insecure
insieme together; **— a** (*or* **con**) together with
insipido tasteless
insistere (*pp* **insistito**) to insist
insolito unusual
insomma in short, anyway
insopportabile unbearable
l'insuccesso failure
l'insufficienza failing grade
insultare to insult
l'insulto insult
intendere to mean; **intendersi di** to be knowledgeable about; **— (+ *inf*)** to plan
l'intenzione (*f*) intention; **avere — di + *inf*** to intend

interessante interesting
interessare to interest; **interessarsi (a** *or* **di)** to be interested (in)
interno internal
intero entire
l'interprete (*m or f*) interpreter
interrogare to interrogate, question
l'interrogazione oral test
interrompere (*pp* **interrotto;** *pr* **interruppi**) to interrupt
***intervenire** (*pp* **intervenuto;** *pr* **intervenni**) to intervene
l'intervista interview
intervistare to interview
intimo intimate
intorno around; **— a** (*prep*) around
introdurre (*pp* **introdotto;** *pr* **introdussi**) to introduce, insert, bring in
l'intuito intuition
inutile useless
invano in vain
invariabile invariable
invece instead, on the contrary; **— di** instead of
l'inventore (*m*) inventor
l'inverno winter; **d'—** in winter
inviare to send
invidiare to envy
invitare to invite
l'invitato guest
l'invito invitation
irritato irritated
iscriversi (*pp* **iscritto;** *pr* **iscrissi**) to register
l'iscrizione (*f*) inscription, registration
l'isola island
l'isolamento isolation
isolare to isolate
l'ispirazione (*f*) inspiration
l'istante (*m*) instant, moment
l'istituto department; **— professionale** trade school
istruire (isc) to instruct, educate
istruito educated
l'istruzione (*f*) education
l'itinerario itinerary

L

là there
il labbro (*pl* **le labbra**) lip
il ladro thief
laggiù down there
il lago lake
lamentarsi (di) to complain (about)
la lampadina light bulb
il lampo lightning
lanciare to throw

largo wide, broad
lasciare to leave; to let; **— cadere** to drop; **— in pace** to leave alone; **— stare (perdere)** to leave alone
lassù up there; **di —** from up there
il lato side; **ai lati** on the sides
la laurea university degree
laurearsi to graduate (from a university)
la lavagna blackboard
lavare to wash; **lavarsi** to wash up
la lavastoviglie dishwasher
la lavatrice washing machine
lavorare to work
il lavoratore / la lavoratrice worker
il lavoro work, job
leale loyal; fair
legare to tie
la legge law
leggere (*pp* **letto;** *pr* **lessi**) to read
leggero light
il legno wood
lento slow
il leone lion
la lepre hare
la lettera letter; **alla —** literally; **le lettere** humanities; **fare lettere** to study humanities
il letterato man of letters
il letto bed; **a —** in bed
la lettura reading
lì there
la libbra pound
liberare to free
il libretto universitario grade record book
la licenza permit
licenziare to fire, to dismiss
il liceo prep school
libero free
lieto glad
la lingua language
il liquore liqueur, liquor
liscio straight (hair)
litigare to argue, quarrel
il litigio quarrel
il locale place, premises
lodare to praise
la lode praise
logico logical
lontano far
la lotta fight
la luce light
lucido clear
il lume light
il/la luminare famous professional
la luna moon; **— di miele** honeymoon; **avere la — (le lune) per traverso** to be in a bad mood

il luna-park amusement park

lungo long; along; **a —** a long time

il luogo place; **avere —** to take place

M

ma but

macché nonsense; not on your life

la macchia blur; spot, stain

macchiato spotted, stained

la macchina car; machine

la maestà majesty

il maestro/la maestra elementary school teacher

magari if only, perhaps

maggiore bigger, greater; older

maggiorenne of age

la magia magic spell

magico magic

magro thin, skinny, lean

mai ever; **non... —** never

il maiale pig, pork

malato sick, ill; **— di** sick with

la malattia sickness, illness

male (*adv*) badly, poorly

il male pain; disease; **— di testa** headache; **fare del male** to hurt/damage (someone); **farsi —** to get hurt; **andare a —** to spoil, go bad

malinconico sad

il maltempo bad weather

la mancanza lack, absence

***mancare** to lack; **— di** + *inf* to fail, neglect

la mancia tip

mandare to send

mangiare to eat; **dare da —** to feed

la mania mania, craze

la maniera way, manner

la mano (*pl* **le mani**) hand; **mani in alto!** stick 'em up!; **sotto —** handy; **stringere la — a** to shake hands with

la manovra maneuver

mantenere (*pp* **mantenni**) to support; to keep; **— una promessa** to keep a promise; **— una scommessa** to stick to a bet

il mappamondo globe

la marachella prank

la marcia march, running; **in —** marching

il marciapiede sidewalk

il mare sea

la margarina margarine

la marinara sailor suit

il marito husband

marittimo maritime

la marmellata jam, preserve, marmalade

il marmo marble

marrone (*inv*) brown

il martirio martyrdom

il marzapane marzipan candy

il marziano Martian

mascherato masked

maschile masculine

masticare to chew

la materia subject

materno maternal

la matricola (*m or f*) freshman

il matrimonio wedding, matrimony

il mattino (**la mattina**) morning

la maturità standardized final secondary school exam

maturo mature

il meccanico mechanic

la medicina medicine; **— di stato** public health care

il medico doctor, physician

meditare to meditate

meglio (*adv*) better; **fare — a +** *inf* to be better off doing something

il melone melon

meno less; **essere da —** to be inferior; **fare a — di** to do without; **non posso fare a — di** + *inf* I cannot help doing (something)

la mensilità monthly payment

la menta peppermint, mint

mentalmente mentally

la mente mind; **venire in —** to come to mind

mentre while

la meraviglia marvel, wonder, surprise

meraviglioso marvelous

la merce merchandise, goods

la merenda snack

meritare to deserve

il merito merit

mescolarsi (**a**) to get mixed (with)

il mese month

il messaggero messenger

il mestiere job, trade

la metà half

il metallo metal

mettere (*pp* **messo;** *pr* **misi**) to put; **mettersi** to put on; **— a +** *inf* to start

la mezzanotte midnight

mezzo half; **in — a** between, amidst, in the middle of

il mezzogiorno noon

mica at all

il miele honey

il miglio (*pl* **le miglia**) mile

migliorare to improve

il miliardo billion, a thousand million

la minaccia threat

minore smaller, lesser; younger

minorenne minor, under age

il minuto minute

miope nearsighted

il miracolo miracle

la misericordia mercy

la missione mission

la misura measurement; amount; size

il mobile piece of furniture; **i mobili** furniture

la moda fashion

modificare to modify, change

il modo way, manner; **ad ogni —** at any rate

la moglie wife; **chiedere in —** to ask in marriage

il momento moment

il monastero monastery

il mondo world

la moneta coin

la montagna mountain; **in —** in(to) the mountains

montare to mount

***morire** (*pp* **morto**) to die

la morte death

morto dead

il morto, la morta dead person; **un — di fame** a good-for-nothing

mostrare to show

il motivo reason

la motocicletta (**la moto**) motorcycle

la motonave motorboat

il motore motor

il motoscafo speedboat

la mucca cow

il mucchio pile; **un — di** a lot of

la multa fine, ticket

il mulino mill

muovere (*pp* **mosso;** *pr* **mossi**) to move; **muoversi** to move, change place

il muro wall

la musica music

il/la musicista musician

mutare to change

muto silent, dumb

il mutuo mortgage

N

***nascere** (*pp* **nato;** *pr* **nacqui**) to be born

la nascita birth

nascondere (*pp* **nascosto;** *pr* **nascosi**) to hide; **nascondersi** to hide oneself

il nascondiglio hiding place

nascosto hidden; **di —** secretly

il naso nose

il nastro ribbon

natale native
il Natale Christmas
naturale natural
la nave ship
la nebbia fog
necessario necessary
negare to deny
il negozio store, shop
il nemico (*pl* **i nemici**) enemy
il neonato newborn
neppure not even
nero black
il nervo nerve
il nervosismo nervousness
la neve snow
nevicare to snow
il nido nest; day care center
niente nothing
il/la nipote nephew; niece;
   grandchild
nobile noble
la nocciola hazelnut
la noia annoyance; **avere a —** not
   to like; **dare — a** to bother;
   prendere a — to take a dislike
   to; **venire a —** to become a
   bother
noioso boring
noleggiare to rent (movable
   things)
il noleggio rent
il nolo fee for rental; **prendere a
   —** to rent
il nome name
nominare to appoint; to mention
non not; **— ... affatto** not at all;
   — ... che only
il nonno, la nonna grandfather,
   grandmother
nonostante in spite of
la norma rule
normale normal
notare to notice; **farsi —** to at-
   tract attention
la notizia piece of news; **le
   notizie** news; **avere notizie
   di** (**ricevere notizie da**) to hear
   from
noto well-known
la notorietà notoriety
la notte night; **di —** at night;
   la — at night
la novella short story
le nozze wedding, nuptials;
   viaggio di — honeymoon
nubile single (woman)
il/la nudista nudist
nulla nothing
numeroso numerous
la nuora sister-in-law
nuovo new; **di —** again
nutrirsi di to feed on
la nuvola cloud

<h1 style="text-align:center">O</h1>

obbedire (**isc**) to obey
obbligare (**a** + *inf*) to oblige
obbligatorio mandatory
l'obiezione objection; **fare —** to
   raise objection
l'occasione (*f*) opportunity,
   bargain
gli occhiali glasses
l'occhiata glance
l'occhio eye
*****occorrere** (*pp* **occorso**; *pr* **occorsi**)
   to need
occulto hidden
occupare to occupy; **occuparsi di**
   to take care of, attend to
occupato busy
odiare to hate
l'odore (*m*) smell
offendere (*pp* **offeso**; *pr* **offesi**) to
   offend; **offendersi** to take of-
   fense
l'offensiva offensive
l'offerta offer
offrire (*pp* **offerto**) to offer
l'oggetto object
oggi today; **al giorno d'—** nowa-
   days
ogni every; **— tanto** now and
   then
oltre beyond; **— a** besides, in ad-
   dition to; **— tutto** after all
l'ombrello umbrella
l'onda wave; **andare in —** to go
   on the air
onorare to honor
l'opera work; opera
l'operaio worker, workman
operistico operatic
l'opinione (*f*) opinion
opporre (*pp* **opposto**; *pr* **opposi**)
   to oppose
opportuno appropriate
opposto opposite
l'opposto opposite
oppure or
ora now
l'ora hour, time
l'orario schedule; **in —** on
   schedule
ordinare to order
l'ordine order; **mettere in —** to
   straighten
l'orecchio ear
ormai by now
l'oro gold
l'orologeria clock mechanism
l'orologio watch; clock
orribile horrible
l'orso bear
l'ortaggio vegetable
l'orto vegetable garden
l'ortopedia orthopedics

osare to dare
l'ospedale (*m*) hospital
l'ospite (*m or f*) house guest
osservare to observe, watch,
   point out
l'osso (*pl* **le ossa**) bone
ostinato obstinate, stubborn

<h1 style="text-align:center">P</h1>

il pacco package
la pace peace, calm; **lasciare in
   —** to leave alone
il paesaggio landscape
il paese village; country; **il pae-
   sello** little village
pagare to pay; **farsi —** to charge
la pagella report card
la pagina page; **a —** ... on page . . .
il paio (*pl* **le paia**) pair, couple
il palazzo palace; apartment
   house
la palla ball; **il pallone** big ball
pallido pale
il pallino polka dot; **a pallini**
   polka-dotted
il palmo palm
il paltò winter coat
la panchina bench
la panna cream
il panorama panorama, view
i pantaloni pants, trousers
la pantofola slipper
il papa pope
il papà daddy
il parabrezza windshield
il paradiso paradise
il paradosso paradox
il paragone comparison
la parcella prefessional fee
il parco park
parecchio a lot of; *pl* several
il/la parente relative
*****parere** (*pp* **parso**; *pr* **parvi**) to seem
il parere opinion
la parità equality; **— dei diritti**
   equal rights
parlare to speak, talk; **— di** to
   talk about
il parmigiano Parmesan cheese
la parola word
il parrucchiere hairdresser
la parte part, side; **d'altra —** on
   the other hand; **dalla — di** in
   the direction of; **da una —** on
   one side; **fare —** to be a part; **la
   maggior — di** most
partecipare (**a**) to participate
   (in)
la partenza departure
particolare particular; out of
   the ordinary, unusual; **in —**
   particularly
il particolare detail

Vocabolario   ᘐᕽ   407

*partire   to leave, go on a trip, depart

la partita   game

il partito   political party

il parto   childbirth

il passaggio   passing; lift; di — passing through; chiedere un — to hitchhike, ask for a lift

il/la passante   passerby

il passaporto   passport

passare   to spend (time); to stop by, pass by, go by

il passatempo   pastime

la passeggiata   walk; fare una — to take a walk

il passo   step; commettere un — falso to do the wrong thing; fare due passi to take a short walk

la pasticceria   pastry shop

la pasta   pastry

la pastiglia   tablet

il pasto   meal

il pastore   shepherd

la patata   potato

la patente   driver's license

paterno   paternal, on one's father's side

la paura   fear; avere — (di) to be afraid (of)

il pavimento   floor

la pazienza   patience; avere — to be patient

pazzo   mad, crazy

peccato   too bad

il peccato   sin

la pecora   sheep

il/la pediatra   pediatrician

il pegno   token

la pelle   skin; leather

la pelletteria   leather store

la pelliccia   fur coat

la pellicola   movie, film

la penna   pen; una buona — a good writer

pensare (a)   to think (about); — di (qualcosa o qualcuna) to have an opinion on (something or somebody); — di + inf to plan

il pensiero   thought; essere (stare) in — per to worry about

la pensione   inexpensive hotel; andare in — to retire

il pentimento   regret

pentirsi (di)   to repent, regret

il pepe   pepper

il peperoncino   chili

il peperone   pepper

per   for

la pera   pear

perché   why, because; so that

perciò   therefore

il percorso   route

perdere (pp perso; pr persi) to lose; — il treno to miss the train; — di vista to lose touch with

la perdita   loss

perfetto   perfect

perfezionarsi   to improve oneself

il pericolo   danger

pericoloso   dangerous

il periodo   period

la perla   pearl

la permanenza   stay

il permesso   permission

permettere (pp permesso; pr permisi)   to allow; potersi — to be able to afford

però   however

perplesso   perplexed

persino   even

la persona   person; pl people

il personaggio   important person; character

persuadere (a + inf) (pp persuaso; pr persuasi)   to convince

pesare   to weigh

la pesca   peach

pescare   to fish

il pesce   fish

il peso   weight

il pettegolezzo   gossip; fare pettegolezzi to gossip

pettinare   to comb

il petto   chest

il pezzo   piece

*piacere (pp piaciuto; pr piacqui) to like

il piacere   pleasure; fare — a to give pleasure to, to please

piacevole   pleasant

piangere (pp pianto; pr piansi)   to cry

piano (adv)   slowly

il piano   floor, story; plan; surface; piano; — regolatore town plan

piantarla   to stop it; piantala! stop it!

la pianura   plain

il piatto   dish, plate; il primo/il secondo — first/second course

la piazza   square

piccante   spicy

picchiare   to beat

piccino   tiny

piccolo   small, little; da — as a young boy

il piede   foot; andare (venire) a piedi to walk, go on foot; essere in piedi to be up; stare in piedi to stand

pieno   full

la pietà   pity

la pioggia   rain

piovere (pp piovve)   to rain

la pipa   pipe

il pittore   painter

la pittura   painting

pitturare   to paint

più   more; plus; non — no more, no longer; sempre — more and more

il più   the greater part; parlare del — e del meno to talk about this and that

la piuma   feather

piuttosto   rather

la plastica   plastic

poco   not much; fra — shortly; un — (un po') a little

il poema   poem

la poesia   poem; poetry

il poeta   poet

poggiato   placed

poi   then, afterwards

polacco   Polish

la politica   politics; policy

politico   political; uomo — politician

la polizia   police

il poliziotto   policeman

il polso   pulse, wrist

la poltrona   armchair

la polvere   powder; dust

il pompiere   fireman

il ponte   bridge

popolare   popular

il popolo   people (of a country)

porgere (pp porto; pr porsi) to hand, give, extend

porre (pp posto; pr posi)   to put; — a termine to finish

la porta   door

il portafogli   wallet

portare   to bring, take, carry, accompany; to wear

il portico   arcade

la portiera   door (of a car)

posare   to put down

le posate   silverware

la posizione   job, position, standing

possedere   to own, possess

la posta   mail; le poste postal services

il posteggio   parking place

il postino   mailman

il posto   place; a — in order, in place; — di lavoro position

potente   powerful

potere   to be able; non poterne più (di) not to be able to take

il potere   power

povero   poor

pranzare   to dine, have dinner

il pranzo   dinner

la pratica practice; **fare —** to practice
la precauzione precaution; **per —** as a precaution
precipitarsi to rush
preciso precise
la predica sermon
predire (*pp* **predetto**; *pr* **predissi**) to foretell
la preferenza preference
preferire (**isc**) to prefer
pregare (**di** + *inf*) to pray, beg
il pregiudizio prejudice
premiare to reward
il premio prize
la premura haste, hurry; concern
prendere (*pp* **preso**; *pr* **presi**) to take, pick up; to have (food); **prendersela** to take offense
preoccupare to worry, trouble; **preoccuparsi** (**di**) to be concerned, to worry (about)
preoccupato worried
la preoccupazione worry
preparare to prepare
la prepotenza arrogant action, bullying
presentare to present, introduce, get people acquainted
il presente person present
la presenza presence; **alla — di** in the presence of
presso near, at
il prestito loan
la prestazione performance; service
presto (*adv*) early, soon, quickly; **al più —** as soon as possible; **fare — a** + *inf* to do something quickly
il prete priest
pretendere (*pp* **preteso**; *pr* **pretesi**) to demand, expect
la pretesa demand
prevedere (*pp* **previsto**; *pr* **previdi**) to foresee, forecast
prezioso precious
il prezzo price
la prigione prison, jail
il prigioniero prisoner
prima before; **— di** (*prep*) before; **— o poi** sooner or later
il primato record
la primavera spring
il principe prince
la principessa princess
il principio beginning; **in —** at the beginning
probabile probable
il problema problem
processare to try (in a court of law)
il prodotto product

produrre (*pp* **prodotto**; *pr* **produssi**) to produce
la professione profession
il/la professionista professional
profondo deep
il profumo perfume
il programma program
proibire (**isc**) (**di** + *inf*) to prohibit
la proibizione prohibition
la proiezione projection
la promessa promise
promettere (**di** + *inf*) (*pp* **promesso**; *pr* **promisi**) to promise
promosso successful
pronto ready; **il — soccorso** emergency room
pronunciare to pronounce
il proposito purpose; **a —** by the way; **a — di** with regard to, apropos of
la proposta proposal
il proprietario owner
proprio own; (*adv*) truly, really, exactly
il prosciutto cured ham
proseguire to continue
prossimo next
il/la protagonista protagonist
protestare to protest
la prova test, trial; rehearsal
provare to try, try on, try out; to feel; **— a** + *inf* to try
*****provenire** (*pp* **provenuto**; *pr* **provenni**) to come (from)
la provvista supply
la prudenza prudence
la/lo psichiatra psychiatrist
pubblicare to publish
pubblico public
il pugno fist; punch; **dare un — a** to punch
pulire (**isc**) to clean
punire (**isc**) to punish
la punta tip
la puntata installment
il punto point, stitch; **— di vista** point of view
puntuale punctual, on time
la puntura sting, injection
pure also; (*with imperative*) by all means, go ahead
purtroppo unfortunately

Q

qua, qui here
il quadrato square
il quadro painting
la qualifica qualification
qualsiasi any
quando when; **da —** since
quanto how much; as; **— a noi** as for us; **per —** although; as far

as; **per — possibile** as much as possible
quasi almost, nearly; **— (che)** as if
i quattrini money
la quiete calm
quieto quiet
quindi then; therefore
quotidiano daily

R

la rabbia anger
il raccolto harvest
raccomandare to recommend; **raccomandarsi** (**a**) to depend on; to ask favors of
raccontare to tell, narrate, recount, relate
il racconto tale, short story
il radio radium
la radio radio
la radiografia x-ray
radunare to gather
il raffinato refined man
il raffreddore cold; **avere il —** to have a cold; **prendere un/il —** to catch a cold
raggiante radiant, beaming
il raggio ray
raggiungere (*pp* **raggiunto**; *pr* **raggiunsi**) to reach
la ragione reason; **avere —** to be right; **dare — a qualcuno** to concede that someone is right
il ragioniere accountant
rallentare to slow down
rammendare to mend
il ramo branch
il ranocchio frog
la rapa turnip
il rapimento kidnapping
rapinare to rob (a person)
rapire (**isc**) to kidnap
rapito enraptured, entranced
il rapporto relationship
rappresentare to represent
raro rare
rassegnarsi to resign oneself
la razza kind, race
il razzo rocket
il re (*pl* **i re**) king
reagire (**isc**) to react
reale real
realizzare to realize, achieve
la realtà reality; **in —** actually
recarsi to go
recitare to play, act
la réclame advertising
la reclusione imprisonment
il redattore editor
il reddito income
referenziato with references
regalare to give (as a gift)

il regalo gift; **fare un — a** give a gift to
reggere (*pp* **retto;** *pr* **ressi**) to govern
il/la regista movie director
il registro register
la regola rule
il regolamento rule
regolarmente regularly
il relatore thesis advisor
rendere (*pp* **reso;** *pr* **resi**) to return, give back; **— + *adj*** to make; **rendersi conto** (**di**) to realize, understand
la repubblica republic
la residenza residence
respinto failed
respirare to breathe
il respiro breath
responsabile (**di**) responsible (for)
il/la responsabile responsible party
*****restare** to remain, stay
restaurare to restore
restituire (**isc**) to return, give back
il resto change, money given back; rest, remainder
la rete net, network; **— televisiva** TV channel
retribuito paid
il retrovisore rear-view mirror
retta; dare — a to listen to, heed
rialzarsi to get up again
riaprire (*pp* **riaperto**) to reopen
ribattere to retort
ribelle rebellious
il ribrezzo disgust
la ricerca research
la ricetta (**medica**) prescription
riccio curly
ricco rich
ricevere to receive
il richiamo call
la richiesta request
riconoscere (*pp* **riconosciuto;** *pr* **riconobbi**) to recognize
ricopiare to copy
ricordare to remember; **— qualcosa a qualcuno** to remind someone of something; **ricordarsi** (**di**) to remember
il ricordo memory
*****ricorrere** (*pp* **ricorso;** *pr* **ricorsi**) to recur, occur
ricoverare to hospitalize
ridere (**di**) (*pp* **riso;** *pr* **risi**) to laugh (at)
ridicolo ridiculous
ridurre (*pp* **ridotto;** *pr* **ridussi**) to reduce; **— in cenere** to turn to ashes, to destroy

rievocare to recall
riempire (**di**) to fill (with); **riempirsi** (**di**) to get filled (with)
rifare (*pp* **rifatto;** *pr* **rifeci**) to do again
rifiutare (**rifiutarsi**) (**di** + *inf*) to refuse
riflettere to think
la riga stripe; **a righe** striped
riguardare to concern
riguardo a on the subject of
la rima rhyme
rimandato a settembre failed in one or more subjects
*****rimanere** (*pp* **rimasto;** *pr* **rimasi**) to remain; **— contento** to be satisfied
rimproverare to reprimand, scold
ringraziare (**di**) to thank (for)
rinnovare to renew
rinunciare (**a**) to give up
*****ripartire** to leave again
*****ripassare** to stop by again
ripetere to repeat
riposarsi to rest
riprendere (**a** + *inf*) (*pp* **ripreso;** *pr* **ripresi**) to resume, start again; to take back
*****risalire** to go up again
il rischio risk
riservato reserved
il riso laughter
risolvere (*pp* **risolto**) to solve
la risorsa resource
i risparmi savings
risparmiare to save
rispettabile respectable
rispettare to respect
rispondere (*pp* **risposto;** *pr* **risposi**) to answer, reply
la risposta answer
il ristorante restaurant
*****risultare** to be known
il risultato result
risuolare to resole
il ritardo delay; **essere in —** to be late
ritirare to withdraw; to pick up; **ritirarsi** to retire, to withdraw (from an exam)
*****ritornare** to return, go back
il ritorno return; **andata e — round** trip
ritrovarsi to find oneself again
la riunione reunion
riunire (**isc**) to reunite
*****riuscire** to be successful, turn out, come out; **— a** *or* **di** + *inf* to succeed in
la riuscita issue, result; **la buona — success; la cattiva —** failure
rivedere (*pp* **rivisto;** *pr* **rividi**) to see again; to revise

rivelare to reveal
la rivista magazine
rivolgere la parola to talk, to address
la roba stuff
romantico romantic
il romanzo novel
rompere (*pp* **rotto;** *pr* **ruppi**) to break; **rompersi** to get broken
rosa (*inv*) pink
la rosa rose
roseo rosy
rosso red
rotto broken
rovesciato upside down
la rovina ruin
rovinare to ruin
rubare to steal
il rudere ruin
la ruga wrinkle
rullare to roll (of drums)
il rumore noise
la rupe cliff

S

il sacco sack; **un — di** a lot of
sacrificare sacrifice
il sacrificio sacrifice
la sala room, hall; **— d'ingresso** entry hall; **— da giochi** arcade; **— da pranzo** dining room; **— operatoria** surgery room
salato salty
il saldo sale
il sale salt
salire to climb, go up; **— in macchina** to get in a car
la salita climb; **in —** on the climb
il salotto living room
saltare to jump; **— in aria** to explode
il salto jump
salutare to greet, say goodbye to
la salute health
il saluto greeting
salvare to save
il sangue blood
il sanitario doctor
sano healthy
santificare to observe, sanctify
santo saint, holy, saintly; **— cielo!** for heaven's sake!
sapere (*pr* **seppi**) to know, have knowledge of; to find out; **il saper vivere** rules of etiquette
saporito tasty
il sarto tailor
sbagliare (**sbagliarsi**) to make a mistake, to be mistaken; **— strada** to take the wrong road

sbagliato wrong
lo sbaglio mistake
sbattere to slam
sbottonato unbuttoned
sbrigarsi to hurry up
lo scaffale bookshelf
la scala staircase; sequence; **lo scalone** big staircase
scaldare to warm up; **scaldarsi** to get warm, become excited
scalzo barefoot
scambiare to exchange; **scambiarsi** to give (to) one another
lo scambio exchange
scandalizzarsi to be shocked
lo scandalo scandal
lo scapolo bachelor
***scappare** to run along, run away
scaricare to unload
la scarpa shoe; — **da ginnastica** sneaker
scatenato boisterous
la scatola box
***scattare** to click
lo scatto sudden movement; **di** — suddenly
scegliere (*pp* **scelto;** *pr* **scelsi**) to choose
la scelta choice
la scena scene
scendere (*pp* **sceso;** *pr* **scesi**) to descend, get off; — **dalla macchina** to get out of a car
lo schermo screen
scherzare to joke
lo scherzo joke, practical joke, trick; **fare uno** — to play a trick; **per** — jokingly
la schiava, lo schiavo slave
la schiena back
schifoso lousy; disgusting, filthy
sciare to ski
gli sci skis
la scienza science
la scienziata, lo scienziato scientist
la scimmia monkey
la sciocchezza foolishness; trifle
sciocco foolish; **sciocchino** little fool
sciogliersi (*pp* **sciolto;** *pr* **sciolsi**) to come untied; to dissolve
lo sciopero strike; **fare** — (**scioperare**) to strike; **essere in** — to be on strike
lo sciroppo syrup
***scivolare** to slide
lo scoiattolo squirrel
lo scolaro pupil
la scommessa bet; **mantenere una** — to stick to a bet

scommettere (*pp* **scommesso;** *pr* **scommessi**) to bet
***scomparire** (*pp* **scomparso;** *pr* **scomparvi**) to disappear
scomporsi (*pp* **scomposto;** *pr* **scomposi**) to lose one's calm
sconcertato disconcerted
scontento discontented, unhappy
lo sconto discount
scontrarsi to collide
la scoperta discovery
***scoppiare** to explode; — **a ridere (piangere)** to burst out laughing (crying)
lo scoppio explosion
scoprire (*pp* **scoperto**) to discover
scorso last, past; **l'anno** — last year
la scrivania writing desk
scrivere (*pp* **scritto;** *pr* **scrissi**) to write
lo scrittore, la scrittrice writer
lo scultore sculptor
scuro dark
la scusa apology; excuse; **chiedere** — to apologize
scusarsi to apologize
se if, whether
sebbene though, although
secco dry
il secolo century
secondo according to
sedere, sedersi to sit, sit down
la sedia (seggiola) chair
il sedile seat; — **anteriore/posteriore** front/back seat
seduto seated
il segnale sign, signal
segnare to mark
il segno mark, sign; **in** — **di** as a sign of; **fare** — **di** + *inf* to motion
la segreteria registrar's office
il segreto secret
seguente following
seguire to follow; to take (a course)
il seguito succession; **al suo** — following him/her; **di** — consecutively
la selvaggina game
il semaforo traffic light
***sembrare** to appear
sempre always, all the time; — **più** more and more
sensibile sensitive
il senso sense
il sentiero trail
sentimentale sentimental
il sentimento feeling
sentire to feel; to sense; to hear; to smell; — **dire che** to hear a

rumor that; — **parlare di** to hear of; **sentirci** to be able to hear; **sentirsi** to feel
senza without; **senz'altro** of course
separarsi to separate, part
separato separated
il sequestro kidnapping
la sera evening, night; **la** — at night
la serata evening
il serbatoio gas tank
sereno clear
serio serious; **sul** — seriously
la serranda rolling door shutter
la serva maid, servant
servire to serve; to help; — **a** to be of use, to be good for; **servirsi di** to use
la servitù servants
il servizio service; set; **essere di** — to be on duty; — **giornalistico** news report; — **sanitario** health-related service
la seta silk
la sete thirst; **avere** — to be thirsty
la settimana week
severo severe
sfasciarsi to fall apart
la sfiducia mistrust
la sfortuna bad luck
sfortunatamente unfortunately
sfortunato unlucky
sforzarsi (**di** + *inf*) to make an effort
lo sforzo effort
sgradito unpleasant
lo sguardo look
siccome as, since
la sicurezza safety
sicuro sure; safe
la sigaretta cigarette
significare to mean
il significato meaning
il signore gentleman
il silenzio silence
la silenziosità quietness
silenzioso silent
simile similar
la simpatia liking, attraction
simpatico likeable, congenial, nice; **essere** — **a** to please
la sinagoga Jewish temple, synagogue
sincero sincere
il singolare singular
singolo single
la sinistra left side; **a** — to the left; **tenere la** — to keep to the left
sinistro left, sinister
il sistema system
sistemarsi to settle (down)

la situazione situation
smettere (**di** + *inf*) (*pp* **smesso;** *pr* **smisi**) to stop, cease
snello slender
la società society
socievole sociable
il soccorso help
soddisfatto satisfied
la soddisfazione satisfaction
sodo firm; hard-boiled (egg); **lavorare —** to work hard
soffiare to blow
soffrire (*pp* **sofferto**) to suffer, stand, tolerate; **— di** to suffer from
la soggezione awe
il soggiorno stay
sognare to dream, dream of or about; **sognarsi** (**di** + *inf*) to imagine
il sogno dream; **fare un —** to have a dream
il soldato soldier
il soldo penny; **i soldi** money
il sole sun
solitario aloof, lonely
solito usual; **di —** usually
solo alone, lonely; (*adv*) only
soltanto only
somigliare (**a**) to resemble
la somma sum
la sonata sonata
il sonetto sonnet
il sonno sleep; **avere —** to be sleepy
sopportare to tolerate
sopra on, upon, over
il sopracciglio (*pl* **le sopracciglia**) eyebrow
soprattutto above all
*__sopravvenire__ (*pr* **sopravvenni**) to arise
sordo deaf
la sorella sister
*__sorgere__ (*pp* **sorto;** *pr* **sorsi**) to rise
sorpreso surprised
sorridente smiling
sorridere (*pp* **sorriso;** *pr* **sorrisi**) to smile
il sorriso smile
sorta di kind of
la sorte fate, destiny
la sorveglianza watching over, surveillance
sorvegliare to watch over
sorvolare to skip, fly
sospeso (*pp* of **sospendere**) suspended
sospetto suspect
sospirare to sigh, sigh for
il sospiro sigh
sostenere (*pp* **sostenni**) to maintain

sotto under; **— casa** near home
il sovrano sovereign
spagnolo Spanish
spalancare to open wide
la spalla shoulder; **in —** on one's shoulders
sparare (**a**) to shoot
spargere (*pp* **sparso,** *pr* **sparsi**) to spread
*__sparire__ (*isc*) to disappear
spaventare to scare, frighten
spaventarsi to get scared
spaventato scared
lo spavento scare, fright, fear
spaventoso frightful
lo spazio space
spazzolare to brush
la specialità specialty
la specie kind
spedire (*isc*) to mail
spegnere (*pp* **spento;** *pr* **spensi**) to turn off
spendere (*pp* **speso;** *pr* **spesi**) to spend (money)
spensierato carefree
la speranza hope
sperare (**di** + *inf*) to hope
sperduto lost
la spesa expense; shopping; **fare la —** to buy groceries
spesso thick; (*adv*) often
lo spettacolo show
spettegolare to gossip
la spia spy
spiacente sorry
*__spiacere__ to mind
spiacevole unpleasant
spiare to spy on
gli spiccioli small change, small bills
spiegare to explain; **spiegarsi** to make oneself clear
la spiegazione explanation
gli spinaci spinach
spingere (*pp* **spinto;** *pr* **spinsi**) to push, to drive
sporco dirty
lo sportello door (of a piece of furniture)
sportivo (*adj*) sports
lo sportivo sportsman
lo sposo, la sposa bridegroom, bride
sposare to marry; **sposarsi** to get married; **sposarsi con** to marry
sposato married
sprecare to waste
*__sprizzare__ to spray
spronare to spur, incite
lo spruzzo splashing
lo spunto starting point
squallido squalid, dreary
lo squillo ringing

stabilire (*isc*) to establish; **stabilirsi** (*isc*) to settle
staccare to detach, separate; **staccarsi** to fall out; to come loose
la stagione season
la stampa press
le stampelle crutches
stancare to tire out; **stancarsi** (**di** + *inf*) to get tired
stanco tired
la stanza room (in a building)
*__stare__ (*pr* **stetti**) to stay; **— bene** to be well; **— bene a** to look good on; **— per** + *inf* to be about to
starnutire (*isc*) to sneeze
la statua statue
la stazione station
la stella star
stendere (*pp* **steso;** *pr* **stesi**) to spread
la stenografia shorthand
steso (*pp* of **stendere**) stretched out
stesso same; **lo —** just the same
lo/la stilista designer
la stima esteem
lo stipendio salary
stirare to iron
lo stivale boot
la stoffa material; **le stoffe** textiles
la storia story; history
la strada street, road; **farsi —** to grow, to advance in one's career
straniero foreign
strano strange
strettamente strictly
stretto tight
stringere (*pp* **stretto;** *pr* **strinsi**) to tighten, to grasp; **— la mano** (**a**) to shake hands with
la striscia stripe
lo studio study; **— legale** attorney's office
studioso studious
stupido stupid
stupirsi (*isc*) **di** to be astonished at
stupito astonished, astounded
su on; come on; about
subire to undergo
subito immediately
*__succedere__ (*pp* **successo;** *pr* **successi**) to happen; to succeed[1]
successivo following
il successo success
il sud south
sudato perspiring
la sufficienza passing grade
il suggerimento suggestion
suggerire (*isc*) to suggest

il su_o_cero   father-in-law
suonare   to play, ring; — **uno strumento** to play an instrument
il suono   sound
superare   to overcome; to pass
supplicare   to beg, to implore
supporre (*pp* **supposto;** *pr* **supposi**) to suppose
la supposizione   conjecture, supposition
supremo   supreme
sussurrare   to whisper
la sveglia   alarm clock
svegliare   to awaken; **svegliarsi** to wake up
svelto   quick
la svendita   sale
svenire   to faint
lo sviluppo   development
la sventura   misfortune
svolgersi (*pp* **svolto,** *pr* **svolsi**) to unroll, to develop

T

il tabaccaio   tobacconist
il tacchino   turkey
tacere (*pp* **taciuto;** *pr* **tacqui**) to be quiet; to keep quiet
tagliare   to cut
il tailleur   woman's suit
tale   such
il tamburino   drummer boy
il tamburo   drum
tanto   so, so much; — **... quanto** as much as; — **più** all the more
tardare   to be late
tardi   late; **fare —** to be late
la tasca   pocket
la tassa   tax
il tassì (**il taxi**)   taxi
il tatto   touch; tact
la tavola (**il tavolo**)   table
il tè   tea
tedesco   German
la telecronaca   telecast, TV report
telefonare (**a**)   to call, phone
il telefono   telephone; **al —** on the phone
il telegiornale   TV news
il teleromanzo   TV serial
la televisione   television
il televisore   TV set
il tema   topic, theme
temere   to fear
temibile   to be feared
il tempo   time; weather; **a —** **perso** in one's spare time; **— pieno / — parziale** full/part time
il temporale   thunderstorm
tendere (*pp* **teso;** *pr* **tesi**)   to hold out; **tendere a** to be inclined to; to tend to

tenere (*pr* **tenni**)   to keep, hold; to consider; **— a** to value, care about; **tenuto conto di** considering that
la tensione   tension
tentare (**di** + *inf*)   to try, attempt
terminare   to finish
il termine   end; **porre — a** to end
la terra   earth; land; **a —** on the ground
il territorio   territory
il/la terrorista   terrorist
la tesi (**di laurea**)   dissertation
la testa   head; **a — bassa** with one's head down
testamento   last will
il/la testimone   witness
testimoniare   to bear witness, give evidence
il tetto   roof
la tigre   tiger
il timore   fear
il tipo   character, type (of person or thing)
tirare   to pull
toccare   to touch; **— a** tohappen to
togliere (*pp* **tolto;** *pr* **tolsi**)   to remove
tollerare   to tolerate
tondo   round; **in —** around
il tono   tone
il topo   mouse; **il topolino** little mouse
il tormento   torment
*****tornare**   to return; **— indietro** to go (come) back
la torta   cake
il torto   wrong; **avere —** to be wrong; **dare — a** to blame
il Totocalcio   Italian soccer betting pool
tra   between, among; in
il tradimento   treason
tradurre (*pp* **tradotto;** *pr* **tradussi**) to translate
il traffico   traffic
il tragitto   way
la trama   plot
il tramonto   sunset
tranquillizzato   reassured
tranquillo   calm, quiet
trarre (*pp* **tratto;** *pr* **trassi**)   to take out
trascorrere (*pp* **trascorso;** *pr* **trascorsi**)   to spend (time)
trasferirsi (**isc**)   to move, change residence
trasformare   to transform; **— in** to turn into
traslocare   to move, change residence

trasportare   to transport
il trasporto   transportation; **mezzo di —** means of transportation
trattare   to treat; **— di** to be about, deal with; **trattarsi di** to be a question of
trattenere (*pr* **trattenni**)   to hold back
il tratto   stretch, period of time; **a(d) un —** suddenly
la trattoria   restaurant
tremare   to tremble
la tribuna   platform
tribunale   court
triste   sad
trottare   to trot
trovare   to find; to visit; **trovarsi** to happen to be; **trovarsi** (**bene**) to like it (in a place), to feel comfortable
il trucco   trick
la truppa   troup
tuonare   to thunder
il tuono   thunder
il turco   Turkish language
il turismo   tourism
il turno   turn, shift; **a —** in turn
tuttavia   however
tutti   all, everybody; **tutti e due** (**tutt'e due**) both
tutto   all, whole; **del —** completely

U

ubbidiente   obedient
l'uccello   bird
uccidere (*pp* **ucciso;** *pr* **uccisi**)   to kill
udire   to hear
l'ufficiale   officer
ufficialmente   officially
l'ufficio   office
uguale   equal
ultimo   last, latest
umano   human
umido   humid
l'umore (*m*)   mood; **essere di buon (cattivo) —** to be in a good (bad) mood
l'umorismo   humor
unico   only
l'università   university
universitario   of the university
l'uomo (*pl* **gli uomini**)   man
l'uovo (*pl* **le uova**)   egg
urbano   of the city
urgente   urgent
urlare   to scream
urtare   to bump against
usare   to use
*****uscire**   to go out, leave; **— di casa** to leave the house

gli usi e i costumi customs
l'uso use; **fare — di** to use
utile useful
utilizzare to use

V

la vacanza vacation; **in —** on
  vacation
valere la pena to be worth while
la valigia suitcase
la vanità vanity
il vapore steam
il vaso vase
vecchio old
vedere (*pp* **visto** *or* **veduto;** *pr* **vidi**)
  to see, watch, meet; **fare — a** to
  show, **non — l'ora di** + *inf* to
  look forward to
il vedovo / la vedova widower,
  widow
la veduta view; **di larghe vedute**
  broad-minded
il velo veil
veloce fast, rapid
la velocità speed
vendere to sell
la vendita sale; **in —** for sale
***venire** to come
il vento wind
veramente truly, really
la verdura vegetables
vergognarsi (**di**) to be ashamed
  (about)
verificarsi to happen
la verità truth
vero true, real
verso toward, towards; about,
  around

la vertigine dizziness; **avere le
  vertigini** to be dizzy
il verso verse
vestire to dress; **vestirsi** to get
  dressed
vestito dressed
il vestito dress, suit
la vetrina shop window
il vetro glass
via away; **— —** gradually
viaggiare to travel
il viaggio trip, travel; **fare un —**
  to take a trip
la vibrazione vibration
la vicenda event; succession;
  a — mutually
vicino near
il vicino neighbor
vietare to forbid; **vietato** for-
  bidden
il vigile policeman
la vigilia eve
in vigore in force (of a law)
la villeggiatura vacation; **posto di
  —** vacation place
vincere (*pp* **vinto;** *pr* **vinsi**) to win
la visione vision; **film di prima —**
  first-run movie
la visita visit; **fare — a** to visit, pay
  a visit to
visitare to visit; to examine
il viso face
la vista view, sight; **punto di
  —** point of view
la vita life; **fare la bella —** to en-
  joy life
la vitamina vitamin
la vite screw

vittorioso victorious
il vitto food
vivere (**di**) (*pp* **vissuto;** *pr* **vissi**) to
  live (on)
vivo alive
il vizio vice, weakness
la voce voice; **a bassa —** in a low
  voice, softly
la voglia desire; **avere — di** to
  feel like, to want
volentieri with pleasure, gladly
volere (*pr* **volli**) to want;
  — bene a to love; **— dire** to
  mean; ***volerci** to take
la volgarità vulgarity
il volo flight
la volontà will
la volpe fox
la volta time; turn; **a sua —** in
  turn; **qualche —** sometimes;
  alle volte at times
voltare to turn; **voltarsi** to turn
  around
il volto face
il voto grade
vuoto empty

Z

la zampa paw
la zia aunt
lo zio uncle
la zitella spinster
zitto silent; **stare —** to keep
  quiet
la zucca squash

---

[1] When **succedere** has this meaning, it has regular forms.

Text Credits

19-20 Antonio De Crescenzo: from "Tonino Capone ovvero filosofia napoletana," in *Storia della filosofia greca,* Arnoldo mondadori Editore, Milano, 1983; 44-**45** Susanna Agnelli: "Ricordi d'infanzia," from *Vestivamo alla marinara,* Arnoldo Mondadori Editore, Milano, 1975; **101-102** Natalia Ginzburg: "La stanza," from *L'inserzione,* in *Ti ho sposata per allegria ed alter commedie,* Giulio Einaudi Editore, Torino, 1968; **207-208** Carlo Cassola: "Padre e figlia," from *Monte Mario,* Rizzoli Editore, Milano, 1973; **234-235 Carlo Manzoni: "Una vite de troppo,"** *Il signor Brambilla e divitorni,* **Milano; 256-259** Gianni Rodari: "Il tropo dei fumetti," from *Favole al telefono,* Giulio Einaudi Editore, Torino, 1962; "Avventura con il televisore," from *Tante storie per giocare,* Editori Riunti, Roma, 1974; **289-291** Mario Lodi: "Il Primo Giorno," in *Il Salvagente* N. 26. Suplemento dell *'Unita'* del 9.ix.1989; **370-372** Dino Buzzati: "Non è mai finita," from *Siamo spiacenti di,* Arnoldo Mondadori Editore, Milano, 1975

Photo Credits

Cover: Bruce Chashin / Suart Cohen / Mark Polott from Index Stock Imagery; **3, 10, 128** Courtesy of the authors; **27, 43, 74, 100, 138, 179, 189, 201, 206, 222, 266, 288, 313, 326, 341** From the Heinle Image Resource Bank; **17** Kindra Clineff/Index Stock Imagery; **135** John Connell/Index Stock Imagery; **156** Bettmann CORBIS; **165** Scala/Art Resource, NY; **233** Irene bayer; **260** Network Productions/Index Stock Imagery; **317** Irene Bayer; **347** Scala/Art Resource, NY; **353** Garry Adams/Index Stock Imagery; **369** International Photobank/Index Stock Imagery

Other Credits

All cartoons, with the exception of the cartoons on pages **65, 93, 120, 145, 172, 276** [drawn by Dave Sullivan], by permission of Disegantori Riuniti, Milan, Italy.